사회복지총서

사회복지 윤리와 철학

Social Welfare Ethics and Philosophy

오정수 · 유채영 · 김기덕 · 홍백의 · 황보람 공저

학지사

머리말

역사적으로 사회복지 전문직의 성장과 전문직 윤리강령의 변화는 서로 밀접한 관련이 있다. 국제사회복지사연맹은 1968년 세계인권선언의 인권 개념을 사회복지 전문직의 표준 윤리로 채택한 이후 지속적으로 인권 개념을 윤리강령의 기본 가치로 강조하였으며, 2000년 몬트리올 세계총회에서 인권과 사회정의가 사회복지의 근본 원칙임을 선언하였다. 국제사회복지사연맹의 윤리원칙이 보다 구체적으로 등장한 것은 2004년 호주 아델레이드 세계총회이며, 이전부터 강조되어 온 인권과 사회정의에 더불어, 모든 이의 평등, 가치(worth), 존엄성(dignity)을 존중하는 것을 사회복지 전문직의 주요 가치로 규정하고 있다. 이를 기반으로 21세기의 국제사회복지사연맹 윤리표준에는 지구화, 환경, 이주민, 청년, 여성, 피난민, 개인 사생활, 빈곤 박멸, 장애인, 평화, 사회정의, 이주, 토착민, HIV와 AIDS, 건강, 농촌사회, 고령화와 노인, 학살, 국가 간 성매매 등 다양한 영역이 포함되었다. 한편, 미국사회복지사협회(NASW)의 윤리강령은 1979년에 전문과 6개의 원리조항으로 구성되었으며, 사회복지사의 일반적 전문직 행동자세와 책임이 주요 내용이었는데, 사회복지사의 윤리적 책임은 클라이언트, 동료, 고용주, 기관, 전문직, 사회에 대한 책임으로 구분되었다. 이후 1990년과 1993년 일부 개정, 1996년에 2차 개정 과정을 거쳤고, 2017년에는 3차 개정이 이루어졌으며, 3차 개정에서는 디지털 기술 관련 표준이 대폭 추가되었다.

윤리강령은 사회복지의 사명이 근거하고 있는 핵심가치를 규명하고, 사회복지 전문직의 핵심가치를 반영하는 윤리적 원리를 총괄적으로 요약한다. 그리고 사회복지 실천을 안내하는 일련의 세부적·윤리적 표준을 제시하여야 한다. 우리나라

의 사회복지사 윤리강령은 21세기에 들어 변화하는 새로운 복지환경과 실천현장
의 필요에 적용할 수 있는 윤리표준과 실천지침의 개발에 따라 2001년 12월 15일
에 개최된 한국사회복지사협회 총회에서 새로이 제정된 바 있다. 하지만 새로운 환
경에 적용하여 변화하고 있는 국제적 동향에 비추어 보면, 우리나라의 사회복지사
윤리강령은 21세기에 들어 새로운 국제적 동향과 사회환경의 변화에 따른 윤리강
령의 표준을 제시하지 못하고 있다. 특히 21세기 새로이 진입한 사회 속에서 성장
하고 있는 새로운 세대의 가치관과 삶의 방식의 변화에 적용하지 못하고 있다.

제2차 세계대전 이후 베이비부머 세대(1946~1964), X세대(1965~1980), 밀레니얼
세대 또는 Y세대(1981~1995), 그리고 현재는 Y세대를 계승한 Z세대(1995~2010)가
새로운 세대의 주역이 되고 있으며, Y세대와 Z세대를 묶어 MZ세대라 부르기도 한
다. MZ세대는 이전 세대보다 자기주도적이며 독립적이고, 인권과 환경을 돌보는
것, 가치와 윤리적인 헌신을 중요시하며, 스마트폰과 소셜 미디어와 함께 성장하였
기 때문에 정보화 기술에 익숙하다. 또한 진정한 관계를 갈망하며 신뢰와 공감에
기초한 관계 형성을 중요시한다. 그리고 디지털 학습에 기초한 새로운 의사소통의
수단과 양식을 필요로 한다.

이 책에서는 이러한 사회환경과 새로운 세대의 진입과 변화에 따라 사회복지 실
천의 윤리표준도 변화하여야 함을 전제로 이러한 변화를 수용하려고 노력하였다.
일반적으로 윤리적 의사결정은 도덕적 의무와 공리주의적 원칙에 기초한 행동방
침의 결정뿐만 아니라 실천을 위한 다양한 요인을 고려한 헌신을 포함한다. 최근
의 사회복지 실천에서 윤리적 의사결정은 도덕적 의무나 공리주의적 가치 외에도
사회복지사의 도덕적 품성이나 정서적 반응, 관련 체계들 사이의 상호 소통과 협력
역시 윤리적 의사결정 과정에서 고려되는 중요한 부분이다. 특히 직접적 사회복지
실천에서 사회복지사의 도덕적 품성, 정서, 클라이언트의 신뢰와 공감, 관계 형성
등이 윤리적 의사결정에서 등장한 새로운 요소이며, 이 책에서는 이러한 윤리적 요
소를 윤리이론과 실천에 반영하고자 하였다.

이 책의 제1부(김기덕 집필)에서는 사회복지 철학과 윤리학의 필요성과 이해를 위
한 기초를 다지고, 이를 토대로 사회복지 윤리학과 사회복지 철학의 체계와 내용을

차례로 학습할 것이다. 제2부(홍백의 집필)는 분배적 정의에 관한 내용으로, 제4장에서는 공리주의와 자유지상주의를 살펴보고, 제5장에서는 평등적 자유주의와 공동체주의를 중심으로 살펴보고자 한다. 제3부(황보람 집필)에서는 사회복지 전문직이 각종 정책과 서비스, 프로그램의 기획과 개발, 실행에서 윤리적 · 철학적 토대로 두어야 할 윤리강령, 윤리적 관점과 책임, 윤리적 의사결정에 대하여 다룬다. 제6장은 윤리강령의 발전 과정과 기능 및 한계를 다룬다. 제7장은 사회복지 전문직이 가져야 할 보다 구체적인 윤리적 관점과 책임을 다룬다. 제8장은 사회복지 전문직이 당면한 윤리적 딜레마의 내용과 이에 대응하는 윤리적 의사결정을 다룬다. 제4부(유채영, 오정수 집필)는 직접적 사회복지 실천현장과 간접적 사회복지 실천현장의 사례를 윤리원칙과 표준에 적용한 내용으로서, 제9장은 자기결정, 사생활보호와 비밀보장권 등 클라이언트의 권리 및 복지와 관련된 윤리적 쟁점, 제10장은 전문적 역할과 경계, 그리고 관계와 관련된 윤리적 쟁점, 제11장은 인권, 자원의 배분, 정부와 민간의 사회적 책임과 관련된 윤리적 쟁점, 그리고 제12장은 법률과 규칙의 준수, 조직의 내부갈등, 조사와 연구, 정보통신기술(IT)과 관련된 윤리적 쟁점에 초점을 맞추었다.

　사회복지 윤리와 철학의 교과서로서 이 책이 이러한 새로운 시대 환경과 세대교체의 변화를 반영하는 선도적 역할을 수행하여 한국 사회복지의 윤리적 실천에 조금이라도 기여할 수 있다면 큰 보람과 기쁨을 느낄 것이다. 이 책이 학지사의 사회복지총서로 출간될 수 있도록 지원해 주신 서울대학교 사회복지연구소와 학지사 김진환 사장님, 그리고 편집과 제작을 위해 수고해 주신 관계자 여러분께 깊은 감사의 마음을 표한다.

2022년 1월
저자 오정수 · 유채영 · 김기덕 · 홍백의 · 황보람

차례

제4부

사회복지 실천과 윤리적 쟁점

차례 **11**

사례 목록

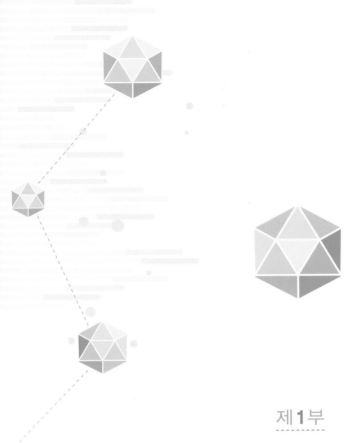

제1부

사회복지 윤리와 철학의 기초

사회복지는 일반적으로 사회적 문제, 욕구, 위험을 가진 개인이나 집단을 대상으로 전문적인 서비스나 프로그램을 제공함으로써 그들이 안전하고 행복한 삶을 살아갈 수 있도록 노력하는 사회적 제도라고 알려져 있다. 그런데 사회복지를 바라보는 일반 국민은 말할 것도 없고 사회복지를 전공하고자 하는 학생들 역시 사회복지는 사회과학의 일종으로서 과학적이고 합리적인 방식으로 실천을 수행하여야 한다고 생각한다.

그러나 사회복지를 조금만 진지하게 생각해 본 사람이라면 누구나 사회복지를 보다 정확하게 이해하기 위해 과학의 영역을 넘어선 지식과 지혜의 도움이 필요하다는 것을 금방 깨닫게 된다. 다시 말해 '참된' 사회복지의 실천은 과학으로는 쉽게 해결하기 힘든 측면과 요소를 가지고 있다는 것이다.

이 경우에 필요한 학문이 바로 철학이다. 철학은 어떠한 존재의 의미와 정당성을 전문적으로 탐구하는 학문 분야이다. 이러한 맥락에서 볼 때 사회복지의 궁극적인 의미와 목적은 무엇이며 이를 탐구하는 가장 적절한 방법은 무엇인지 그리고 이러한 방법들은 어떻게 정당화될 수 있는지를 모색하는 학문적 노력을 우리는 사회복지 철학으로 규정할 수 있을 것이다. 뿐만 아니라 사회복지는 기본적으로 인간을 대상으로 진행된다. 그런데 사물과 달리 인간은 자신만의 고유한 감정과 태도 그리고 가치와 이념을 가진 존재이다. 그러므로 사회복지는 기본적으로 인간을 어떻게 이해하고 상대하여야 하는지에 대한 고민을 가질 수밖에 없다. 그런데 이와 같이 고유한 정체성과 가치 체계를 가진 존재를 어떻게 다루고 대하는 것이 보다 바람직한지의 여부 역시 일반적인 과학과 기술의 영역을 넘어서는 주제이다. 우리가 인간을 어떻게 대하는 것이 가장 바람직하고 옳은 것인지를 전문적으로 고민하는 학문이 바로 앞서 언급한 철학의 하위 분과학문인 윤리학이다. 그러므로 사회복지의 본질과 의미를 심층적으로 고찰하기 위해서는 사회복지에 대한 철학적 논의와 윤리적 분석이 필수적이라고 할 수 있다.

사회복지에 대한 윤리적·철학적 접근을 포괄적으로 다루고자 하는 이 책의 원론에 해당하는 제1부에서는 다음과 같은 세 가지 질문에 대한 해답을 찾고자 한다. 첫째, 사회복지 실천을 제대로 수행하기 위해서는 왜 과학적 접근으로 충분하지 않고 철학적 사유가 필요한가? 그리고 철학적 사유 가운데 특히 윤리학적 고민이 필요한 이유는 무엇인가? 둘째, 사회복지에 대한 철학적 접근을 체계적으로 수행하는 분야인 사회복지 철학은 어떻게 구성될 수 있을까? 그리고 사회복지 철학의 핵심요소인 철학은 과연 어떠한 학문인가? 셋째, 사회복지에 대한 윤리적 접근을 의미하는 사회복지 윤리학은 어떠한 내용으로 어떻게 구축될 수 있으며 이 과정에서 필수적으로 공부하여야 하는 윤리학은 과연 어떠한 학문인가?

이 책을 본격적으로 공부하고자 하는 학생들은 제1부의 내용을 통해 철학과 윤리학의 기초를 다지고 이를 토대로 사회복지 윤리학과 철학의 체계와 내용을 차례차례 학습할 수 있을 것이다. 이 과정에서 자연스럽게 사회복지를 실천함에 있어 왜 그리고 어떠한 맥락에서 철학과 윤리학이 필요한지 그 이유를 스스로 납득할 수 있을 것이며, 이후 이어지는 사회복지에 대한 보다 광범위하고 심층적인 차원의 윤리적·철학적 내용을 보다 쉽게 이해하고 분석할 수 있는 이론적 자원을 얻을 수 있을 것이다.

제1장

사회복지 윤리와 철학의 필요성

📖 **학습목표**

1. 참된 사회복지 실천을 수행하고자 하는 사회복지사의 고민에 대한 이해
2. 사회복지 실천에서 철학적 사유가 필요한 이유에 대한 이해
3. 사회복지 실천에서 윤리적 접근이 필요한 이유에 대한 이해

제1절 참된 실천에 대한 사회복지사의 고민

사회복지는 사회적 욕구와 문제 혹은 위험으로 인해 안전하고 만족스러운 삶을 살아가지 못하는 개인이나 집단을 대상으로 전문적 실천행위를 수행하여 그들이 사회에서 행복하게 살아갈 수 있도록 하려는 사회적 노력을 의미한다. 사회복지가 무엇인지를 보다 체계적으로 분명하게 이해하는 방법 중 하나는 사회복지에 대한 공식적인 정의를 살펴보는 것이다.

세계적으로 사회복지와 사회복지사의 정체성을 대표하는 조직체인 국제사회복지
사연맹(International Federation of Social Worker)에서 제시하는 사회복지에 대한 정의
는 다음과 같다. "사회복지는 사회변화와 발전, 사회적 연대, 사람들의 임파워먼트
와 자유를 향상시키고자 노력하는 실천 기반 전문직이며 분과학문이다. 사회정의,
인권, 집합적 책임 그리고 다양성 존중은 사회복지의 핵심적 원칙이다. 사회복지는
사회복지, 사회과학, 인문학의 제반 이론들, 그리고 고유한 지식들에 기반하여 사
람과 구조에 개입하여 삶의 어려움을 다루며 복지를 향상시킨다."(IFSW, 2014).

만약 사회복지 실천을 '잘' 수행하려는 참된 사회복지사가 있다면 그는 당연히
이러한 사회복지의 정의에 부합하는 실천활동을 펼치려 할 것이다. 그는 사회복지
의 정의가 담고 있는 내용에 부합하는 방식으로 실천활동을 수행하고자 할 것이며
그 결과로 대상자들의 욕구가 충족되고, 고통스러운 문제가 해결되며, 직면한 위험
으로부터 안전을 확보하여 만족스럽고 행복한 삶을 누리기를 희망할 것이다. 또한
이와 같이 사회복지 실천대상자들이 안전하고 행복한 삶을 영위하는 것을 보며 사
회복지사 역시 커다란 충족감과 함께 삶의 행복을 누릴 것이 분명하다.

그런데 문제는 실천현장에서 참된 실천을 '잘' 수행하기를 희망하는 사회복지사
가 구체적으로 어떻게 하는 것이 사회복지의 정의에 부합하며 대상자에게 행복한
삶을 가져오는 훌륭한 실천활동인지를 알아차리는 것이 생각처럼 쉬운 일이 아니
라는 것이다. 사회복지사가 실천현장에서 바람직한 실천활동을 모색하는 일의 어
려움을 한 가지 가상사례를 들어 보다 자세히 살펴보도록 하자.

지금 고국을 떠나 한국으로 이주하여 한국인 남자와 결혼해서 살아가는 외국인
여성들을 위한 실천을 수행하는 사회복지사가 있다고 하자. 그는 다문화가정지원
센터에서 일하면서 결혼이주여성들이 행복한 삶을 살아갈 수 있도록 돕기 위한 다
양한 사회복지 프로그램을 기획하고 있다. 만약 이 사회복지사가 자신이 근무하는
기관의 지침과 지시에 따라 실천을 수행하고 실천 결과를 주어진 절차에 맞추어 보
고하는 것으로 자신의 실천활동에 대해 만족한다면 아마 그 사회복지사에게 있어
실천과 관련하여 큰 문제나 고민은 없을 것이다. 그는 자신에게 부여된 과업을 정
확히 수행하였다는 사실에 크게 만족하며 한 사람의 사회복지사로서 행복하게 살

아갈 수 있을 것이다.

그런데 만약 그가 자신에게 주어진 과업이나 활동을 정확히 수행하는 것에 만족하지 않거나 또는 자신의 실천이 결혼이주여성의 삶에 긍정적인 결과를 가져오지 못하였다는 것을 발견하고 바람직한 사회복지 실천을 새롭게 구상하게 된다면 사회복지 실천을 기존의 것과는 전혀 다른 시각에서 바라보게 될 것이다. 다시 말해 그는 사회복지 본래의 목적을 포함하여 사회복지사로서 자신의 존재 의미와 바람직한 사회복지 실천에 대하여 기존의 시각이나 이해와는 전혀 다른 입장에서 새롭게 이러한 것들을 생각하게 될 것이다.

아마도 그는 가장 먼저 자기가 수행한 기존의 활동들이 자기가 생각하는 사회복지의 정의에 적절히 부합하였는지를 꼼꼼히 살펴보기 시작할 것이다. 이 과정에서 그는 무엇보다 자신이 수행한 프로그램이 결혼이주여성의 행복한 삶에 실제로 기여하였는지의 여부를 정확하게 알고 싶을 것이다. 왜냐하면 앞서 언급한 사회복지의 정의에 의하면 사회복지사가 추구하여야 할 실천의 최종 목적은 결혼이주여성의 삶의 어려움 해결과 그들이 누릴 행복한 삶의 구현이기 때문이다.

그런데 사회복지사가 자신의 실천행위가 결혼이주여성의 행복한 삶에 기여하였는지를 파악하기 위해서는 무엇보다 결혼이주여성들에게 있어 안전하고 행복한 삶이 무엇인지를 파악하여야 한다. 왜냐하면 논리적으로 결혼이주여성의 행복이라는 최종 목표가 무엇보다 먼저 명확히 설정되지 않는다면 이를 달성하기 위한 수단인 사회복지사의 실천활동 역시 적절하게 선정될 수 없기 때문이다.

그런데 문제가 되는 점은 사회복지사가 자신의 바람직한 실천활동의 출발점이자 최종 목표로서 결혼이주여성의 행복한 삶에 대한 진지한 사고를 시작하자마자 곧바로 해결하기 쉽지 않은 다양한 고민거리가 한꺼번에 쏟아져 나온다는 것이다. 이러한 상황에서 사회복지사가 직면할 수 있는 고민거리를 보다 자세히 살펴보도록 하자.[1]

---

1) 이 책에서 사례로 다루고 있는 다문화 사회복지 실천현장에서 일하는 사회복지사가 실제로 고민하는 문제는 매우 다양하고 복잡하다. 다문화 사회복지 실천현장에서 문제나 쟁점이 되는 내용들에 보다 깊은 철학적 이해를 원하는 경우 김기덕(2011)을 참조하시오.

결혼이주여성에게 있어 행복이 무엇인지를 진지하게 고민하는 사회복지사는 무 엇보다 결혼이주여성들의 실제 삶이 어떠한지를 살펴보려 할 것이다. 구체적으로 결혼이주여성들이 어떠한 삶의 어려움을 겪고 있으며, 어떻게 하는 것이 과연 그들 에게 있어 실제로 행복한 삶인지를 발견한 이후에야 그와 관련한 구체적인 실천전 략이 의미를 가질 수 있기 때문이다.

그런데 결혼이주여성들의 구체적인 삶의 현장에서 행복의 의미를 발견하고자 하는 사회복지사는 아마 다음과 같이 생각할 수 있다.

> '행복한 삶을 실제로 살아가야 할 주체인 결혼이주여성들은 성인이 될 때까지 한국과는 전혀 다른 나라에서 다른 문화를 경험하며 성장하다 한국으로 이주한 사람들이다. 그렇다면 이들이 느끼는 행복한 삶의 조건과 방식들은 지금 함께 살아가는 한국인이 느끼는 삶의 조건 이나 방식과는 전혀 다를 수 있다. 그러므로 이들이 느끼는 삶의 행복이 한국 사람들의 그것 과 다르다면 결혼이주여성의 진정한 행복에 대한 판단은 한국인인 사회복지사가 결정할 것 이 아니라 결혼이주여성 당사자가 직접 결정하는 것이 적절할 것이다.'

이러한 사유를 통해 그 사회복지사는 결혼이주여성들을 위한 실천의 목표와 수 단은 결혼이주여성 스스로 결정하는 것이 가장 효과적일 뿐만 아니라 가장 타당하 다는 결론에 이를 수 있다.

하지만 똑같이 결혼이주여성들의 행복한 삶에 대해 고민하는 다른 사회복지사 는 전혀 다른 생각으로 앞서 소개한 사회복지사와는 상반된 결론에 이를 수 있다. 이 사회복지사 역시 결혼이주여성의 행복을 고민하는 경우에 이 여성들의 구체적 인 삶의 현장을 살피는 것이 중요하다고 생각하였다. 그리하여 그 역시 이 여성들 이 한국에서 겪는 현실적인 삶의 모습을 살펴보고 다음과 같은 결론을 내렸다.

> '결혼 이후 한국으로 이주한 결혼이주여성이 비록 성인이 될 때까지 한국과 다른 문화 속 에서 성장한 것은 틀림없는 사실이지만 그녀가 앞으로 살아가야 할 곳은 한국이기 때문에 그 들의 실제 삶은 한국에서 이루어질 수밖에 없다. 따라서 그들이 살아갈 한국적 상황에 대해

결혼이주여성보다 상대적으로 잘 알고 있고 한국에서 생활하는 결혼이주여성들의 삶에 대한 다양한 경험사례를 갖고 있는 사회복지사가 결혼이주여성들을 위한 실천활동의 목표와 수단을 결정하는 것이 더 타당하다.'

　이 사례에서 보듯 실천을 '잘' 수행하고자 결심한 사회복지사는 구체적인 실천대안을 모색하기에 앞서 자신이 수행하여야 할 실천 목표를 정하는 것에서부터 엄청난 혼란과 고민에 빠질 수밖에 없다. 사회복지사는 특정 개인이나 집단에게 가장 적절한 사회복지 실천의 대안을 고민하는 순간 곧바로 실천대상이 살아가고 있는 구체적인 삶 자체를 전체적이면서도 심층적으로 이해하지 않으면 안 된다는 것을 인식하게 된다. 왜냐하면 실천대상의 삶 자체를 온전하게 이해하지 않고는 무엇이 그들에게 있어 가장 행복한 삶인지를 전혀 이해할 수 없기 때문이다.

　그런데 사회복지사가 실천대상이 살아가는 구체적인 삶이 어떠한가를 고민하자마자 곧바로 보다 근본적인 의문이 시작된다. 그것은 바로 실천대상의 삶에 대한 이해가 어떠한 방법으로 가능할지에 대한 의문이다. 다시 말해, 관심을 가진 실천대상의 삶을 이해하는 올바른 방법론을 알지 않고서는 그들의 삶을 올바르게 이해할 수 없다는 인식에 이르게 된 것이다. 앞의 사례에서 결혼이주여성의 행복한 삶을 위한 실천을 고민하는 사회복지사가 이에 대한 사유를 시작하자마자 곧바로 '무엇이 결혼이주여성의 행복한 삶인가?'라는 의문에 빠졌고, 뒤이어 '그들에게 행복한 삶이 무엇인지를 누가 어떻게 결정하는 것이 좋을까?'라는 생각에 이르게 된 것이 바로 정확하게 이러한 측면을 보여 주고 있다.

　이렇게 상이한 사유의 결과로 얻어진 두 가지 실천대안 가운데 어떠한 것이 보다 적절한지를 고민하는 사회복지사는 아마 무엇이 참된 사회복지인지를 다시 고민하게 되고 그 과정에서 사회복지가 무엇인지를 제시하는 사회복지의 정의를 다시 꼼꼼하게 살펴보게 될 것이다. 왜냐하면 다양한 실천의 대안 가운데 사회복지의 정의에 가장 부합하는 실천대안을 모색하는 것이 가장 적절하고 타당할 것이라는 것이 당연한 논리적 귀결이기 때문이다.

　이 같이 결혼이주여성들을 위한 실천을 '잘' 하고자 추구했던 사회복지사는 바람직한 실천이 무엇인지에 대한 해답을 찾아 사유를 펼쳐 가는 과정에서 다양한 쟁점과 고민거리로 가득한 먼 길을 돌아 결국 사회복지란 무엇인가 그리고 사회복지 실천이란 과연 무엇인가라는 출발점으로 돌아온다. 그리고 그 질문에 대한 해답은 앞에서 제시한 사회복지의 정의를 다시 꼼꼼히 살펴보는 것이다. 결국, 사회복지 실천을 '잘' 수행하기 위한 고민의 지침과 내용으로 삼았던 사회복지의 정의 그 자체로 돌아온 것이다.

그런데 바람직한 사회복지 실천을 고민하는 사회복지사가 사회복지의 정의 자체에 대한 고민에 이르게 되면 이제 앞에서 제시한 국제사회복지사연맹이 주장하는 사회복지가 정말로 적절하고 타당한 것인가라는 근본적 의문에 이르게 된다. 이러한 고민 과정에서 마침내 사회복지사는 국제사회복지사연맹이 제시하는 것과 다른 종류의 사회복지에 대한 정의가 얼마든지 있을 수 있다는 것을 깨닫게 되고, 기존에 제시된 사회복지에 대한 정의를 넘어 사회복지의 본성과 본질에 부합하는 가장 적절한 정의는 무엇이며 그것은 어떻게 발견할 수 있을까라는 보다 근본적인 질문에 이르게 된다.

이와 같이 실천현장에서 자신에게 주어진 사회복지 실천을 '잘' 수행하고자 노력하는 사회복지사가 어떠한 고민과 사유를 거쳐 결국 사회복지란 무엇인가라는 질문에 이르게 되는지를 다문화 사회복지 영역에서 활동하는 사회복지사를 사례로 살펴보았다.

그러나 이와 같은 종류의 고민은 앞에서 예를 든 다문화 사회복지 영역의 사회복지사들에게만 해당되는 것이다. 수많은 사회복지사가 자신만의 고유한 실천 영역에서 상이한 대상자를 상대로 서로 다른 실천활동을 수행한다 하더라도 만일 그들이 바람직한 실천에 대해서 고민하게 되는 한 비슷한 과정을 거쳐 결국 사회복지란 무엇이며 바람직한 사회복지 실천은 무엇인가라는 본질적이고 근본적인 질문에 도달할 수밖에 없다. 그리고 그러한 질문에 대한 적절한 해답을 찾아가는 과정에서 그들은 예외 없이 현재 존재하고 있는 다양한 사회복지에 대한 정의나 기존에 알려져 있는 사회복지 실천의 내용을 넘어서 사회복지와 실천의 본래의 모습에 대한 고민으로 나아가게 된다.

제2절 사회복지와 철학의 만남

지금까지의 사례를 통해서 우리는 실천활동을 '잘' 수행하고자 고민하는 사회복지사는 결국 고민 끝에 사회복지란 무엇이며 사회복지사의 사명과 역할은 무엇인지에 대한 질문에 이르게 되고, 아울러 사회복지 대상자는 어떠한 존재이며 이들의 행복은 어떠한 방법으로 알 수 있는지와 같이 사회복지의 본질이나 실천대상의 본성에 대한 근본적인 의문에 이를 수밖에 없다는 것을 알 수 있었다. 그런데 문제가 되는 것은 사회복지와 사회복지 대상자 그리고 사회복지의 본질이나 본성에 대한 질문이 가진 중요성에도 불구하고 이러한 질문에 대한 해답을 구하는 방법이 생각보다 쉽지 않다는 것이다. 예를 들어, 사회복지와 사회복지사의 사명과 역할은 무엇인가라는 질문에 대한 해답을 앞의 사례에서 소개한 바와 같이 사회복지에 대한 대표적인 정의를 상세히 고찰하고 그 의미를 깊이 탐구하는 것만으로는 충분하지 않다. 그렇다고 현실에서 존재하는 수많은 사회복지에 대한 정의를 종합하거나 혹은 다양한 사회복지의 정의를 모아 그들이 가진 공통적 요소를 추출하여 정리한다 해서 그것이 곧바로 사회복지의 본질이나 본성을 정확히 담고 있는 것이라고 누구도 확신할 수 없다.

사회복지에 대한 추상적인 정의를 분석하는 것으로는 사회복지의 본질을 정확하게 파악하는 것이 불가능하다고 하여 반대로 사회복지사가 구체적으로 활동하는 실천현장의 경험들로부터 사회복지의 본질에 대해 접근하는 것 역시 그다지 만족스러운 해답이 아니다. 왜냐하면 아무리 오랜 기간 동안 폭넓은 실천경험을 가진 사회복지사라고 하더라도 그의 경험이 사회복지의 본질이나 본성이 의미하는 내용이나 의미 전체를 포괄하고 있다고 그 누구도 장담할 수 없기 때문이다.

흔히 우리는 사회복지사가 수행하는 과업이나 실천을 통해 사회복지가 무엇인지를 이해하고 파악할 수 있다고 생각한다. 하지만 사회복지사가 수행하는 실천은 언제나 특수한 사례에 해당하는 특정한 목표를 달성하기 위한 수많은 대안 가운데 하나이기 때문에 사회복지의 본질이나 총체적인 차원의 보편적 의미를 이해하기에는 매우 작고 사소한 근거나 부분에 불과하다.

결국 실천활동을 '잘' 수행하려고 하는 사회복지사는 자신이 경험하는 개별적 실천사례나 다양하게 제시된 사회복지의 개념 정의가 아니라 이들의 개별적 실천경험이나 사회복지의 정의들의 배후에 존재할 것으로 기대되는 어떠한 근본적이고 보편적인 존재를 탐구하여야 한다. 이와 같이 개별적인 경험의 배후에 존재하는 근본적이고 보편적인 존재가 바로 사회복지의 본성이나 본질이다. 다시 말해 사회복지사는 자신이 현재 수행하고 있는 사회복지 실천이 과연 적절한 것인가라는 질문에 충분히 대답하기 위해서는 자신이 속해 있는 세계인 사회복지 자체가 무엇인지에 대한 보다 근본적이면서 총체적인 이해에 이르지 않으면 안 된다는 결론에 이르게 된다. 그러므로 사회복지에 대한 총체적인 이해는 사회복지 자체 이론이나 실천경험을 통해 주어질 수 없다. 사회복지의 본질을 탐구하기 위해서는 어떠한 대상의 본질이 무엇인지 그리고 그 의미는 무엇이며 그러한 의미는 어떻게 정당화될 수 있는지를 전문적으로 고민하는 특별한 학문의 도움을 청할 수밖에 없다.

그런데 어떤 대상의 본질과 의미를 근본적(radical) · 총체적(holistic) · 보편적(general)으로 탐구하는 학문이 바로 철학(philosophy)이다. 철학은 무엇보다 존재의 의미와 정당성을 모색하는 학문이다. 우리가 관심을 가지는 존재가 어떠한 것이며 우리는 그 존재의 의미를 어떻게 파악할 수 있고 또 그 인식방법에 대한 정당화는 어떻게 가능한가를 전문적으로 연구하는 학문이다. 그러므로 우리가 사회복지 실천을 잘 수행하기 위해 사회복지의 본질과 본성에 대한 근본적이고 총체적인 의문을 가질 경우 어쩔 수 없이 사회복지의 영역을 과감하게 넘어 존재의 의미와 정당성을 전문적으로 사유하는 학문인 철학을 필연적으로 만날 수밖에 없는 것이다.

제3절 사회복지와 윤리학의 만남

앞의 사례에서 우리는 사회복지 실천을 '잘' 하고자 하는 사회복지사가 생각의 출발점이자 중요한 실천의 목표로서 결혼이주여성의 행복한 삶은 과연 무엇인가에 대하여 많은 고민을 할 수밖에 없음을 살펴보았다. 그리고 이러한 고민 속에서 결혼이주여성의 행복한 삶과 바람직한 사회복지 실천에 대해 고민하는 사회복지사가 상이한 사고의 과정을 거치면서 전혀 상반된 서로 다른 두 가지 결론에 이를 수 있다는 것도 발견할 수 있었다.

결혼이주여성의 행복한 삶을 고민하는 사회복지사는 한국에서 이루어질 자신의 행복한 삶에 대해서는 결혼이주여성 스스로 생각하고 결정하는 것이 가장 바람직하다고 판단할 수 있다. 아마도 그는 사회복지에 대한 정의를 찬찬히 살펴보면서 "사회복지는 사람들의 임파워먼트와 자유를 향상시키고자 노력하는 실천 기반의 전문직이며 분과학문이다. 사회정의, 인권, 집합적 책임, 다양성 존중은 사회복지의 핵심적 원칙들이다."라는 내용 가운데 임파워먼트와 자유에 대하여 크게 주목하였을 것이다.

그는 비록 사회복지사가 한국의 상황에 대해 결혼이주여성보다 상대적으로 잘 알고 있고 과거 결혼이주여성들을 대상으로 했던 자신의 실천경험의 효과성에 대해 확신하고 있다 하더라도 결혼이주여성 당사자의 의사에 반하여 실천을 수행하는 것은 사회복지의 정의에서 밝힌 임파워먼트와 자유의 향상이라는 핵심원칙과 정면으로 배치된다고 판단하였을 것이다.

뿐만 아니라 결혼이주여성이 한국에서 한국인으로서 살아가는 데 필요한 역량이나 생활 기술만 가르치는 것은 그들이 고국에서 가진 소중한 기억이나 정체성을 존중하고 보존하지 못하게 한다는 측면에서 바람직하지 못하다고 생각할 수 있다. 다시 말해, 결혼이주여성이 살아온 전반적 삶에 대한 존중이라는 측면에서 볼 때 한국에서의 행복한 삶에 대해서만 고민하는 것은 인권과 다양성 존중이라는 사회복지의 핵심원칙들과 부합하지 않는 것으로 판단할 수 있다. 그는 사회복지 정의에서 제시하는 핵심원칙에 대한 이러한 해석에 근거하여 클라이언트의 행복에 대해서는 클라이언트 자신이 결정하도록 하는 것이 사회복지사로서 가장 '올바른' 것이라고 판단하였을 것이다.

반면에 똑같이 결혼이주여성의 행복한 삶과 바람직한 사회복지 실천을 고민하는 또 다른 사회복지사는 전혀 다른 방식의 사유를 통해 완전히 상반된 결론에 도달할 수 있다. 예를 들어, 그는 결혼이주여성이 한국에서 살아갈 삶과 관련된 문제에서는 한국적 상황을 가장 잘 알고 있으며 결혼이주여성의 삶을 지원했던 과거의 경험이 풍부한 사회복지사가 주도적으로 결정하고 한국적 삶을 살아가는 데 있어 그녀들에게 필요한 역량과 수단을 집중적으로 교육하는 것이 보다 바람직하다고 판단할 수 있다.

그는 한국의 상황에 익숙하지 않은 결혼이주여성에게 한국에서의 행복한 삶의 목표와 수단을 스스로 결정하라고 맡겨 버리는 행위는 그들의 행복한 삶에 실제로 아무런 도움이 되지 않을 뿐만 아니라 무엇보다 삶의 목표를 스스로 결정할 수 있는 능력이 부족한 당사자에게 중요한 결정을 맡겨 버리는 것으로 사회복지사로서 해서는 안 되는 무책임하고 비도덕적인 판단이라고 생각할지 모른다. 나아가 결혼이주여성의 존재와 삶에 대해 아직 우호적이지 않거나 인권이나 복지 인식이 낮은 우리 사회에서 결혼이주여성을 보호하고 지지하기 위해서는 더욱 사회복지사의 적극적이고 주도적인 보호와 돌봄의 역할이 필요하다고 판단할 수 있다.

아마도 그는 앞에서 제시한 사회복지의 정의에서 언급하고 있는 인권과 다양성, 임파워먼트와 자유를 결혼이주여성이 실질적으로 누리기 위해서는 자신과 같은 사회복지사를 포함하여 사회적 지지와 도움이 절대적으로 필요하다고 생각할 것이다. 나아가 지금 현재는 사회복지사에 의해 결혼이주여성의 자유와 임파워먼트에 대해 일시적으로 제약이 부과된다고 하더라도 이 과정을 지나고 나면 향후 결혼이주여성이 보다 장기적이고 확대된 자유와 임파워먼트를 누릴 수 있을 것이라고 생각할 수 있다.

이러한 맥락에서 사회복지사는 사회복지 실천을 '잘' 수행한다는 것이 무엇인지를 정확하게 이해하기 위해서는 사회복지와 사회복지 실천에 대해 과학적이고 체계적으로 접근하는 것으로는 부족하다는 것을 곧바로 발견할 수 있다. 사회복지 실천을 잘 수행하기 위해서는 사회복지 실천에 대한 과학적 접근을 넘어 실천과 관련된 가치, 이념, 비전과 같은 규범적 판단에 크게 의지하고 있음을 알게 된다.

앞서 소개한 사례에서 보듯이 결혼이주여성에 대한 실천을 훌륭하게 수행하려는 사회복지사가 자신의 실천에 대해 고민을 하면 할수록 사회복지가 지향하는 가치와 이념에 대해 깊은 생각에 빠질 수밖에 없다. 예를 들어, 사회복지 정의에서 언급하고 있는 인권 및 다양성 존중은 정확하게 무엇을 의미하는 것이며 이들은 행복한 삶과는 무슨 관계가 있는 것일까, 사회정의와 자유는 어떻게 구별되고 사회복지에는 어떠한 함의를 가진 것일까, 임파워먼트와 자유는 어떻게 다른 가치인가 등과 같은 질문에 대해 적절한 해답을 얻지 못하면 사회복지사는 올바른 사회복지 실천으로 향하는 발걸음을 한 발짝도 내디딜 수가 없다.

또한 사회복지사가 사회복지의 정의에서 제시하는 핵심원칙 가운데 임파워먼트와 자유에 대해 어느 정도 이해를 하였다 하더라도 문제가 해결되는 것은 아니다. 곧바로 그는 사회복지가 지향하는 다른 핵심원칙인 인권, 집합적 책임, 다양성 존중은 정확히 어떠한 의미를 가지고 있으며, 이들이 임파워먼트와 자유와 어떠한 관계를 가지고 있는지에 대하여 의문을 가질 것이다. 다시 말해 사회복지사는 임파워먼트와 자유라는 원칙에 대해 이해하는 것만으로 바람직한 사회복지 실천에 대한 고민을 끝낼 수 없고 사회복지의 핵심적 가치를 구성하고 있는 다른 원칙들, 즉 인권, 집합적 책임, 다양성 존중을 포함하여 이 가치 전체의 유사성과 차별성을 파악하여야 하는 것이다.

결국, 사회복지의 핵심가치 하나하나가 아니라 이들의 관계 전체를 파악하지 않고서는 개별적 원칙인 사회정의나 인권의 의미에 대해 정확하게 이해할 수 없으며, 사회복지 실천에 대한 규범적 판단 자체가 불가능할 것이다.

이러한 과정을 통해 사회복지 실천에 대해 고민하는 사회복지사는 다음과 같은 두 가지 결론에 이르게 된다. 하나는 바람직한 사회복지 실천을 모색하기 위해서는 과학적 지식이나 이론 혹은 엄밀하고 정교한 실천기술이나 방법에 대한 이해만으로 충분하지 않고, 인간의 의식과 태도, 그리고 행동에 대한 규범적 판단에 대한 전문적인 지식과 기술이 필요하다는 것이다. 또 다른 하나는 사회복지와 관련된 규범적 판단을 효과적으로 내리기 위해서는 사회복지를 구성하는 핵심가치들을 하나하나 개별적으로 파악하는 것으로는 불가능하다는 것이다. 오히려 사회복지가 추구하는 가치와 이념에 대한 전체적인 이해가 이루어진 이후에야 핵심가치들인 사회정의, 인권, 집합적 책임, 다양성 존중의 각각의 유사성과 차별성을 분명하게 알수 있고 이러한 과정을 통해서만 적절한 사회복지 실천을 정확히 결정할 수 있다는 것이다.

이러한 깨달음을 통해 알 수 있는 것은 우리가 사회복지와 사회복지 실천의 본질을 제대로 파악하고 이에 근거하여 바람직한 실천을 구상하고 수행하기 위해서는 규범적 판단을 전체적이면서 체계적으로 탐구하는 전문적 학문의 도움을 필요로 한다는 점이다. 그런데 인간이 내리는 규범적 가치판단, 즉 도덕과 윤리에 대하여 체계적이고 전문적인 탐구를 수행하는 학문이 바로 철학의 분과학문 가운데 하나인 윤리학(ethics) 또는 도덕철학(moral philosophy)이다. 따라서 사회복지의 본질을 이해하고 바람직한 실천을 모색하기 위해서는 윤리학이나 도덕철학의 내용을 체계적으로 학습하고 이를 사회복지에 활용할 수 있어야 한다. 결국 가장 바람직한 사회복지 실천은 과학적이고 논리적인 실천이자 동시에 가장 윤리적이고 도덕적인 실천이어야만 하는 것이다.

제**2**장

사회복지와 철학에 대한 이해

학습목표

1. 철학의 개념, 어원, 특성에 대한 이해

2. 철학과 과학, 예술, 종교의 유사성과 차이에 대한 이해

3. 사회복지 철학의 개념, 체계, 하위체계에 대한 이해

   앞서 우리는 사회복지 실천을 올바르게 수행하고자 고민하는 사회복지사라면 결국 사회복지에 대한 본질적이고 전체적인 이해가 필요함을 인정할 수밖에 없다는 것을 알 수 있었다. 아울러 이같이 사회복지의 본질적 의미와 전체적 속성을 파악하기 위해서는 이러한 목적을 전문적으로 추구하는 학문인 철학에 대한 학습이 절대적으로 필요하다는 것 역시 알 수 있었다. 이러한 맥락에서 이 장에서는 사회복지의 본질을 이해하는 데 있어 필수적 학문인 철학이 과연 어떠한 학문이며 어떠한 특성과 체계로 구성되어 있는지를 살펴본다. 그런 다음 철학을 이용하여 사회복지의 본질을 전체적으로 파악하는 하나의 구체적 방법과 전략을 모색하는 일환으

로 사회복지 철학 체계를 구축하고자 한다.

제1절 철학의 개념과 특성

1. 철학의 개념과 어원

1) 철학의 개념

인간은 세상에 출현하자마자 생존과 번영을 위해 자신 앞에 주어진 문제들을 해결하기 위해 다양한 노력을 경주하여 왔다. 인간의 생존과 번영에 있어 가장 중요한 문제는 크게 다음의 세 가지이다. 첫째, 인간이란 무엇인가? 둘째, 우리가 살고 있는 세계는 어떠한가? 셋째, 우리는 인간과 세계를 어떻게 제대로 알 수 있을까? 이러한 세 가지 근본적 문제의 해답을 찾으려는 인간의 노력은 주어진 문제를 어떻게 바라보는가에 따라 크게 종교, 철학, 과학, 예술 등의 방법으로 구분된다. 이 분야들은 각각 고유한 역사에 따라 독특한 내용과 체계를 형성하며 발전하였고 그 과정에서 서로 상당한 영향을 주고받아 왔다.

이 가운데 이 책에서 다루고자 하는 주제인 철학에 관한 가장 일반적인 이해는 철학을 "자연과 인간, 사회, 문화, 제 영역의 최고원리와 제 영역의 통일원리를 반성적으로 탐구하는 지적 활동 또는 그 결실"로 정의하는 것이다(백종현, 2007: 17-26).

철학에 관한 이러한 개념 정의를 자세히 살펴보면, 앞서 언급한 세 가지 질문에 대한 인간의 고민이 고스란히 담겨 있음을 알 수 있다. 먼저 자연과 인간, 사회와 문화 제 영역의 최고원리를 다룬다는 말은 철학이 기본적으로 인간과 인간이 살아가는 세계에 대한 근본원리, 본질, 본성에 대한 문제를 탐구하려는 것을 지적하는 것이다.

그런데 인간은 자연 속에서 생활하면서 자연스럽게 공동체인 사회를 구성해 나가고 그 과정에서 자신들의 독특한 삶의 방식으로 문화를 형성해 나간다. 이러한 문화의 발전 과정에서 종교, 예술, 과학 등의 다양한 영역이 등장하고 발전한다. 그러므로 철학의 개념 정의에서 언급하는 제 영역에는 자연과 인간, 사회와 문화뿐만 아니라 이러한 영역의 원리와 본성을 이해하고자 했던 인간의 노력들인 과학과 종교와 예술 등의 다양한 지적 체계 역시 포함된다고 보아야 할 것이다.

그리고 제 영역의 최고원리와 제 영역의 통일원리를 다룬다는 말은 두 가지 의미로 해석할 수 있을 것 같다. 하나는 자연, 인간, 사회, 문화 그리고 과학, 종교, 예술, 각 영역별로 내부의 최고원리와 하부 요소 간의 통일원리를 탐구한다는 뜻으로 새길 수도 있겠지만, 제 영역의 통일원리를 이 영역 간에 존재하는 통일원리, 다시 말해 이들 영역을 가로질러 통일할 수 있는 하나의 큰 원리로 해석할 수도 있다. 다시 말해 자연과 인간 사이에, 그리고 과학과 종교 그리고 예술 사이에 작용하는 근본적인 통일원리를 탐구하는 것으로도 볼 수도 있을 것 같다.

그리고 최고원리와 통일원리를 반성적으로 탐구하는 지적 활동이라고 분명하게 언급한 것에서 볼 수 있듯이 철학이라는 것이 근본적으로 인간의 앎, 지식, 즉 인식론적 노력임을 분명하게 이해할 수 있다. 이는 앞서 제시한 인간이 직면한 세 가지 근본 질문 가운데 마지막인 "과연 인간은 인간과 세계에 대한 참된 앎을 어떻게 얻을 수 있을 것인가?"라는 질문과 정확히 일치하는 것이다.

이와 같이 철학의 개념 정의를 자세히 살펴보면 결국 철학이란 앞서 제시한 인간의 세 가지 질문, 즉 "인간이란 무엇인가? 세계란 무엇인가? 그리고 인간과 세계란 무엇이며 과연 우리는 그것을 어떻게 알 수 있는가?"에 대해 가장 적절한 해답을 찾아가는 체계적이고 전문적인 탐구 과정과 그 결실임을 정확히 알 수 있다.

2) 철학의 어원

현재 우리가 사용하는 철학이라는 명칭은 기본적으로 한자어이다. 이는 '밝다, 슬기롭다, 알다'라는 뜻을 가진 한자어 '철(哲)'과 '배우다, 공부하다'라는 뜻을 가진 한자어 '학(學)'의 합성어이다. 따라서 철학은 철(哲)에 관한 학문을 의미한다. 그런데 정치학이 정치에 관한 학문, 생물학이 생물에 관한 학문으로, 그 명칭에서 곧바로 연구대상을 쉽게 파악할 수 있는 것과는 달리 철에 관한 학문으로서 철학이 정확히 무엇인지를 직접 이해하기는 매우 힘들다. 그렇다면 철학이라는 학문의 연구대상으로 가장 중요한 위치를 차지하고 있는 '철(哲)'이 의미하는 것은 정확히 무엇일까?

철(哲)의 의미는 대표적인 유학의 고전 가운데 하나인 『중용(中庸)』에 등장하는 구절인 "시왈 기명차철이보기신(詩曰 旣明且哲以保其身)"에서 발견할 수 있다. 이 구절이 의미하는 바는 '사물에 밝고 도리에 통해' 있으면 자기의 몸을 잘 보전하고 유지할 수 있다는 뜻이다. 아마도 이 문장에서 명차철(明且哲)이라는 것의 의미, 즉 밝은 동시에 통해 있다는 뜻을 한 글자로 뭉뚱그려 철(哲)이라는 글자로 담았을 가능성이 높다. 결국 철학이라는 학문은 '사물에 밝고 도리에 통함'을 연구의 대상으로 하는 학문 체계인 것이다. 만일 우리가 사물에 밝고 도리에 통함을 진리 혹은 참된 지식이라고 간주한다면 철학은 세상에 대한 참된 지식, 즉 진리를 추구하는 학문이라고 할 수 있다.

그렇다면 지금과 같은 형태의 철학(哲學)이라는 명칭이 처음으로 사용된 것은 언제일까? 자료에 의하면 현재와 같은 용어로서의 철학은 서양 문물이 동양으로 전래될 당시 수많은 서양 학술용어를 한자어로 번역하는 작업을 하였던 일본인 니시 아마네(西周, 1826~1894)에 의해 처음 사용된 것으로 알려져 있다(백훈승, 2015: 22). 그는 영국 철학자인 밀(J. S. Mill)의 저서인 『공리주의(Utilitarianism)』를 『이학(利學)』이라는 제목으로 번역하면서 책의 서문에 다음과 같이 적고 있다. "본역 중 소칭철학, 즉 구주지유학야 ……차어원명 비로소비야(本譯中 所稱哲學, 卽 歐洲之儒學也 …… 此語源名 非露蘇非也)." 이 구절의 내용은 "본 번역 가운데 철학이라고 하는 것은 다름 아니라 유럽의 유학이다. 어원의 명칭은 비로소비(philosophy)이다."라는 뜻이다. 따라서 니시 아마네가 영어 필로소피(philosophy)를 한자어 철학으로 번역한 이후 한자어를 사용하는 동양권에서는 철학이 일반명사로 확실히 자리 잡게 되었다고 볼 수 있다. 그렇다면 철학이 무엇을 의미하는지를 보다 면밀하게 탐구하기 위해서는 철학의 어원인 필로소피를 살펴보아야 한다.

영어 필로소피는 그리스어 philosophia(φιλοσοφία)에서 유래하였다. 필로소피는 사랑을 의미하는 philia(φιλια)와 지혜를 의미하는 sophia(σοφια)의 합성어이다. 글자 그대로 해석한다면 필로소피는 지혜에 대한 사랑을 의미한다. 따라서 철학이 무엇인지를 보다 분명하게 이해하기 위해서는 철학을 구성하는 두 요소인 지혜와 사랑의 의미에 대해 깊이 생각해 보는 것이 매우 중요하다(백훈승, 2015: 13-22).

먼저, 지혜가 무엇인지를 명확하게 이해하기 위해서는 지혜와 유사하지만 다른 종류의 앎인 지식에 대한 이해를 통해 우회적으로 접근하는 것이 도움이 된다. 지식(knowledge)은 어떤 사태에 관한 정보라고 정의할 수 있다. 여기서 사태(state of affair)란 사실들의 총체 혹은 사건들이라고 할 수 있다. 그런데 사건과 사실은 어떻게 구별될 수 있을까? 엄밀하게 구별하자면 상황이나 사태가 현실화되어 실현되면 사실이나 사건이 되었다고 정의할 수 있다.

그리고 지식으로서 사태는 주어와 술어로 구성된 문장이면서 그 내용이나 의미의 참과 거짓을 판별할 수 있게 구조화된 하나의 명제(proposition) 형태로 표현된다. 따라서 지식은 어떠한 상황이나 사건이 사실로 구현되는 것을 명제화한 하나의 정보 체계라고 볼 수 있다.

이와는 달리 지혜는 지식을 활용할 수 있는 능력을 의미한다. 지식은 지혜의 필요조건이지만 지혜는 지식의 충분조건이다. 지혜는 지식이라는 알아차림의 조각들을 이용하여 전체적인 앎을 그리는 능력을 의미하며 동시에 지식이 구체적인 상황과 사태에서 적절하게 마름질되어 구체화되는 모습, 즉 지식을 구현하고 활용하는 능력을 의미한다고 볼 수 있다.

결론적으로 이야기하자면, 지식이라는 개념이 삶의 체험을 통해 검증된 후 이러한 검증이 깨달음으로 체화된 것을 지혜라고 볼 수 있다. 다시 말해 지혜는 단순한 개별지식이나 정보에 대한 숙지, 암기, 이해를 의미하는 것이 아니라 지식들 간의 상호관계에 대한 종합적이고 본질적인 이해를 의미한다고 할 수 있다.

다음으로, 지혜와 함께 철학 개념을 구성하는 또 다른 개념인 사랑에 대해 살펴보도록 하자. 철학이 지혜에 대한 사랑이라고 할 때, '사랑한다 혹은 좋아한다'는 것을 의미하는 동사인 필레인(phiein)은 원래 호모로게인을 뜻하는 것으로, 이는 로고스에 순응하여 말하는 것을 의미한다(Heidegger, 2000: 83). 여기서 순응하여 말한다는 의미에 주목한다면 우리는 필레인에 담겨 있는 중요한 개념이 바로 어떤 것과 어떤 것의 조화로운 울림, 즉 하르모니아(조화)임을 알 수 있다(Heidegger, 2000: 84). 조화를 의미하는 하르모니아는 어떤 것이 다른 것과 잘 어울림, 즉 친밀감을 의미한다. 결국 필레인이라는 것은 근원적으로 서로가 서로를 따르면서 서로에게 기대는 것을 말한다. 이런 의미에서 볼 때 어떤 하나가 어떤 하나를 소유, 독점하거나 혹은 이를 기반으로 이용하거나 억압하는 것은 결코 필레인의 본뜻이 아닐 것이다.

지금까지 살펴본 사랑의 뜻을 이용하여 지혜에 대한 사랑으로의 철학의 의미를 생각해 보면 철학 혹은 철학하는 것의 본질을 보다 분명히 알 수 있다. 철학이라는 것은 전혀 알지 못하는 무지(無知)의 상태와 모든 것을 완벽하게 알고 있는 완전지(完全知)의 상태 사이에 놓여 있는 중간자(inter-esse)인 인간이 자신이 탐구하고자 하는 대상에 대해 끊임없이 관심(interest)을 가지면서 그에 대한 완전한 앎을 향해 노력하고 추구하는 것을 의미한다. 다시 말해 철학은 어떤 상태에 대해 관심을 가지고 그에 대한 완전한 앎을 위해 끊임없이 노력하는 상태라고 볼 수 있다.

2. 철학의 특성

제 영역의 최고원리와 통일원리를 반성적으로 탐구하는 지적 활동으로서의 철학은 다른 분과학문과 명확하게 구별되는 다음과 같은 특성을 가진다.

다른 학문과 구별되는 철학의 특성 가운데 대표적인 것은 바로 무전제성(無前提性)이다(백훈승, 2015: 29-30). 대부분의 학문은 인간과 사회에 대하여 자신만의 고유한 전제와 조건에 따라 자신의 탐구를 수행한다. 하지만 이와 달리 철학은 궁극성이라고도 하는 무전제성을 통해 자신의 논리와 주장을 전개하는 데 있어 어떠한 것도 이미 주어진 것으로 반성 없이 받아들이거나 암묵적으로 지지하지 않는다. 그렇다고 해서 철학이 아무런 근거 없이 이루어지는 학문이라는 의미는 아니다. 철학은 무전제성이라는 자신의 이념을 근거로 하여 흔들리지 않는 확실한 근거나 원리를 찾고자 하는 입장을 취한다. 부연하자면 철학은 흔들리지 않는 자신만의 전제나 근거를 찾아가는 과정에서 철저한 무전제성을 견지한다는 것이다.

철학의 무전제성이라는 특성에서 자연스럽게 두 번째 특징인 근원성(根源性)이 도출된다(鷲田淸一, 2017: 10-11). 근원적이라는 것의 의미는 어떤 존재의 현상이나 겉모습이 아니라 기원 혹은 원천을 찾아 들어간다는 것으로, 이는 영어 단어 radical의 번역어이다. 흔히 대상은 본질보다는 현상으로, 실체보다는 작용이나 효과로 드러난다. 따라서 우리가 어떤 대상을 온전히 이해하기 위해서는 그 본질에까지 탐색하여 들어가지 않으면 안 된다. 흔히 급진적이라고 변역되는 radical의 어원은 식물의 뿌리를 의미하는 라틴어 radix로서 문자 그대로 철저하게 탐구대상의 뿌리가 되는 기원(arche)까지 파악해 들어간다는 것을 말한다. 이처럼 근원성이라는 특성에서 보이는 철학은 자신이 관심을 가지는 사안이나 사태의 시작점, 기원, 본성에 도달하기까지 끊임없이 사유하는 특성을 가진다.

철학이 어떤 사안을 근원까지 파악해 들어간다는 것과 이 과정에서 무전제성을 견지한다는 것을 고려한다면 철학은 자신이 근원을 추구하는 과정에서 끝없는 반성과 비판을 수행할 수밖에 없다. 철학이 관심을 가지고 있는 대상의 본질을 찾아가는 과정에서 비판적 입장을 철저히 수행한다는 것은 대상의 특성이나 현상을 넘어 그 대상의 본모습을 찾을 때까지 그 외의 모든 것을 회의적이고 의심의 눈초리로 본다는 것이다.

하지만 무엇보다 중요한 점은 철학을 수행할 때 관심을 가진 대상과 관련된 것들을 비판적으로 보는 데 그치지 않고 동시에 철학을 추구하는 우리 자신의 존재 근거나 능력에 대해서도 비판적으로 바라보아야 한다는 것이다. 흔히 이와 같이 철학을 수행하는 주체가 스스로 하는 자기비판을 흔히 반성(reflection) 혹은 성찰(reflexivity)이라고 한다. 철학은 대상의 근원이나 토대의 존재 여부에 대해 자신의 가진 사고방식과 사유 자체마저 비판적으로 검토하여야 한다는 것이다. 이러한 측면에서 볼 때 철학이 가진 세 번째 특성은 비판성(批判性)이다(백훈승, 2015: 31). 그리고 비판성과 긴밀하게 연관된 개념들인 반성과 성찰성 역시 철학의 중요한 특성에 속한다고 볼 수 있다.

철학이 어떤 대상의 본질이나 본성을 정확히 파악하고자 한다면 그 대상과 관련된 모든 것을 철저하게 이해하지 않으면 안 된다. 만일 우리가 어떤 존재의 일부분이나 특정 측면만을 이해하고서 그 대상을 완전히 이해하였다고 할 수 없을 것이다. 그러므로 철학을 수행한다는 것은 언제나 순간이나 결과가 아니라 과정을 의미하는 것이며, 대상이 시작되는 처음부터 대상이 완성되는 마지막까지 모든 것을 파악하고 검토하는 것이다. 이러한 차원에서 모든 철학적 노력이 추구하는 궁극적인 목표로서의 참된 진리는 언제나 전체일 수밖에 없다. 따라서 학문으로서 철학이 가진 네 번째 특성은 바로 전체성(全體性)이다(Hegel, 2005: 55-56).

제2절 철학, 과학, 예술, 종교

앞서 언급한 바와 같이 인간은 스스로의 생존과 발전을 위해 세계와 인간을 이해하려는 끊임없는 노력을 경주하여 왔다. 이러한 노력을 크게 분류해 보면 앞서 소개한 철학과 더불어 과학, 예술, 종교일 것이다. 인간은 이러한 의식적 노력을 통해 세상을 이해하고 자신의 삶을 정립하였고 그에 기초하여 무엇이 바람직하고 올바른 행동과 태도이며 가장 효율적이고 효과적인 생각과 행동인지를 사유하고 실천하여 왔다. 따라서 철학의 본질을 보다 깊이 있게 이해하기 위해서는 철학이 세계와 삶을 이해하려는 다른 종류의 노력인 과학, 예술, 종교와 어떠한 면에서 차별성과 공통점을 가지고 있는지 살펴보는 것도 매우 유용할 것으로 보인다.

1. 철학과 과학

근대 이후는 과학의 시대이다. 과학은 스스로의 눈부신 발전을 기술과 결합하여 우리가 살고 있는 세계와 우리의 삶에 관하여 엄청난 양의 지식과 정보를 제공하고 있으며 우리의 삶의 질 또한 이전과 비교할 수 없을 정도로 향상시키고 있다. 실제로 과학이 이룬 업적은 정말로 위대하다. 우리는 과학을 통해 엄청난 삶의 진보와 향상을 이루었다.

과학(科學)이라는 용어는 원래 분과학문(分科學文)을 의미하였다(백훈승, 2015: 35). 인류 역사 초기 철학이 신화로부터 독립하여 하나의 연구 분야를 수립하였을 때는 오직 철학만이 유일하고 모든 것을 포괄하는 종합적이면서 단일한 학문이었다. 철학 자체가 학문이고 지식이었던 것이다. 그런데 중세 이후 다양한 영역에서 부분 학문이 발달하면서 기존에는 철학의 부분이었던 분야들이 물리학, 생물학, 심리학, 의학 등으로 독립하기 시작하였고 이를 철학에서 분리된 학문이라는 의미에서 분과학문이라고 불렀다. 실제로 우리가 과학으로 번역하는 science라는 영어의 어원은 scientia로 이는 헬라어 philosophy 혹은 sophia를 라틴어로 옮긴 것이다. 결국 분과학문을 모아 하나의 학문으로 집적하면 바로 철학과 동일해진다고 볼 수 있다. 철학과 비교해 과학은 다음과 같은 특성을 가진다.

　　첫째, 과학은 개별적이며 부분적이다. 앞서 언급한 것처럼 철학은 세계와 삶의 전체를 온전히 순수하게 뿌리 끝까지 탐구하려는 무전제성이라는 특성을 보인다. 반면에 과학은 언제나 전체에서 차지하는 일정 부분의 대상을 연구 영역으로 한다. 결국 과학이 추구하는 지식은 부분지식이며 언제나 특수학문 혹은 개별학문이며 그런 차원에서 언제나 분과과학인 것이다. 둘째, 과학은 가치를 배제하고 사실에 대한 탐구에 집중한다. 과학이 보는 세계는 인간이라는 자율적 의지를 가진 존재가 개입할 여지가 없으며 인간의 가치판단과 무관한 객관적인 세계를 묘사하고 그 속에 담긴 법칙이나 원리를 규명하려 한다. 셋째, 과학은 언제나 일정한 전제 위에서 수행된다. 앞서 언급한 바와 같이 철학이 가진 가장 중요한 특성은 무전제성이다. 철학은 그 어떠한 전제나 제약 또는 선입견 없이 인간의 삶과 세상의 본질을 끝까지 추구하려는 것임에 반해 과학은 자신의 학문적 논증을 정립하기 위해 몇 가지 전제와 원칙을 가진다. 이를 흔히 과학적 세계관 혹은 과학주의라고 부른다.

　　하지만 아무리 과학이 발달하여 인간과 세계의 많은 부분을 설명한다고 하더라도 과학으로 설명하거나 해결할 수 없는 삶의 영역이 존재한다. 예를 들어, 죽음에 대한 고민이나 정치 혹은 예술의 문제는 생물학이나 물리학 혹은 수학으로 설명하거나 분석할 수 없다. 과학적 세계관은 과학의 영역만을 중시하여 인간 실존의 의미는 무시하거나 생략해 버리는 잘못을 저지를 수 있다. 우주의 본질은 무엇인가,

인간이란 무엇인가, 삶의 목적은 무엇인가, 사후에는 우리에게 무슨 일이 일어나는 가 등의 문제와 관련하여 과학은 이 질문을 검증 불가능한 개인적 관심이나 취향 혹은 심지어 상상이라고 간주할 수 있다. 다시 말해 과학적 세계관에서 볼 때 이러한 질문은 합리적 인간이 관심을 가지거나 규명할 필요가 없는 무의미한 질문이다. 그럼에도 불구하고 분명한 것은 과학이 세계 전체를 설명하고 이해할 수는 없으며 세계 가운데 일부를 자신만의 독특한 방법으로 설명하고 제시할 수 있을 뿐이라는 것이다.

이러한 면을 종합하면 과학이 어떠한 토대나 원리를 가지고 작업을 수행하고 있으며 이러한 토대나 원리의 근거는 무엇이며 과연 타당한 것인가 그리고 과학이 수행하고 있는 작업의 의미와 가치는 무엇인가와 같은 과학의 본질과 근거에 대한 문제제기가 중요해진다. 그런데 문제가 되는 점은 이러한 해답은 결코 과학 자체로부터는 도출될 수 없다는 것이다. 다시 말해 과학은 역설적으로 자신의 존립과 활동을 위해 본질적으로 철학을 필요로 하며, 이처럼 과학을 대상으로 하는 철학적 탐구를 과학철학(科學哲學: philosophy of science)이라고 부른다(강신익 외, 2011).

2. 철학과 예술

인간은 철학이나 과학뿐 아니라 예술이라는 수단을 통해서도 세계와 삶의 본질을 이해하며 이를 표현하고 다른 사람들과 소통한다. 예술은 철학이나 과학과 마찬가지로 인간의 의식적 활동이지만 철학이나 과학에 비교하여 어떠한 특성을 가진 활동일까?

예술(藝術: art)은 기본적으로 미적 작품을 형성하는 인간의 창조적 활동을 말한다. 예술이라는 행위를 구성하는 핵심범주는 미(美: the beauty)와 창조(創造: creation)이다. 우선 예술이 정확하게 무엇을 의미하는지를 예술이라는 명칭이 가진 어원을 통해 알아보기로 하자. 예술에서 예(藝)는 농부가 손에 벼를 들고 심는 것을 본뜬 글자이다. 그래서 예는 본래 무언가를 심는 기술이나 방법이라는 뜻에서 인간이 사용하는 기능과 기술을 의미하는 것이었다. 술(術)이라는 글자 역시 나라 안의 여러 가지 길을 의미하는 글자로, 이 역시 예와 마찬가지로 방법이나 수단을 의미하였다. 결국 예라는 글자와 술이라는 글자는 모두 기술이나 방법을 의미한다. 또한 예술은 철학적 측면에서 형이상학적인 원리를 형이하학적인 방법으로 실행하는 기술을 의미한다. 다시 말해, 추상적이고 보편적인 형이상학적인 것을 우리가 보고 느끼고 경험할 수 있는 구체적 사물로 창조하고 구현하는 것을 의미한다고 볼 수 있다. 이러한 면에서 보면 예술과 과학은 무엇인가 보편적이고 일반적인 법칙이나 원리를 이용하여 구체적인 사물이나 형태를 만들어 낸다는 의미에서 유사한 인간 활동이라고 할 수 있다.

그렇다면 구체적으로 예술은 철학과 어떻게 다를까? 예술 역시 철학과 마찬가지로 세계와 인간의 본성이 무엇인지를 탐구하고 무엇이 바람직한 삶인지를 고민하지만 철학은 기본적으로 사상이나 사유 혹은 개념이나 법칙을 중심으로 활동하는 반면 예술은 감정과 정서를 다루고 이를 느낌과 감각으로 전달하고 나눈다. 물론 예술도 세상과 인간에 대한 의미나 사상을 파악하고 자신의 관점이나 의지를 전달할 수 있다. 하지만 이러한 의미나 사상을 이성과 사유로 전달하고자 하는 철학과는 달리 예술은 감정이나 정서라는 수단을 통해 자신이 추구하는 의미나 사상을 간접적으로 혹은 우회적으로 전달한다. 또한 철학은 논리적 인식의 내용과 논증의 체계를 갖추고자 한다. 다시 말해 합리성과 법칙이라는 보편적이고 일반적인 방식을 사용하여 진리라는 수단을 통해 자신들이 파악한 세상의 본질을 정립한다. 하지만 예술은 이와 달리 직관적 관상이나 직접적인 감정의 형태로 자신이 추구하고 발견한 아름다움이나 느낌 그리고 사상을 정서적으로 표현한다(백훈승, 2015: 43-47).

이와 같이 예술은 인간이 세상과 삶을 대하는 태도가 다양하다는 것을 환기시키고 그에 부합하는 다양한 접근방법을 제공한다. 예술은 현실과 허구 사이의 경계를 넘나들며 끊임없이 실제와 상상을 엮어 우리 삶의 모습과 의미를 다양하게 보여 준다. 예술은 우리 삶이 아직 경험하지 못한 다양한 측면과 삶의 태도를 회복하고 또한 새롭게 창의적으로 생각하게 해 주는 역할을 한다.

3. 철학과 종교

종교 또한 철학과 마찬가지로 인간이 세상과 삶을 이해함에 있어 무엇보다 중요한 수단이다. 종교는 무한하고 절대적 존재에 대한 숭배나 신성시를 내용으로 하는 인간 활동을 말한다. 종교는 인간이 고민하는 문제 가운데 가장 근본적이면서 통상적인 방식으로는 해결이 불가능한 문제에 대한 해답을 구하려 한다. 어떤 차원에서 보면 종교는 앞서 언급한 철학이나 과학 혹은 예술보다 훨씬 그 역사가 오래된 인간 문화라고 볼 수 있다.

그렇다면 종교(宗敎)라는 용어가 어떤 어원을 가지고 있는지를 살펴보면서 종교의 의미를 보다 자세히 파악해 보자(백훈승, 2015: 54-55). 한자어 종교(宗敎)는 글자 그대로 '가장 높은 가르침, 근본이 되는 가르침'이라는 뜻이다. 그런데 현재는 모든 종교를 통칭한 일반명사로 종교를 사용하고 있지만 원래 종교는 불교용어였다. 불교 경전인 『능가경』에 '종통(宗通)'과 '설통(說通)'이라는 용어가 있는데, 이 가운데 종통의 종이 바로 완성된 최종이자 최상의 것이라는 뜻의 산스크리트어 'siddhanta(싯단타)'를 한자어로 옮긴 글자이다. 즉, 종은 불교의 근본진리를 깨달아 도달할 수 있는 궁극적인 경지를 말하는 것이다. 또한 이러한 궁극적 진리에 도달하기 위해 이러한 진리를 추구하는 사람들의 개인적 특성이나 상황에 맞추어 다양하게 종을 설명한 내용들 혹은 이러한 내용을 활용한 가르침이 바로 교(敎)이다.

이와 같이 원래는 불교의 가르침을 뜻하였던 종교가 1869년 일본 메이지 2년에 서양으로부터 소개된 religion이라는 말을 번역하는 데 가장 적절한 용어로 선택되면서 원래는 불교적 의미의 가르침을 의미하던 종교가 전체 종교를 의미하는 일반명사로 탈바꿈하게 되었다(백훈승, 2015: 55).

그렇다면 종교라는 단어가 번역하려는 원어인 religion은 어떠한 뜻을 가진 용어일까? 로마의 철학자 키케로(Cicero, 기원전 106~43)는 이 단어가 '다시 반복하여 읽는다'는 뜻을 가진 라틴어 relegere에서 왔다고 하면서, 이를 신들에 대한 존경을 표하기 위해 신들에 대한 이야기를 반복해서 읽고 기억하는 것으로 보았다. 다른 말로 하자면 우리가 신에 대해 계속해서 존경과 찬미를 표현하며 기도하고 기억하는 행위가 바로 다시 반복하여 읽는다는 뜻이라는 것이다. 반면에 중세 초기 기독교 사상가인 렉탄티우스(Lactantius, 250?~350?)는 '다시 묶는다'는 뜻의 religare에서 religion이라는 용어가 나온 것으로 보았다. 이는 종교를 원래 신적인 존재와 하나였던 인간이 신으로부터 떨어져 나온 상태에서 다시 신과 하나로 묶이고자 하는 노력이라고 본 것으로 간주된다(백훈승, 2015: 57). 원래 많은 종교에 공통적인 사상은 신과 하나였던 인간이 실수나 잘못으로 인해 신을 떠나거나 버려지고 이후 다시 신으로 돌아오는 과정을 종교라고 보는 것이 일반적이다.

종교와 철학은 공통점도 많으며 또한 차이점도 많다. 우선 종교와 철학 모두 궁극적이며 근원적인 것을 탐구한다. 철학이 시작부터 전체라는 물음을 가지고 탐구해 온 것처럼 종교 역시 전체의 최고인 무한이나 절대를 고민하여 왔다. 그리하여 종교와 철학이 다루는 주제는 '무한, 영원, 절대, 만물의 근원과 기원, 사물의 본성, 세계의 시작과 종료, 영혼의 불멸, 신적 존재' 등으로 매우 유사한 점을 보이고, 이들은 인간의 인식능력으로는 불가능한 것처럼 보이는 영역을 알고자 추구한다는 점에서 공통점을 보인다.

다만 이러한 주제의 의미를 밝히고 근거를 해명하는 과정이 지적이고 이성적 노력으로 수행될 때 철학의 영역에 머무르는 반면, 가장 근원적인 것들에 대한 문제에 직면하여 불안과 경이감을 느끼며 이러한 감정으로부터 벗어나기 위해 초월적이고 궁극적인 방식으로 숭배와 경외의 방식으로 나아가면 종교가 된다. 이처럼 종교는 궁극적이고 초월적인 존재에 대하여 신앙과 믿음을 보이지만 철학은 이러한 초월적 존재를 이성적으로 추구하고 규명하고자 한다. 종교에서 무한이나 궁극성은 믿음의 대상이지 증명이나 논증의 대상이 아니다. 종교는 자신이 추구하는 대상이 철학이 수행하고자 하는 증명이나 논증을 초월하는 대상이라고 믿는다. 따라서 종교인은 자신이 살아가는 세계나 자신의 삶의 본질이나 방향에 대해 문제에 직면하면 신앙의 방식으로 이를 해결하려고 하고, 철학자는 오로지 인간의 이성적 노력으로 사유와 사색을 통하여 이를 해결하려고 노력한다. 또한 어떻게 살아가는 것이 바람직하고 올바른 것인가와 같은 윤리적·규범적 문제에 대해 종교인은 자신이 믿는 대상에 의해 주어진 가르침을 존중하고 준수함으로써 이를 해결하는 반면에 철학자는 이러한 질문에 대하여 스스로 사색하여 해답을 찾아내고 실천한다. 종교인이 자신이 믿는 존재에 의한 자비와 은총의 힘을 통해 이러한 존재가 드러내는 계시의 방식으로 세상을 인식하고 문제를 해결하는 반면, 철학자는 자신이 경험과 감각 그리고 사유를 통해 얻은 논리와 판단에 의해 문제를 진단하고 그 해결책을 선택한다.

제3절 사회복지 철학의 개념과 체계

1. 사회복지 철학의 개념

앞서 우리는 철학을 "자연과 인간, 사회, 문화 제 영역의 최고원리와 제 영역의 통일원리를 반성적으로 탐구하는 지적 활동 또는 그 결실"이라고 정의하였다(백종현, 2007: 17-26). 이러한 철학 개념을 사회복지 영역에 적용한다면 사회복지에 대한 철학적 접근은 "사회복지에 대한 최고원리와 사회복지를 구성하는 제 영역들의 통일원리를 반성적으로 탐구하는 지적 활동 또는 그 결실"이라고 정의할 수 있을 것이다.

그리고 사회복지의 최고원리와 구성 영역들의 통일원리를 탐구하는 분야를 '사회복지 철학(philosophy of Social Welfare)'이라고 명명하고 이 분야를 하나의 독립된 학문으로서 체계적인 정립을 모색하는 것이 바람직해 보인다.

그렇다면 "사회복지에 대한 최고원리와 사회복지를 구성하는 제 영역들의 통일원리를 반성적으로 탐구하는 지적활동 또는 그 결실"이라고 정의한 사회복지 철학에 대하여 보다 자세히 살펴보도록 하자.

사회복지 철학의 정의에서 '사회복지에 대한 최고원리'는 우리가 현재 사회복지라는 명칭으로 인식하는 대상의 가장 본질적이고 근본적인 속성, 즉 본성을 의미한다. 다시 말해 우리가 현실적으로 경험하는 다양한 사회복지 이념이나 실천, 정책이나 제도 속에 공통적으로 존재하는 동시에 이들이 현실적으로 존재할 수 있는 근거와 존재 이유가 되는 본질과 본성을 말하는 것이다. 우리는 우리 눈앞에 개별적으로 존재하는 사회복지 실천이나 정책이 곧바로 사회복지의 본질이나 본성이라고 단정해서는 안 된다. 앞서 철학의 특성에서 설명한 것처럼 우리가 보는 구체적인 사회복지 대상에는 사회복지의 본질이나 본성이 포함되어 있는 개별적이고 부분적인 존재들이기 때문이다.

사회복지 철학의 정의 가운데 '사회복지를 구성하는 제 영역들의 통일원리'라는 의미는 다음과 같다. 사회복지는 하나의 단일한 체계나 제도로 이루어진 것이 아니라 다양한 하위영역과 부분들의 종합으로 존재한다. 예를 들어, 사회복지에는 아동복지, 노인복지, 장애인복지 등의 실천 분야도 존재하며, 사회복지 실천이나 사회복지 정책과 같은 실천방법상의 하위범주들도 존재한다. 그러므로 우리가 사회복지 실천 분야에 대한 철학적 접근을 시도할 경우 앞서 언급한 최고원리로서 사회복지 자체의 본질이나 본성이 사회복지 실천이라는 하위영역의 구체적인 내용과 상황과 어떻게 결합하여 드러나는지를 반성적으로 탐구하여야 한다.

결국 사회복지의 최고원리가 사회복지 실천이라는 구체적인 대상과 어떻게 '통일적'으로 드러나는지를 살펴보아야 하는 것이다. 이러한 차원에서 철학적 접근과 그 결실은 언제나 그 본질상 특수적인 것을 내포하는 보편성으로, 다시 말해 현실적으로는 보편성이 개별성과 일치된 특수성으로 드러난다(Hegel, 2005: 33-34).

그렇다면 '반성적으로 탐구하는 지적 활동'이란 어떠한 의미일까? 관심대상에 대한 직접적 관찰이나 경험 영역을 다루는 과학과는 달리 철학은 기본적으로 우리가 직접 경험할 수 없는 영역인 본질, 본성, 원리, 법칙, 의미 등을 다룬다. 따라서 과학에서 주로 사용하는 인식도구인 감각을 통한 구체적 경험이 아니라 흔히 이성이라고 부르는 사유(思惟: thinking)를 주로 활용할 수밖에 없다. 이같이 사유대상과 사유 주체 사이에 일어나는 지적 활동을 흔히 반성 혹은 성찰이라고 부른다.

그렇다면 반성과 성찰의 지적 활동은 사회복지의 본질이나 본성을 탐구하는 데 있어 구체적으로 어떻게 이루어지는 것일까? 사회복지에 대해 철학적으로 사유한다는 것은 "여러 가지 경쟁적 관점(perspectives)을 활용하여 비판적인 자세로 사회복지를 이해하는 다양한 대안적 유형을 창안해 내는 것"이다(Gray & Webb, 2013: 7).

이러한 맥락에서 볼 때, 결국 사회복지의 본성과 본질을 반성적으로 탐구한다는 것은 인간과 사회를 이해하는 다양한 관점을 활용하여 사회복지를 새롭게 바라볼 수 있는 대안적 사유의 형태를 창안해 내고 그 의미가 무엇이며 그것이 어떻게 정당화될 수 있는지를 설득력 있게 제시하는 것이라고 할 수 있다. 물론 이러한 과정에서 상대방의 관점과 사고유형뿐만 아니라 자신의 관점과 사고유형마저도 비판적으로 바라볼 수 있어야 할 것이다.

2. 사회복지 철학의 체계

철학은 단일체계의 학문이 아니라 그 내부에 인간과 세계에 대하여 뚜렷하게 구별되는 관심 측면에 따라 나누어진 하위 분과학문들로 이루어진 종합적인 학문이다. 대표적인 철학의 하위 분과를 들자면 인간이 획득할 수 있는 정당화된 믿음인 지식의 내용과 방법을 다루는 인식론(epistemology), 바르고 정확한 추론 원칙과 방법을 연구하는 논리학(logic), 아름다움에 대한 인식을 연구하는 미학(epistemology), 인간과 사물의 본질과 성격을 탐구하는 존재론(ontology), 도덕적인 것의 내용과 정당화를 논의하는 윤리학(ethics) 등이다(김기덕, 2002: 23-32).

그렇다면 앞서 우리가 명명한 사회복지 철학이라는 학문이 갖추어야 할 체계를 모색할 때 앞서 제시한 철학의 체계와 구성을 하나의 대안으로 활용할 수 있을 것으로 보인다. 앞서 우리는 사회복지 철학을 '사회복지 그 자체에 대한 최고원리와 제 영역의 통일원리를 반성적으로 탐구하는 지적 활동 또는 그 결실'이라고 규정하였다. 사회복지 철학의 개념을 이렇게 구성한다면 사회복지 철학을 구상하는 제 영역을 앞서 언급한 철학의 하위 분과 영역을 따라 구성함으로써 사회복지의 세부 영역에 대한 통일원리와 아울러 사회복지 자체에 대한 최고원리에 대한 철학적 탐구를 정립할 수 있을 것으로 보인다. 예를 들어, 철학의 하위구성요소에 따라 사회복지 철학 가운데 사회복지의 규범적 측면을 다루는 영역은 사회복지 윤리학으로, 사회복지와 관련된 지식의 의미와 정당성을 다루는 영역은 사회복지 인식론으로 체계화할 수 있다. 그리고 공동체와 관련하여 사회복지를 다루는 영역은 사회복지 정치철학으로, 사회복지를 둘러싼 인간의 미적 인식과 기예를 다루는 영역은 사회복지 미학으로 구분될 수 있다.

실제로 미국의 대표적 사회복지 철학자인 리머(Reamer)도 앞에서 제시한 논의와 매우 유사한 방식으로 철학 체계를 활용하여 사회복지의 철학적 기초를 정립하고 있다. 리머는 철학을 크게 정치철학과 윤리학, 논리학, 인식론, 미학으로 구분하고 이 분과학문들이 사회복지의 영역들과 어떻게 연관되어 있고 어떠한 쟁점과 함의를 지니고 있는지를 조망한다(Reamer, 1993).

그는 철학의 하위 분과 가운데 윤리학과 정치철학을 사회복지가 어떤 존재이며 어떤 역할을 수행하여야 할지에 대한 방향제시를 통해 사회복지의 존재와 사명을 규명하는 분야로 바라본다. 그리고 인식론과 논리학은 사회복지가 타당한 형태로 논쟁을 진행하고 논리적으로 오류 없는 사고를 할 수 있는 기초를 제공할 수 있을 것으로 본다. 그리고 마지막으로 사회복지 미학은 사회복지가 자신의 실천을 인식하고 비판하는 작업과 깊이 관련이 있는 것으로 규정한다.

이러한 논의를 종합하여 사회복지 철학 체계를 도식화하면 다음의 [그림 2-1]과 같다. 그림에서 보듯이 사회복지의 본질과 관련된 총체적 탐구 영역을 사회복지 철학이라는 명칭으로 가장 상위에 규정하고 그 아래 철학의 하위영역 구분에 따라 사회복지 윤리학, 사회복지 정치철학, 사회복지 미학 등이 사회복지 철학의 하위영역으로 배치될 수 있다. 그리고 맨 오른쪽에 아직 등장하지 않은 사회복지 철학의 하위분야는 앞으로 사회복지의 새로운 대상들이 등장할 때마다 혹은 대상을 바라보는 새로운 철학적 관점이나 시각에 따라 계속하여 채워져 나가게 될 것이다.

예를 들어, 페미니즘 철학과 사회복지가 만나는 페미니즘 사회복지 철학, 다문화주의와 사회복지가 만나는 다문화주의 사회복지 철학, 인공지능의 발달로 초래될 수 있는 사회복지 영역의 새로운 변화의 의미를 탐구하는 'AI 사회복지 철학'이나 '디지털 사회복지 철학' 등이 사회복지 철학을 구성하는 하위영역의 새로운 후보가 될 수 있을 것이다.

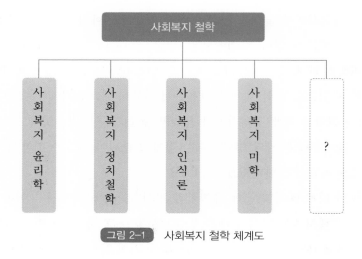

그림 2-1 사회복지 철학 체계도

3. 사회복지 철학의 개별 하위체계[1]

여기서는 앞에서 언급한 사회복지 철학의 체계를 구성하는 하위 분과학문의 내용을 보다 구체적으로 제시한다. 철학의 하위 분과 가운데 사회복지와 관련해 상대적으로 많은 함의를 가지고 있다고 생각하는 윤리학, 인식론, 정치철학, 미학 등을 중심으로 구성된 사회복지 윤리학, 사회복지 인식론, 사회복지 정치철학, 사회복지 미학이 각각 어떠한 측면에서 사회복지 영역에 이론적·실천적으로 기여할 수 있는지를 살펴본다.

1) 사회복지 윤리학

윤리학(ethics)은 철학의 다른 분과에 비해 사회복지 분야와 일찍부터 긴밀한 연관을 맺어 왔으며 현재 윤리학과 사회복지 분야의 교류 정도는 사회복지 윤리학(social work ethics)이라는 사회복지 철학의 고유 영역이 구축될 정도로 상당히 진

---

1) 이 부분의 주요 내용은 김기덕 등(2015), pp. 23-44의 내용을 요약 정리한 것임을 밝힌다.

전되었다(김기덕, 2002).[2]

　일반적으로 윤리학은 윤리적 가치, 곧 선(善)의 의미와 원천을 밝히고 선이 표현된 윤리적 규범들인 도덕법칙을 찾아내고 그것들 위에 서 있는 '도덕의 나라'를 추구하는 철학의 한 분야이다(백종현, 2007: 239). 도덕적 나라를 이론적으로 추구하는 윤리학은 크게 두 가지 하위영역으로 나누어진다. 하나는 도덕적이란 것이 무엇을 의미하며 이러한 의미는 어떻게 정당화될 수 있는지를 논의하는 메타윤리학(meta ethics)이고 다른 하나는 주어진 도덕적 문제를 해결하는 데 가장 적절한 도덕이론을 구체화하는 규범윤리학(normative ethics)이다. 결국 윤리학은 도덕이 무엇인지에 대한 탐구를 통해 우리에게 주어진 규범적 문제를 해결하고자 하는 철학적 노력이라고 할 수 있다(Thompson, 2000: 28-30).

　윤리학이 추구하는 이러한 두 가지 연구방향을 고려한다면 사회복지에 대한 윤리적 접근을 주로 다루는 사회복지 윤리학 역시 기본적으로 사회복지가 지향하는 규범성을 명확히 하는 탐구를 수행함과 동시에 사회복지가 실천 과정에서 추구하는 전문직 가치들이 구체적인 실천 과정에서 야기하는 야기되는 윤리적 갈등과 딜레마를 적절하게 해결할 수 있는 이론적 자원과 모델을 마련하는 것이라고 볼 수 있다.

　따라서 윤리학 혹은 도덕철학은 사회복지학이 추구하는 가치와 이상이라는 규범성을 명확히 하는 작업과 아울러 구체적인 실천 과정에서 직면하는 윤리적 갈등을 명확히 하고 이를 해결할 수 있는 실천원칙과 기법을 제공하는 데 가장 적절한 철학의 하위분야라고 볼 수 있다. 윤리학이 사회복지에 대하여 제공할 수 있는 이론적 · 실천적 함의들을 보다 명료하게 정리하여 보면 크게 다음과 같다(김기덕, 2002: 122-127).

　첫째, 윤리학을 통해 사회복지는 자신의 사명과 기능의 본질을 명확히 확인할 수 있다. 다시 말해 윤리학은 사회복지가 지향하는 규범적 성격을 명확히 하고 사회복

---

2) 사회복지와 윤리학의 관계는 이어지는 이 책의 제3장 '사회복지와 윤리학의 이해'에서 보다 집중적으로 다룬다.

지의 가치와 이념의 내용과 정당성에 대한 근거를 제공한다. 또한 윤리학은 도덕적 측면에서 사회복지의 사회적 정당성을 뒷받침함으로써 사회복지 전문직의 사회적 존재 근거를 명확히 할 뿐만 아니라 사회복지 전문직과 관련 활동들을 사회가 승인하고 지원할 수 있는 근거를 제공한다.

둘째, 윤리학은 사회복지사가 구체적인 실천 과정에서 바람직한 실천수단을 선택하는 데 있어 중요한 지침 가운데 하나로 작용한다. 사회복지사는 자신의 실천과정에서 언제나 무엇이 바람직한 실천인지를 모색하고 결정하는 과업이 직면하는데 이 과정에서 윤리학은 사회복지 실천가가 바람직한 실천개입을 결정하는 과정에서 사용할 수 있는 다양한 수단 가운데 하나로 활용된다.

셋째, 윤리학은 앞에서 언급한 바와 같이 사회복지가 수행하는 실천활동의 정당성을 증명함으로써 사회복지가 사회적으로 존재할 의미가 있음을 정당화하는 과업에 기여할 수 있을 뿐만 아니라, 사회복지가 실천 과정에서 수행하는 다양한 연구, 조사, 출판 등의 인식론적인 작업의 정당성에도 기여할 수 있다. 만일 사회복지의 사명과 본질과 연관된 존재론적 성격이 규범적인 것이라면 이러한 대상을 파악하고 연구하기 위한 방법 역시 윤리적이어야 할 것이기 때문이다(Saleebey, 1990).

2) 사회복지 인식론

인식론(epistemology)은 인간의 참된 인식에 대한 철학이다. 인식론은 인간이 과연 자신을 포함한 세상을 어떻게 알아차리고 이해할 수 있을까라는 기본적인 질문에 해답을 주고자 하는 노력이다. 따라서 인간과 세상에 대한 참된 인식인 진리를 진리일 수 있도록 만들어 주는 의심할 여지없는 확고한 기초가 무엇인지를 추궁하고 어떤 인식이 참된 인식이 되기 위한 조건들을 성찰하는 철학의 학문 분야가 인식론이다(백종현, 2007: 167). 그런데 인간의 참된 인식이란 말 자체가 참된 지식이라는 말과 의미상 차이가 별로 없기 때문에 인식론은 흔히 지식이론(theory of knowledge)으로 불리기도 하고 또는 지식의 의미와 정당성에 대한 탐구라는 측면에서 지식철학(philosophy of knowledge)으로 불리기도 한다. 그렇다면 인식론과 지식철학은 사회복지에 대하여 어떠한 함의를 가지고 있을까?

현대 사회에서 사회복지는 하나의 전문직으로서 자신만의 고유한 가치(values)와 기술(skills) 그리고 지식 체계(knowledge base)를 활용하여 사회적으로 승인된 전문적인 실천활동을 수행해 나간다(Thompson, 2005). 따라서 사회복지가 자신만의 고유한 가치와 지식, 기술 가운데 어느 것 하나라도 제대로 갖추지 못한다면 독자적인 전문직으로서의 사회적인 승인은 불가능할 것이다.

20세기 초 사회복지가 하나의 전문직으로 도입되고 난 이후 전문직에서 요구되는 과학적 조사와 연구방법들을 하나씩 갖추어 나가면서 사회복지가 추구하는 고유한 가치나 기술에 비해 과학적이고 체계적인 지식에 대한 강조가 상대적으로 증가되어 왔다. 이러한 점은 사회복지가 확고한 전문직으로서의 위상을 사회적으로 확보하기 위하여 기울인 노력의 일환이라고 볼 수 있다.

이러한 과정에서 사회복지가 수행하는 실천활동을 안내하는 동시에 그러한 실천 결과가 설정한 목표를 달성하였는지를 알려 줄 분명한 논리적 체계가 존재하는지, 그리고 그 과정을 통해 구축되는 사회복지 지식이 과연 타당성과 신뢰성을 갖추고 있는지, 나아가 사회복지 지식들이 지식의 대상 및 획득 방법이라는 차원에서 다른 여타의 학문과 구별되는 독특한 특성을 가지고 있는지 여부 등에 대한 의문들이 지속적으로 제기되었던 것은 매우 자연스러울 수밖에 없었다(김기덕, 2003: 14-15).

그렇다면 구체적으로 인식론은 어떠한 측면에서 사회복지에 기여할 수 있을까? 사회복지학이 인식론과의 만남을 통해 얻을 수 있는 성과는 크게 인식방법, 인식대상 그리고 인식의 사회적 함의로 구분하여 논의할 수 있다.

첫째, 인식방법과 관련하여 인식론은 사회복지학에서 다룰 수 있고 얻을 수 있는 지식의 종류와 내용에 대하여 보다 근본적이고 포괄적인 시각을 제시할 수 있다. 뿐만 아니라 다양한 지식 간의 관계를 이해하고 이를 활용하는 것과 관련해서 광범위한 이론적 자원을 제공할 수 있다. 그 결과, 사회복지는 그동안 인간의 지식으로 충분히 인식되지 못하였던 암묵지(tacit knowledge)나 장인적 지혜(craft knowledge) 등에 대한 이해를 포함할 수 있게 되었다(Trevithick, 2008).

둘째, 올바른 지식획득 방법을 탐구하는 인식론은 사회복지가 지식을 획득하는 방법에 대해 비판과 반성의 기회를 제공할 수 있다. 따라서 이러한 반성을 통해 확장된 지식획득 방법은 곧바로 사회복지가 다룰 수 있는 지식의 대상에 대한 확장으로 이어진다. 예를 들어, 그동안 사회복지는 논리실증주의와 같은 특정의 제한된 인식방법에 근거하여 연구대상을 한정해 온 경향이 있다. 하지만 인식론과의 전면적인 만남을 통해 지식의 대상에 대한 지평이 확대되면서 사회복지 역시 인간의 행복과 관련된 광범위한 주제를 다룰 수 있게 되었다.

셋째, 사회복지학이 인식론을 접하면서 얻게 된 가장 큰 의의는 사회복지 지식과 연구방법론이 가진 사회적 함의의 발견에 있다. 앞서 살펴본 바와 같이 인간이 관심을 가지고 있는 지식의 대상이 매우 다양하며 이와 같은 다양한 대상을 인식하는 인식방법 역시 다양하다는 것이 알려지면서 지식에 대한 입장은 근본적으로 변화하게 된다. 무엇보다 사회복지학이 다룰 수 있는 대상과 이들에 대한 접근방법이 다양할 수 있다는 것의 인식은 인간의 삶과 의미, 행복에 대한 접근방법이 매우 다양하며 그 가운데 가장 올바르고 타당한 접근법이라는 것은 있을 수 없다는 다원주의적 시각을 가지게 되었다는 것을 의미한다.

3) 사회복지 정치철학

현대의 사회복지가 복지국가(welfare state)에 의한 사회복지 정책(social welfare policy)을 중요한 수단으로 하여 이루어진다는 것을 볼 때 사회복지와 정치철학의 만남은 필수적이다. 사회가 점점 복잡한 조직체들의 발달과 연계로 전개되면서 사회복지의 모습도 상당 부분 변모하게 되었다. 사회복지 대상자와 사회복지 전문가가 개별적으로 직접 대면하는 전통적인 전문직 관계에서 점점 더 다양한 집합체, 제도, 규칙, 법률 등이 사회복지 실천가와 사회복지 대상자 사이를 매개하는 간접적 관계로 발전하게 되었다. 달리 표현하자면 개인과 개인 혹은 개인과 소집단과의 관계를 중심으로 이루어졌던 사회복지의 기본관계가 개인 대 사회 혹은 집단 대 사회의 관계로 전환된 것이다.

사회적 집합체와 개인의 문제를 집중적으로 탐구하는 철학의 하위영역이 바로 정치철학(political philosophy)이다. 정치철학은 사회제도(social institution)와 정치적 권위체(political authority) 그리고 분배정의, 시민의 권리, 자유주의, 공동체주의 등의 정치적 개념과 사상을 주요 연구내용으로 하는 철학의 갈래이다. 최근의 사회복지 영역에서 가장 중요한 쟁점이 되어 있는 국가의 역할과 분배정의에 대한 논의 역시 상당 부분 그 기원을 정치철학에 두고 있다고 볼 수 있다(Reamer, 1999: 1-9).

그렇다면 사회와 개인 간의 관계를 고찰하는 정치철학은 어떠한 측면에서 사회복지에 함의를 던져 줄 수 있을까?

첫째, 앞서 언급한 바와 같이 현대의 사회복지는 국민국가를 중심으로 이루어지는 복지국가의 차원에서 진행되고 있다. 이러한 측면을 고려할 때 무엇보다 정치철학은 최근 들어 사회복지 영역에서 크게 관심을 보이고 있는 개인과 집단의 권리(rights)에 대한 개념을 심층적으로 이해하는 데 많은 도움을 준다. 정치철학을 통해 개인은 시민으로서 사회권(social rights)이나 복지권(welfare rights)을 가진 주체로 개념 규정될 수 있다. 이러한 과정을 통해 사회복지 대상자는 이제 단순히 사적 관계에서 비롯되는 자선적 시혜의 대상에서 벗어나 법적으로 사회적 책임이 보장되는 권리의 향유자로 전환할 수 있다.

둘째, 정치철학은 사회복지가 지향하는 핵심가치 가운데 하나인 사회정의(social justice)에 대해서도 많은 함의를 가지고 있다. 사회복지 실천이 개인 간의 관계를 넘어 사회 조직체 차원에서 진행되면 사회정의(social justice), 특히 분배정의(distributive justice)와 관련된 쟁점들이 중요한 쟁점으로 등장하게 된다.

앞서 살펴본 바와 같이 사회적 욕구 혹은 문제를 가진 개인을 사적 차원의 시혜나 돌봄의 대상이 아니라 한 사람의 시민으로서 스스로의 삶을 영위할 권리의 주체로 규정하게 되면 당연히 이러한 권리를 어떻게 구현할 것인가에 대한 집단적 노력과 책임의 문제가 자연스럽게 제기된다. 한 사회를 구성하는 개인들에게 어떻게 적절한 권리와 의무를 나누어 부과할 것인가의 문제는 정치철학의 오랜 핵심쟁점인데 이러한 쟁점이 복지국가 차원에서 설정된 것이 바로 분배정의(distributive justice)에 관한 영역이며(김기덕, 2005: 68), 이 문제의 해결에 가장 많은 도움을 줄 수 있는 철학의 영역이 바로 정치철학이다.

셋째, 인권과 분배정의 그리고 이와 관련된 공동체의 성격과 책임에 대한 사회복지 차원의 고려는 곧바로 자연스럽게 개인과 공동체의 본질에 관한 문제를 제기한다. 다시 말해 복지국가 혹은 복지사회란 어떠한 모습이어야 하는가에 대한 고민은 과연 바람직한 사회는 어떠한 사회이며, 그러한 사회 속에서 개인이 차지하는 위치는 무엇인지 그리고 공공선(public good)과 공공이익(public interest)이란 어떻게 구별될 수 있는 것인가 등에 관한 정치철학의 핵심쟁점에 대한 고찰을 통해 그 해답을 얻을 수 있다(Christman, 2004: 113).

넷째, 정치철학의 개념과 이론들은 사회복지학에서 다루고 있는 중요한 개념들이 과연 어떠한 의미를 가지고 있는지를 분석할 때도 많은 도움을 줄 수 있다. 사회복지 영역에서 사용되고 있는 개념들, 예를 들어 욕구, 자아, 장애, 배제, 연대 등의 개념에 대한 이해와 분석 그리고 관련된 문제를 실제 사회에서 해결하려는 사회적 실천들은 필수적으로 이 개념들이 가진 의미에 대한 논쟁을 포함할 수밖에 없다(Sayer, 1999: 129).

그런데 사회복지에서 사용되는 개념들에 대한 논쟁에서 문제가 되는 것은 이러한 개념들이 엄밀하고 객관적 기준에 따라 과학적으로 확정될 수도 있지만 많은 경우 한 사회의 정치적 세력 균형이나 합의에 의하여 결정되기 쉽다는 것이다. 다시 말해 사회복지학에서 사용되는 개념들은 어떠한 선험적 근거를 가지고 존재하기보다는 특정 시대의 정치 권력과 지식의 결합물로 우연하게 등장하는 것일 수 있다는 것이다(김기덕, 2004). 이러한 측면을 고려해 볼 때 이제 현대 사회의 사회복지학의 발전은 인권, 정의, 분배, 권력, 공동선과 공공이익, 정체성의 정치학 등과 같은 정치철학적 개념에 대한 이해를 전제하지 않고서는 힘들다고 보는 것이 바람직할 것 같다.

4) 사회복지 미학

일반적으로 미학(aesthetics)은 미에 대한 철학(philosophy of the beauty)이다. 다

시 말해 아름다움(beauty)과 기호(taste)에 대한 철학적 연구라고 정의된다(Reamer, 1993: 160). 미학은 본질적으로 아름답다는 것이 무엇인지를 탐구하며 예술적 기술인 기예(art)에 대한 인식과 상징에 대한 학문이다. 미학이 추구하는 연구대상을 보다 더 자세히 설명하자면 미학은 자연과 예술 등에 담겨 있는 아름다움과 기호를 명확하게 정의하고, 이를 설명하고 정당화하려는 이론적 노력이라고 할 수 있다. 따라서 우리는 미학을 통해 무언가에 대해 아름답다고 느끼고 판단하게 되는 까닭을 이해할 수 있을 뿐만 아니라 그 대상이 아름답다고 판단을 내리는 기준의 내용과 정당성에 대해서도 체계적으로 논의할 수 있다.

그런데 사회복지와 미학이 무관하리라는 일반적 생각과는 달리 사회복지사들은 오래전부터 사회복지사가 수행하는 숙련된 실천에는 예술적이고 미학적인 요소가 담겨 있다는 것을 인식하여 왔다(Siporin, 1988). 예를 들어, 우리는 경험이 풍부한 노련한 사회복지 실천가가 매우 복잡한 사례를 다루면서 보여 주는 새롭고 효과적인 개입기술을 보며 '예술적(artistic)'이라고 언급한다(Reamer, 1993: 155). 하지만 사회복지의 사명이나 실천과 관련하여 미학이 가진 함의는 단순히 사회복지사의 실천기술에 대한 기예적 속성을 넘어 매우 광범위하다. 미학이 사회복지의 사명이나 실천과 관련하여 던져 줄 수 있는 함의는 크게 네 부분으로 나눌 수 있다.

첫째, 미학이 사회복지와 접목될 수 있는 가장 근본적인 이유는 사회복지가 추구하는 목적과 사명이 미학의 주제인 예술적 성격을 가지고 있기 때문이라고 볼 수 있다. 사회복지(social welfare)는 그 개념이 말해 주듯 한 사회가 바람직하다고 생각하는 행복한 상태(state of well-being)를 설정하고 이를 사회적으로 구현하고자 하는 노력을 의미한다. 그런데 사회복지가 추구하는 행복한 상태를 단순히 좋은 것(the good)이나 올바른 것(the right)과 연관된 것으로만 파악하면 앞서 언급한 바와 같이 철학 가운데 윤리학의 주제로 다루어질 것이고, 행복의 의미와 수준을 객관적인 기준을 설정하여 과학적으로 측정한다면 논리학의 주제가 될 수 있을 것이다. 그러나 행복에 대한 논의는 이와 다른 측면에서 충분하게 미학적 주제가 될 수 있다(Reamer, 1993: 163). 예를 들어, 사회복지가 추구하는 건강한 사회 혹은 건강한 가족의 개념에는 단순히 사회의 구성원들이 가진 육체적 · 정신적 건강만으로 환원될 수 없는 속성이 담겨 있다. 무엇이 건강함인가라는 인식의 밑바탕에는 우리 사회의 구성원들이 생각하는 건강함에 대한 심미적이고 정서적인 판단이 놓여 있다.

둘째, 미학은 사회복지의 내용과 범위를 한정하는 분야에 있어서도 많은 함의를 가지고 있다. 일반적으로 미학은 사람들이 일상생활을 수행하는 과정에서 접하게 되는 심미적 경험(aesthetic experience)의 일부로서의 마음 상태에 많은 관심을 가진다. 다시 말해 미학은 특정 대상에 대한 사람들의 다양한 반응(responses)이나 태도(attitudes) 혹은 감정(emotions)에 많은 관심을 가진다는 것이다. 왜냐하면 기본적으로 어떠한 것을 보고 이를 예술 작품으로 간주하게 만드는 핵심기제는 사람들의 감정적 반응이나 태도이기 때문에 이러한 감정적 반응과 태도의 본질에 대한 관심이 미학의 중요한 주제일 수밖에 없다. 사회복지의 영역에서도 이와 같은 심미적 경험이 일상적으로 발생하고 있으며 사회복지의 내용과 범위를 확정하는 데 중요한 역할을 하고 있다. 앞서 잠깐 언급한 바와 같이 사회복지사가 자신의 실천대상인 개인이나 집단을 직면할 때 오직 과학적 태도만을 가지고 이성적 분석과 판단력만을 사용하는 것은 아니며 이성적 판단뿐 아니라 다양한 정서적 · 심리적 반응을 통해 대상에 직면해 나간다.

셋째, 앞서 잠깐 언급한 바와 같이 사회복지사에 의하여 수행되는 전문적 실천활동 그 자체가 예술적 성격을 가지고 있으며 이러한 실천활동을 담당하는 주체인 사회복지사 역시 일종의 예술가로 간주될 수 있다(Siporin, 1988). 현대 사회에서 수행되는 대부분의 사회복지 활동은 사회복지사라고 하는 전문가가 클라이언트라고 하는 대상자들에 대하여 구체적인 서비스와 프로그램을 실시함으로써 이루어진다. 그리고 이와 같은 실천은 흔히 사회복지 고유의 실천 지식과 이론에 근거하여 체계적이고 합리적인 방식으로 진단과 개입이 이루어지는 과학적 실천활동으로 간주된다. 하지만 이러한 실천활동에는 마치 예술가가 주어진 재료를 활용하여 가장 적절한 아름다움을 독창적으로 창출해 내는 것과 유사하게 전문가 스스로의 독특한 창의성을 가지고 상황에 가장 적절한 실천방법을 만들어 낸다.

넷째, 앞에서 제시한 세 번째 함의가 주로 사회복지의 실천과 관련된 것이라면 학문으로서의 사회복지 영역에서도 미학적 함의는 충분히 발견될 수 있다. 학문으로써 사회복지학이 궁극적으로 추구하는 것은 복지 관련 현실을 정확하게 이해하고 설명할 수 있는 개념과 의미 체계 그리고 이론을 구축하는 것이다. 그런데 일반적으로 인식론이나 지식철학에서 주장되고 있는 바와 같이 개념과 이론은 단순히 객관적인 사실의 관찰과 이를 통해 얻은 자료들의 단순한 요약이나 일반화로 이루어지는 것은 아니다(Benton & Craib, 2001: 31). 오히려 이론이나 개념의 창출은 다양한 은유(metaphor)나 비유(analogy)를 사용하여 주어진 사실들을 적절하게 설명할 수 있는 구조나 기제 혹은 과정을 효과적으로 추상화해 낼 수 있는 상상적 도약(imaginative leap)을 절실하게 요구한다(Benton & Craib, 2001: 36-37). 이러한 측면에서 볼 때 사회복지학 혹은 사회복지사가 과학적 지식뿐만 아니라 인문학이나 예술학과 연계해야 할 이유는 더욱 커지며, 특히 사회복지사 자신이 속해 있는 문화공동체의 심미적 가치와 관련 개념에 대한 이해와 활용에 더욱 많은 관심을 가져야만 한다.

제3장

사회복지와 윤리학에 대한 이해

🔖 학습**목표**

1. 윤리학의 개념에 대한 이해

2. 도덕적 판단의 의미와 내용에 대한 이해

3. 메타윤리학과 규범윤리학에 대한 이해

4. 사회복지 윤리학의 개념, 영역, 체계에 대한 이해

제1절 윤리학의 개념

1. 도덕적 가치판단과 윤리학

일반적으로 윤리학(ethics)은 도덕적 가치판단(moral value judgement)의 내용과 근거를 탐구하는 학문이다(Sahakian, 1986: 2). 달리 표현하면 윤리학의 주요 과제는

도덕적 가치판단의 구조를 밝히려는 것이고, 이때 도덕적인 가치판단의 구조를 밝힌다는 것은 도덕적 판단과 선택의 내용과 기준에 관하여 탐구하고 분석한다는 것을 의미한다(Sahakian, 1986: 1). 따라서 우리가 윤리학의 개념을 보다 분명히 하려한다면 먼저 도덕적이라는 것이 무엇을 의미하는지, 그리고 도덕적 가치판단은 무엇이며 어떻게 이루어지는지에 대해 자세히 살펴보는 것이 중요하다.

1) 윤리와 도덕의 어원

앞서 우리는 윤리학을 도덕적 가치판단에 관한 학문으로 정의하였다. 윤리학에 대한 정의에는 윤리와 도덕이라는 두 가지 용어가 동시에 사용되고 있다. 따라서 먼저 윤리와 도덕이 각각 무엇을 의미하는지, 그리고 그들은 어떤 관계인지에 대하여 살펴보아야 할 것이다.

윤리 또는 윤리학이라고 번역되는 영어 ethics는 원래 그리스어 ἦθος(ethos)와 ἔθος(ēthos)에서 유래하였다. ethos는 개인 습관이나 사회풍습을 의미하며 ēthos는 인간의 품성이나 성격을 뜻한다. 그런데 아리스토텔레스의 언급처럼 인간 품성이 주로 개인 습관과 사회적 관습으로부터 비롯된다고 한다면(Aristotle, 2016), 두 단어가 가진 공통적 의미는 습관과 관습에 의해 형성된 인간의 품성과 태도라고 볼 수 있다. 그런데 ethics는 두 가지 의미로 사용될 수 있다. 일차적으로는 개인과 사회의 관습이나 습관 혹은 품성으로 사용될 수 있고, 이차적으로는 일차적 의미에 대한 비판적 연구, 즉 학문으로 사용될 수 있다. 학문적 의미로 사용되는 경우의 ethics는 그리스어 ἠθική(ēthiké)에서 유래된 것으로 보기도 한다. 결국 윤리학으로 번역되는 영단어 ethics는 그리스어 ēthiké와 직접적인 연관이 있는 것으로 보고, 이는 ethos(습관과 풍습)와 ēthos(성향과 태도) 등의 관련 개념들에 기원을 두고 있는 간주하는 것이 적절할 것 같다. 영어 ethics를 동양 문화권에 소개하면서 한자 '윤리(倫理)'로 번역한 사람은 현대 일본철학의 창시자라고 알려진 이노우에 데츠지로(井上哲次郎, 1856~1944)로 알려져 있다(백훈승, 2015: 245).

그렇다면 도덕은 윤리와 어떻게 다르며 어떤 관계일까? '도덕'으로 번역되는 영단어 moral의 어원은 라틴어 morale인데, 이는 라틴어 mos(복수는 mores)에서 파생되었다(Singer, 1994: 5). 그런데 mos는 다름 아니라 앞서 언급한 그리스어 ethos와 ēthos의 번역어이다. 그러므로 영어 moral과 ethics는 어원만 달리할 뿐 내용과 의미는 동일한 것으로 호환하여 사용할 수 있다. 이런 맥락에서 윤리학(ethics)을 흔히 도덕철학(moral philosophy)으로 부르기도 한다.[1]

2) 윤리와 도덕의 내용

그렇다면 우리가 널리 사용하는 윤리(倫理)라는 단어는 어떤 뜻을 가지고 있을까? 중국 고전인 『예기(禮記)』에 의하면 윤리는 본래 '동류(同流)'의 사물적(事物的) 조리(條理)를 의미하였다고 한다. 동류란 비슷한 종류의 사람이나 사물을 말하며 조리란 일이 진행되어 가는 도리(道理)를 의미한다. 그런데 이후 동류가 인간을 의미하는 것으로 범위가 좁혀지면서 윤리는 '사람이 사람과 함께 살면서 마땅히 행하여야 할 도리'라는 뜻이 되었다(백종현, 2007: 241). 결국 인간이 사회생활을 원만히 영위하며 행복한 삶을 살아가기 위해서 지켜야 할 도리가 바로 윤리인 것이다.

도덕(道德) 역시 윤리와 거의 같은 의미로 사용된다. 유교의 대표적 문헌인 『중용(中庸)』에서는 하늘의 명령을 따르는 것을 도(道)라고 정의하고(天命之謂性, 率性之謂道, 脩道之謂敎), 『예기(禮記)』에서는 자신이 취한 바를 수행하는 것을 덕(德)으로 본다(德得也, 所取行者也). 결국 도는 진리 자체를 의미하고 덕은 이러한 진리를 사고와 실천을 통해 인격으로 획득한 것을 말한다(한국민족문화대백과사전). 따라서 하늘이 인간에게 명령한 것을 윤리가 의미하는 도리라고 보면 도덕은 이를 얻고 실천하는 것까지 포함한다고 하겠다.

지금까지의 논의를 종합하면 결국 윤리와 도덕은 동일한 개념을 의미하는 상이

---

1) 일반적으로는 윤리와 도덕을 동일한 내용을 사용하기도 하지만 두 용어를 엄격하게 분리하여 사용하는 학자도 있다. 예를 들어, 하버마스의 경우 현실적인 상황에서 개인적으로 좋은 것을 다룰 때는 윤리로, 모든 사람에게 보편적인 속성을 다룰 때는 도덕이라는 용어를 사용하여 도덕을 보다 본질적이고 보편적인 속성으로 간주한다(Habermas, 1991).

한 단어라고 보는 것이 바람직하며 윤리와 도덕 그리고 윤리학과 도덕철학은 특별한 용도를 설정하지 않는 이상 서로 교환하여 사용하여도 무방할 것 같다.

3) 도덕적 판단의 내용과 분류

앞서 윤리학은 도덕적 가치판단의 내용과 근거를 탐구하는 것이며 윤리와 도덕은 인간이 지켜야 할 도리를 의미하는 동일 개념이라는 것을 밝혔다. 그렇다면 윤리학을 보다 깊이 이해하기 위해서는 윤리의 핵심개념인 '도덕(moral)'이 무엇을 의미하는지를 분명히 밝혀야 할 것이다. 이를 위해 미국의 대표적 윤리학자인 포이만(Louis P. Pojman)과 프랑케나(William Frankena)의 논의를 통해 도덕의 내용과 종류를 보다 자세히 살펴보자.

(1) 포이만의 도덕 범주 분류

포이만은 도덕의 의미를 구체적 행위를 활용하여 보다 명확하게 확정한다(Pojman, 2002: 9-10). 그에 의하면 올바른 행위란 그렇게 행동하는 것이 사회적으로 허용됨(permissible)을 의미한다. 그런데 사회에서 허용되는 행위란 반드시 그렇게 해야만 하는 의무적(obligatory) 행위와 그같이 행동하는 것이 올바르지 않은 것은 아닌 행위, 다시 말해 단순히 허용된다는 의미에서의 임의적(optional) 행위로 나누어진다. 임의적 행동은 다시 의무적 행동은 아니지만 그렇다고 반도덕적인 것으로 금지되는 것도 아닌, 다시 말해 도덕과 무관한 도덕중립적(neutral) 행위와 초과의무적(supererogatory) 행위 두 가지로 구분된다(Rawls, 1971). 도덕중립적 행위는 도덕과 무관하여 도덕적 판단 범주에 해당하지 않는 행위인 반면, 초과의무적 행위란 도덕적 속성이 있어 행위를 수행하였을 경우 칭송과 찬사를 받지만 그렇다고 사회가 의무로써 엄격하게 강제하지는 않는 행위를 말한다.

포이만의 논의를 통해 우리는 도덕적인 것의 내용을 어느 정도 확정할 수 있다. 그의 논의에 따르면 도덕의 범주에는 도덕적인 것과 반도덕적인 것이 포함된다. 즉, 사회에서 허용되는 행위 가운데 의무적 행위를 하는 것과 허용되지 않는 행위를 하지 않는 것은 도덕적(moral) 행위이고 반대로 의무적 행위를 행하지 않거나 허용되지 않는 행위를 하는 것은 반도덕적(immoral)이다. 다시 말해 도덕과 반도덕은 서로 맞물려 있는 상관적 범주인 것이다. 그리고 임의적 행위는 사회에서 허용되지만 도덕적 판단과 무관한(non-moral) 행위이다.

그런데 도덕과 관련된 판단에서 주의해야 할 점이 있다. 그것은 무엇보다 도덕적 구분이 절대적인 것은 아니라는 것이다. 어떠한 행위를 도덕, 비도덕, 반도덕으로 분류하는 방식 자체는 역사적으로 보편적일 수 있으나 구체적 기준이나 내용은 시대와 장소에 따라 다양하게 변할 수 있다. 또 한 가지 주의할 점은 도덕과 무관한 행위에 대해 도덕적 판단을 내려서는 안 된다는 것이다. 흔히 사회에서 도덕과 무관한 비도덕적 행위를 마치 반도덕적인 행위로 간주하는 경우가 있는데 이 경우 이러한 판단행위 자체가 바로 반도덕적인 것이다. 예를 들어, 개인의 성적 취향이나 주거 방식 등과 같이 개인적 취향으로 취급될 수 있는 행위를 반도덕적인 행위로 간주하여 사회적으로 비난하는 경우 이러한 행위 자체가 본질적으로 반도덕적인 행위이다. 지금까지 논의한 도덕에 대한 개념구분을 도식적으로 표현하면 다음의 [그림 3-1]과 같다.

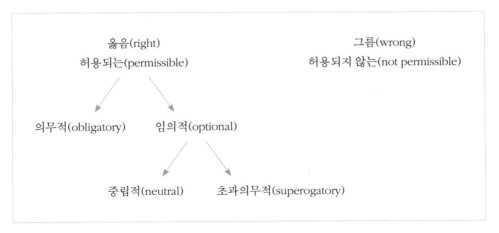

그림 3-1 도덕적 행위의 유형(Pojman, 2002: 10)

(2) 프랑케나의 규범적 판단 체계

프랑케나는 도덕적 가치판단 문제를 보다 확대하여 현실상황을 더욱 정교하게 판단할 수 있는 규범적 판단 체계를 모색한다. 그는 '도덕-비도덕', '행위-가치', '보편적-특수적'이라는 세 가지 범주를 종합하여 규범적 판단 체계를 구성하고 적절한 사례를 제시하여 이를 설명함으로써 자신의 규범적 판단 체계가 도덕적 판단과 관련된 현실 문제에 효과적으로 활용될 수 있음을 보여 준다(Frankena, 1973: 10-11; 김기덕, 2002: 48에서 재인용). 프랑케나가 제시한 세 가지 도덕적 판단 범주를 보다 자세하게 설명하여 보자.

첫 번째 범주인 도덕-비도덕 판단은 앞서 포이만이 제시한 행위에 대한 도덕적 판단 구분과 거의 동일하다. 인간의 가치판단은 도덕과 반도덕이 아니라 '도덕적 판단'과 '도덕과 무관한 판단'으로 구성된다. 그러므로 가치판단은 일단 도덕적-비도덕적(non-moral)인 것으로 구분되고 도덕적(moral)인 것 내부에 도덕과 반도덕(immoral)의 영역을 가진다. 두 번째 범주인 행위와 가치가 의미하는 것은 도덕적 가치판단은 행위만을 대상으로 한정되지 않고 훨씬 포괄적이라는 것이다. 도덕적 판단은 행위뿐 아니라 행위와 연관된 동기나 의지, 사물에 대한 태도, 감정 등에 대해서도 이루어진다. 세 번째 범주인 보편적-특수적 판단이 의미하는 것은 어떠한 규범적 판단은 시간적·공간적 차원에서 제한적인 반면, 어떤 판단과 가치는 시간적·공간적 한계를 넘어 보편적이고 일반적인 것으로 받아들여진다는 것이다.

이러한 세 가지 하위범주를 종합하면 도덕적 판단과 관련하여 하나의 종합적 판단 체계를 구성할 수 있고 현실 사회의 도덕적 판단 문제를 통합적이면서도 체계적으로 분류하고 판단할 수 있다. 여기서 논의한 프랑케나의 판단 체계를 제시하면 다음의 〈표 3-1〉과 같다.

예를 들어, 이 표에서 제시되고 있는 판단 가운데 '책상을 만들 때는 테이프보다는 못을 사용하여야 한다.'라는 판단은 도덕과 무관한 비도덕적 판단이다. 왜냐하면 책상을 만들 때 꼭 못을 사용하여야 한다는 규범적 근거를 찾기 힘들기 때문이다. 그리고 이는 태도를 평가하는 가치판단이 아니라 구체적 행위를 평가하는 의무판단에 해당한다. 마지막으로 이 판단은 특정된 책상에 관한 판단이 아니라 이 세

표 3-1 규범적 판단 체계

I. 도덕적 판단(Ethical or Moral Judgements)

  A. 도덕적 의무에 대한 판단(Judgements of Moral Obligation)

    1. 특수판단(Particular Judgements)

      예) 그간 한 행위는 잘못된 것이다.

    2. 보편판단(General Judgements)

      예) 우리는 스스로 한 약속은 지켜야 한다.

  B. 도덕적 가치에 대한 판단(Judgements of Moral Value)

    1. 특수판단(Particular Judgements)

      예) 우리 할아버지는 존경할 만하다.

    2. 보편판단(General Judgements)

      예) 자선은 미덕이다.

II. 비도덕적 판단(Nonmoral Normative Judgements)

  A. 비도덕적 의무에 대한 판단(Judgements of Nonmoral Obligation)

    1. 특수판단(Particular Judgements)

      예) 당신은 새 옷을 사야만 한다.

    2. 보편판단(General Judgements)

      예) 책상을 만들 때는 테이프보다는 못을 사용하여야 한다.

  B. 비도덕적 가치에 대한 판단(Judgements of Nonmoral Value)

    1. 특수판단(Particular Judgements)

      예) 이 차는 정말 좋은 차이다.

    2. 보편판단(General Judgements)

      예) 기쁨이란 그 자체가 좋은 것이다.

상에 존재하는 일반적 책상에 대한 보편적인 판단을 의미하는 것으로 볼 수 있다.

2. 윤리학의 개념 정의

    도덕적 판단과 관련된 이상의 논의를 기초로 윤리학 혹은 도덕철학에 대한 적절한 개념 정의를 모색하여 보자. 앞서 설명한 바와 같이 윤리학은 기본적으로 도덕적 판단에 대한 탐구이다. 이러한 면을 반영하듯 대부분의 학자는 도덕적 판단을 중심 내용으로 윤리학의 개념 정의를 제시한다.

펠트만(Feldman)은 윤리학을 "도덕에 관한 철학적 연구"로 간결하게 정의한다 (Feldman, 1978: 1). 이 정의는 윤리학이 도덕이라는 대상을 연구하는 철학의 분과 학문이라는 것을 명확히 제시하여 윤리학의 본질을 정확하게 인식하고 있는 것은 사실이지만, 너무 간단하여 윤리학이 실제 어떤 활동을 수행하는지는 파악하기 어렵다. 앞서 규범적 판단의 분류 체계를 논의한 프랑케나는 윤리학을 "도덕 혹은 도덕성과 도덕적 문제 그리고 도덕적 판단에 대한 철학적 사고"라고 정의한다 (Frankena, 1973). 그의 정의는 윤리학의 핵심개념이 도덕이라는 것을 분명히 하면서도 도덕성과 도덕적 문제라는 개념을 구분하여 윤리학이 도덕에 대한 본성탐구의 차원과 문제해결이라는 실용적 차원으로 이루어져 있음을 명확히 한다. 하지만 프랑케나의 개념 정의에는 윤리학의 과제를 어떻게 수행할지와 관련된 방법의 문제가 철학적 사고라는 단어로 간략하게 제시되어 있다는 것이 단점이다.

이러한 측면에서 다음에 소개할 포이만의 개념 정의는 몇 가지 측면에서 다른 학자들의 개념 정의에 비해 진전된 것으로 평가된다. 그는 윤리학을 "도덕적 개념을 이해하고, 도덕적 원칙과 이론들을 정당화하려는 체계적 노력"으로 정의한다 (Pojman, 2002: 2). 이 정의는 윤리학의 핵심개념이 도덕이라는 것을 분명히 한다는 점에서 다른 정의들과 동일한 입장을 취하지만 다음의 몇 가지 측면에서 진전을 보인다.

첫째, 그는 도덕을 도덕적 개념, 도덕적 원칙, 도덕적 이론으로 구분하여 체계적으로 제시함으로써 추상적 개념에서 보다 구체적 원칙들이 나오고 이러한 원칙들의 관계가 도덕적 이론이라는 것을 분명히 제시한다. 둘째, 그는 다른 정의에 비해 도덕에 대한 연구방법을 보다 구체적으로 제시한다. 그는 윤리학의 연구방법을 도덕적 개념을 '이해'하는 작업과 이를 '정당화'하는 작업으로 분명하게 구분한다.

포이만의 개념 정의를 통해 알 수 있는 윤리학의 과제는 크게 두 가지이다. 하나는 윤리학의 핵심범주인 도덕이 무엇인지 그 내용을 파악하여 실제 생활에서 하나의 행동지침으로 활용할 수 있는 내용을 이론화하는 것이다. 다른 하나는 그와 같은 도덕을 어떻게 인식하고 파악할 수 있는지에 대하여 정당성을 제시하는 것이다. 이러한 윤리학의 두 가지 과제는 윤리학이 어떠한 이론과 쟁점으로 구성되는지를 이해하고 분류하는 데 중요한 기준이 된다.

제2절 윤리학의 주요 이론

1. 윤리학의 과제와 윤리학의 연구 분야

앞서 우리는 도덕에 대한 가치판단을 탐구하는 윤리학이 크게 두 가지 문제를 해결하려 한다는 것을 제시한 바 있다. 하나는 도덕의 내용을 확정하고 구체적인 상황에서 어떻게 이를 실천지침으로 활용할 수 있을지를 탐구하는 것이고, 다른 하나는 우리가 도덕이라고 부르는 것의 의미가 무엇인지 그 인식방법과 정당성을 탐구하는 것이다. 일반적으로 전자의 문제를 다루는 영역을 규범윤리학(normative ethics)으로, 후자의 문제를 다루는 영역은 메타윤리학(meta ethics)으로 부른다 (Thompson, 2000: 28-30). 이러한 구분에 따라 윤리학의 다양한 이론을 크게 규범윤리학과 메타윤리학으로 구분하여 간략하게 소개하고자 한다.[2]

2. 규범윤리학

규범윤리학의 목적은 구체적 행위의 옳고 그름을 판단할 수 있는 도덕규범(moral norm)을 탐구하여 특정한 행위를 도덕적으로 판단할 수 있는 도덕이론들을 명확히

---

2) 윤리학의 탐구에는 규범윤리학과 메타윤리학과는 별개로 기술윤리학(descriptive ethics)이 존재할 수 있다. 이는 의미 그대로 윤리적 현상에 대한 기술적(descriptive) · 경험적(empirical) 탐구를 수행하는 것이다 (Frankena, 1973). 이러한 탐구의 목적은 도덕이라고 규정된 개념이나 관련 대상을 객관적으로 관찰, 서술하거나 구체적으로 설명하는 것이다. 이같이 특정한 규범적 전제 없이 단지 객관적인 행동습관이나 관례를 기술하는 도덕 개념은 흔히 실증적 도덕 혹은 기술적 도덕이라고 부르기도 한다(Pojman, 2002: 2).

하려는 것이다(Sahakian, 1986: 5). 그러므로 규범윤리학은 윤리학이 해결하려는 근본 문제 가운데 어떤 상황에서 어떠한 행동을 하는 것이 도덕적으로 가장 올바른 것인가(Frankena, 1973: 12)라는 질문에 대한 현실적 해답의 모색이라고 할 수 있다.

규범윤리학은 전통적으로 두 가지 방향으로 탐구를 진행하여 왔다. 하나는 의무론적 윤리이론(deontological ethical theory)이라 불리고, 다른 하나는 목적론적 윤리이론(teleological ethical theory)으로 불린다. 이후에는 규범윤리학을 접근하는 두 가지 방식이 어떠한 측면에서 구별되는지 그리고 각각에 속한 대표적인 윤리이론들은 어떠한 것이 있는지 그리고 이 이론들이 가진 장점과 단점은 무엇인지를 간략히 짚어 본다.

1) 의무론적 윤리이론

의무론적 윤리이론은 어떤 행위가 도덕적인 이유는 행위 자체가 도덕적 속성을 가지고 있기 때문이며 이러한 속성에 부합하도록 행동하는 것이 도덕적 의무라고 본다. 따라서 어떠한 행위가 도덕적으로 올바른 것인지 여부는 행위로 인한 결과가 아니라 행위 자체 혹은 해당 행위가 사례로서 속하는 규칙 자체에 내재된 본질적 속성에 의해 결정된다(Pojman, 2002: 134-135). 그런데 도덕의 본질적 속성이 행위 자체에 있는지 아니면 특정 규칙에 있는지 여부에 따라 의무론적 윤리이론은 행위의무론적 윤리이론과 규칙의무론적 윤리이론으로 나뉜다.

(1) 행위의무론적 윤리이론

행위의무론적 윤리이론(act-deontological ethical theory)은 개별 행위 자체에 윤리적 속성이 있다고 보고 행위가 도덕적 규범(moral norm)의 기준이 되어야 한다고 주장한다. 이러한 주장의 이유는 가장 적절한 도덕적 판단은 개별행위자가 특정한 상황에서 수행하는 구체적인 개별행위로 판단되어야 한다고 보기 때문이다. 그렇다면 구체적 상황에서 어떤 행위가 도덕적 속성을 가지고 있는지 여부는 어떻게 알 수 있을까? 구체적 상황에서 구체적 행위를 중요시하는 행위의무론자들은 어떤 행위가 도덕적인지 여부는 주어진 상황에서 그 행위를 수행하는 사람의 직관이나 결단에 의해 밝혀진다고 주장한다.

행위의무론은 구체적 현실 행위를 도덕적 판단의 대상으로 삼는다는 점에서 행위 당사자의 상황에 충실하면서 가장 현실적인 판단을 내릴 수 있다는 장점이 있다. 하지만 이러한 상황성과 구체성이라는 이점은 규범윤리이론이 갖추어야 필수 요건과 상당 부분 충돌할 수 있다. 행위의무론의 경우 어떤 행위의 도덕성 여부를 행위자의 직관과 결단으로 판단하다 보니 특정 행위의 도덕성 여부를 둘러싸고 이견이 존재할 수 있으며 이러한 이견이 확대될 경우 도덕적 판단의 타당성 자체를 의심하게 될 것이다. 결국 행위의무론적 윤리이론은 규범윤리학이 갖추어야 할 보편적용성 문제를 해결하지 못하고 있다고 평가할 수 있다(Pojman: 2002: 7).

(2) 규칙의무론적 윤리이론

규칙의무론적 윤리이론(rule-deontological ethical theory)은 특정 행위에 대한 도덕적 판단은 행위 자체가 아니라 해당 행위가 속하는 상위원칙이나 규칙에 따라 판단해야 한다고 주장한다(Ross, 1930). 왜냐하면 일반적으로 인간들은 특정 행위가 아니라 원칙이나 규칙을 사용하여 옳고 그름을 판단하며 다양한 행위는 규칙에 근거하여 보편성을 가질 수 있기 때문이다. 앞서 살펴본 바와 같이 규범윤리이론에서 가장 중요한 목적은 행동과 태도의 도덕성을 판단할 기준인 도덕규범(moral norm)의 설정이라고 한다면 규칙의무론적 윤리이론에서는 규칙이 바로 규범인 것이다. 그렇다면 도덕규범으로서의 규칙을 어떻게 발견될 수 있을까? 규칙의무론적 윤리이론은 규칙을 인식하는 방법에 따라 규칙직관주의(rule-intuitionism)와 규칙합리주의(rule-rationalism)로 구분된다. 규칙직관주의는 특별한 절차 없이도 정상적인 인간이라면 누구나 직관적으로 도덕성 여부를 인식할 수 있다고 본다. 반면 규칙합리주의는 도덕적으로 올바른 규칙이나 원칙은 직관이나 양심이 아니라 인간 이성을 통한 합리적인 추론 과정에서 얻어지는 것으로 본다.

2) 목적론적 윤리이론

목적론적 윤리이론은 어떤 행위나 태도의 도덕성 여부를 행위나 태도 자체의 속성이 아니라 해당 행위나 태도로 인해 나타나는 비도덕적 결과(consequence)로 판단해야 한다고 주장한다(Frankena, 1973: 14). 이러한 맥락에서 목적론적 윤리이론은 결과론적 윤리이론으로 불리기도 한다(Anscombe, 1958). 따라서 도덕이론으로서 목적론적 윤리이론의 과제는 두 가지로 압축된다. 하나는 도덕적 판단의 기준이 되는 비도덕적 가치는 무엇인가이고, 다른 하나는 그러한 판단과 관련된 주체와 대상은 누구인가이다.

도덕 판단의 비도덕적 기준과 관련하여 목적론적 윤리이론은 크게 쾌락주의자와 비쾌락주의자로 구분한다. 쾌락주의자(hedonist)는 인간이 경험하는 고통(pain)과 쾌락(pleasure)을 도덕성의 판단기준으로 삼는 반면 비쾌락주의자들(non-hedonist)은 쾌락 이외에도 자유, 우애, 권력, 지식, 자아실현 등과 같은 무수히 많은 비도덕적 가치들이 도덕적 판단에 사용될 수 있다고 주장한다.

목적론적 윤리이론의 두 번째 과제인 행위나 태도의 결과가 누구에게 선하고 악한 것이어야 하는가에 대해 목적론자는 크게 윤리이기주의와 윤리보편주의의 입장을 취한다. 윤리이기주의자(ethical egoism)는 행위 주체에게 최대의 이익을 가져다주는 행위가 도덕적이라고 보는 반면, 윤리보편주의자는 사회 전체에 최대한의 이익을 가져다주는 행위야말로 도덕적이라고 본다. 그렇다면 대표적인 목적론적 윤리이론인 윤리이기주의와 윤리보편주의를 보다 자세히 살펴보도록 하자.

(1) 윤리이기주의

윤리이기주의(ethical egoism)는 모든 사람들이 각자 자기 자신에게 가장 이익이 되는 방식으로 행동하는 것이 가장 윤리적이라고 본다. 따라서 모든 사람은 각자에게 가장 많은 선과 가장 적은 악을 가져올 수 있는 행동을 하여야 한다(Pojman, 2002: 90). 여기서 중요한 점은 윤리이기주의의 입장에서는 타인의 행동에 대한 윤리적인 판단 역시 타인의 입장이 아니라 자신의 입장에 비추어 판단해야 한다는 점이다. 그렇다면 규범윤리이론으로서 윤리이기주의의 정당성은 어떻게 확보될 수 있을까?

첫 번째 정당성은 인간의 본성과 관련되어 있다. 윤리이기주의자들은 기본적으로 인간의 본성은 이기적이기 때문에 이러한 본성을 거슬러 행동하도록 강요하는 것은 바람직하지 못할 뿐 아니라 도덕적으로도 타당하지 않다고 주장한다. 두 번째 정당성은 인간의 기본적인 권리와 관계된다. 이기적으로 행동하는 것이 윤리적인 것이라면 타인의 삶에 개입하는 것은 기본적으로 타인의 자유에 개입하는 것이며 이는 개별 인간이 가진 존엄성과 권리를 침해하는 것이다. 세 번째 정당성은 윤리이기주의는 사회적 이익을 가져온다는 것이다. 다시 말해 윤리이기주의 방식으로 사회가 운영되어야만 사회가 발전한다는 입장이다. 예를 들어, 우월한 개인들이 자신들의 이익을 위해 행동하여야만 열등한 인간들은 자연스럽게 사라지게 되고 인류사회는 점진적으로 진보할 수 있다고 본다.

윤리이기주의에 대한 지지에 못지않게 윤리이기주의를 반대하는 입장도 다수 존재하고 있다. 첫째, 인간의 본성이 이기적인가에 대하여 근본적인 문제 제기가 있다. 인간의 본성에서 발견되는 이타주의적 속성에 대한 이론적 논의들과 아울러 경험적 연구들이 속속 보고되고 있다(Mansbridge, 1990). 둘째, 윤리이기주의가 전체 사회를 진보하게 만든다는 주장에 대해서도 의문을 제기하는 입장이 있다. 예를 들어, 장애인을 위한 사회제도를 정비하는 것이 과연 이들의 권리와 존엄성을 침범하는 것인지에 대해서는 논란의 여지가 있다(Rachels, 1986). 셋째, 이기주의는 도덕이론이 가진 사회적 기능을 제대로 수행할 수 없다는 지적도 있다. 규범윤리학의 사회적 기능은 개인 간의 이해관계 충돌을 해결하는 것인데 윤리이기주의자들의 주장에 의하면 해결방법이 없다는 것이다. 이기주의자들이 선택할 수 있는 유일한 갈등의 해결방법은 자신에게 더욱 유리한 방식으로 행동하거나 타인을 그와 같은 방식으로 행동하게 만들어야 한다는 것밖에 없기 때문이다.

(2) 공리주의

목적론적 윤리이론 가운데 현재 가장 강력한 이론은 공리주의(utilitarianism)이다. 목적론적 규범윤리학으로서 공리주의는 크게 세 가지 기본 원칙을 가진다 (Bentham, 1948).

첫째, 목적론적 윤리이론으로서 공리주의의 도덕적 판단은 결과주의 원칙이다. 공리주의는 행위가 가진 속성이나 의도가 아니라 오직 그 행위로 인해 초래되는 객관적 결과에만 의지하여 도덕적 판단을 내린다. 둘째, 효용의 원칙(the utility principle)이다. 공리주의는 인간이 감각적으로 경험하는 즐거움의 정도인 효용을 기준으로 하여 도덕적 판단을 수행한다. 셋째, 공리주의를 가장 강력한 규범윤리학의 이론으로 만든 원칙인 최대 다수의 최대 행복(the greatest happiness for the greatest number)이다. 한 사회에서 가장 많은 행복을 가져다줄 수 있는 행위를 선택하는 것이 가장 도덕적이라는 원칙은 매우 상식적일 뿐만 아니라 보편적이다. 결국 규범윤리학으로서 공리주의가 갖고 있는 강점은 내용과 형식이 가지고 있는 간결성과 보편성이라고 할 수 있을 것 같다.

그렇지만 공리주의에 대한 비판적 시각 역시 만만하지 않다. 실제로 많은 철학자들이 공리주의에 대한 비판적 시각을 제시하고 있다(Sandel, 2009; Rawls, 1971). 그중에서 중요한 몇 가지만 간략하게 소개하고자 한다(김기덕, 2002: 93-100).

첫째, 공리주의의 개념과 관련된 비판들이 있다. 공리주의가 주장하는 도덕적 판단기준인 '최대 다수의 최대 행복'에서 과연 최대 다수가 무엇을 의미하는지에 대해 논란이 있을 수 있다. 최대 다수라는 표현이 단순히 행복의 총량인지 아니면 행복을 느끼는 사람의 총수를 의미하는지에 따라 공리주의의 적용은 상당히 달라질 수 있다(Gewirth, 1978). 둘째, 공리주의 원칙의 적용 과정에 대한 비판이 있다. 공리주의가 주장하는 행복판단을 실제로 수행하려고 하면 많은 어려움이 존재한다. 무엇보다 어떤 행위로 인해 발생하는 수많은 결과를 일목요연하게 선과 악의 측면으로 나누는 것이 쉽지 않다. 셋째, 인간주의적 관점에서 이루어지는 비판들도 있다. 최대 다수의 최대 행복이라는 공리주의의의 원칙을 추구하다 보면 다수에 속하지 못한 소수자 집단의 행복이 무시될 수도 있다. 넷째, 정의 차원의 비판들도 존재한다. 공리주의는 행위의 결과를 중심으로 도덕적 판단을 하는 것인데 이 경우 결과의 발생과는 무관하지만 인간의 삶에서 반드시 인정하여야 할 것들, 예를 들어 약속이나 공적(merit) 그리고 권리들이 무시된다는 비판이 존재한다(Rachels, 1986).

3. 메타윤리학

메타윤리학은 도덕적인 것의 의미에 대한 인식과 판단 그리고 정당성을 다루는 윤리학의 분과학문이다. 달리 표현하자면 메타윤리학은 도덕적 판단의 논리학이며 도덕적 언어와 규범의 근거를 제시하려는 체계적 연구라 할 수 있다(Pieper, 2005: 85). 메타윤리학이 다루려는 과제의 핵심이 도덕적인 것의 의미와 정당성이라고 한다면 이는 도덕이 무엇인지 그리고 왜 그것이 도덕적인 것인지를 판단할 수 있는 객관적이고 절대적인 기준이 존재하는지의 문제로 구체화된다. 이러한 질문들이야말로 바로 우리가 도덕적인 것을 어떻게 인식하고 정당화할 수 있는지를 탐구하는 분야인 도덕인식론(moral epistemology)의 중요한 내용이다. 다음에서는 도덕적인 것의 내용과 인식방법에 대하여 보다 상세히 알아보도록 하자.

1) 인지주의와 비인지주의

도덕적인 것의 의미가 무엇이며 이를 어떻게 인식할 수 있을지를 탐구하는 메타윤리학은 도덕의 인식 가능성을 중심으로 크게 인지주의(cognitivism)와 비인지주의(non-cognitivism)로 구분된다(Beauchamp, 1982: 359). 인지주의는 도덕 개념이 인간과는 독립되어 객관적인 실체를 가지고 있기 때문에 분명하게 인식될 수 있다는 입장을 취하는 반면, 비인지주의는 도덕은 기본적으로 객관적 판단을 내릴 수 있는 독립적 실체가 아니기 때문에 이성을 사용한 인지와는 다른 방법으로 파악되어야 한다고 주장한다. 인지주의 내부에서도 인지의 방식에 따라서 자연주의(naturalism)와 직관주의(intuitionism)로 구분되고 비인지주의 내부에서도 도덕적인 것의 성격을 바라보는 관점에 따라서 정의주의(emotivism)와 규정주의(prescriptivism)로 구분된다(Pojman, 2002: 211-238).

(1) 인지주의 윤리이론

① 자연주의(naturalism)

도덕적인 것이 객관적으로 존재할 수 있다고 주장하는 인지주의의 대표적인 이론은 자연주의이다. 자연주의는 도덕적인 것은 실재적 사실관계에 의해 정의되는 것이므로 경험적으로 확인할 수 있다고 본다. 다시 말해, 자연주의는 도덕적 판단은 사실관계로부터 논리적으로 도출될 수 있다고 주장한다(Perry, 1954). 자연주의자들의 입장에 의하면 무엇이 도덕적으로 가치가 있다는 것은 많은 사람이 그것을 실제로 가치 있게 생각하고 있다는 분명한 사실 때문이라고 본다.

자연주의자에게 가장 중요한 것은 도덕적 판단의 내용이 실제로 존재하는지 여부이다. 따라서 도덕적인 것은 사실적인 것으로 정의됨으로써 확인된다. 이는 자연과학에서 사용하는 객관적이고 경험적인 증명방식과 본질적으로 동일하다는 차원에서 자연주의를 흔히 도덕정의주의자(moral definist)라고도 한다. 하지만 도덕자연주의에 대한 반론도 만만치 않다. 흔히 자연주의의 오류(naturalistic fallacy)라고 불리는 도덕자연주의에 대한 반론은 근본적으로 도덕관계를 사실관계로 정의하는 것 자체가 논리적 오류라고 주장한다(Moore, 1903).

다시 말해, 도덕적 관계를 사실적인 것으로 정의하는 것과 도덕적인 것을 정당화한다는 것은 전혀 별개이며 사실관계가 증명된다고 도덕적인 실체가 정당화되는 것은 아니라고 본다. 무엇이 비도덕적인 이유는 그 행위에 대한 반대가 존재한다는 사실 여부가 중요한 것이 아니라 행위 자체의 본질이나 발생하는 결과가 어떤 측면에서 도덕적이지 않기 때문이라는 것이다.

② 직관주의(intuitionism)

자연주의를 비판하는 직관주의자들 역시 도덕은 객관적으로 존재하는 것이라고 간주한다. 하지만 직관주의는 도덕을 속성상 논리적이거나 과학적인 증명을 요구하는 것이 아니라 직관적으로 파악되어야 하는 자명한 존재라고 본다. 다시 말해 도덕은 인간의 경험이나 관찰로 정의되지 않으며 인간의 직관에 의지하여야 할 비자연적 대상이다(Sidgwick, 1907). 하지만 최근까지 자연주의에 대한 적절한 대안으로 지지를 받았던 윤리 직관주의는 논리적 정당성과 관련하여 많은 반박을 받고 있다. 직관주의에 대한 비판은 무엇보다 직관주의 자체가 내리는 도덕적 판단을 정당화할 수 있는 윤리적 내용이 실제로 존재한다는 것을 객관적으로 증명할 수 있는 뾰족한 방법이 없다는 것이다(Frankena, 1973: 103-105). 인간의 직관이 가진 비논리적이고 추상적인 속성이 다양한 인간이 가진 도덕적 갈등을 합리적으로 해결하기에는 걸림돌이 되는 것이다.

(2) 비인지주의 윤리이론

① 정의주의(情意主義: emotivism)

정의주의는 도덕이 인간과 독립되어 객관적으로 존재하는 것이 아니라는 입장을 취한다. 이들은 어떠한 것이 도덕적으로 옳고 그른지 여부는 해당 문제에 대해 인간들이 가지고 있는 주관적 태도인 정의적(情意的), 감정적(感情的) 상징(emotive symbol)에 불과한 것이라고 본다(Ayer, 1946). 예를 들어, '살인은 옳지 못하다.'라는 도덕적 판단은 살인이라는 행위에 대하여 사람들이 느끼는 불쾌하고 비참한 감정 표현과 동일한 것으로, 이는 결코 이성적 논증이나 과학적 분석의 대상은 아니라고 간주한다.

정의주의적 입장에 대한 비판은 상당히 많으나 크게 두 가지 내용으로 요약될 수 있다(Pojman, 2002: 221-222). 정의주의에 대한 첫 번째 비판은 정의주의자들이 설정하고 있는 도덕적 판단의 성격에 관한 것이다. 비판에 의하면 도덕적 판단은 정의주의자들이 주장하는 것처럼 단순한 감정이나 태도를 표현하거나 기술하는 것이 아니다. 도덕적 판단은 무엇이 올바른지를 규정하고 사람들로 하여금 이를 받아들여 행동하게 만들려는 것이다. 도덕은 단순한 감정이나 태도를 넘어 인간의 행위나 태도를 규율할 수 있는 실체이기 때문에 단순히 감정의 문제가 아니라 이성적 판단에 근거한 논리적 문제라는 것이 비판의 핵심이다.

정의주의에 대한 두 번째 비판은 주로 도덕적 판단이 가진 사회적 성격과 연관되어 있다. 도덕적인 판단이 단순히 사람들이 가진 정서와 감정적인 표현이라면 이는 현실사회에서 도덕이 부여받고 있는 사회적 기능, 즉 사람들 사이의 갈등의 해결과 이해관계의 조정을 할 수 없다. 그러므로 정의주의는 도덕이론으로서의 사회적 기능 측면에서는 무력하다.

② 규정주의(規定主義: prescriptivism)

처방주의라고 불리기도 하는 규정주의 역시 도덕적 판단이 인간의 삶과 독립되어 객관적으로 존재하는 것이 아니라고 인식한다. 하지만 규정주의는 도덕적 판단이 결코 단순히 인간의 주관적인 감정이나 태도의 표현에 그치는 것은 아니라고 주장한다. 이들이 보기에 도덕은 단순한 감정표현 이상의 규정성(prescriptivism)을 가지고 있고 이러한 규정성은 완전히 객관적이지는 않지만 어느 정도의 보편성은 가질 수 있다고 본다(Hare, 1952: 13-14). 즉, 규정주의자들은 도덕적 판단에는 단순한 감정적 표현을 넘어서 무언가 우리에게 명령하는 속성이 있다고 본다.

도덕규정주의자들을 크게 두 가지 측면에서 도덕적 판단이 보편성을 가질 수 있다고 본다. 첫째, 규정주의자들이 보기에 도덕적 판단에는 일정 정도 논리적 속성이 있다고 본다. 이러한 논리성은 도덕적 판단이 단순한 감정표현이 아니라 인간의 태도와 행위에 대하여 규정하고 지시하려는 속성에 기인하고 있기 때문이다. 둘째, 도덕적인 판단이 어떠한 사람들에게 어떠한 행위를 하도록 규정하기 위해서는 비슷한 행위에 대하여 비슷한 규정이 주어져야 하며 이는 어느 정도의 보편성을 가지지 않으면 이루어질 수 없다(Hare, 1952: 70).

결국 규정주의자들이 설정하고 있는 보편성은 인간의 행위와는 독립된 어떤 객관적인 토대나 근거를 가지고 있는 것은 아니지만 실제로 인간의 행위를 규정하고 지시하기 위해서 어느 정도의 일관성을 가질 수밖에 없다는 실용적 차원의 주장을 펼치고 있다. 하지만 이전의 사회와 같이 동일한 지역에서 삶의 경험을 공유하던 사회에서는 사회 구성원들이 공감할 수 있는 도덕적 판단의 가능성이 높았지만 점점 다원화된 가치를 중심으로 복잡해져 가는 상황에서는 규정주의가 주장하는 보편성의 토대와 가능성은 약화될 수밖에 없다.

(3) 근대주의 윤리와 탈근대주의 윤리[3]

지금까지 논의한 윤리학의 이론은 대부분 근대주의 윤리이론(modernist ethics)의 전통에 근거한 것들이다. 근대주의 윤리이론은 도덕과 관련하여 몇 가지 자신만의 전제를 가지고 있다. 근대주의 윤리는 기본적으로 객관적인 도덕적 진리가 인간과는 독립적으로 분명히 존재하고 있다고 상정한다. 그리고 이러한 도덕의 객관적 기준은 인간의 이성과 경험에 의해 인식될 수 있으며 검증 가능하다고 본다. 근대주의 윤리관에서 무엇보다 중요한 것은 도덕적인 것을 인식하고 판단할 수 있는 인간 이성의 가능성에 대한 확고한 믿음이다.

칸트 윤리학에 기본적인 토대를 두고 있는 근대주의 윤리관은 인간들이 자신의 이성을 활용하여 정서, 감정 및 욕망을 극복함으로써 윤리적인 것에 대하여 객관적으로 접근할 수 있다고 본다. 이러한 과정을 통해 인간은 자율적인 윤리적 가치와 존엄을 가지며 이와 같은 자율적 개인의 윤리적 가치와 존엄은 오직 이성을 통해 중재될 수 있다는 가정을 함축하고 있다(송재룡, 2001: 91).

앞서 규범이론의 대표적인 두 가지 분야로 소개하였던 의무론적 윤리관과 목적주의 윤리관 역시 근대주의 윤리관에 근거한 것이다. 앞서 소개한 윤리이론의 내용을 근대주의 윤리관과 관련하여 간략하게 정리하면 다음과 같다. 의무론적 윤리관은 인간의 행위나 태도의 규범성을 행위 그 자체의 속성이나 본질로 규정하는 것으로 칸트주의 윤리관을 대표적인 것으로 들 수 있고, 목적주의 윤리관은 행위의 도덕적 타당성을 행위 자체의 속성이라기보다는 행위의 결과로 주로 판단하는 것으로 공리주의 윤리관을 대표적인 것으로 들 수 있다(Hugman, 2003: 5).

2) 탈근대주의 윤리

최근 들어 근대주의 윤리학이 가진 한계를 비판적으로 성찰하는 새로운 윤리적 입장의 흐름들이 등장하였다(Bauman, 1993). 이러한 흐름들은 하나같이 근대주의

---

3) 이 내용은 김기덕 등(2015)의 63-65쪽의 내용을 요약 정리한 것임을 밝힌다.

윤리학의 기본 전제와 가정들을 비판하고 있다.

이들이 비판하고 있는 근대주의 윤리관의 전제들이란 실증주의, 합리주의, 객관주의, 진리절대주의, 보편주의 등이다. 그들의 주장에 의하면, 이러한 윤리적 전제들은 변화하는 사회에서는 더 이상 철학적 정당성을 확보하기 힘든 근대주의 유산이며 근대주의의 윤리학의 대안인 탈근대적 윤리학을 적극 도입하여 극복하여야 한다는 것이다. 탈근대주의 윤리관의 핵심은 근대주의 윤리에서 가장 중요한 역할을 담당하는 개별 주체, 즉 근대적 자아는 인식론적으로나 실존적으로 더 이상 절대적이고 보편적인 보장을 담보해 줄 수 있는 도덕적 기준이 될 수 없다고 본다(송재룡, 2001: 97).

탈근대주의 윤리관의 등장은 사회철학 전반에 큰 영향을 미쳤으며, 특히 사회복지를 포함한 응용윤리학의 영역에 매우 큰 영향을 미치고 있다. 예를 들어, 탈근대주의 윤리관은 사회복지에서 전통적으로 강조해 온 핵심가치인 사회적 정의, 인권, 전문직 윤리 등이 이론적 논쟁의 여지가 없는 안정된 개념이 아니라 매우 불안정한 근거를 가지고 있다고 본다(Ife, 2001: 212). 따라서 이전까지 이와 같은 가치에 근거하여 전문가로서 사회복지사가 가졌던 권위의 정당성에 대하여 의문이 제기되면서 기존의 전문가와 클라이언트 사이의 권력관계에 대해서도 많은 의심이 제기되고 있다(Dominelli, 2004: 39).

결국 탈근대주의 윤리관이 지향하고 있는 것은 근대주의와 근대주의 윤리에 대하여 반성적(reflexive) 사고를 수행하는 것이다(Dean & Fenby, 1989; Bauman, 1993). 이를 통해 근대주의 윤리관이 가진 개별적 · 원자적 · 억압적 한계를 극복하고 공동체적 동반관계를 전제로 하여 의사소통적이며 관계적인 인간관계로의 전환을 주장한다(Askheim, 2003).

제3절 사회복지 윤리학의 개념, 영역, 체계

1. 사회복지 윤리학의 명칭, 개념 정의, 역할

1) 사회복지 윤리학의 명칭

현대 사회에 등장한 사회적 제도 가운데 사회복지의 역사가 다른 사회적 제도들보다 상대적으로 짧다 보니 사회복지의 철학, 가치, 윤리와 관련된 실천 역사뿐만 아니라 그와 관련된 연구의 역사 역시 그렇게 길지 않다.[4] 이러한 배경으로 인해 사회복지의 규범적 측면, 즉 사회복지와 관련된 가치나 도덕, 윤리에 대해서 학문영역이나 실천현장에서 공식으로 합의한 명칭이나 개념 그리고 내용은 아직까지 명확하게 존재하지 않는 것이 현실이다.

따라서 이 책에서 다루고 있는 사회복지의 규범적 측면을 명명하는 이름 또한 확정된 것이 없으며 매우 다양하다. 미국의 경우에는 미국사회복지교육협의회가 사회복지와 연관된 규범적·윤리적 내용들을 다루는 교육과정을 '사회복지 가치와 윤리(Social Work Values and Ethics)'라는 명칭으로 소개하고 있다(CSWE, 1992). 이 명칭을 보면 윤리의 중요한 내용인 가치를 별도로 윤리와 함께 나란히 소개하는 것이 인상적이다. 아마도 사회복지가 가치지향적인 전문직임을 강조하려는 의도가 엿보인다.

한편 한국의 경우에는 한국사회복지교육협의회가 펴내는 사회복지학교과목지침서에 '사회복지 윤리와 철학(Social Work Ethics and Philosophy)'이라는 명칭으로 다루어지고 있다(한국사회복지교육협의회, 2020: 114-119). 이 명칭에는 철학의 하위분야인 윤리학을 철학과 병렬적으로 나란히 배치해서 혼란을 야기하고 있는 점을

---

4) 미국 사회복지를 중심으로 하는 사회복지 윤리의 역사에 대한 보다 자세한 설명은 김기덕(2002), pp. 129-139를 참조.

지적할 수 있다.[5]

그러나 사회의 교육기관에서 공식적으로 부여한 명칭과는 별개로 사회복지의 이념이나 실천의 규범성을 연구하는 학자들을 각자의 관심에 따라 사회복지 윤리학(Social Work Ethics), 사회복지 도덕철학(Moral Philosophy in Social Work), 사회복지 윤리 의사결정론(Ethical Decision-Making in Social Work Practice), 윤리적 사정평가론(Ethical Assessment) 등과 같이 매우 다양한 명칭을 자유롭게 사용하여 왔다(김기덕, 2002: 116).

하지만 앞서 이 책의 제2장에서 제시한 사회복지 철학 체계에 근거하거나 혹은 경영윤리와 의료윤리 등 상대적으로 앞서 발전된 분야에서 사용하고 있는 명칭들을 고려하여 볼 때 사회복지의 규범적 측면을 사회복지 윤리로, 그리고 이를 학문적으로 다루는 영역을 '사회복지 윤리학(Social Work Ethics)'으로 명명하는 것이 가장 적절해 보인다.

2) 사회복지 윤리학의 개념 정의

그렇다면 사회복지 윤리학에 대한 개념 정의는 어떠한 내용을 담는 것이 가장 적절할까? 사회복지 윤리학의 개념은 다음의 두 가지 측면을 고려하여야 한다. 첫째, 앞서 이 책의 제2장에서 살펴본 윤리학의 정의와 이론 체계를 충분히 담아야 한다. 둘째, 사회복지 윤리학은 사회복지의 본질과 활동을 포괄적이면서도 정확하게 담을 수 있어야 한다. 이러한 두 가지 측면을 고려하여 사회복지 윤리학의 개념을 다음과 같이 정의하는 것이 가장 바람직할 것으로 보인다. 사회복지 윤리학은 "사회복지의 사명(the mission)과 그에 근거한 실천활동(the practices)의 도덕적 측면(the moral aspects)에 대한 개념(concepts), 원칙(principles), 이론(theories) 등을 정립하고 정당화하려는 체계적 노력(systematic efforts)"이다(김기덕, 2002: 118).

이렇게 설정된 사회복지 윤리학의 개념이 담고 있는 내용과 의미를 보다 자세히

---

5) 한국의 현행 교과목 명칭이 가진 문제에 대한 보다 자세한 설명은 김기덕 등(2015), pp. 11-14를 참조.

살펴보도록 하자.

첫째, 사회복지 윤리학은 사회복지의 실천활동뿐 아니라 사회복지가 지향하는 본질과 사회복지의 존재 의미에 담긴 규범적인 측면을 포괄할 수 있도록 개념 정의되어야 한다. 일반적으로 사회복지가 실천을 지향하는 전문직이다 보니 사회복지사가 수행하는 구체적인 활동에 직접적으로 도움이 되는 부분에 관심이 쏠리는 것은 당연하다. 하지만 타당하고 적절한 사회복지 실천활동은 다름 아니라 사회복지의 본질적인 의미나 가치 등에 대한 이해가 선행되어야 한다. 그리고 이러한 본질적 의미와 가치의 내용이 온전히 실천에 담겨야 할 것이다. 그러므로 사회복지의 규범적 영역을 다루는 사회복지 윤리학은 사회복지의 실천 영역뿐만 아니라 사회복지의 기본적인 사명과 존재 의미에 대한 윤리적 측면의 탐구까지도 포함하여야 한다.

둘째, 사회복지 윤리학은 윤리적 탐구의 대상인 사회복지의 측면을 다루어야 할 뿐만 아니라 사회복지의 규범적 측면을 다루는 수단인 윤리학의 내용도 충분히 담겨야 할 것이다. 사회복지 윤리가 발전되어 온 역사적 과정을 보면 사회복지 윤리학이 처음부터 하나의 체계를 갖추고 진행된 것이 아니라 처음에는 윤리학이 가진 특정 측면, 예를 들어 가치라든지 윤리적 의사결정 등에 집중하여 왔다.

하지만 앞서 윤리학의 주요 이론과 쟁점을 다루는 절에서 살펴본 바와 같이 윤리학은 하나의 학문 체계로서 개념과 원칙과 이론이 논리적이고 체계적으로 구조화되어 있다. 따라서 사회복지 윤리학이 하나의 독립적인 학문 영역으로 제대로 정립하기 위해서는 윤리학이라는 학문 체계가 가진 전체적인 요소를 온전히 담고 있어야 한다. 그러한 맥락에서 사회복지 윤리학은 윤리학의 기본적인 요소들, 개념과 원칙과 이론 등을 포괄하여야 하며 이들에 대한 의미 정립과 정당성의 탐구라는 두 가지 연구 영역 역시 모두 담아야 할 것이다. 그러므로 사회복지 윤리학은 윤리학이라는 고유한 체계를 갖춘 학문을 활용하여 사회복지 실천의 규범성을 체계적으로 정립하고 이를 논리적으로 정당화할 수 있어야 한다.

결국 사회복지 윤리학의 개념은 사회복지의 본질과 사명을 분명히 하는 동시에 사회복지 실천과 관련된 윤리적 문제를 해결할 수 있는 지침을 제공하여야 한다는, 서로 분리될 수 없이 긴밀하게 연관된 두 가지 내용을 모두 담고 있으며 이를 제대로 파악하기 위해서는 윤리학이라는 학문 체계를 활용하여 함을 언급하고 있다고 볼 수 있다.

3) 사회복지 윤리의 역할

사회복지는 사회적 문제와 욕구를 가진 개인이나 집단을 대상으로 실천활동을 수행함으로써 이들을 행복하고 안전한 삶을 살아가도록 하려는 매우 구체적이고 실질적인 목표를 가지고 있다. 그렇다면 지금 우리가 다루고 있는 사회복지 윤리는 사회복지사의 구체적 실천활동과 관련하여 어떠한 역할과 기능을 담당하고 있을까? 미국의 대표적인 사회복지 윤리학자인 리머(Reamer)는 다음과 같이 크게 네 가지 측면에서 사회복지 실천에서 사회복지 윤리가 지닌 역할을 소개하고 있다 (Reamer, 1999: 9-13).

첫째, 사회복지 윤리는 사회복지 전문직의 기본 임무와 목표를 명확하게 제시하는 역할을 한다. 앞서 사회복지 윤리학의 개념에서 보듯 사회복지 윤리는 사회복지가 지향하는 규범적 측면들을 개념적으로 분명히 함으로써 사회복지 또는 사회복지 전문직이 우리 사회에 존재하는 이유와 의미를 분명하게 제시하여 준다.

결국 사회복지 윤리는 사회복지의 정체성을 밝히고 드러내는 역할을 하고 있으며, 이를 통해 사회는 사회복지가 지향하는 비전과 가치를 알 수 있다. 이러한 과정을 통해 사회는 사회복지와 사회복지 전문직을 사회적으로 승인하고 인정하게 된다. 사회복지 윤리가 지향하는 사회복지의 비전, 가치, 사명은 전문직으로서 사회복지사들이 사회에 대하여 자신들의 존재 의미와 윤리적 지향을 스스로 선포하는 문건인 사회복지사 윤리강령(code of ethics)에 정확하게 담겨 있다.

둘째, 사회복지 윤리는 사회복지사나 사회복지기관이 사회 속에서 어떠한 종류와 성격의 사회적 관계를 형성해 나가야 할지를 제시한다. 앞서 언급한 것처럼 사회복지는 한 사회의 구성원들 가운데 사회적으로 인정되고 승인된 개인이나 집단을 대상으로 사회적 실천을 수행해 나간다. 비록 사회적으로 합의되고 승인되는 과정을 거치기는 하지만 사회복지는 스스로 자신들이 실천의 대상으로 삼고자 하는 개인이나 집단을 선정하게 되는데 이때 어떠한 집단이 실천대상이 될 것인가는 전적으로 사회복지 윤리에 담겨 있는 규범적 가치와 소명에 의하여 결정된다.

사회복지 윤리는 사회복지가 사회의 누구와 실천관계를 맺어야 할지를 결정하는 것뿐만 아니라 선정된 집단과 개인에 대하여 어떠한 내용의 실천관계를 형성하고 어떠한 실천의 태도를 유지하여야 할지를 제시한다. 다시 말해 사회복지사가 클라이언트와 형성하는 실천관계의 내용을 결정하는 것도 사회복지 윤리인 것이다. 사회복지나 사회복지사가 누구를 실천의 대상으로 정해야 할지 그리고 실천대상과 어떠한 성격과 내용의 관계를 맺어야 할지는 전적으로 사회복지 윤리에 의해 결정될 수밖에 없다.

셋째, 사회복지 윤리는 사회복지사가 실천 과정에서 선택할 수 있는 다양한 실천대안 가운데 어떠한 것이 가장 바람직한 것인지를 판단하는 역할을 수행한다. 사회복지의 실천 과정에서 사회복지사는 자신에게 주어진 클라이언트의 상황과 문제에 대한 면밀한 탐구와 자기가 가지고 있는 사회복지 실천 이론 및 경험을 종합적으로 검토하여 가장 적절한 실천의 대안을 모색하며 그 과정에서 일정 정도의 자유재량과 선택의 권한을 가진다. 이 경우 사회복지사 선택할 수 있는 여러 가지의 대안 가운데 어떠한 것이 가장 적절하고 타당한 것인지를 판단하는 데 있어 사회복지 윤리는 중요한 역할을 수행한다. 예를 들어, 어떤 사회복지사는 사회복지가 지향하는 특정한 가치에 근거하여 자신의 실천대안을 선택할 수 있고 이를 토대로 가장 바람직한 사회복지의 내용과 절차를 구축하게 된다.

넷째, 사회복지 윤리가 가지고 있는 또 하나의 중요한 역할은 사회복지사가 실천 과정에서 직면하는 윤리적 갈등과 교착상태를 해결할 수 있는 도구가 된다는 것이다. 앞서 살펴본 바와 같이 사회복지사는 자신이 지향하는 사회복지 윤리의 가치에 따라 실천의 대안을 선택할 수 있다. 그런데 문제가 되는 점은 사회복지사가 개별적인 가치에 근거하여 선택한 실천대안들끼리 서로 충돌하거나 갈등을 일으킬 수 있다는 것이다. 왜냐하면 사회복지 윤리는 하나의 단일한 가치로 구성된 것이 아니라 우리 사회가 지향하는 다양한 가치의 결합이기 때문이다.

이 경우 사회복지사는 개별적으로는 모두 윤리적으로 타당하지만 전체적으로는 서로 모순되거나 충돌하고 있는 윤리적 갈등에 직면하게 된다. 분석된 문제에 대하여 적절한 대안을 선택하는 데 있어 다양한 윤리적 가치나 원칙이 충돌하는 상황에 직면할 수 있음을 의미한다. 사회복지사는 실천대안 가운데 어떠한 것들이 보다 타당하고 바람직한지를 결정하여야 하며, 이 경우 사회복지 윤리는 중요한 역할을 한다. 이는 앞서 설명한 것처럼 사회복지 윤리가 윤리학이라는 전문적인 학문에 근거하여 하나의 체계를 이루고 있기 때문이다. 다시 말해 사회복지 윤리학은 사회복지의 개념과 원칙과 이론들이 하나의 일관된 체계를 이루고 있기 때문에 특정한 상황에 적절한 선택을 체계적으로 할 수 있게 해 준다.

지금까지 살펴본 바와 같이 사회복지 윤리는 사회복지 대상의 선정, 대상에 대한 태도, 사회복지 실천의 대한 선정, 선정된 대안들의 윤리적 갈등에 대한 해결에 이르기까지 사회복지 실천의 전체 과정에 걸쳐 바람직한 사회복지 실천의 선택과 의사결정에 큰 역할을 수행하고 있다고 볼 수 있다.

2. 사회복지 윤리학의 연구 영역

하나의 학문으로 사회복지 윤리학이 구체적으로 다루는 영역은 크게 두 가지 부분으로 구분될 수 있다. 하나는 사회복지 윤리가 기본적으로 사회복지사가 실천 과정에서 경험하는 윤리적 의사결정의 어려움을 해결하는 데 도움을 주고자 한다는 측면에서 윤리적 의사결정과 관련된 내용을 중심으로 한다. 다른 하나는 사회복지 윤리학이 윤리학이라는 하나의 학문을 토대로 설정되었다는 면을 고려하여 학문이 다루는 주제의 추상 수준에 따라 연구 영역을 구분하는 것이다. 각각의 연구 영역을 보다 자세히 살펴보자.

1) 윤리적 의사결정 중심의 연구 영역

사회복지의 사명과 실천활동의 도덕적 측면을 탐구하고자 하는 학문인 사회복지 윤리학은 무엇보다 사회복지사의 윤리적 의사결정을 중심으로 구성될 수 있다.

리머(Reamer, 1994: 198-220)는 사회복지 윤리학이 다음과 같은 다섯 가지 연구 영역으로 이루어져 있다고 주장한다(Reamer, 1994: 198-220). 그가 제시하는 다섯 가지 사회복지 윤리학의 연구 영역을 보면 이들이 사회복지사가 수행하는 윤리적 실천의 전체 과정과 긴밀하게 연관되어 있음을 알 수 있다.

그가 제시하는 연구 영역은, 첫째, 사회복지의 기본 가치 및 원칙에 관한 연구, 둘째, 사회복지 실천에서 발생하는 윤리적 갈등의 본질과 성격에 관한 연구, 셋째, 윤리적 의사결정에 관한 연구, 넷째, 사회복지 실천 과정에서 발생하는 윤리적 과실과 위법행위에 관한 연구, 다섯째, 사회복지 윤리의 교육과 전파에 관한 연구이다.

리머가 제시하는 사회복지학윤리학의 연구 영역을 자세히 살펴보면 그가 사회복지 윤리학을 사회복지사의 실천활동을 중심으로 구성하고 있다는 것을 분명히 알 수 있다. 다시 말해, 리머는 사회복지 윤리학을 세 번째 연구 영역인 윤리적 의사결정에 관한 연구를 중심으로 하여 이를 뒷받침하기 위한 연구 영역들로 배치하고 있기 때문이다. 따라서 얼핏 보기에 서로 독립적인 것처럼 보이는 다섯 가지 연구 영역은 사실 사회복지 실천에서 이루어지는 윤리적인 의사결정을 중심으로 하여 사회복지 실천과 관련된 전체 과정과 조응하여 일관 체계를 이루며 연결되어 있다.

첫째, 사회복지의 기본 가치 및 원칙에 관한 연구는 사회복지가 지향하는 가치나 원칙들을 명료화하여, 둘째, 사회복지의 윤리적 갈등과 본질에 대한 분석의 기초가 되며, 나아가 셋째, 연구 주제인 사회복지의 윤리적 의사결정의 핵심도구가 된다. 뿐만 아니라 윤리적 의사결정 과정에서 실수가 발생하거나 혹은 그릇된 방향으로 이루어짐으로 발생하는 윤리적 과실과 위법행위 역시 가치나 원칙의 연구를 토대로 한 윤리적 갈등과 본질의 분석을 통해 명확하게 확정할 수 있다. 그리고 기본 가치와 원칙, 윤리적 갈등 및 윤리적 의사결정론 그리고 윤리적 의사결정의 착오나 위법에 대한 지식과 자료들은 교육현장이나 실천현장으로 자연스럽게 피드백되어 사회복지 윤리학의 다섯 가지 연구 영역이 누적적이고 중첩적으로 발전하는 계기가 된다. 만일 사회복지 윤리학의 연구 분야가 이와 같이 일관되게 체계화된다면 사회복지 교육현장과 사회복지 실천현장, 그리고 사회복지 법률현장이 유기적으로 결합되어 상호 발전할 수 있을 것으로 보인다.

2) 연구 주제의 추상 수준에 따른 연구 영역

앞서 사회복지 윤리학의 개념 정의를 논하는 자리에서 살펴본 것처럼 사회복지 윤리학은 리머가 앞에서 제기한 연구 주제보다 훨씬 광범위하다. 사회복지 윤리학은 사회복지의 본질과 사명에서부터 구체적인 실천활동에 이르기까지 매우 다양하고 폭넓은 연구 주제를 가질 수 있다. 뿐만 아니라 사회복지 윤리학은 윤리학이라는 하나의 독립적 학문의 체계를 준용하고 있다. 그러므로 사회복지 윤리학은 윤리학의 연구 영역인 가치, 원칙, 표준, 이론 등을 다양한 논의 수준에서 연구할 수 있다. 따라서 사회복지 윤리학의 구체적인 연구 주제는 연구자들의 관심 분야가 가지는 추상 수준과 윤리학의 체계에 따라 다양한 세부 주제로 분류할 수 있으며 크게 다음과 같은 연구 주제들을 제시할 수 있을 것이다(김기덕, 2002: 118-122).

첫째, 가장 추상 수준이 높은 연구 주제는 사회복지가 지향하는 가치에 관한 것이다. 가치에 관한 연구 주제를 통해 사회복지의 본질과 사명을 명확히 하고 구체적인 사회복지 실천의 지침이자 기준을 확정하는 것이다. 윤리학의 가장 기본적 논의가 바로 무엇이 도덕적인 것인지, 그리고 그것을 어떻게 확정할 수 있는지에 관한 것이라고 할 때 사회복지 가치에 관한 연구는 사회복지 윤리학의 가장 기본적인 토대를 형성하는 분야이다.

둘째, 사회복지 윤리학은 사회복지사의 실천활동을 중심으로 진행될 수 있다. 사회복지는 본질적으로 사회복지사를 한 축으로 하고 클라이언트를 다른 한 축으로 하여 진행되는 실천활동을 핵심내용으로 한다. 따라서 사회복지 실천활동의 한 축을 담당하는 사회복지사를 사회복지 윤리학의 핵심범주로 설정할 수 있다. 이 경우 사회복지사를 윤리적 판단과 실천의 중요한 주체로 간주하고 이들이 실천현장에서 맺는 전문직 관계의 규범성을 중심으로 연구하는 것이다. 예를 들어, 사회복지사가 맺는 전문직 관계를 크게 클라이언트와의 관계, 동료 사회복지사와의 관계, 사회복지기관과의 관계 그리고 지역사회의 주민들과의 윤리적 관계로 분류하고 각각의 관계에 대한 규범적 분석과 아울러 정당화 모색 등이 중요한 연구 주제가 된다. 실제로 한국사회복지사협회의 사회복지사 윤리강령은 정확하게 이러한 연구 주제들로 전체 내용을 구성하고 있다(한국사회복지사협회, 2021).

셋째, 사회복지 실천 분야들을 중심으로 사회복지 윤리학의 연구 주제를 설정할 수 있다. 사회복지 실천은 전통적으로 사회적 욕구와 문제를 경험하는 특정한 개인이나 인구집단을 실천 분야로 설정하여 그들에게 적절한 실천기법과 전략을 발달시켜 왔다. 이와 같은 실천 분야로는 아동복지, 장애인복지, 노인복지, 여성복지 등을 들 수 있다. 따라서 사회복지 윤리학은 이들 인구집단을 대상으로 한 사회복지 실천, 다시 말해 특정한 실천 분야에 해당하는 가치와 윤리적 원칙들을 집중적으로 다룰 수 있다.

넷째, 사회복지 윤리학은 사회복지 실천 과정에서 사회복지사가 경험하는 구체적 사례를 중심으로 연구 분야를 설정할 수 있다. 사회복지 실천현장에서 사회복지사가 직면하는 윤리적 갈등은 언제나 특정한 구체적 사례로 나타난다. 사회복지 전담공무원으로 일하는 사회복지사는 자신이 담당하고 있는 수급 대상자가 부정한 수급을 하고 있는 것을 발견하고 이를 어떻게 처리하여야 할 것인지를 고민할 수 있다. 또한 병원에서 일하는 어떤 의료사회복지사는 자신이 말기 암환자라는 검사 결과를 밝히지 말아 달라는 환자 가족의 요구를 들어줄 것인지 말 것인지에 대해 고민할 수 있다. 이러한 연구 영역은 사회복지 윤리학의 연구 영역 가운데 가장 사회복지 실천에 현실적인 모습으로 등장하는 영역이며 이들이 곧바로 사회복지 윤리학이 다루어야 할 연구 주제가 될 수 있다.

다섯째, 앞서 살펴본 사회복지 윤리학의 연구 영역 가운데 추상적인 윤리적 가치에 대한 연구와 구체적인 갈등 사례의 연구를 절충하여 중간 정도의 범주에서 연구를 진행할 수 있다. 예를 들어, 어릴 적에 입양으로 다른 가정에 보내진 아동이 성장하여 성인이 된 후 자신의 친모에 대한 정보를 사회복지사에게 요구하고 있다고 가정해 보자. 이는 추상적인 차원에서는 개인의 자유와 자율에 대한 가치의 영역이지만 구체적인 차원에서는 사회복지사의 윤리적 의사결정의 영역이다. 이 경우 아동복지 영역에서 일하는 사회복지사의 윤리적 갈등의 문제는 앞서 언급한 두 가지 영역의 절충 영역, 즉 추상적인 가치와 구체적인 의사결정 중간에 존재하는 원칙의 문제인 '클라이언트의 알 권리와 선의의 제3자의 보호'라는 두 가지 전문직 윤리 쟁점 혹은 원칙들이 충돌하는 것으로 볼 수 있다.

따라서 이와 같이 사회복지 실천현장의 윤리적 갈등을 서로 대립하고 갈등하는 윤리적 쟁점들을 중심으로 연구하게 되면 가치 연구의 추상성을 극복하는 동시에 개별 사례의 해결에 도움이 될 구체적인 지침을 발견할 수 있을 것이다.

여섯째, 사회복지 윤리학을 윤리학이라는 하나의 완결된 학문 체계를 활용하여 체계적인 구조로 파악하려는 연구가 있을 수 있다. 이러한 연구는 기존 연구들이 사회복지가 가진 규범적 측면의 일정 부분, 예를 들어 가치나 원칙, 의사결정, 위법과 과실 등을 중심으로 하여 전개되는 한계를 극복하기 위해 윤리학이라는 학문 체계에 부합하도록 사회복지의 규범적 내용 전체를 통합적으로 구성하는 것이다. 따라서 이 영역은 사회복지의 이념적 부분과 실천 과정 전체가 윤리학이라는 개별 학문의 체계와 조응되게 구축된 하나의 일관 체계로서의 연구를 의미한다.

3. 사회복지 윤리의 구성요소와 분석틀

1) 사회복지 윤리의 구성요소

지금까지 우리는 사회복지 윤리의 개념, 역할, 연구 영역 등을 살펴보면서 사회복지 윤리가 사회복지의 존재 의미와 사명을 분명히 하는 동시에 구체적인 사회복지 실천의 올바른 태도와 방법의 지침 역할을 수행한다는 것을 알 수 있었다. 그런데 사회복지 윤리가 사회복지의 사명과 실천방법의 규범적 지침이 되기 위해서는 사회복지 윤리의 핵심적인 구성요소들로 이루어진 분석틀(framework)이 존재하여야 한다. 사회복지의 규범적인 본질을 가치나 이념 혹은 윤리이론에 담아서 설명한다고 하더라도 이러한 것들이 하나의 분석틀의 모습으로 체계화되지 않으면 구체적인 수단으로 활용될 수 없기 때문이다. 예를 들어, 실천 과정에서 윤리적 갈등에 봉착한 사회복지사는 사회복지 윤리의 분석틀이 존재하지만 자신이 처한 상황의 윤리적인 의미나 문제를 정확하게 파악하지 못할 뿐 아니라 구체적인 상황에 적절한 실천대안을 모색할 수 있다. 이와 같이 앞서 설명한 사회복지 윤리의 역할 중 특히 사회복지의 윤리적 의사결정에 있어 사회복지 윤리의 분석틀의 존재 여부는 필수적이다.

사회복지 윤리의 분석틀은 사회복지가 지향하는 다양한 가치 가운데에서 가장 핵심적인 내용들이 기본 토대가 되고 이러한 핵심가치들이 보다 현실적인 모습으로 표현된 모습인 윤리원칙과 표준의 구조화된 체계로 구성된다. 물론 가치와 원칙들은 사회의 변화에 따라 그 종류와 내용이 달라질 수 있으며 그때마다 사회복지의 핵심가치와 주요 원칙들의 종류와 내용 역시 다양하게 변해 나갈 것이다. 그렇지만 가치와 원칙들이 변화한다고 하더라도 기본적인 분석틀의 구조는 상당 부분 안정되게 유지될 것으로 기대된다.

그렇다면 사회복지 윤리의 분석틀을 구성하는 핵심요소는 어떻게 구성될 수 있을까? 미국의 역사학자 라이비(Leiby)는 미국 사회복지를 역사적으로 분석한 결과 사회복지 프로그램이 세 가지 분명한 토대를 가지고 있다고 주장하였다. 그가 제시한 사회복지의 세 가지 핵심토대는, 첫째, 법률로 보호되는 개인의 권리(individual rights), 둘째, 종교적 소명에 기원한 자선 전통(religious charity), 셋째, 법률로 인정된 경찰권(police power)의 사용이다(Leiby, 1985).

라이비가 제시한 사회복지의 토대는 개인들의 집합체인 사회가 보다 적절하게 유지되기 위해서 필수적인 세 가지 핵심적인 요소를 경험적으로 발견한 것이라고 볼 수 있다. 다시 말하자면 이러한 세 가지 핵심요소는 바람직한 사회를 구성하기 위해서는 반드시 필요하다고 생각하는 가치들을 표현한 일종의 신념 체계이다. 세 가지 토대 중 개인의 권리 보호는 사회를 구성하는 개개인의 자유와 자율성을 존중하고 보호하려는 가치를 표현한 것이고, 종교적 자선은 곤경에 처한 타인의 어려움을 공감하고 이를 돕고자 하는 자비의 감정과 의무적 행위를 구현한 것이고, 경찰권의 사용에 대한 합의는 사회의 구성원들이 특별한 이유나 근거 없이 제3자나 선의의 이웃 그리고 지역사회의 공공의 이익을 침해해서는 안 된다는 가치의 표현이다. 특히 라이비가 제시하는 세 가지 토대 가운데 경찰권 사용은 특정 집단이나 개인에 대해 사회적 권력을 활용하여 사회적 통제를 가할 수 있다는 것을 인정한다는 사회적 통제의 방향으로 해석하기보다는 타인의 행복과 사회의 공공선을 침해하는 행위에 대한 억제와 근절이라고 보아야 할 것이다.

경찰권의 사용과 공공성의 문제에 대한 보다 적절한 해석은 사회복지 윤리학자인 클라크(Chris Clark)가 제시하는 사회복지의 토대에서 발견할 수 있다. 클라크는 사회복지학의 이념적 토대로 앞서 라이비가 제시한 것과 유사하게 개인 존중과 서비스의 윤리 그리고 공적 책임성의 윤리를 제시하고 이에 더해 사회개혁주의와 정의의 윤리(social reformism and the ethic of justice)를 제시한다(Clark, 2000).

그런데 클라크가 제시하고 있는 사회개혁주의와 정의의 윤리란 다름 아니라 사회를 구성하는 개개인의 행복 달성에 저해가 되는 구조적 불의에 대한 대응이다. 따라서 사회개혁과 정의의 윤리란, 한편으로는 개인의 자율과 행복을 존중하여야한다는 것과 이러한 행복에 저해가 되는 구조적 요인을 사회적으로 제거하는 것이 바람직함을 분명하게 언급했다고 볼 수 있다. 그리고 구조적인 불의와 억압에 대한 정당한 대응이라는 차원에서 사회개혁과 정의 구현의 윤리적 토대가 마련되고 이를 현실적으로 구현하기 위해서는 경찰권과 같은 사회적 통제가 도입되는 것이 윤리적으로 정당화된다고 할 수 있을 것이다.

이러한 점을 고려한다면 클라크가 제시하는 사회개혁과 정의의 윤리는 라이비가 제시하는 경찰권을 통한 공적 책임성의 윤리를 현대의 사회복지 영역으로 보다 확대하여 해석하였다고 이해해도 무방할 것이다. 이러한 면에서 볼 때 클라크의 제시하는 사회복지의 이념적 토대의 내용은 라이비가 제시하는 사회복지 윤리의 구성요소와 실질적으로는 거의 동일하다고 볼 수 있다.

이러한 논의들에 근거하여 사회복지 윤리는 '개인 존중과 개별적 서비스 윤리(individualism and the ethic of personal service)' '온정적 개입주의(paternalistic intervention)' '공적 책임성의 윤리(the ethic of public responsibility)'라는 세 가지 핵심요소로 구성되어 있다고 볼 수 있다. 이어서 세 가지 핵심 구성요소인 개인 존중과 개별적 서비스 윤리, 온정적 개입주의, 공적 책임성의 윤리가 구체적으로 어떠한 내용과 의미를 가지고 있는지를 보다 자세히 살펴보기로 하자.

(1) 개인 존중과 개별적 서비스 윤리

사회복지 윤리를 구성하는 첫 번째 요소는 개인 존중과 개별적 서비스의 윤리이다. 이는 사회복지의 근본 가치가 클라이언트를 하나의 개별 인간으로서 존중하며 이들이 가진 고유성과 개별성을 최대한 발휘할 수 있는 방향으로 서비스를 제공해야 한다는 것을 의미한다. 개인에 대한 존중이 뜻하는 것은 사회를 구성하는 평균적 개인이 아니라 살아 있는 한 명 한 명의 개인이 가진 특성과 소질을 존중하고 이들이 꿈꾸는 자신들만의 고유한 삶의 방식을 존중하고 이들이 행복을 구현할 수 있도록 지원하여야 한다는 것이다.

이러한 맥락에서 사회복지사에게는 클라이언트들이 자신의 고유한 자질과 가능성을 현실로 추구하는 과정에서 필요한 욕구를 충족시키고 자아실현에 걸림돌이 될 수 있는 사회적 문제나 위험을 해결하고 예방하기 위해 적절한 서비스를 제공하는 것이 하나의 사회적 책무가 된다. 앞서 논의한 것처럼 사회복지 윤리의 구성요소들은 하나같이 자신들의 규범적 근거이자 지향으로서 독특한 가치들을 포함한다. 그렇다면 개인에 대한 존중과 개별적 서비스의 윤리라는 구성요소가 담고 있는 가치는 무엇이며 근거는 어디에서 찾을 수 있을까? 개인에 대한 존중과 개별적 서비스 윤리가 근거하고 있는 핵심가치는 무엇보다 자유(freedom)와 자율(autonomy)이다.

자유와 자율이 가진 본래적 가치는 개개인이 고유한 존재 의미와 이 구현이 무엇보다 존중되어야 되며 이러한 자율적 존재로서의 개인은 그 무엇에 의해서도 침범되거나 무엇을 위한 도구로서 사용되어서는 안 된다는 것이다. 그리고 인간은 이러한 자유에 근거하여 자신과 관련된 문제들을 스스로 결정하고 판단할 수 있어야 하며, 이러한 결정들은 타인과 사회에 의해 절대적으로 존중되어야 한다는 것을 의미한다. 역사적으로 개인의 자유와 자율에 대한 존중은 근대 시민사회의 발달과 깊이 연관되어 있으며, 특히 칸트주의 윤리관과 깊이 연관되어 있다(Kant, 2009).

핵심가치에 근거하여 구성된 사회복지 윤리의 구성요소들은 보다 구체적인 윤리원칙으로 구현됨으로써 사회복지 실천의 윤리적 의사결정과 실천활동의 구체적인 지침으로 활용된다. 사회복지 윤리의 첫 번째 구성요소인 개인 존중과 개별 서비스 윤리는 자유와 자율이라는 가치에 근거하여 정립되고 다양한 사회복지 윤리원칙으로 드러난다.

자유와 자율이라는 가치에서 파생되어 개인 존중과 개별서비스 윤리라는 구성요소를 구현하기 위해 설정된 윤리원칙으로는 크게 클라이언트의 자기의사결정의 원칙, 비밀보장의 원칙, 클라이언트의 사생활 존중의 원칙, 고지에 입각한 동의, 정보특권의 사용 등을 들 수 있다(김기덕, 2002).

(2) 온정적 개입주의

사회복지 윤리의 두 번째 구성요소는 온정적 개입주의이다. 사실 온정적 개입주의는 현대 사회에서 사회복지가 전문직으로 공식화되기 이전부터 존재해 왔던 인간 공동체의 오래되고 기본적인 특징이자 관습이었다. 온정주의는 기본적으로 인간이 다른 인간에게 느끼는 애틋하고 측은한 마음, 즉 타인의 고통과 행복에 대해 공감하는 감정과 정서에 근거를 두고 있다. 인간이 자신이 아닌 다른 인간에게 느끼는 이러한 동정심과 측은감, 자선(charity)과 자비(mercy)의 실천활동으로 드러났고, 나아가 자신보다 열악한 처지에 있는 사람에게 적극적으로 도움을 주어야 한다는 선행의 의무(the duty of beneficience)로 자연스럽게 이어진다.

윤리학자들은 전통적으로 "한 인간이 다른 인간을 존중한다면 타인에게 해를 끼치는 것을 원하지 않을 뿐만 아니라 타인들이 자신들이 추구하는 것들을 달성해 나가는 것을 보면서 만족감을 느낄 것이다."(Donagan, 1977)라고 주장함으로써 타인에 대한 자선과 선행의 의무는 인간에게 자연스러운 것으로 우리가 추구하여야 할 가치의 하나로 간주한다.

이러한 맥락에서 볼 때 사회복지 윤리의 두 번째 구성요소인 온정적 개입주의는 자선과 자비, 선행이라는 윤리의 핵심가치들에 근거하여 구성되었다고 볼 수 있다.

고통 속에서 도움을 필요로 하는 타인에 대한 자선과 자비 그리고 선행이라는 가치가 사회복지 윤리의 구성요소로 드러난 형태가 바로 온정적 개입주의이다. 온정적 개입주의라는 명칭에서 볼 수 있듯 두 번째 구성요소는 타인에 대한 무조건적인 개입을 의미하는 것은 아니다. 앞서 개인 존중과 개별 서비스의 윤리원칙에서 확인할 수 있듯 인간 개개인은 그 자체로 고유한 자유와 자율의 가치적 존재이기 때문이다. 다시 말해, 개입주의 자체는 인간의 타고난 자율과 자유를 침해할 수 있는 반도덕적 가치일 수 있기 때문이다.

이러한 생각에 기초하여 온정적 개입주의는 일반적으로 "(자유와 자율성을) 억압당하는 사람 자신의 복지, 행복, 욕구, 이익, 가치 등을 배타적으로 위한다는 것을 근거로 정당화될 수 있는 개인의 자유로운 행위에 대한 간섭"(Dworkin, 1971: 108, 괄호 안의 내용은 필자 첨가)으로 정의된다. 다시 말해, 타인에 대한 온정적 개입이 윤리적으로 허용되는 근거는 바로 그 개입이 당사자의 행복과 이익만을 위한다는 강력한 조건이다.

온정적 개입주의에 근거하고 있는 또 하나의 윤리적 규범은 개입하는 주체가 개입을 당하는 대상에 비해 상대적으로 역량의 측면에서 우위에 있다는 것이다. 이는 온정적 개입주의를 구성하는 중요한 개념이 온정주의(paternalism)라는 가치의 개념 정의로부터 당연하게 파생되는 것이다. 만일 개입을 당하는 주체에게 개입이 과연 필요한지 여부를 판단하는 데 있어 개입하려는 주체가 개입을 당하는 주체보다 이러한 것을 판단하는 역량에서 우위에 있지 않다면 개입은 정당성은 곧바로 상실되기 때문이다.

이러한 맥락에서 두 번째 사회복지 윤리의 구성요소인 온정적 개입주의는 전문가의 역량에 대한 다양한 현실적 요건을 중요한 조건이자 토대로 설정하고 있다. 예를 들어, 미국사회복지사 윤리강령은 사회복지사 윤리의 핵심가치로 가운데 하나로 역량(competence)을 분명하게 언급하고 있다. 사회복지사가 가진 이러한 전문적 역량이야말로 클라이언트 혹은 일반 시민들의 의사에 반해 사회복지사가 일정 정도의 자유재량을 가지고 개입할 수 있는 윤리적 근거를 제공한다. 이와 같이 도덕적 가치와 전문적인 역량을 갖춘 사회복지사의 개입이라는 조건 아래에서만 클라이언트가 일시적으로 자유와 자율성을 상실하더라도 장기적으로는 자율성의 증진과 행복의 향상이 이루어질 것이라는 도덕적 정당성과 확신이 도출될 수 있는 것이다.

(3) 공적 책임성의 윤리

사회복지 윤리를 구성하는 세 번째 요소는 공적 책임성의 윤리이다. 사회복지는 여타 전문직에 비해 개인의 행복과 더불어 사회의 복지에 대해서도 상대적으로 중요한 가치를 두어 왔다. 이러한 관심으로 인해 전통적으로 사회복지는 자신의 실천 대상인 클라이언트의 행복만이 아니라 클라이언트와 구별되는 제3자, 가족, 지역사회 혹은 전체 사회의 행복과 권익이라는 사회의 공적 측면에 대해서도 책임감을 가져야 한다는 인식을 키워 왔다.

그렇다면 공적 책임성의 윤리라는 사회복지 윤리의 구성요소는 어떠한 도덕적 가치에 근거하고 있는 것일까? 사회복지 윤리의 구성요소로서 공적 책임성의 규범적 근거가 되는 가치는 바로 평등(equality)과 사회정의(social justice)이다. 다시 말해 사회복지사가 자신의 클라이언트의 행복과 권익만을 위해 배타적으로 활동하는 것은 정의롭지도 못하며 평등의 가치에도 정면으로 위배된다는 것이다. 타인을 해하는 행위는 도덕적으로 정당하지 못하며 정의롭지 못한 행위라는 주장은 윤리 이론에서는 매우 일반적이다(Ross, 1930). 뿐만 아니라 타인의 이익에 대한 고려 없이 자신의 이익만을 배타적으로 추구하는 것 역시 도덕적으로 정당성이 없다는 주장 또한 널리 받아들여지고 있다(Gewirth, 1978). 자신의 행복만큼 똑같이 타인의 행복도 중요하며, 타인의 행복을 무시하고 자신만의 행복을 추구하는 것은 정의롭지 못하다는 신념 체계가 바로 사회복지 윤리의 공적 책임성 윤리의 가치적 토대가 된다.

사회복지가 공적 책임을 중요한 윤리적 구성요소로 간주하고 있다는 것은 여러 가지 방식으로 확인된다. 미국사회복지사 윤리강령의 전문에는 사회복지의 기본적 사명이 모든 사람의 기본적인 욕구를 충족함에 있다는 것을 분명히 밝히고 사회복지의 핵심가치를 논의하는 부분에서도 공적 책임성의 원칙은 곳곳에서 발견된다. 먼저 핵심가치 가운데 인간의 존엄성과 가치를 강조하는 부문에서 사회복지사는 자신이 담당하고 있는 클라이언트와 사회 전반에 대해 이중적 책임을 인식해야 한다고 강조하고 있으며 개인, 가족 집단, 조직 및 지역사회의 복리를 위해 노력하여야 한다고 강조한다.

나아가 사회복지사의 실천표준을 제시하는 영역에서도 사회복지사는 사회 전체의 일반적인 복지(general welfare)를 향상시키는 데 노력하여야 한다고 제시하고 있으며 사회복지사가 클라이언트의 자유와 자율성과 관련된 원칙을 추구하는 과정에서 제3자와 공공의 이익을 침해해서는 안 된다는 규정이 자주 등장하고 있다(NASW, 1996). 한국의 사회복지 윤리강령에도 공적 책임성에 대한 강조는 분명하게 나타나 있다. 먼저 전문에서 클라이언트, 동료, 기관뿐 아니라 지역사회 및 전체사회와 관련된 사회복지사의 행위와 활동에 대한 윤리기준을 선언하고 있다. 사회복지사의 윤리기준에도 사회복지사는 사회정의 실현과 클라이언트의 복지증진에 헌신하며 이를 위한 환경조성을 국가와 사회에 요구해야 한다고 분명하게 밝히고 있다(한국사회복지사협회, 2021).

2) 사회복지 윤리 분석틀

(1) 사회복지 윤리 분석틀

앞서 언급한 사회복지 윤리를 구성하는 세 가지 요소는 서로 결합하여 하나의 체계를 이루고 사회복지 실천현장의 구체적인 상황에서 바람직한 윤리적 의사결정과 대안 선정을 위해 활용할 수 있는 분석틀이 된다. 앞서 설명한 것처럼 각각의 구성요소는 윤리적 가치들에 근거하여 자신의 정당성의 토대를 마련하고, 윤리적 원칙들(ethical principles)로 구체화되어 현실적인 도구가 된다. 그리고 이러한 윤리적 원칙들은 구체적인 상황에서 상세하고 분명한 지침으로 활용될 실천표준(practical standards)으로 정립되어 사회복지의 본질과 소명을 선명하게 드러내는 동시에 실천현장의 윤리적 문제들을 실제로 해결할 수 있는 도구로 작용하게 된다.

예를 들어, 사회복지 윤리의 분석틀의 구성요소 가운데 하나인 개인 존중은 자유와 자율이라는 가치에 근거하여 그 윤리적 정당성을 확보하게 되고, 자기의사결정, 비밀보장, 사생활 존중, 고지에 입각한 동의, 정보특권 등의 윤리적 원칙으로 구현된다. 그리고 사회복지사의 윤리적 책임을 천명한 사회복지사 윤리강령을 보면 각각의 원칙을 구체적으로 적용할 수 있는 다양한 실천표준이 제시되어 있다. 다시

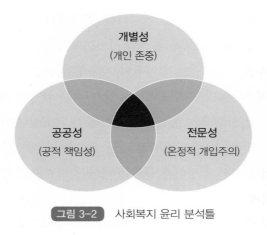

그림 3-2 사회복지 윤리 분석틀

말해, 윤리적 원칙들이 윤리적 실천표준으로 더욱 구체화되어 실제 사회복지사가 구체적인 실천상황에서 현실적인 판단을 내리는 데 사용할 수 있는 도구가 되는 것이다. 사회복지 윤리의 분석틀을 구성하는 다른 요소인 온정적 개입주의와 공적 책임성의 윤리 역시 앞에서 설명한 방식과 동일하게 체계화되어 사회복지 윤리의 분석틀을 구성하게 된다. 이 내용을 그림으로 표현하면 [그림 3-2]와 같다.

(2) 사회복지 윤리 분석틀과 구성요소 간의 충돌

그런데 사회복지 윤리 분석틀에서 문제가 되는 점은 이 구성요소와 구성요소에서 파생된 윤리원칙과 윤리표준들이 어떠한 상황에서도 반드시 준수하여야 하는 절대적 가치나 원칙이 아니라는 점이다. 이 원칙들은 개별적으로는 전적으로 타당하며 준수가 요청되는 규범적 속성을 가진 것이기는 하지만 상황에 따라 가치의 실현이 제한되거나 준수가 강제되지 않을 수 있는 조건부(prima facie) 가치이다.

이러한 점은 사회복지 윤리 분석틀을 가시적으로 보여 주는 [그림 3-1]을 보면 직관적으로 확인할 수 있다. 이 그림을 보면 사회복지 윤리 분석틀을 구성하는 세 가지 구성요소가 사회복지 윤리의 공간 속에서 각자 자신만의 고유한 공간을 차지하고 있지만 동시에 각각의 구성요소가 서로 겹치는 영역도 존재하고 있기 때문이다. 예를 들어, 개별성의 요소가 확대되어 온전히 구현되면 온정적 개입주의와 공공성의 영역이 축소되기 때문이다. 물론 그 반대의 경우도 가능하다. 온정적 개입주의의 요소가 확대될수록 당연히 개별성의 요소나 공공성의 요소는 축소된다. 하지만 온정적 개입주의의 요소가 아무리 확대되더라도 개별성이나 공공성의 요소를 완전히 사라지게 하거나 무시할 수는 없다는 것도 그림에서 정확히 보여 주고 있다.

이러한 상황을 보다 자세히 살펴보자. 먼저 개인의 자율성 존중과 전문가의 온정적 개입주의가 충돌하는 상황을 분석하여 보자. 개인의 자유와 자율성에 대한 존중이라는 사회복지의 가치가 윤리적 원칙으로 구현된 대표적인 것이 '클라이언트의 자기의사결정원칙(the principle of client self-determinations)'이다. 이 원칙은 클라이언트는 자신과 관련된 문제를 스스로 결정하려는 욕구와 권리를 가지며 사회복지사는 실천 과정에서 이를 최대한 존중하여야 한다는 것이다. 따라서 사회복지사는 클라이언트가 자기의사결정이 가능하도록 모든 정보와 실천대안을 거짓 없이 제공하여야 하며 이러한 의사결정 과정에 어떠한 압력이나 영향력도 클라이언트에게 행사되어서는 안 된다. 그런데 타인에 대한 선행이라는 도덕적 가치에 근거하여 '클라이언트에게 서비스를 제공하여 그들의 복지를 향상시키는 것'을 핵심 가치로 하는 사회복지의 실천활동은 필연적으로 클라이언트의 의사결정과 충돌한다. 클라이언트의 의사에 반하여 강제적인 개입이 정당화되는 규범적 근거는 전문가에 의하여 클라이언트의 자유가 일시적으로 제한되더라도 장기적으로는 클라이언트에게 더 큰 자유와 자율을 가져다줄 것이라는 확신이 존재하여야 한다.

사회복지 윤리 분석틀을 구성하는 요소들이 사회복지가 추구하여야 할 가치의 구현으로서 확고한 위치를 차지하고 있으면서도 이러한 조건부 가치라는 제한을 가질 수밖에 없는 이유는 분석틀을 구성하는 세 가지 요소가 본질적으로 서로 경쟁하거나 상충되는 가치들이며, 사회복지 윤리 분석틀은 이와 같이 상충하는 가치를 현실 상황에서 동시에 구현하려 하기 때문이다.

이와 같이 개인 존중이 지향하는 가치인 자유와 자율은 전문가의 온정주의적 개입으로 인한 자유의 제한과 상실과 본질적으로 충돌한다. 또한 사회복지 윤리 분석틀에서 공적 책임성을 강조할 경우 추구되는 가치인 평등과 사회정의는 개인 존중이 지향하는 가치인 자유와 자율과 언제든지 충돌할 수 있기 때문이다.

클라이언트 개인의 자유와 자율성을 존중하기 위해 사회복지사가 준수하는 대표적인 윤리적 원칙으로 '클라이언트 비밀보장(client's confidentiality)의 원칙'이 있다. 자율적인 존재는 당연히 사생활을 누릴 수 있는 자격과 권리를 가지며 이를 위해 자신만의 생각이나 계획 그리고 비밀 등을 스스로 통제해 나갈 수 있는 권리를 존중하고 보호하여야 한다.

그런데 클라이언트의 자유와 자율성이라는 윤리적 가치에 근거한 비밀보장의 원칙 역시 사회복지 전문직 실천공간에서는 일정 정도 그 보장이 제한될 수밖에 없으며 비밀보장의 원칙에 가장 직접적인 갈등을 일으키는 구성요소가 바로 공공성의 원칙이다. 클라이언트의 비밀을 배타적으로 보장하는 것이 제3자 혹은 공공의 이익에 침해될 경우 이는 도덕적인 차원에서 제한될 수밖에 없다. 왜냐하면 기본적으로 타인에게 위해를 가하여 고통을 야기하는 행위 자체는 도덕적으로 비난받을 수밖에 없고 나아가 타인의 이익을 침해하면서까지 자신의 이익을 배타적으로 추구하는 것은 평등, 형평, 혹은 보편성이라는 차원에서도 정의롭지 않기 때문이다.

이러한 점은 앞서 사회복지 윤리의 구성요소와 분석틀을 보여 주는 [그림 3-1]을 통해 충분하게 설명하였다. 사회복지 윤리를 구성하는 세 가지 구성요소를 서로 중첩되어 있어 구성요소의 한 부분이 커지면 당연히 다른 구성요소의 부분이 축소될 수밖에 없다는 것을 [그림 3-1]은 정확히 보여 주고 있다. 결국 앞으로 본격적으로 논의하게 될 사회복지 윤리 분석틀에 대한 보다 심층적인 분석의 핵심은 이러한 윤리의 구성요소들이 서로 충돌할 수밖에 없는 상황을 보다 명확하게 정의하고 어떠한 절차와 원칙으로 이러한 충돌을 해결할 것인가를 체계적으로 모색하는 것이다. 사회복지 윤리가 추구하는 가치를 확인하고 이들 간의 상관관계와 위계질서를 분명히 하는 사회복지 윤리학의 대표적인 분야가 바로 윤리적 의사결정론이다.

제 **2**부

분배적 정의

분배정의(Distributive Justice)는 사회 구성원들의 필요(need)나 욕구를 충족하기 위해 희소한 자원과 재화(goods)를 어떻게 배분할 것인가에 관한 원칙이다. 이 문제는 고대 철학자인 아리스토텔레스와 플라톤에서부터 지속적으로 논의되었으나, 아직까지 모두가 합의할 수 있는 단일 원칙이 부재한 상태이다. 현대 정치철학자 롤즈가 "정의는 사회제도의 제1덕목"이라고 주장하였듯이, 분배정의의 문제는 현대 사회의 핵심적인 쟁점임에 틀림이 없다(김동일, 2014; 정원섭, 2011).

특히 사회복지는 욕구를 가진 개인에게 제한된 자원을 효율적으로 전달하는 것을 연구하는 학문이므로, 사회복지 전공자에게 분배정의에 관한 이해는 매우 중요하다. 현대의 대표적인 정치철학자인 마이클 샌델은 정의를 이해하는 방식을 다음의 세 가지로 제시하였다. 첫째는 정의란 효용이나 행복의 극대화, 즉 '최대 다수의 최대 행복'을 추구하는 공리주의 입장이다. 둘째는 정의란 개인의 선택의 자유를 존중하는 것이라는 자유주의 입장이다. 자유주의는 최소한의 국가개입과 자유 시장에서의 선택을 강조하는 노직의 자유지상주의와 원초적으로 평등한 위치에서 '행할 법한' 가언적 선택을 강조하는 롤즈의 평등적 자유주의로 대별된다. 셋째는 정의란 공동체 구성원의 미덕을 키우고 공동선을 고민하는 것이라는 공동체주의 입장이다(Sandel, 2010: 360). 물론 이 외에도 다양한 분배정의 관점이 있으며 그 분류 방식도 학자에 따라 매우 다양하다. 여기서는 자유 시장에 대한 친화성 정도와 국가개입의 필요성 정도를 기준으로, 공리주의와 자유지상주의를 제4장에서, 그리고 평등적 자유주의와 공동체주의를 제5장에서 살펴보고자 한다.

제4장

분배정의 관점 I

이 장에서는 분배정의를 위한 국가의 역할을 매우 소극적인 수준으로 제한하는 두 입장, 즉 공리주의와 자유지상주의에 대해 살펴보고자 한다.

제1절 공리주의

공리주의(utilitarianism) 분배정의는 한마디로 '최대 다수의 최대 행복'으로 표현할 수 있다. 이는 한 사회에서 총 효용의 크기를 최대화할 수 있는 방식으로 자원을 배분하는 것이다. 공리주의는 분배정의 원칙으로 오랜 기간에 걸쳐 광범위한 영향을 미치고 있는 이론이다. 비록 오늘날 공리주의는 이론의 '보수적' 성격으로 인해 다양한 공격을 받고 있지만 처음 등장할 때는 매우 급진적 사상이었다. 그리고 아직까지도 다양한 실천의 장에서 많은 정책입안자, 경영자, 심지어 일반 시민들에게도 지대한 영향을 미치고 있는 이론이다.

고전적 공리주의는 행복 추구를 궁극적 목적으로 하는 에피쿠로스(Epicurus) 학파에 그 기원을 두고 있으며, 벤담(J. Bentham), 밀(J. S. Mill) 그리고 시즈윅(H. Sidgwick)에 의해 완성되었다. 이후 헤어(R. M. Hare)와 싱어(P. Singer) 등에 의해 계승되었는데, 여기서는 공리주의의 기틀을 마련한 벤담과 밀의 생애와 저작을 통해 그 내용을 살펴보고자 한다.

1. 제레미 벤담(Jeremy Bentham)

1) 생애와 저작

벤담은 1748년에 영국 런던의 법률가 가정에서 태어났으며, 엄격한 가정 분위기로 인해 어려서부터 그리스어와 라틴어 교육을 받기 시작하였다. 12세에 옥스퍼드 퀸스 칼리지(Queen's College)에 입학하여, 1763년 15세에 학사학위를 취득하

였다. 1766년에 최초의 주요 저작인 『정치론 단편(A Fragment on Government)』을 저술하였으며, 1769년에 변호사 자격을 취득하였다. 그러나 변호사 업무보다는 철학 연구에 몰두하여 1780년에 『도덕 및 입법의 원리 서설(An Introduction to the Principles of Morals and Legislation)』, 1787년에 『고리대금업 변론(Defence of Usury)』, 1792년에 『법률론 일반(Of Laws in General)』 그리고 1800년에 『정치경제학 원리(Manual of Political Economy)』 등을 저술하였다.

그는 정치적으로 당시의 영국 보수주의 정치와 법철학에 반대하는 급진주의적 입장을 가졌으며, 경제적으로는 자유경제, 정교분리와 표현의 자유, 양성평등 및 동물의 권리 등을 주장하였다. '최대 다수의 최대 행복'을 추구하는 공리주의적 철학의 기초 체계를 만들었으며, 교도소 개혁을 위해 파놉티콘(panopticon, 원형감옥) 프로젝트를 추진하는 등 법률 개정을 통한 사회개혁 운동에 적극적으로 참여하였다. 그는 1832년 84세의 나이에 비서였던 보링(J. Bowring)의 품에서 눈을 감았다. 벤담은 공리주의자답게 그의 시체도 후대에 교훈을 주기 위해 박제하여 남기도록 하였으며, 현재는 그의 유언에 따라 유니버시티 칼리지 런던에 전시되어 있다(정원규, 2003; 위키백과).

2) 벤담의 공리주의

벤담은 당시의 정치제도와 법률에 대한 혁명 수준의 사회개혁을 꿈꾸었다. 그의 분배정의 혹은 사회윤리이론은 '최대 다수의 최대 행복'으로 집약될 수 있으며, 그의 사상은 『도덕 및 입법의 원리 서설』(이하 『서설』로 함)에 잘 드러나고 있다. 그는 『서설』에서 공리의 원리(the principle of utility), 그 근거가 되는 쾌락과 고통에 관한 것 그리고 인간 행위와 관련된 일반적 사실 등에 관한 그의 의견들을 기술하고 있다.

벤담 철학의 혁명성은 고대 그리스나 로마 시대 이후 지배적이었던 종교윤리에서 벗어나 인간 이성에 의한 합리적인 쾌락 계산을 정당화하였다는 점이다. 신의 명령이나 신에 대한 무조건적·신비주의적 복종을 강요한 중세 종교윤리를 거부하고, 윤리의 주체를 인간뿐만 아니라 쾌락과 고통을 느낄 수 있는 모든 생명에게까지 확대하였다. 벤담은 이전 시대에 신성시되었던 관습과 전통, 신의 뜻과 같은 덕목을 부정하고 이성적이고 과학적인 절차를 중시하였다. 정치적으로는 공리주의 실현을 위해 여성 투표권, 보통선거권, 정교분리 등을 주장하였으며, 동물까지도 쾌락을 느끼는 주체로 인정하여 최근의 동물권 개념의 선구자이기도 하다.

(1) 공리의 원리(Principle of Utility)

> 자연은 인류를 고통과 쾌락이라는 두 주권자의 지배하에 두었다. 오직 고통과 쾌락만이 우리가 무엇을 할 것인가, 무엇을 해야 할 것인가를 가르쳐준다. ……(중략)…… 그것들은 우리의 모든 행동과 말, 그리고 모든 생각을 지배한다. 우리가 그 지배를 뿌리치기 위해서 행하는 모든 것은 단지 우리가 지배받고 있다는 사실을 명증하거나 확증하는 데 기여할 뿐이다 (BI, p. 11, 정원규, 2003: 35에서 재인용).

벤담이 주장하는 공리의 원리는 모든 이해 당사자는 자신의 이익, 쾌락, 행복을 증가시키고 손해, 고통을 감소시키는 경향에 따라 그 행위를 결정한다는 것이다. 여기서 행위 주체인 이해 당사자는 개인의 사적인 행위뿐만 아니라 정부의 모든 법률 작용까지도 포함한다. 벤담은 고통과 쾌락을 행위의 기준으로 간주함으로써 정통적으로 도덕성(morality)을 옳고 그름의 기준으로 삼는 금욕주의적 입장에 반대하였다. 그는 금욕주의적 쾌락의 억제는 행복을 감소시키며, 옳고 그름을 우리가 전혀 알 수 없는 계시(啓示)된 신의 뜻에 호소하는 것에 불과하다고 본다. 즉, 옳고 그름의 문제는 추상적이고 신비주의적 관념이 아니라 공리성의 원리에 따르는 것이다.

그는 정의는 선험적 계시가 아닌 구체적 경험에서 나오며, 개인과 사회는 쾌락을 증진하고 고통을 감소하는 행위를 추구하는 것으로 간주하였다. 즉, 합리적 이성을 가진 개인은 그의 행복을 추구하고, 개인의 합으로 구성된 전체 공동체의 행복이 증진되며, 정부의 정책과 법률은 이러한 공리성의 원칙을 반영하여야 한다고 보았다.

(2) 쾌락과 고통의 측정

벤담의 구체적인 행복 실현방법은 쾌락 수준을 높이고 고통 수준을 감소시키는 것이다. 그는 일곱 가지 쾌락과 고통의 측정 기준을 제시하였으며, 열네 가지 쾌락의 종류와 열두 가지의 고통의 종류를 열거하였다(장정훈, 2012).

표 4-1 쾌락과 고통의 측정 기준

공통 항목	• 쾌락과 고통의 강도
	• 쾌락과 고통의 지속성
	• 쾌락과 고통의 확실성
	• 쾌락과 고통의 근접성
	• 쾌락과 고통의 생산성
	• 쾌락과 고통의 순수성
추가 항목	• 적용의 범위와 적용대상의 수

벤담은 개인과 집단 모두에게 공통적으로 적용될 수 있는 6개 항목을 제시하였는데, 이는 쾌락과 고통의 강도, 지속성, 확실성, 근접성, 생산성, 순수성이다. 그리고 다수의 개인, 즉 사회나 집단이 대상일 경우에는 적용 범위를 추가적인 기준으로 제시하였다.

다음으로 벤담이 제시한 쾌락의 열네 가지 종류는 다음과 같다.

표 4-2 쾌락의 종류

단순한 쾌락들	세부 종류
1. 감각의 쾌락	배고픔이나 목마름, 취향이나 기호의 쾌락, 도취의 쾌락, 감각의 쾌락, 성적 감각의 쾌락, 건강의 쾌락, 호기심 충족의 쾌락
2. 부유함의 쾌락	이득 및 취득, 소유의 쾌락
3. 능숙함의 쾌락	특정 수단에 익숙해질 때 동반되는 쾌락
4. 친목의 쾌락	좋은 관계에서 비롯되는 쾌락
5. 명성의 쾌락	좋은 평판의 쾌락, 명예의 쾌락, 도덕적 인정의 쾌락
6. 권력의 쾌락	희망과 두려움을 통해 자신에게 봉사하게끔 하는 쾌락
7. 경건성의 쾌락	종교의 쾌락, 종교적 성향의 쾌락, 종교적 인정의 쾌락
8. 자선의 쾌락	인간과 다른 동물들에 대한 선의의 쾌락, 동정심의 쾌락
9. 악의의 쾌락	인간과 동물들의 고통에 대한 쾌락, 반감의 쾌락, 악의적인 자나 반사회적 애정의 쾌락

10. 추억의 쾌락	과거의 쾌락과 고통을 회고할 때의 쾌락
11. 상상의 쾌락	특정한 쾌락을 깊이 생각할 때의 쾌락
12. 기대의 쾌락	미래에 대하여 생각할 때의 쾌락
13. 연상의 쾌락	대상이나 사건들을 마음에 연상할 때 제공되는 쾌락
14. 안심의 쾌락	고통을 참고 견뎌내서 고통이 멈추거나 강해질 때의 쾌락

마지막으로, 벤담은 고통의 열두 가지 종류를 다음과 같이 제시하였다.

표 4-3 고통의 종류

단순한 고통들	세부 종류
1. 상실의 고통	누렸던 것을 다시 누릴 수 없는 고통
2. 감각의 고통	배고픔과 목마름, 미각, 후각, 촉각, 시각, 청각의 고통
3. 거북함의 고통	도구를 쓰려고 할 때 익숙하지 않음으로 인한 고통
4. 적대감의 고통	다른 사람들과의 나쁜 관계에서 비롯된 고통
5. 불명예의 고통	나쁜 평판의 고통, 불명예의 고통, 도덕적 제재의 고통
6. 경건성의 고통	종교적 성향의 고통, 종교적 제재의 고통, 미신적 공포
7. 자선의 고통	선의의 고통, 공감의 고통, 자비로운 자나 사회적 감정의 고통
8. 악의의 고통	악의의 고통, 반감의 고통, 악의적인 자나 반사회적 감정의 고통
9. 추억의 고통	과거의 쾌락과 고통을 회고할 때의 고통
10. 상상의 고통	상상의 쾌락에 상응하는 고통
11. 기대의 고통	우려로 인한 고통
12. 연상의 고통	연상의 쾌락에 상응하는 고통

3) 벤담의 정치/경제관

벤담은 '최대 다수의 최대 행복'을 위해 어떤 경제체제를 생각하고, 정부의 역할을 어떻게 규정하였을까? 벤담이 살았던 시기는 산업혁명과 자본주의가 발흥하여 경제적으로 유례 없는 변혁의 시기였으며, 이론적으로는 스미스(A. Smith)와 리카도(D. Ricardo)에 의해 '고전 경제학파(classical economics)'가 정립된 시기였다. 격변하는 사회경제적 여건으로 고전파 경제학의 영향을 받았지만, 벤담은 자신의 공리주의 사상을 기초로 독자적인 입장을 제시하였다. 과거에는 벤담의 공리주의가 경제적 자유주의와 핵심가치를 공유한다는 점에서 그를 '자유방임주의자'로 평가하였다. 하지만 20세기 중반에 들어 "최대 다수의 최대 행복" 추구를 위한 정부 개입의 필요성을 주장하는 '권위주의자(authoritarian)'로 평가하는 학자도 있다(강준호, 2013, 2019).

(1) 자유방임주의 입장

벤담은 1804년 『정치경제학 원리(A manual of political economy)』에서 다음과 같이 주장하고 있다(Bentham, 1804: 33).

> 정부는 국부의 증가, 물질이나 행복의 증가를 위해 특별한 경우를 제외하고는 아무것도 하지 않아야 한다. 즉, 정부의 슬로건은 '침묵(Be quiet)'이어야 한다.

그리고 침묵해야만 하는 이유를 두 가지로 제시하고 있다.

첫째, 일반적으로 정부의 개입이 불필요하기 때문이다. 한 사회의 부는 그 사회에 속한 개인들의 부의 합으로 구성되며, 개인들은 끊임없이 자신의 몫을 증가시키고자 한다. 정부는 개인의 선호나 이익을 본인들보다 더 잘 알 수 없기 때문이다.

둘째, 정부의 개입은 비효율적이기 때문이다. 개인은 자신의 부의 몫을 보존하거나 증가시키기 위해 그 누구보다 많은 시간과 열정을 투여한다. 예를 들어, 재무부 장관이나 입법부 관리들은 농사에 대해 농부만큼, 제조업에 대해 제조업 종사자만큼 더 잘 알 수가 없다. 그러므로 정부가 산업의 생산과 판매에 개입하는 것은 자본의 효율적 운영을 방해하고, 장기적으로 사회에 부담을 초래하게 된다. 더욱이 개인의 자유로운 행위에 가해지는 구속과 제약은 일반적으로 개인에게 고통을 유발할 수 있다.

벤담의 이러한 주장은 고전 경제학파와 다음과 같은 점에서 유사성을 찾을 수 있다. 먼저, 인간을 본성적으로 개인의 행복을 추구하는 이기적 동물로 간주하는 점이다. 다음으로, 근대 시장경제가 개인의 효용과 사회의 효용을 추구하는 데 가장 효율적이며, 정부는 특별한 경우가 아니면 이러한 시장경제에 개입해서는 안 된다는 점이다.

그러나 벤담은 '최대 다수의 최대 행복'이라는 공리주의 원리를 궁극적 목적으로 하였기 때문에, 정부의 역할 제한이나 자유로운 시장경제의 운용을 궁극적 목적으로 하는 고전 경제학파와 차이점이 있다. 즉, 벤담은 자유로운 시장경제 운용을 궁극적 목적이 아니라 전체 사회의 최대 행복 증진을 위한 도구적 가치로 간주하였다.

(2) 권위주의적 입장

벤담을 국가개입주의자, 온정주의자 혹은 권위주의자로 평가하는 입장이 있다. 이 입장에서는 벤담이 사적 영역에서는 자유방임적 입장을 취하였으나, 공적 영역에서는 사회적 공리 추구를 위한 국가개입의 필요성을 주장한 점에 주목한다. 즉, 벤담은 개인과 공공의 복리 증진을 위해 제도와 정책을 통해 개인을 교육, 규제 및 지도하고자 하는 계몽주의적 접근을 시도한 개입주의자라는 것이다.

최대 행복을 위해서는 사회 구성원의 안전(security)이 자유에 우선하며, 입법자는 사회의 공리를 향상시키기 위해 직접적인 정책 수단을 마련하여야 한다고 보았다. 먼저, 벤담은 '최대 다수의 최대 행복'의 목적을 위해 정치적 혹은 도덕적 규율로 대중의 선호를 조정하거나 영향을 주어야 한다고 주장하였다. 예를 들어, 물질적 부의 극대화만을 고려하면 부실한 산업과 기업에 대한 정부의 지원은 불필요하지만, 한 사회의 최대 행복을 위해서 고용된 노동자에게 국고 보조를 제공하는 것은 필요하다고 보았다. 입법자는 교육을 통해 대중이 행복을 추구하도록 하거나, 스스로의 행복을 해치는 행위를 하지 못하도록 방지하여야 한다는 것이다. 실제로 벤담은 죄수에 대한 잔혹한 감시와 교화 및 교육을 목적으로 원형교도소(panopticon) 방식을 제안하기도 하였다.

벤담의 이러한 권위적 개입주의의 특징은 구빈법 관련 제안에서도 잘 드러나고 있다. 스스로의 이익이나 선호를 자유롭게 결정할 수 있는 사람은 극히 소수의 유산 계급이며, 그 시절에 국민의 대다수를 차지하고 있는 빈자와 거지들에게는 생활의 전 영역이 정부의 통제와 감시의 대상이 되었다. 벤담은 구빈법의 효과를 높이기 위해 전국에 동일한 간격으로 설립된 250개의 작업장(workhouses)을 운영하는 국립자선기업(National Charity Company)을 설립하여 이윤을 추구하고자 하였다.

그러므로 벤담에게 있어 빈자와 거지는 자신의 선호를 가장 잘 판단할 수 있는 대상이 아니었다. 이들의 욕망과 선호는 제도적으로 생산, 관리 및 감독되어야 하며, 입법자와 관리 기업이 이들의 이해를 가장 잘 판단할 수 있다고 보았다. 유산 계급은 그들의 부를 증가시키기 위해 안전과 자유를 보장받지만, 빈자는 파놉티콘의 감시하에 경제적 의존과 복종을 유지해야 하였다. 즉, 빈자의 자유는 생존과 삶의 유지를 위해 포기해야 하는 것이었다.

2. 존 스튜어트 밀(John Stuart Mill)

배부른 돼지보다는 배고픈 소크라테스가 낫다.

1) 생애와 저작

밀은 1806년 영국 런던의 펜톤빌(Pentonville)에서 공리주의자 벤담의 친구인 제임스 밀의 장남으로 태어났다. 그의 아버지는 밀을 공리주의를 지속적으로 발전·계승할 후계자로 양성하고자 엄격하게 교육하였다. 어릴 적부터 그리스어, 라틴어, 대수학(algebra) 및 다양한 역사와 철학 책을 섭렵하도록 하였다. 12세에 스콜라 철학의 논리학을 학습하였으며, 이후 고전 경제학자인 리카도를 통해 정치경제학에 관한 지식을 습득하였다.

밀의 대표적인 저작은 1843년에 최초로 저술된『논리학 체계(A System of Logic)』, 1848년의『정치경제학 원리(The Principle of Political Economy)』, 1859년의『자유

론』그리고 1861년의 『공리주의(Utilitarianism)』 등이 있다. 이 외에도 『대의정치에 대한 고찰(Considerations on Representative Government)』(1861), 『여성의 예속(The Subjection of Women)』(1869) 및 『사회주의론(Socialism)』(1879) 등을 집필하였다. 특히 『여성의 예속』은 그 당시에는 매우 급진적인 여성주의(feminism)적 시각을 반영하고 있다.

또한 밀은 1823년에 친구들과 공리주의자 협회를 만들어 정치적 활동을 하였으며, 런던의 하원 의원으로 현실 정치에도 적극적으로 관여하였다. 밀은 정치 활동을 통해 노동자 출신 의원들을 지지하고 여성의 참정권을 위해 노력하는 등 매우 진보적인 의원 활동을 하였으나 낙선하였다. 1873년에 "나는 내 일을 다 마쳤다."라는 말을 마지막으로 학문적 · 사상적 동반자였던 테일러 부인의 묘 옆에 안장되었다(김영정, 정원규, 2003: 5-9; 위키백과).

2) 밀의 질적 공리주의

벤담이 행복 추구 행위를 양적으로 계산하는 공리주의의 원칙을 마련하는 것이 목적이었다면, 밀은 벤담의 양적 공리주의에 대해 제기된 다양한 비판에 대응하여 참된 공리주의가 무엇인지 이해시키는 것이 목적이었다. 벤담의 양적 공리주의에 대한 주요 비판 내용은, 첫째, 공리주의가 물질적 · 육체적 쾌락만을 추구하며, 둘째, 인간과 다른 동물들이 쾌락을 추구한다는 점에서 모두 동일하게 취급하고 있다는 점이다. 밀은 고통의 감소와 쾌락의 추구라는 공리주의의 핵심명제의 유용성을 다시 확인하면서, 쾌락의 질적 차이를 인정하는 질적 공리주의를 제시하였다(장정훈, 2012).

밀은 5개 장으로 구성된 『공리주의(Utilitarianism)』에서 공리의 개념과 공리의 원리 및 공리와 정의의 관계에 대해 자세하게 설명하고 있다.

밀은 공리주의를 어떤 삶의 이론을 도덕적 기초로 하는 신념 체계로 바라보았으며, 그 삶의 이론은 오직 하나, "모든 개인이 내재적으로 바라는 것은 쾌락"이라는 점이다.

> (공리주의는) 효용 또는 최대 행복을 도덕의 기초로 하는 이론으로, 어떤 행동이든 행복을
> 높이는 것에 비례하여 옳으며, 행복과 반대되는 고통을 가져올수록 옳지 못하다. 행복은 고
> 통의 감소와 쾌락을 추구하는 것이며, 불행은 쾌락의 감소와 고통을 의미하는 것이다(J. S.
> Mill, 1861: 210).
>
> 고통으로부터 자유와 쾌락은 그 목적 자체로 바라는 것이며, 바라는 모든 것은 그 자체로
> 쾌락을 주거나 쾌락을 증진시키기 위한 수단으로서 의미가 있다(Mill, 1861: 210).

이처럼 밀은 벤담이 제시한 공리주의의 원칙으로서 최대 행복의 원리는 여전히 유효하다고 주장하였다.

그러나 쾌락의 종류를 물질적·신체적 욕구 충족을 넘어서 정신적 측면에서도 추구할 수 있다고 보았다. 그는 모든 쾌락은 동일하다는 벤담의 양적 쾌락주의와 달리, 어떤 종류의 쾌락은 다른 종류의 쾌락보다 내재적인 질에 있어 보다 가치가 있다고 보았다.

> 어떤 종류의 쾌락은 다른 종류의 쾌락보다 더 바람직하고 가치가 있다는 사실은 공리주의
> 원칙에도 부합된다. 어떤 것을 측정할 때 양과 질을 모두 고려하면서, 쾌락의 측정에서는 양
> (量)만을 고려하는 것은 불합리하다(Mill, 1861).

밀은 쾌락의 질적 차이를 어떻게 구분하였을까? 그는 고도의 재능이나 능력을 사용하는 쾌락이 더 가치가 있다고 여겼다. 인간의 지적 능력을 사용한 정신적 쾌락은 동물의 식욕과 같은 물질적·육체적 쾌락보다 더 가치가 있는 것이다. 밀에 의하면, 인간은 두 가지 쾌락을 모두 경험하면 도덕적 의무와 같이 더 많은 정신적 쾌락을 제공하는 행위를 선호한다는 것이다.

또한 쾌락의 계산에 있어 도덕행위자의 경험과 인격 수준을 중요한 요소로 간주하였다. 두 가지 쾌락을 모두 경험한 사람은 더 고급 능력을 사용해야 하는 생활방식을 선호하는 것이 당연하며, 이는 인간은 인간 고유의 품위를 갖고 있기 때문이다. 즉, 인간은 본성적으로 많은 양의 저급한 쾌락을 취할 수 있더라도, 그것이 인

간의 품위를 추락시킨다면 그런 쾌락을 추구하지 않는다는 것이다.

　벤담은 공리성의 원칙을 증명하기 어렵다고 믿었으나, 밀은 이러한 공리성의 원칙을 엄격한 증명은 아니더라도 모든 지성인에게 이해시킬 수 있다고 믿었다.

> 어떤 대상을 볼 수 있다는 것은 사람들이 그것을 본다는 것이 유일한 증거이다. 어떤 소리를 들을 수 있다는 것은 사람들이 그것을 듣는다는 것이 유일한 증거이다. 동일한 방법으로 어떤 것이 바람직하다는 것은 사람들이 실제로 그것을 바란다는 것이 유일한 증거이다(Mill, 1861: 234).

　이러한 밀의 논리는 후에 많은 논란이 되었다. 왜냐하면 어떤 것을 보거나 듣거나 하는 것을 증명하는 것은 보거나 들을 수 있는 능력과 관련된 것이다. 반면, 어떤 것이 바람직하다는 것은 바랄 수 있는 능력의 문제가 아니라 바람직할 만한 것인가라는 가치의 문제이기 때문이다(Scarre, 2002: 59-61).

3) 밀의 정치/경제관

　밀은 그의 대표 저작인 『자유론』에서 개인의 자유로운 자율성과 권리의 보장을 우선으로 하였고, 국가나 사회가 개인의 자유에 정당하게 간섭할 수 있는 것은 오직 자기보호의 목적에 국한되어야 한다고 주장하였다. 밀은 로크의 논의와 유사하게 각 개인은 자신의 육체와 정신의 주관자이기 때문에 생명권과 자유권을 기본적 권리로 가진다고 하였다.

　그는 인간의 행위를 두 가지로 구분하였는데, 첫째는 자기 자신에게만 관계되는 행위이며, 둘째는 다른 사람에게 관계되는 행위이다. 이 중에서 자기 자신에게만 관계되는 행위에서는 절대적 자유의 보장이 필요하다고 하였다. 즉, 타인에게 피해를 주지 않는 한 개인의 행위에 대해서 절대로 간섭하지 않아야 한다는 것이다. 반면, 타인에게 해를 미치거나 피해를 줄 것으로 예상되는 행위에 대해서는 간섭할 수 있다고 보았다. 밀의 자유주의 원칙은 "타인에게 해를 끼치지 않는 한 국가와 사회는 개인의 자유를 침해하지 않아야 한다."라는 것으로 요약될 수 있다.

그리고 밀은 인간 고유의 자유 영역을 다음의 세 가지로 제시하였다. 첫째, 개인의 의식 내면 영역과 관련된 사상과 언론의 자유이다. 여기에는 양심의 자유, 사상과 감정의 자유, 여러 주제에 대한 의견 표현의 자유 그리고 언론 및 출판의 자유 등이 포함된다. 밀은 사상과 언론의 자유는 개인의 자유로운 의사 표현과 자기 발전을 위해 절대적으로 보장되어야 하는 자유로 간주하였다. 둘째, 개인의 기호와 목적을 추구할 수 있는 행동의 자유이다. 즉, 개인의 행동이 타인에게 해를 끼치지 않는 한 개인은 그의 기호나 목적에 따라 선호하는 것을 행할 수 있는 자유이다. 밀은 행동의 자유는 사상의 자유와 달리 개별성과 사회성이 함께 관련된 문제이기 때문에, 사회나 국가의 개입이 가능하지만 매우 제한적이어야 한다고 주장하였다. 셋째, 개인들의 결사의 자유로서 타인에게 해를 미치지 않는 한 자유롭게 단결하고 조직할 수 있는 자유이다. 밀은 노동조합의 결성이나 집단적 파업의 자유 등을 주장하였다(Mill, 1901; 윤성현, 2009).

밀은 그의 공리주의 원칙을 구현하기 위해 어떤 정치 형태를 구상하였을까? 밀의 '좋은 정부'에 대한 구상은 『대의정부론(Considerations on Representative Government)』에서 잘 제시되고 있다. 그는 모든 형태의 정부가 가질 수 있는 결함의 형태를 소극적 결함과 적극적 결함으로 구분하였다. 여기서 소극적 결함은 "정부가 필요로 하는 일을 수행할 수 있는 충분한 권력을 가지고 있지 않은 것"이며, 적극적 결함은 "정부가 개인 시민들의 사회적 감정이나 활동 능력을 충분히 개발시킬 수 없는 것"이다(강준호, 2020).

밀은 이러한 정부의 결함을 모든 계급의 시민에게 선거권을 부여하고, 배심원 및 공직을 개방하고, 시민들의 자유로운 공개 토론을 활성화하여 해결하고자 하였다. 특히 정부의 적극적 결함은 통치 집단의 무지와 무능력, 공동체 전체의 이해와 충돌하는 사적 이해의 추구 때문에 발생할 수 있다고 보았다. 그러므로 지적·도덕적 능력을 갖춘 통치 집단을 구성하는 것이 매우 중요하다고 보았다.

정치제도가 지향하는 제일 중요한 목적 중 하나는, 전체 인민을 대표하는 기구가 최종 결

정권을 보유하고 실제로 그 권력을 행사하는 가운데, 지적 전문성을 갖춘 유능한 사람들이
업무를 맡아 처리함으로써 최대한 효율을 얻게 하는 것이다. ……인민의 자기결정권이라는
큰 전제와 양립할 수 있는 한계 안에서 전문가의 역할을 최대한 늘리자는 것이다(Mill, 1861;
강준호, 2020).

밀은 개인의 사적 이익과 사회의 공동선이 조화로울 수 있는 사회를 구상하였
다. 사회의 구성원들을 교육과 여론을 통해 인간적인 고상함을 추구하는 도덕 행위
자로 양성하고, 어떤 쾌락과 행복을 추구할 것인지에 대해 궁극적인 판단과 행위를
제시할 수 있는 지적인 덕을 갖춘 정부를 구현하고자 하였다(장정훈, 2012).

이런 사회를 위해 분배 과정에서 발생한 불평등은 사회불안과 사회악의 원천이
되며, 불평등을 개선하는 것은 최대 다수의 최대 행복을 증대시키기 위해 매우 중
요하였다. 밀이 제시한 불평등의 개선방법은 국가의 개입이 아니라 시민들의 정치
영역에서의 참여와 생산 과정에서의 협력이다. 정치 참여와 생산 과정의 협력을 통
해 노동자를 포함한 시민들의 지적 · 도덕적 소양이 높아지고, 민주주의의 주체로
성숙할 것이라고 주장하였다. 강의와 토론을 위한 각종 제도, 공동 이해에 대한 집
단적 숙고, 노동조합 및 정치 활동 등과 같은 정치 참여는 사회 구성원들 사이에 다
양한 생각을 확산시키고, 사상과 성찰을 이끌어 낼 수 있다고 믿었다. 또한 생산적
협력 체제는 노동자가 사적 이익만을 추구하지 않고, 협력을 원칙으로 노동하는 관
계를 형성시키며, 노동의 존엄성을 고양시키고, 궁극적으로 개인의 사회적 공감과
실천적 지성을 증진시킬 수 있도록 한다는 것이다(임정아, 2016).

3. 공리주의의 한계

모든 사람이 행복과 쾌락을 바라고 불행과 고통을 회피하고자 한다는 공리주의
원칙은 그 직관적 설득력으로 인해 현재까지도 매우 큰 영향을 미치고 있다. 여기
서는 공리주의가 갖고 있는 한계점에 대해 살펴보겠다(강준만, 2017; 황경식, 1978).

첫째, '최대 다수의 최대 행복'이라는 공리주의 원칙의 논리적 모순이다. '최대 행

복'의 원칙은 궁극적으로 개인의 행복을 추구하는 이기주의적 성격을 갖는 반면에, '최대 다수'의 원칙은 사회적 원리로 이타주의적 성격을 갖기 때문에 서로 모순적이다. 즉, 이기적 개인의 행복 추구는 반드시 사회 구성원의 최대 다수의 행복으로 귀결되지 않을 수 있기 때문이다. 만약 공리주의가 '최대 다수'에 초점을 둔 사회적 원리라면, 개인의 이기적 행복과는 무관하게 전체 다수의 행복 실현을 위해 개인적 이익의 희생을 요구할 수 있다. 즉, 공리주의 원칙이 개인의 행복 추구를 위해 윤리적 규범을 도입하였음에도 불구하고, 그 윤리적 규범의 실현을 위해 개인의 행복 추구를 포기해야 하는 논리적 모순이 발생하게 된다.

둘째, 공리주의는 '옳음'과 '좋음'의 구분이 모호하다는 한계가 있다. 공리주의는 정의의 문제, 즉 '옳음'의 문제를 원칙이 아닌 결과의 '좋음'의 문제로 치환하고 있다. 공리주의는 인간 행위가 어떤 원인에 의해 시작되었는지에 관심이 없으며, 단지 그 행위가 어떤 결과를 가져오는가에 관심이 있다. 즉, 공리주의는 어떤 원칙이나 규칙이 많은 사람에게 '좋은' 결과를 가져오면 '옳은' 것으로 취급한다. 그러나 행위의 '옳음'은 결과로 평가되는 것이 아니라, '옳음'으로 합의된 도덕 기준을 위반했을 때 '옳지 않은' 것으로 취급되어야 한다는 것이다.

셋째, 공리주의는 개인의 권리를 존중하지 않을 가능성이 있다. 공리주의는 정의와 권리를 원칙이 아닌 결과의 문제로 간주하기 때문에 개인의 권리가 무시될 수 있다. 롤즈는 공리주의가 사회의 구성원인 개인들이 서로 분리된 존재들이라는 것을 진지하게 고려하지 않는다고 비판한다. 사회의 최대 행복을 추구하기 위해서는 개인의 권리가 무시될 수 있고, 인간 행위의 가치를 양적으로 획일화하여 계산함으로써 인간의 다양한 가치를 제대로 고려하지 못하는 한계를 갖는다는 점이다.

넷째, 공리 계산의 어려움이다. 공리주의는 모든 개인의 쾌락을 계산할 수 있다고 전제하며, 실제로 벤담은 계산의 일곱 가지 기준을 제시하기도 하였다. 그러나 쾌락 계산의 기준이 반드시 일곱 가지 범주여야 하는지에 대해 의문이 제기될 수 있다. 또한, 일곱 가지 기준을 인정한다고 하더라도 서로 다른 기준 간에 충돌이 있을 수 있다. 예를 들어, 강도는 강하지만 지속 기간이 짧은 쾌락과 강도는 약하나 지속 기간이 긴 쾌락을 어떻게 양적으로 비교할 수 있을까?

다섯째, 쾌락 계산의 주체가 불분명하다. 쾌락 계산의 주체는 쾌락을 경험하는 당사자이거나 객관적인 제3자일 수 있다. 당사자가 주체라면 그가 경험하는 강력하고 지속적이라고 믿는 쾌락이 다른 사람에게도 그러할 것인지 보장할 수가 없다. 그리고 객관적 제3자가 주체라면 그의 쾌락 계산의 기준은 무엇이며, 그것을 어떻게 이상적이라고 할 수 있는지 의문이 생길 수 있다.

여섯째, 쾌락 계산의 시점이 모호하다. 특정 행위의 결과에 대한 판정은 상황이 종결된 이후에나 가능하지만, 실제로 상황이 종결되지 않는 경우가 있어서 쾌락 계산이 불가능할 수 있다는 점이다.

제2절 자유지상주의

자유주의는 법 앞에서 만인의 평등과 개인의 자유를 기초로 하는 정치·도덕철학을 일컫는다. 자유주의는 중세 봉건체제와 절대 왕정을 타파하기 위한 근대 시민계급의 저항 이념으로 등장하였다. 시민권과 사유재산권의 불가침성을 이념으로하며, 일반적으로 자본주의 경제체제, 자유 시장, 정부의 제한된 개입 및 개인의 권리 보장을 강조한다.

자유주의는 크게 3단계의 발전 과정을 거쳐 현대에 이르게 되었는데, 첫 번째는 고전적 자유주의 단계로 개인의 자유권 이념의 실현과 제한된 정부 역할을 그 특징으로 한다. 두 번째는 수정자유주의 단계로 자유의 개념을 보다 적극적인 의미로 해석하여 국가를 통해 개인의 자유와 권리를 증진하고자 하였다. 세 번째는 개인이 정치 체계 수립의 주체가 되는 단계로 롤즈의 심의 민주주의적 발상이 이에 해당할 수 있다(장동진, 김만권, 2000: 196).

자유주의를 대표하는 사상가로는 노직(R. Nozick)과 하이에크(F. A. Hayek), 롤즈(J. Rawls) 등이 있다. 자유주의 진영에서도 개인의 자유권을 절대적으로 중시하는 노직과 하이에크를 자유지상주의(libertarian liberalism)로 분류하고, 롤즈는 사회적 약자를 배려하는 차등의 원칙에 입각한 평등적 자유주의(egalitarian liberalism)로 구분된다. 여기서는 국가 역할을 소극적으로 규정하는 자유지상주자 노직의 논의를 살펴볼 것이며, 롤즈의 평등적 자유주의는 다음 장에서 살펴보겠다.

1. 로버트 노직(Robert Nozick)

1) 생애와 저작

로버트 노직(R. Nozick)은 1938년에 미국의 뉴욕에서 태어났으며, 컬럼비아대학교에서 철학을 전공하였다. 1963년에 프린스턴대학교에서 「개인 선택의 규범 이론(The Normative Theory of Individual Choice)」이라는 논문으로 철학박사 학위를 받았고, 1969년에 하버드대학교 철학과 정교수가 되었다.

1974년에는 그의 대표 저작인 『무정부, 국가 그리고 유토피아(Anarchy, State, and Utopia)』를 간행하였으며, 이 저작으로 전통적 자유주의를 토대로 하는 자유지상주의를 정치철학의 전면에 부각시켰다. 이후 『철학적 설명(Philosophical Explanations)』(1981)에서 인식론, 개인의 동일성, 자유의지 그리고 윤리학의 기초에 대해 논의하고, 『성찰하는 삶(The Examined Life: Philosophical Meditations)』(1989)에서 훌륭한 삶의 본질과 삶의 의미를 탐색하였다. 『합리성의 본질(The Nature of Rationality)』(1993)은 합리적 결정과 믿음에 관한 이론을 다룬 걸작으로 평가받았다. 이후에도 1997년에 『Socratic Puzzles』와 2001년에 『Invariances: The Structure of the Objective World』를 출간하였으며, 2002년에 미국 매사추세츠주 케임브리지에서 위암으로 사망하였다.

여기서는 노직의 분배정의 관점이 잘 표현되고 있는 『무정부, 국가 그리고 유토피아』에서 그의 최소국가론과 소유권리론을 중심으로 소개하겠다. 이 책은 총 3부 10장으로 구성되어 있으며, 제1부에서는 자연 상태에서 최소국가(minimal state)가 등장하는 과정을 제시하고, 제2부에서는 개인의 소유 권리의 근거와 다양한 분배정의 원칙에 대해 논의하였다. 마지막 3부에서는 궁극적인 이상 사회로서 최소국가의 체계를 설명하고 있다.

노직의 인간관과 국가관 그리고 분배정의에 관한 핵심내용은 서문에서 다음과 같이 분명하게 제시되고 있다.

> 모든 개인은 권리를 가지며, 이러한 권리를 침해하지 않으려면 어떤 개인이나 집단도 하지 않아야 할 것들이 있다. 개인의 권리가 이처럼 매우 강하고 영향력이 크다면, 과연 국가와 관료가 할 수 있는 일은 무엇인가? 우리의 핵심적인 결론은 최소국가(폭력, 절도, 사기, 계약의 이행으로부터 보호하는 매우 협소한 의미의 기능만을 수행하는 국가)만이 정당하다는 것이다. 기능이 더 확장된 국가는 개인의 권리를 침해하기 때문에 정당하지 못하며, 최소국가는 정당할 뿐만 아니라 영감을 제공(inspiring)한다(서문 p. ix).

2) 최소국가론

노직의 최소국가론 기획은 세 가지 목적을 가지고 있다. 첫째, 아나키스트에 대한 대응으로 무정부 상태보다는 최소국가가 정당함을 논하고, 둘째, 적극적 복지국가에 대한 대응으로 최소국가가 가장 확장된 형태의 정당한 국가임을 논하고, 마지막으로, 최소국가가 정당화될 수 있는 유일한 국가형태라는 것이다(Wolff, 1991: 4-5).

노직은 최소국가만이 정당하다는 것을 증명하기 위해 자연 상태의 개인들로부터 최소국가가 도출되는 과정을 제시하고 있다. 그는 국가가 없는 자연 상태로부터 '보이지 않는 손'에 의해 상호보호협회, 지배적 보호협회, 극소국가를 거쳐 자연스럽게 최소국가가 탄생하는 것으로 보았다. 여기서 노직의 자연 상태 개념과 최소국가의 도출 과정을 좀 더 구체적으로 살펴보자.

(1) 자연 상태

노직은 자연 상태(state of nature)를 로크(J. Locke)의 개념을 원용하여 설명하였는데, 로크는 자연 상태를 다음과 같이 설명하고 있다(Nozick, 1974: 10-12).

먼저, 자연 상태에서 개인은 완전히 자유로운 상태이다.

자연 상태에서의 모든 개인은 자연법의 경계 안에서 (타인의 의지에 의존하지 않고, 자신들이 적절하다고 생각하는 대로, 자신들의 행위를 정하거나) 그들의 소유물을 처분할 수 있는 완전한 자유를 갖고 있다.

다음으로, 자연 상태에서 개인은 모두 평등한 상태이다.

모든 개인에게 권력과 권한은 상호적이며, 모든 사람은 타인의 의지 또는 권위에 복종하지 않고 자연적 자유에 대해 평등한 권리를 갖는다는 것이다(홍성우, 1990: 34-35).

마지막으로, 자연 상태는 자유의 상태이지만 방종의 상태는 아니다.

자연법의 경계는 어떤 사람도 타인의 생명, 건강, 자유 또는 소유에 해를 끼치지 않을 것을 요구한다. (그러나) 일부 사람들은 이런 자연법의 경계를 넘어서 타인의 권리를 침해하거나 타인에게 해를 끼칠 수 있다.

해를 입은 측이나 그 대리인들은 경계를 넘은 사람들에게 그들이 겪은 피해만큼의 보상을 요구할 것이며, 모든 개인은 법의 위반을 멈추게 할 정도로 위반자를 처벌할 수 있는 권리를 갖고 있다.

그러나 자연 상태는 그 자체로 완벽하기보다 불편함이 있는 상태이다. 왜냐하면, 개인이 자신의 사건을 판단할 때는 자신에게 유리하게 해석하거나 자신이 옳다고 가정할 수 있다.

피해를 받은 사람은 그들의 피해나 상처를 과대평가할 것이며, 흥분(passion)하여 피해보다 더 많은 처벌을 하거나 과도한 보상을 요구할 수 있다. 그러므로 개인 권리에 대한 사적 보장은 끝없는 보복과 과도한 보상으로 불화를 가져온다. 그리고 이러한 불화를 해결하거나, 끝내거나 혹은 끝났다는 사실을 알릴 방법이 없다. ……(중략)…… 더욱이 자연 상태에서 개인은 그의 권리를 주장할 힘이 부족하거나 법을 위반한 강한 상대방으로부터 보상을 받거나 처벌할 수 없을 수 있다.

그러므로 이런 불편함을 해소하기 위해 로크는 공동사회의 결성이 필요하다고
하였다. 로크는 공동사회의 목적 달성을 위해 사회 구성원들은 하나의 정치적 사회
속에 결합할 것을 동의하고, 일체의 권력을 양도함으로써 시민 정부가 형성된다고
보았다(홍성우, 1991, 2005).

(2) 최소국가의 성립 과정

노직은 로크가 제시한 사회계약에 기초한 시민 정부가 정치적 합법성을 인정받
기에는 불충분하다고 보았다. 그는 구성원의 동의나 계약에 의하지 않고, 자연 상
태에서 국가가 보이지 않는 손에 의해 필연적으로 발생하는 과정을, 첫째, 상호보
호협회(mutual-protection associations), 둘째, 지배적 보호협회(dominant protective
association), 셋째, 극소국가(ultra-minimal state), 넷째, 최소국가(minimal state)의 개
념으로 설명하고 있다. 여기서 국가란 최소국가를 의미하며, 그 구체적 성립 과정
은 다음과 같다(Nozick, 1974: 12-25).

첫째, 상호보호협회의 구성이다. 노직에 의하면 개인들은 로크가 제시한 자연
상태에서 발생할 수 있는 불편함을 개선하기 위해 상호보호협회를 만든다는 것이
다. 자연 상태에서 개인은 비도덕적으로 타인의 권리를 침해하는 사람으로부터 자
신의 권리를 보호하기 위해, 시장의 상품처럼 보호 서비스를 위해 상호보호협회를
구성한다는 것이다.

그러나 상호보호협회는 두 가지의 문제점을 가지게 된다. 먼저, 모든 협회 구성
원이 보호 기능을 수행하기 위해 항상 대기 상태에 있어야 한다. 이 문제는 협회 구
성원의 권리 보호를 전담하는 대리인을 고용하여 해결할 수 있다. 다음으로, 협회
내에 심술궂고 성가신 회원이 있으면 협회 구성원들에게 과도한 보호를 요구하게
되어 구성원 간에 갈등이 발생할 수 있다. 협회 구성원들 간의 갈등에는 간섭하지
않는 원칙을 만들 수 있으나, 이는 협회의 내부갈등을 발생시키고, 하위집단들을
양산해서 협회 해체의 원인이 될 수 있다. 그러므로 협회는 회원 구성원들 간의 갈
등이 있을 때 불간섭의 원칙보다는 갈등을 해결하는 어떤 절차적 원칙을 마련할 것
이다. 또한 협회의 회원과 회원이 아닌 개인들 간의 갈등이 발생할 때도 누가 옳은

가를 결정하는 절차적 원칙이 필요하다.

둘째, 지배적 보호협회의 출현이다. 동일 지역 내의 보호협회들이 모든 분쟁에 대해 합의할 수 있다면 아무런 문제가 발생하지 않는다. 그러나 분쟁에 대해 합의를 하지 못하거나 어떤 보호 대행사가 자신의 고객을 보호하고자 과도한 보상이나 처벌을 요구할 수 있으며, 이런 경우에 가능한 해결방법은 다음의 세 가지를 고려해 볼 수 있다. 먼저, 두 대행사가 힘으로 싸우는 것이다. 싸움에서 승리한 대행사는 패배한 대행사의 고객을 나쁘게 대하기 때문에, 패배한 대행사의 고객은 승리한 대행사의 고객이 되는 것이다. 다음으로, 각 대행사는 지배력이 미치는 중심 지역에서 승리하는 것이다. 각 대행사는 서로 다른 지역에 집중하게 되며, 고객은 자신의 대행사가 승리한 지역으로 이사를 하거나, 자신의 지역과 가까운 대행사와 거래를 맺게 된다. 마지막으로, 두 대행사가 동등한 힘으로 자주 싸우는 경우이다. 이런 경우에는 분쟁으로 인한 비용과 대가가 크게 발생하므로, 두 대행사는 평화적 해결을 위한 원칙을 마련하거나 제3의 재판관이나 법정을 마련하게 된다. 첫째와 둘째의 경우에는 한 지역에 하나의 보호 대행사가 남게 되며, 마지막의 경우에는 한 지역의 모든 이의 권리 주장과 분쟁에 대해 판결을 내리고 권리를 대리 집행하는 조직을 마련하게 된다. 즉, 어떤 경우에도 지배적 보호협회가 결과적으로 출현하게 되는 것이다.

셋째, 최소국가의 출현이다. 노직은 지배적 보호협회는 최소국가와 형태적으로 유사하지만 두 가지 측면에서 차이가 있으며, 이를 '극소국가(ultraminimal state)' 개념으로 설명하였다. 먼저, 지배적 보호협회는 협회 구성원들의 사적 권리 행사를 허용하지만, 국가는 권리 행사의 독점권을 가진다는 점에서 차이가 있다. 다음으로, 지배적 보호협회는 관할 지역 안의 모든 개인에게 보호를 제공하지는 않는다는 점에서 최소국가와 차이가 있다. 즉, 지배적 보호협회는 보호를 위해 비용을 지불한 고객에게만 서비스를 제공하는 반면, 최소국가는 지리적 경계 안의 모든 개인에게 보호를 제공한다.

노직은 국가가 되기 위한 두 가지 필요조건을 제시하고 있다. 첫 번째 필요조건은 권력의 독점권이다. 즉, 오직 국가만이 누가, 언제, 어떤 조건에서 권력을 사용할 수 있는지 결정할 수 있어야 한다. 두 번째 조건은 국가는 관할 지역 내의 모든 개인을 보호할 수 있어야 한다. 지배적 보호협회는 국가의 이런 두 가지 필요조건을 결여하고 있다는 점에서 차이가 있으며, 권력의 독점권은 갖고 있지만 관할 지역 내의 모든 개인을 보호하지 않는 국가를 극소국가로 정의하고 있다. 즉, 최소 국가는 관할 지역 내의 모든 국민을 보호하는 반면, 극소국가는 권력의 독점권은 가지나 오직 보호 계약을 맺은 개인들만 보호하는 국가이다.

노직은 이런 이유로 최소국가가 재분배적일 수 있다고 주장한다. 즉, 최소국가는 관할 지역의 모든 개인을 보호하기 때문에, 비용을 지불하지 않은 개인에게도 보호를 제공하여 재분배 기능을 가진다고 하였다. 즉, 지불 능력이 있는 개인이 비용을 부담하여 지불 능력이 없는 이에게 보호 서비스를 제공하기 때문이다(홍석영, 2018).

3) 소유권리론

노직에 의하면, '분배적 정의'라는 개념 자체는 중립적이지 못하기 때문에, '소유물에서의 정의' 개념을 사용하여야 한다고 보았다. 그는 '분배적 정의'라는 개념은 생산물을 정당하게 배분하기 위한 어떤 원칙이나 규칙이 있을 것 같은 느낌을 준다는 것이다. 즉, 재화의 생산과 그것을 분배하는 것이 마치 별개의 것처럼 보이지만, 생산과 분배는 서로 독립된 것이 아니라는 것이다. 그러므로 노직에게 있어 '분배적 정의'는 어떤 중앙 기관의 정의로운 분배 행위가 아닌 '소유물에서의 정의'이며, 이를 『무정부, 국가 그리고 유토피아』에서 소유권리론(entitlement theory)으로 제시하고 있다(Nozick, 1974: 149-150).

노직은 소유물에서의 정의를 세 가지 측면, 즉 ① 소유물의 최초 취득에서의 정의 원칙(principle of justice in acquisition), ② 이전에서의 정의 원칙(principle of justice in transfer), ③ 부당한 소유의 교정 원칙(rectification of injustice in holdings)으로 구분하여 다음과 같이 정식화하였다.

① 취득에서의 정의 원칙에 따라 소유물을 획득한 사람은 그 소유에 대한 권리가 있다.

② (소유 권리가 있는 타인으로부터) 이전에서의 정의 원칙에 따라 소유물을 획득한 사람은 그 소유에 대한 권리가 있다.

③ 누구도 앞의 두 원칙의 (반복적) 적용을 제외한 어떤 소유에 대해서도 권리가 없다.

그리고 부당한 소유의 교정 원칙은 첫 번째와 두 번째 원칙에 의해서 이루어지지 않은 것을 교정하는 원칙이다.

먼저, 소유물의 최초 취득에서의 정의 원칙은 소유가 발생하는 방법과 과정에 관한 것으로, 노직은 로크의 재산권에 대한 정당화 논리를 활용한다. 로크에 의하면, 정당한 사유의 첫 번째 조건은 대상에 적절한 노동을 가하는 것이다. 모든 사람은 자신의 노동에 대한 소유권을 가지며, 이를 대상물에 가함으로써 그 대상물을 자신의 것으로 만든다는 것이다. 그러나 노동을 가하기 때문에 권리가 발생한다는 것은 많은 의문을 제기할 수 있다. 어떤 형태의 노동이 가해져야 소유권이 발생하는가? 예를 들어, 우주비행사가 화성에 도착하여 특정 지역을 청소하면, 화성의 소유권을 주장할 수 있는가? 화성 전체를 소유하는가 아니면 청소한 지역만 소유하는가? 다음으로, 왜 대상에 노동을 가하는 것이 대상을 소유하는 것인가이다. 노동을 통해 창출된 부가가치만 소유하는 것이 아니라 왜 대상 전체를 소유하는 것인가?

그리고 다른 사람들도 소유할 수 있도록 양이 충분하고 동등한 질의 것이 남아 있어야 한다는 로크적 단서(Lockean proviso)이다. 노직은 최초 취득의 정당성은 타인의 입장과 관계되는 것이며, 소유하지 않은 대상물을 취득하게 될 때는 타인의 상황이 악화되지 않는 한에서 정당화될 수 있다고 하였다. 어떤 개인이 대상물을 선점하는 것은 다른 사람이 그 대상을 소유할 기회를 박탈하거나, 더 이상 무료로 이용할 가능성을 제거하기 때문에 타인의 상태에 부정적 영향을 미칠 수 있다.

두 번째 조건은 이전에서의 정의 원칙으로 소유물이 이전되는 과정에 관한 것이다. 노직은 자발적 교환(voluntary exchange)에 의한 이전은 정의로운 것으로 간주하였다.

세 번째 조건은 부당한 소유의 교정 원칙으로 최초 취득과 이전에서의 원칙이 지켜지지 않아서 발생한 부정의를 교정하는 원칙이다(Nozick, 1974: 151-152). 취득과 이전이 정의롭게 이루어졌다면 교정의 원칙은 필요하지 않을 것이다. 그러나 과거의 정의롭지 못한 취득과 이전에 의해 현재의 소유가 형성된 경우가 있으므로, 이에 대한 교정의 원칙이 필요하다. 하지만 취득과 이전에 있어 과거의 부정의는 다양한 방식으로 발생하였기 때문에 명백하고 정당한 교정의 방식을 찾기가 어렵다. 즉, 부당한 취득 혹은 이전 여부를 판단하기가 어려우며, 부당하였다면 누가 책임을 갖는지, 그리고 교정은 언제 어떻게 이루어져야 하는지 등 여러 가지 정하기 어려운 점이 남는다.

노직의 분배정의, 즉 소유권리론은 분배가 어떻게 형성되었는가에 초점을 둔 역사적 접근방식이다. 노직은 소유의 성립 과정 자체를 분배정의로 바라보고 있으며, 개인의 소유물에 대한 권리는 역사적으로 형성된 배타적 권리로 간주한다. 그러므로 어떤 정형적인 분배 결과를 위해 정당한 이유 없이 소유물을 재분배하는 것은 필연적으로 개인의 권리를 침해하게 된다는 것이다. 반면에, 공리주의는 어떤 정의로운 분배 규칙에 따라 배분되어야 하는 횡단면 상황에서의 분배정의이다. 이 분배정의에 따르면 현재 누가 얼마만큼 소유하고 있는지 판단하는 것이 분배정의가 된다. 그러므로 A가 10을 가지고 B가 5를 가진 경우와 A가 5를 가지고 B가 10을 가진 분배 상태를 그 소유 과정의 역사성을 무시하고, 구조적으로 동일하게 취급하는 오류를 범하게 된다. 노직은 공리주의자와 평등적 자유주의자 모두가 분배정의를 이처럼 횡단면적 규칙으로 접근하는 오류를 범하고 있다고 비판한다.

4) 노직의 한계

앞에서 살펴본 노직의 최소국가론과 소유권리론은 다음과 같은 몇 가지 한계를 갖고 있다(장동진, 김만권, 2000).

(1) 최소국가론의 한계

노직은 개인들이 사적 보호의 필요 때문에 자연스럽게 보이지 않는 손에 의해 최소국가가 발전된다고 설명하고 있다. 이러한 노직의 최소국가론은 추론에서 논리적 타당성, 최소국가로의 이행 동기, 최소국가에서 독립인 편입의 정당성 그리고 최소국가의 타당성에 있어 문제가 있다.

첫째, 최소국가론 추론에서 논리적 타당성 문제이다. 노직은 개인들 각자의 권리보호를 위해 사적 계약이 필요하고, 이러한 사적 계약의 연장을 통해 최소국가가 성립될 수 있다는 것을 보여 주고 있다. 그러나 이는 노직이 국가의 기능을 사적 계약 형태인 보호협회의 수준으로 그 기능을 축소하여 설정하고 있기 때문이다. 그러나 국가는 사회의 기본제도로서 사적인 계약을 넘어서 공적 성격을 갖고 있으므로, 이를 사적인 계약 관계의 확장으로 설명하는 것은 무리가 있다.

둘째, 지배적 보호협회에서 최소국가로 이행하는 동기가 분명하게 설명되지 않고 있다. 지배적 보호협회는 보호의 대가로 수수료를 지불하는 회원에게 양질의 서비스를 제공함으로써 많은 이윤과 회원을 확보할 수 있다. 그런데 왜 수수료를 지불할 능력이 없거나, 지불할 의사가 없는 사람까지도 포괄하는 최소국가로 발전하게 되는지에 대한 설명이 모호하다. 노직의 '보이지 않은 손에 의한' 자연스러운 과정을 가정한다면 오히려 지배적 보호협회는 수수료를 지불하는 회원만을 대상으로 양질의 서비스를 제공하고자 할 것이다.

셋째, 최소국가에서 독립인을 강제로 편입함으로써 그들의 권리 침해가 발생할 수 있다는 점이다. 노직은 극소국가에서 최소국가로의 발전은 독립인을 국가의 보호 아래 편입함으로써 이루어진다고 하였다. 그러나 독립인을 강제로 국가에 편입하는 것은 그들의 개인적 권리를 침해할 수 있다. 독립인은 보호협회에 수수료를 납부할 능력이 없거나, 납부 능력은 있지만 스스로 보호할 능력이 있어 협회에 자발적으로 가입하지 않는 사람일 것이다. 만약에 스스로 보호 능력이 있는 사람을 그들이 원하지 않음에도 국가에 강제로 편입시킨다면, 이는 개인의 권리를 침해하는 결과를 가져오게 된다. 노직은 독립인을 편입시키는 이유로 독립인이 권리를 잘못 행사할 가능성이 있기 때문이라고 주장한다. 그러나 권리 행사를 잘못할 가능성 때문에, 이들의 권리 행사를 제한하고 국가로 편입시키는 것은 최소국가도 개인의 권리를 침해하고 있음을 보여 주고 있다. 즉, 국가는 본질적으로 개인의 권리를 침해할 수밖에 없다는 주장을 확인시켜 주는 것이다.

넷째, 최소국가의 기능과 역할의 타당성이다. 노직은 최소국가가 개인의 권리를 보호할 수 있는 가장 적합한 형태라고 하였다. 하지만 최소국가도 본질적으로 개인, 즉 독립인의 권리를 침해할 수밖에 없다. 노직은 개인의 권리를 보호하기 위해 국가의 기능을 개인들의 보호 기능으로 제한하고 있다. 하지만 국가는 개인의 권리 보호뿐만 아니라 개인의 발전을 조장하고 자극하는 기능을 수행할 수 있다. 공리주의자인 밀은 정부가 개인의 노력과 발전을 저해하지 않는 한, 오히려 개인의 노력을 조장하고 적극적으로 발전시키는 기능을 가져야 한다고 주장한다. 그러므로 개인에 대한 보호의 기능에 제한되어 있는 국가의 기능을 개인의 권리 보호를 전제로 한 상태에서, 개인의 능력 개발과 발전을 자극하는 기능까지 확장하는 것이 필요하다.

(2) 소유권리론의 한계

노직의 소유권리론은 취득에서의 정의, 이전에서의 정의, 교정에서의 정의로 구성되어 있으며, 다음과 같은 논리적 한계를 갖고 있다(구영모, 1995).

첫째, 취득에서의 정의의 문제이다. 원초적 취득이 정당하기 위해서는 사적 소유가 어떻게 발생하는지를 살펴보아야 한다. 사적 소유가 발생하기 위해서는 사적 소유의 대상이 원래는 모두 공동의 소유라는 전제가 필요하다. 만약에 모든 자연 대상물이 공동의 소유라면 사적 소유는 필연적으로 공동 소유물에 대한 선점을 통해 이루어지며, 이는 타인의 이익에 영향을 미칠 수밖에 없다. 특히 공동 소유물에 대한 선점이 '강제력'을 동원하여 이루어졌다면, 이는 원초적 취득을 부정한 것으로 만들 뿐만 아니라, 국가의 강제적 재분배도 문제가 되지 않는다. 노직은 이런 점을 의식하고 자연 대상물은 누구의 소유도 아니므로 로크적 방식, 즉 개인의 노동을 통한 원초적 취득은 정당하다고 간주하였다. 그러나 로크는 하느님이 만물의 창조자로서 자연 대상물에 대한 소유권을 가지며, 이 소유권을 인간에게 부여하였기 때문에 공유의 정당성이 있다고 보았다. 즉, 노직은 이러한 로크의 자연 대상물의 공유 개념의 중요성을 간과하고 공유의 자연 대상물을 주인이 없는 상태로 간주하였다.

둘째, 취득의 정의에서 로크적 단서에 대한 제한적 해석의 문제이다. 로크는 개인의 노동을 통한 재산권은 '타인들에게 동질한 수준의 것이 충분히 남겨져 있을 것'을 전제하였다. 그러나 노직은 이것을 '타인의 이해가 나빠지지 않아야 하는'으로 바꾸어 원초적 취득의 정당성을 논의하였다. 그는 사유재산제가 생산수단의 효율적 사용으로 생산물 증대를 가져오며, 이로 인해 사람들의 상황이 사유화에 의해 나빠지지 않는 것을 전제한다. 그러나 현실에서는 자연 자원이 무한이 존재하지 않으며, 노동을 가하여 대상물을 선점하는 것은 타인의 취득 기회를 제한하게 된다. 그러므로 희소한 자원에 대한 배타적인 권리를 부여하는 것은 다른 사람의 취득 기회를 박탈하게 되는 결과를 가져오게 될 수 있다.

셋째, '이전의 정의'의 원칙이 갖는 문제이다. 노직은 정의로운 상태에서 자발적 합의로 변화된 상태는 여전히 정의롭다고 본다. 그러나 이전의 정의 원칙은 다음의 세 가지 측면에서 불분명한 점이 있다. 먼저, 어떤 분배 상태에서 발생한 자발적 합의가 진정 자발적인지 가려내기가 어렵다는 점이다. 외형적으로는 자발적인 것으로 보이지만 권력의 비대칭으로 인해 다른 선택의 여지가 없어서 동의하는 이전이 있을 수 있다. 예를 들어, 근로자가 자본가를 위해 일을 하거나 아니면 굶어 죽어야 하는 상황에 직면해 있다고 가정해 보자. 이때 근로자가 일하는 것을 선택하는 것이 과연 자발적인가? 즉, 선택의 제한이 있는 상태에서의 합의를 자발적 합의로 간주하기 어렵다. 다음으로, 자발적 선택에 있어서 정보의 제한이다. 진정한 의미의 자발적 합의는 그 선택으로 파생될 이익과 손해를 명확하게 계산할 수 있는 상태에서 이루어져야 한다. 그러나 많은 경우 제한된 정보나 거짓 정보, 심지어 사기나 속임수 등으로 인해 정보가 제한된 상태에서 합의에 이르게 될 수 있다. 마지막으로, 자발적 합의에 따른 이전임에도 불구하고 제3자의 선택을 제약하는 경우가 발생할 수 있다. 현재의 분배 상태가 정의로운 최초 취득과 이전에 의한 것이라 하더라도, 미래 세대의 분배에 영향을 미칠 수밖에 없으며, 미래 세대의 소유를 제약할 수 있다. 그러므로 현재의 분배가 정의롭다는 것이 자발적 합의로 형성된 미래 분배의 정당성을 보장하는 것은 아닐 수 있다.

사례 4-1 장기매매 찬반 논쟁

　　국립장기조직혈액관리원 통계자료에 의하면, 2020년 5월 말 신장이식 대기자는 25,465명인 데 반하여, 신장 기증자는 총 2,293명으로 대기자의 9% 수준에 머물고 있어 필요 수요에 비해 턱없이 모자라는 수준이다(국립장기조직혈액관리원, 2020: 11). 현재 대부분 나라에서 장기매매는 불법으로 되어 있으나, 영국과 미국 등 선진국에서는 장기매매 합법화를 위한 논의가 진행 중이다. 장기매매 합법화에 찬성하는 사람들은 법적 규제가 오히려 장기 암거래를 부추기고, 장기 기증의 활성화를 위해서는 기증자에 대한 물질적 보상이 있어야 한다고 주장한다. 반면, 반대론자는 매매 합법화가 저개발국 지역의 사람들에게 공급 경쟁이 야기되는 기이한 현상이 발생할 수 있고, 이식 희망자 중에서 소득이 높은 사람이 우선권을 얻게 되어 윤리적으로 정의롭지 못하다고 한다. 이에 대해 공리주의와 자유지상주의 관점을 중심으로 논의해 보자.

 사례 4-2 대한민국 땅은 정의로운가

　　헨리 조지는 『진보와 빈곤(Progress and Poverty)』(1879)에서 모두가 평등한 권리를 가진 토지를 소수가 차지하기 때문에 '진보 속에 빈곤이 공존하는 현상'이 지속된다고 지적하였다. 토지의 사적 소유의 문제를 해결하기 위해 '토지 공개념'을 주장하였는데, 소유권의 세 가지 요소인 이용권, 처분권 그리고 수익권 중에서 수익권을 환수하는 것을 제안하였다(남기업, 2021, 참여사회 특집, 통권 286).

　　한편, 우리나라도 부동산을 통한 재산 증식과 투기 방지를 위해 1989년 노태우 정부 시기에 토지공개념 3법(택지소유상한법, 토지초과이득세법, 개발이익환수법)이 도입되었다. 그러나 1994년 토지초과이득세법은 헌법불합치 판정을 받아 김대중 정부 시기인 1998년에 폐지되었고, 1999년에는 택지소유상한법도 위헌 결정되었다. 최근에 토지초과이득세법의 재도입을 요청하는 목소리가 높아지고 있다. 토지는 누구의 소유일까? 소유의 내용은 무엇일까? 소유는 정의로운가?

제**5**장

분배정의 관점 II

　이 장에서는 분배정의의 실현을 위해 국가 혹은 공동체의 의미를 보다 적극적으로 해석하는 롤즈(J. Rawls)의 평등적 자유주의와 샌델(M. Sandel)과 왈저(M. Walzer)를 중심으로 공동체주의 논의를 살펴보겠다.

제1절 평등적 자유주의

1. 존 롤즈(John Rawls)

1) 생애와 저작

존 롤즈(J. B. Rawls)는 1921년에 미국의 메릴랜드 (Maryland)주 볼티모어(Baltimore)에서 태어났으며, 1950년에 프린스턴대학교에서「윤리학 토대에 관한 연구(A Study in the Grounds of Ethical Knowledge)」라는 논문으로 철학박사 학위를 받았다. 1962년까지 코넬(Cornell)대학에서 강의하였으며, 이후에는 하버드대학교에서 교수로 재직하였다.

1971년에 그의 대표 저작인『정의론(A Theory of Justice)』을 간행하였는데, 이는 외형적으로 끊임없는 갈등관계인 자유와 평등의 조화를 추구한 저작이다. 여기서 롤즈는 공정으로서의 정의 개념을 통해 자유와 평등을 하나로 통합시켰다. 이후 『정치적 자유주의(Political Liberalism)』(1993)에서 시민들 사이의 끊임없는 철학적·종교적·도덕적 갈등의 정당성에 대해 답을 찾고자 하였으며, 1999년에는『국민들의 법(The Law of Peoples』(1989)을 출간하여 국제정치에 대한 통합 이론을 제시하였다. 1995년 뇌졸중으로 건강이 나빠졌으나, 2002년 사망하기 전까지도 연구에 몰두하여『공정으로서 정의(Justice as Fairness: A Restatemetn』(2001)를 통해『정의론』에 대한 비판에 답하고자 하였다(위키백과, 존 롤즈).

여기서는 그의 대표 저작인『정의론』을 중심으로 정의의 원칙과 이를 도출하는 과정을 살펴볼 것이다. 이 책은 총 3부 9장으로 구성되어 있으며, 제1부 '이론(Theory)'은 정의의 원칙을 제시하고, 제2부 '제도(Institutions)'에서는 원칙의 내용을 설명하고 있다. 그리고 마지막 제3부 '목적(Ends)'에서는 정의로운 사회의 가치를 설명하고 있다.

2) 사회계약론

정의의 판단 대상은 개인의 행위나 의사결정과 같은 사소하고 사적인 것에서부터 한 사회의 법, 제도 혹은 분배 체계와 같은 사회 구조에 관한 것일 수 있다. 롤즈는 그의 주된 논의 주제가 한 사회의 사회제도나 법률의 기본 구조가 개인의 기본적인 권리와 의무를 배분하는 방식에 관한 '사회정의론'이라고 밝힌다(Ralws, 1971). 롤즈는 로크나 루소와 같은 사회계약론적 전통에서 출발하여 사회 구성원 간의 자발적 합의에 의한 정의의 원칙을 찾고자 하였다.

롤즈의 사회계약론은 세 개념으로 구성되어 있는데, 이는 ① 합리적이며 상호 무관심한 개인, ② 원초적 상태, ③ 질서 있는 사회이다. 즉, 합리적인 개인이 원초적 상태에서 질서 있는 사회를 구성하기 위해 자발적으로 합의한 원칙이 '공정으로서의 정의(justice as fairness)'이다. 그리고 합의된 정의의 원칙에 따라 국가의 헌법과 법률을 구성한다. 롤즈는 한 사회의 전반적 제도나 구조가 이런 가상적 합의의 원칙에 의해 구성된다면, 그 사회는 정의로운 것으로 간주한다. 여기서는 세 가지 개념을 좀 더 구체적으로 살펴보도록 하자.

먼저, 합리적이고 상호 무관심한 개인(rational and mutualy disinterested parties)의 개념이다. 롤즈는 합의 당사자는 자신의 목적과 이해 그리고 복지를 추구하며, 합의된 원칙에 따라 행동하는 합리적인 개인을 가정하였다. 그리고 모든 당사자는 상대방의 이해에 관심을 갖지 않는 점에서 상호 무관심하다. 그러나 이것이 당사자가 재산, 명예, 혹은 지배와 같은 특정 이해에만 관심을 가진 이기적인 것을 의미하지 않는다. 오히려 이들은 정의의 감각과 선의 관념을 가지고 있으며, 모두 평등한 존경과 배려를 받을 권리를 갖고 사회의 기본 구조를 만드는 데 참여할 수 있다고 전제하였다.

다음으로, 이러한 이해 당사자가 불편부당하고 공정한 입장에서 출발하기 위해 원초적 상태(original position)를 상정하였다. 롤즈는 공정한 상태에서 출발하기 위해 이해 당사자가 무지의 베일(veil of ignorance) 상태에 있다고 가정하였다. 무지의 베일 상태에서 그들은 그가 처한 특정 사실에 대해 아무것도 알지 못한다. 예를 들어, 이해 당사자는 그가 속한 사회에서의 계급적 지위나 사회 계층을 모를 뿐만 아니라, 그가 얼마만큼의 자연 자원, 지능 및 육체적 능력을 갖고 태어날지 모른다. 또한 그들은 자신의 심리적 상태, 예를 들어 위험을 싫어하는지, 염세적인지, 아니면 낙천적인지에 대해서도 모르며, 자신이 속한 사회가 어떤 상황에 있을지도 모르는 상태이다. 유일하게 이해 당사자가 알고 있는 특정한 사실은 그가 속한 사회가 비록 그 의미는 명확하지 않지만 정의로운 상태에 있다는 것이다.

반면에 이들은 인간 사회의 일반적 사실에 대해서는 모두 알고 있는 것으로 가정한다. 즉, 이들은 어떤 일반적 사실에 따라 정의의 원칙을 선택해야 하는지 알고 있다. 예를 들어, "사회적 협동을 추구하는 것이 정의 원칙이다."라는 것이 일반적 이론이라고 가정해 보자. 이 원칙에 따르지 않으면 그 원칙은 정의의 원칙으로 지속되지 않을 것이다. 그러므로 합의된 정의의 원칙이 정해지면, 개인들은 합의된 원칙에 따르고자 하는 정의의 관념을 갖고, 그 원칙을 지킬 것이라는 일반적 사실을 알고 있다고 가정한다.

이처럼 이해 당사자는 개인이 처한 개별적 상황에 대해서는 아무런 정보가 없고, 일반적 사실에 관한 지식에만 의존하여 원칙을 선택해야 한다. 롤즈는 공정한 절차에 의한 정의의 원칙을 도출하는 것을 강조하였으며, 그의 정의의 원칙을 '공정으로서의 정의(justice of fairness)'라고 개념화하였다.

마지막으로, 질서 있는 사회(well-ordered society) 개념은 구성원들 간에 합의된 정의의 원칙에 의해 구성된 사회이다. 여기서 질서 있는 사회는 정의 원칙을 충족시키는 사회의 일반적 구조에 관한 추상적 개념에 불과하다. 실제로 그 사회를 지배하는 정의의 원칙이 무엇인지는 규정되지 않았으며, 원초적 상태의 이해 당사자들이 자발적이고 합리적인 추론으로 다음과 같은 정의의 원칙을 도출할 것이다.

3) 정의의 원칙

롤즈는 정의의 원칙을 여러 차례의 논리적 단계를 거쳐 다음과 같이 정형화하였다(Rawls, 1971: 302-303).

- 제1원칙: 자유의 원칙(liberty principle)
  "각자는 타인의 자유와 양립할 수 있는 광범위한 기본적 자유를 누릴 동일한 권리를 가진다."

- 제2원칙: 차등의 원칙(difference principle)
  "사회적·경제적 불평등은 다음과 같이 조정되어야 한다."
  (a) (공정한 저축 원칙하에서) 사회의 최소 수혜자에게 최대 급여가 제공되도록
  (b) (기회의 평등 조건하에서) 모두에게 동등한 일자리와 지위가 제공되도록

여기서 제1원칙은 기본적인 자유와 권리를 누리는 데 있어서의 평등을 강조하는 것이다. 이런 기본적 자유에는 자유민주주의의 근간이 되는 정치적 자유, 언론과 출판의 자유, 양심과 사상의 자유 및 사유재산을 가질 권리 등을 포괄하는 것이다. 제2원칙은 사회적·경제적 불평등을 규정하는 원칙으로, 평등한 분배를 추구하기 위한 원칙으로 2개의 세부 원칙으로 구성되어 있다. 첫 번째는 최소 수혜자에게 최대 급여를 제공하는 원칙이며, 두 번째는 모두에게 직책과 직위에 접근할 수 있도록 공정한 기회를 제공하는 원칙이다. 이처럼 롤즈의 원칙은 사회 구조의 두 가지 측면, 즉 정치적 측면과 사회적·경제적 불평등을 규정하는 측면과 관련되어 있다. 제1원칙은 평등한 자유를 보장하는 정치적 측면과 관련되어 있고, 제2원칙은 사회적·경제적 불평등을 개선하는 측면과 관련되어 있다(이홍윤, 1997).

롤즈는 또한 이런 원칙 간에 순위를 부여하는 우선 규칙(priority rule)을 제시하고 있다. 첫 번째 우선 규칙은 자유의 원칙은 차등의 원칙에 우선한다는 것으로, 개인의 자유의 권리 보장이 사회적·경제적 불평등을 개선하는 것에 우선한다는 것이

다. 이것이 자유의 우선 원칙(The Priority of Liberty)이다. 그러므로 자유는 자유 그 자체만을 위해서만 제한될 수 있으며, 다음의 두 경우에만 제한할 수 있다. 첫째는 자유의 제한이 모든 사람이 공유하는 자유의 전체 체계를 강화할 때이며, 둘째는 평등한 자유의 제한을 자유를 적게 가진 사람이 수용할 경우이다.

두 번째 우선 규칙은 효율성과 복지를 추구하는 원칙보다 정의의 원칙이 더 우선하는 것이다(The Priority of Justice over Efficiency and Welfare). 즉, 정의의 원칙은 효율성과 효용 극대화 원칙에 우선하며, 제2원칙에서 (b) 기회균등의 규칙이 (a) 최소 수혜자에게 최대 급여를 제공하는 규칙에 우선한다는 것이다. 즉, 모든 개인이 평등하게 자유를 누릴 권리는 더 높은 사회적 효용을 추구하거나 혹은 피해를 보상하기 위해서 침해될 수 없다는 것이다. 그러므로 재산과 소득 그리고 권력의 분배는 시민권적 자유와 기회의 평등 원칙에 일치되어야 한다.

롤즈는 이런 정의의 원칙과 우선 규칙을 통해 다음과 같은 일반적 개념을 주장하였다.

> 모든 사회적 기본재화, 즉 자유와 기회, 소득과 부는 (이것의 불평등한 분배가 최소 수혜자에게 이익이 되지 않는 한) 평등하게 분배되어야 한다.

결론적으로 롤즈의 공정으로서의 정의는 다음과 같이 요약될 수 있다. 먼저, 기본적 자유에 대한 평등한 권리는 가장 먼저 보장되어야 한다. 그리고 사회적·경제적 재화, 즉 재산과 소득의 불평등 개선이 필요하지만, 이는 먼저 공정한 기회의 평등이 보장되는 한에서 이루어져야 한다는 것이다(이홍윤, 1997). 그리고 롤즈는 이런 사회정의의 원칙이 실제로 현실 사회에 적용하고자 할 때는 많은 수정과 보완이 필요하며, 그 자체로 불완전하다는 것을 인식하고 있었다.

4) 제도 구성

롤즈는 이러한 '공정으로서의 정의' 구현을 위해 필요한 정부 조직을 4개의 영역

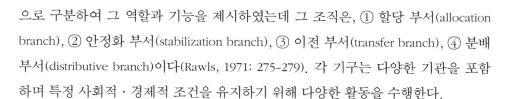

으로 구분하여 그 역할과 기능을 제시하였는데 그 조직은, ① 할당 부서(allocation branch), ② 안정화 부서(stabilization branch), ③ 이전 부서(transfer branch), ④ 분배 부서(distributive branch)이다(Rawls, 1971: 275-279). 각 기구는 다양한 기관을 포함하며 특정 사회적·경제적 조건을 유지하기 위해 다양한 활동을 수행한다.

첫째, 할당 부서는 시장의 가격 체계가 경쟁적으로 작동되도록 유지하고, 비합리적인 시장 권력의 형성을 방지하기 위한 것이다. 이 기구는 시장가격이 사회적 비용이나 혜택을 효율적으로 반영하지 못하는 것을 찾아내서 개선하기 위한 목적이다. 이 목적을 달성하기 위해 적절한 세금의 부과, 보조금 지급 및 재산권 개념과 범위를 수정하는 등의 정책을 도입할 수 있다.

둘째, 안정화 부서는 합리적 수준에서 완전 고용을 실현할 수 있도록 하는 것이다. 이를 위해 일할 의사가 있는 사람이 일자리를 찾도록 도와주고, 직업 선택의 자유를 보장하고 이에 필요한 재정적 지원을 하는 것이다. 즉, 할당 부서와 안정화 부서의 일반적 기능은 시장경제의 효율성을 유지하는 것이다.

셋째, 이전 부서는 사회적 최저 수준(social minimum)을 유지하는 기능을 수행한다. 이 부서는 일정 수준의 복지를 보장하고 사회적 욕구(need)에 반응하는 것이다. 경쟁 시장은 자유로운 직업 선택으로 유지될 수 있지만, 이것이 유일한 장치는 아니다. 사회적 필요나 욕구에 따라 적절하게 분배 가중치를 다르게 하고, 최저 수준을 보장함으로써 경쟁 시장 체계가 수행할 수 없는 기능을 수행할 수 있다.

넷째, 분배 부서는 조세나 적절한 재산권 조정을 통해 분배정의를 실현하는 기능을 수행한다. 먼저, 현재의 분배 상태 개선을 위해 상속세나 증여세를 부과하거나 유산에 대한 제한을 둘 수 있다. 이러한 기능은 조세 수입의 조달이 목적이 아니라 현재의 분배 상태를 개선하고 공정한 기회균등 및 자유의 가치를 훼손하는 권력의 집중을 막기 위한 것이다. 다음으로, 공정한 분배정의 실현을 위해 적극적으로 재원을 마련하기 위한 조세 체계를 둘 수 있다. 즉, 공정한 조세 부담을 이루어야 하고, 차등의 원칙 구현을 위해 필요한 재정을 확보하고자 하는 것이다.

5) 롤즈 정의론의 한계

롤즈 정의론은 다음의 측면에서 한계가 있다.

첫째, 원초적 입장이 지나치게 비현실적이고 이상적(ideal)이다. 롤즈의 정의의 원칙은 원초적 입장에서 무지의 베일에 가려진 합의 당사자들로부터 도출된 것이다. 그리고 이러한 완벽하게 정의로운 원칙에 따라 제도와 규칙을 먼저 규정하고, 그 기준에 따라 현실의 부정의를 찾아서 수정하는 것이다. 센(A. Sen)은 이러한 롤즈의 비현실적 정의 도출 과정을 '초월적 제도주의'라고 비판하였다. 롤즈의 정의의 원칙은 원초적 입장과 무지의 베일이라는 고도의 추상화 과정을 통해 형성된 개념이다. 센은 롤즈의 정의 원칙은 경험 가능한 현실 세계에 적용 가능한 기준이 아니라, 존재한 적도 없고 앞으로도 경험 불가능한 세계에서 도출된 것이라고 비판한다. 무지의 장막에 있는 합의 당사자는 그 시대에 필요한 정의의 개념과 내용에 대한 지식이 부재할 수 있으며, 이로 인해 자신의 가족, 세대 그리고 사회적 기원조차 모르는 상태의 정의 원칙을 도출할 수 있다는 것이다(Barr, 2004). 그러므로 롤즈의 정의 기준은 현실 사회의 부정의를 발견하고, 이를 교정하여 정의로운 사회를 실현하는 데 실효성 있는 지침을 제공하지 못하는 한계가 있다(조수민, 2020).

둘째, 제1원칙인 자유의 원칙이 너무 협소하게 정의되었다는 점이다. 롤즈의 자유 개념은 다양한 목적을 인정하기 때문에 특정 계급의 이익을 반영하는 편향적 성격을 가질 수 있으며, 인종차별주의자의 자유와 같이 보장 여부에 논란의 여지가 있는 경우도 있다. 또한 자유가 반드시 최우선으로 고려되어야 하는 원칙인지에 대해서도 의문이 제기될 수 있다. 예를 들어, 극도로 빈곤한 사람은 더 큰 사회 · 경제적 혜택을 위해 일정 부분의 자유를 포기할 여지가 충분히 있을 수 있다는 점이다(Barr, 2004).

셋째, 제2원칙에서 차등의 원칙을 실현하기 위해 최소 수혜자를 규정하기 모호하다는 점이다. 롤즈는 어느 정도의 임의성은 있지만, 최소 수혜자로 규정될 수 있는 집단을 제시하였다. 예를 들어, 미숙련 노동자와 같이 사회적으로 열악한 지위에 있는 사람들이나, 소득과 부가 중위 수준 이하인 사람들을 최소 수혜자로 열거하였다. 또한 가족 및 계급적 기원이 열악한 사람, 천부적 재능이 부족한 사람, 운이 따르지 않는 사람도 최소 수혜자의 범주에 포함하였다(정진화, 2016). 그러나 지리적 혹은 시대적 기준에 따라 최소 수혜자에 대한 기준이 달라질 수 있으며, '천부적 재능이 부족한 사람'처럼 구분할 수 있는 경계가 불분명할 수도 있다.

한편, 센은 롤즈의 차등의 원칙이 '사회적 기본재화'에만 초점을 두는 것을 한계로 지적하고 있다. 센에 의하면 인간은 매우 다양한 형태로 존재하며, 그 능력이 다양하므로 불평등의 양상도 매우 다양하게 나타난다. 하지만 롤즈는 불평등의 문제를 사회적 기본재화로 제한하여 살펴보았는데, 오히려 개인 삶의 가치를 구현할 수 있는 능력의 문제로 바라보아야 한다는 것이다(정진화, 2016).

넷째, 롤즈의 정의 원칙은 일반적 정의 이론이 아니라 자유 이론에 불과하다는 비판이다. 밀러에 의하면 사회정의는 권리(right), 보상(deserts) 그리고 필요(needs)의 세 가지 요소로 파악될 수 있다. 한 사회에서 사회정의 개념은 그 사회의 형태에 결정적으로 의존하게 된다. 예를 들어, 순수 시장경제에서는 권리와 보상이, 집단주의 사회에서는 권리와 필요가 사회정의의 핵심요소로 작용하게 된다는 것이다. 그러나 롤즈의 정의 개념은 이 세 가지 요소의 관계에 대한 분명한 설명이 부족한 채 별개의 요소로만 존재하고 있는 한계가 있다. 롤즈는 모든 사회 구성원에게 통용될 수 있는 유일한 사회정의 개념을 상정하지만, 밀러는 서로 다른 사회의 정의 개념은 개별 요소들의 우선순위에 따라 달라지기 때문에 서로 상충하는 세 가지 요소를 동시에 고려하여야 한다고 주장한다. 즉, 롤즈는 보편적인 정의 이론으로 발전시키는 데 실패하였으며, 그런 보편 정의론은 불가능하다고 비판하였다(Barr, 2004).

제2절 공동체주의

공동체주의는 개인과 공동체 사이의 연계성을 강조하는 이론으로, 개인의 인격이나 사회적 정체성이 공동체와의 관계 속에서 형성된다는 견해이다. 여기서 공동체란 개인이 소속된 가족을 포함하여, 특정 지역에서 공통의 문화와 역사적 경험을 공유하는 사회적 단위를 일컫는다.

공동체주의는 추구하는 가치, 국가의 역할 및 옳음과 좋음의 관계 규정에 있어 자유주의와 차이가 존재한다. 자유주의는 개인의 자유와 자율성을 중요한 가치로 여기기 때문에 타인의 자유를 침해하지 않는 한 개인의 자유를 최대한 보장하고자 한다. 그러므로 국가나 사회는 개인의 삶에 최소한의 수준을 넘어서 개입하지 않아야 한다고 본다. 그리고 사회정의, 즉 옳음(right)의 문제는 좋음(good)의 문제보다 우선하며, 이는 보편적 도덕규범으로 정형화될 수 있다는 것이다. 반면에, 공동체주의는 개인의 정체성은 공동체의 전통과 문화 속에서 형성되기 때문에, 공동체를 벗어난 개인이란 존재할 수 없으며, 그런 개인을 상정하는 것은 비현실적인 것으로 간주한다. 공동체주의는 공동체적 가치와 연대성을 강조하며 국가와 사회는 시민들의 공동체적 전통과 가치를 받아들이고, 이를 발전시키는 역할을 하는 것이다. 그러므로 모든 사회에 타당한 보편적 도덕규범은 존재할 수 없으며, '옳음'의 문제는 '좋음'의 문제와 분리될 수 없다는 것이다. 즉, 특정 공동체에서의 '좋음'을 바탕으로 '옳음'을 판단할 수밖에 없는 특수한 도덕규범을 강조한다(손철성, 2007). 공동체주의의 이런 특징으로 인해 보편적 도덕규범을 제시하기보다는 현재의 문제점이 왜 발생했는지에 대한 문제 진단에 초점을 둔다는 특징을 갖고 있다.

공동체주의자들은 자유주의적 정의 원칙에 수정이 필요하다는 것에 동의한다. 그러나 이런 원칙들이 어떻게 수정되어야 하는가에 대해서는 이견을 갖고 있다. 이들은 자유주의적 보편적 정의 원칙과 공동체의 관계 설정에 따라 크게 두 가지 형태로 구분된다.

먼저, 통합적 공동체주의(integrational communitarian)이다. 이는 국가 사회, 즉 정치공동체 전체를 통해 구성원의 삶의 방식을 보다 고차원적으로 고양시키고자 하는 입장이다. 자유주의의 보편적 정의 원칙은 추상적이며 성립하기 어려우므로, 이는 공동체의 공동선으로 완전히 대체되어야 한다고 본다. 전통적으로 아리스토텔레스와 루소가 이러한 입장을 가졌으며, 샌델의 시민적 공화주의가 이 부류이다.

또 다른 유형은 다원적 공동체주의(plural communitarian)로 정치공동체 전체가 아니라 인종, 종교, 문화 및 지역에 따른 다양한 하위 공동체의 다양성을 고취하고자 하는 입장이다(박정순, 2000: 146). 이는 자유주의의 보편적 정의 원칙과 공동체는 서로 조화로울 수 있다는 유형이다. 그리고 이는 정의 원칙 구성에서 공동체가 차지하는 역할에 따라 다시 두 개의 견해로 구분된다. 첫 번째 견해는 공동체를 정의 원칙의 원천(source)으로 보는 것으로, 정의는 공동체의 역사와 무관한 보편적 원칙이 아니라, 공동체의 공유된 이해에 기반해야 한다는 것이다. 두 번째 견해는 정의 원칙의 내용으로 공동체의 공동선에 더 많은 비중을 부여하여야 한다는 것이다. 이는 정의 원칙 내용(content) 면에서 개인의 권리보다 공동선에 더 많은 비중을 두어야 한다는 것이다(Kymlicka, 2006: 295). 여기서는 공동체주의 두 입장을 대표하는 현대 철학자인 샌델(M. Sandel)과 왈저(M. Walzer)의 논의를 중심으로 이들의 현대 진단과 해결 방안을 간략하게 살펴보겠다.

1. 마이클 샌델(Michael Sandel)

1) 생애와 저작

샌델(M. Sandel)은 1953년에 미국의 미네소타(Minnesota)주 미네아폴리스(Minneapolis)에서 태어났다. 브랜다이스대학교에서 정치학을 전공하였으며, 영국의 옥스퍼드대학교에서 찰스 테일러의 지도하에 박사학위를 받았다. 1981년에 하버드대학교 교수가 되었으며, 그의 대표 저작으로는『민주주의의 불만(Democracy's Discontent)』(1996)과『자유주의와 정의의 한계(Liberalism and the Limits of Justice)』(1982)가 있다. 특히『자유주의와 정의의 한계』에서 샌델은 19세기 자유주의 이론의 대가인 롤즈의 정의론을 정면으로 비판하면서 세계적 명성을 얻게 되었다. 이후 2005년에『공공철학(Public Philosophy)』, 2009년에『정의란 무엇인가?(Justice: What's the Right Thing to Do?)』등을 기술하였다. 샌델은 1980년부터 현재까지 하버드대학교에서 정치철학을 가르치고 있는데, 특히 소크라테스식 문답 형식으로 진행되는 그의 정의(Justice) 수업은 전 세계적으로 유명하다. 2005년에는 우리나라를 방문하여 다산기념 철학 강좌에서 '시장의 도덕적 한계'와 '자유주의와 무연고적 자아' 등을 강연하였다.

2) 샌델의 현실 진단

미국은 세계 최대 강국으로 성장하였음에도 불구하고 그 성장의 결실이 대부분 최상위 소수에게 돌아감으로써 소득과 부의 불평등이 심화되고 있다. 소득 최상위 1%의 사람이 가진 부가 나머지 90%가 가진 부를 합친 것과 비슷한 상황이다. 미국 사회는 '아메리칸 드림'으로 형성된 사회로, 이는 개인의 노력으로 부를 이루고 사회적 지위를 상승시킬 수 있다는 믿음이다. 그러므로 국가 성립 이래로 미국 사회의 '공동체적 가치'는 부의 불평등을 완화하는 것보다는 개인의 노력에 의한 계층 이동을 가능하게 하는 것이었다. 그러나 현재의 미국 사회는 부의 불평등 심화로 인해 계층 이동성이 매우 나빠진 상태이며, 개인은 자신의 노력으로 자신의 삶을 지배할 수 있다는 믿음이 깨지고 있다. 또한 자본주의의 고도화로 인해 과거의 도덕적 공동체가 무너지고, 이기적 개인주의가 팽배함에 따라 개인의 원자화가 급속하게 진행되었다. 이처럼 거대한 국제자본과 이와 결탁된 정치권력 앞에 미국 시민들은 무방비 상태로 노출되어 있으며, 이로 인한 시민들의 상실감이 그 어느 때보다 크다(신중섭, 2016).

샌델은 현재의 미국 사회의 이런 문제점을 '민주주의의 불만'으로 표현하며, 그 원인을 잘못된 공공철학, 즉 자유주의 공공철학이 미국 사회를 지배하고 있기 때문이라고 진단하였다. 샌델은 자유주의 공공철학이 갖는 문제점을 다음과 같이 지적하고 있다.

(1) '무연고적 자아'의 허구성

먼저, 자유주의 철학은 개인을 가족, 지역, 국가 공동체의 역사와 전통으로부터 단절된 '무연고적 자아' 상태로 바라본다. 그러므로 개인의 행복과 삶의 필수적 전제 조건인 공동체의 가치를 평가절하고 그 의미를 와해시켰다. 샌델은 개인이 어떤 이유로 공동체에 속할 때는 이미 공동체가 개인에 선행하여 존재하며, 개인이 공동체의 공동선을 만들기보다는 오히려 공동체의 영향 아래에 있다는 것을 지적한다. 즉, 개인의 도덕적 규범은 공동체의 규범과 별개로 존재하는 것이 아니라, 개인이 소속된 공동체의 영향을 받으며 자신의 삶을 영위하는 것이다. 개인의 도덕규범은 공동체의 전통과 역사, 개인과 공동체의 관계, 공동체의 인간관계 등에 영향을 받는다. 공동체는 공동선을 통해 개인의 정체성 확립에 중요한 역할을 하며, 개인은 오랜 기간 역사적으로 학습된 반성 능력을 통해 공동체의 구성원으로서 정체성을 갖고 규범적 판단을 내린다(유태한, 2019). 샌델은 자유주의가 주체로서의 개인의 독립성을 너무 과시하는 허상에 사로잡혀 있으며, 기본적으로 개인은 사회적 존재라는 사실을 간과하고 있다고 비판하였다.

(2) '옳음'과 '좋음'의 관계

샌델은 자유주의자들이 '옳음'과 '좋음'의 관계 설정에서 오류를 범하고 비판한다. 자유주의는 개인을 스스로 목적을 선택할 능력을 지닌 자유롭고 독립적인 존재로 바라본다. 즉, 개인은 자유롭게 선택하지 않은 다른 도덕에 얽매이지 않아야 하며, 정의의 원칙은 다양한 좋은 삶의 규정과 '중립적'으로 존재하여야 한다는 것이다. 이는 서로 관련되어 있으나 두 개의 다른 의미를 내포하고 있다. 첫 번째 의미는 정의의 원칙, 즉 '옳음'은 다른 사회적 미덕, 이해나 효용과 같은 '좋음'에 의해 침해되지 않는 도덕적 우선성을 갖는다는 것이다. 두 번째 의미는 정의의 원칙, 즉 '옳음'은 어떤 '좋음'과 무관하게 독립적으로 도출된 절차적 정당성을 가진 원칙이라는 것이다(Sandel, 1998: 2). 그러나 모든 정치공동체는 어떤 가치를 선험적으로 이미 갖고 있으며, 그 공동체의 지배 집단의 가치가 지배력을 갖는다. 즉, 어떤 공동체에서 '옳음'은 단지 특정 집단의 가치를 반영할 뿐이다. 또한 개인은 그가 속한 공동체의 사회적 환경과 조건으로부터 무관하게 존재할 수 없으므로, 모든 공동체에 걸쳐 보편적으로 타당한 정의의 원칙, 즉 보편적이고 절차적으로 공정한 '옳음'은 가능하지 않다고 비판한다.

(3) '의무 없는 권리'의 허구

샌델은 자유주의가 권리를 과도하게 강조함으로써 의무를 소홀히 취급한다고 비판한다. 자유주의는 개인을 자유롭고 독립적인 주체로 인식하기 때문에 타인의 권리를 침해하지 않는 한에서 개인 권리의 우선성을 주장한다. 그러나 샌델은 이러한 자유주의적 관점으로는 우리가 경험하는 다양한 도덕적·정치적 의무를 이해할 수 없다고 비판한다. 샌델은 공동체주의자 매킨타이어의 글을 인용해 권리와 동시에 의무의 중요성을 지적한다. 즉, 개인은 자유를 추구할 권리가 있지만, 이와 동시에 자발적으로 선택한 것은 아니지만 공동체의 구성원이기 때문에 그에 해당하는 도덕적 의무를 갖는다는 것이다.

> 우리는 모두 누군가의 아들이거나 딸이며, 또는 사촌이거나 삼촌이다. 우리는 이 도시나 저 도시의 시민이며 이 친족, 저 부족, 혹은 이 나라에 속한다. ……이처럼 누구나 자신의 가족, 도시, 부족 그리고 나라의 과거에서 다양한 빚, 유산, 적절한 기대와 의무를 물려받는다. 이것이 내 삶에서 기정사실이며 도덕의 출발점이다(Sandel, 2010: 311).

(4) '중립적'인 국가 역할

마지막으로, 국가의 '중립적' 역할에 대한 비판이다. 자유주의자들은 "정부는 특정한 '좋은' 삶에 대한 의견을 법으로 정하여 개입하지 않아야 하며, 시민들의 '좋은' 삶에 대한 다양한 견해에 대해 중립적 입장을 견지해야 한다."라고 주장한다(맹주만, 2013: 73). 하지만 샌델은 아리스토텔레스의 정치철학을 이어받아 국가의 역할을 규정한다. 아리스토텔레스에 의하면, 정치의 핵심과제는 좋은 시민을 양성하기 위한 목적을 갖고, 좋은 자질을 배양하기 위한 정책을 수행하는 것이다. 인간은 오직 정치 결사체를 통해서만 사회적 인간으로서의 고유의 특성을 발휘하며, 미덕으로 충만한 삶을 영위하기 위해서는 공동체 속에서 미덕을 배우고 공동선을 논하여야 한다는 것이다(신중섭, 2016).

3) 시민적 공화주의

샌델은 자유주의 공공철학의 문제점을 해결하고 현대 미국 사회의 '공포'와 '불안'을 종식하기 위한 대안을 『민주주의의 불만(Democracy's Discontent)』(1996)에서 구체적으로 밝히고 있다. 그는 현재의 미국은 전통적인 가족, 이웃 및 국가에 걸친 공동체적 가치가 해체되어, 미국 시민들은 그들의 삶을 스스로 통제할 수 있다는 믿음을 상실하였다고 진단한다. 이 문제의 원인은 자유주의 공공철학이 지배적인 공공철학이 되어 자치의 상실과 공동체가 침식되었기 때문이다. 그는 시민들의 불안과 공포를 불식시키고, 미국 민주주의에 대한 불만을 해소하기 위해서 아리스토텔레스 전통의 '공화주의 공공철학'이 필요하다고 주장한다. 샌델은 문제의 해결 방안으로 '시민적 공화주의'를 제시하였는데, 그 핵심은 덕을 가진 개인의 적극적인 자치 참여이며, 국가는 덕이 있는 시민을 육성하기 위해 적극적인 역할을 하여야 한다고 주장하였다. 개인이 공공선을 숙고하기 위해서는 공적인 것에 대한 지식, 공동체에 대한 소속감과 관심, 도덕적 연대감이 필요하며, 이는 자치에 적극적으로 참여함으로써 가능하다는 것이다(신중섭, 2016: 203).

(1) 각인된 자아(the embedded self)

롤즈의 무연고적 자아 개념은 자아가 그것의 목적에 우선하여 존재하며, 그 경계는 선험적으로 고정되어 있다는 것이다. 반면에, 샌델은 자아가 그것의 목적에 우선하는 것이 아니라 오히려 목적에 의해 구성되는 것으로 간주하였다. 우리는 '나'를 내 '목적'으로부터 구분해 낼 수 없으며, 우리의 자아는 우리가 선택하지 않지만, 우리가 속한 공동체의 사회적 맥락에서 각인된 다양한 목적에 영향을 받으며 형성된다.

샌델은 공동체를 다음의 세 가지 형태로 나누고 있다(윤진숙, 2007). 첫째는 '도구적 공동체(instrumental community)'로, 여기서 개인은 자기중심적 이해에 따라 행동하며 개인의 이익이 상호 적대적이다. 즉, 공동체는 개인들의 사적 이익 성취를 위해 부담해야 하는 '필요한 짐'이다. 둘째는 '정서적 공동체(sentimental community)'로, 공동체의 구성원들은 의미 있는 유대관계를 갖고 최종 목적을 공유한다. 이는 롤즈의 개념과 유사한 것으로, 공동체는 그 자체로 '좋음'으로 여겨지고, 이는 그 구성원들의 목적과 관심에 내재하고 있다. 셋째는 '구성적 공동체(constitutive community)'이다. 이는 샌델이 제안한 공동체로, 여기서는 구성원들이 공동의 목적이나 정감에만 묶여 있는 존재가 아니다. 구성적 공동체의 구성원은 다양한 결합관계에 따라 형성된 정체성을 갖고 있으며, 또한 이는 개인의 정체성 형성에도 영향을 미치고 있다.

(2) '옳음'과 '좋음'의 상대성

샌델은 '옳음'이 '좋음'에 우선한다는 자유주의적 입장에 반대한다. 그는 '옳음'이 중요하다는 사실을 부정하는 것이 아니고, 자유주의자들의 '옳음'과 '좋음'의 관계 설정을 비판한다. 샌델에 따르면, 롤즈의 '옳음'이 '좋음'에 우선한다는 주장은 두 가지 의미를 갖고 있다. 첫 번째 의미는 개인의 권리('옳음')는 매우 중요하기 때문에 사회적 효용이나 복지('좋음')에 의해 침해될 수 없다는 것이다. 두 번째 의미는 '옳음'을 규명하는 정의의 원칙은 특정한 '좋음'의 개념에 의존하지 않아야 한다는 것이다. 샌델은 이 중에서 두 번째 의미, 즉 정의의 원칙을 특정 사회의 선의 개념에 의존하지 않는, 보편적 도덕 원칙으로 보는 것에 비판의 초점을 두고 있다.

그는 '옳음'은 '좋음'과 별개로 존재하는 보편적 원칙이 아니라, 공동체의 '좋음' 개념과 관련된 상대적 원칙이다. 그러나 '옳음'이 '좋음'과 관련된 상대적 원칙이라는 것도 두 가지 의미를 가진다. 첫째, '옳음'의 도덕적 근거가 특정 공동체나 전통에서 공유된 가치로부터 나온다는 의미이다. 이는 공동체의 가치가 무엇이 정의롭고 정의롭지 못한지를 규정하기 때문에 진정한 공동체주의를 대변한다. 둘째, '옳음'의 도덕적 근거가 단순한 공동체의 가치이기보다는, 공동체가 추구하는 목적의 도덕적 가치나 내재적 '좋음'이라는 것이다. 이는 아리스토텔레스의 정치 이론에 기초한 공화주의 관점이다. 즉, 개인의 권리나 '옳음'을 정의하기 이전에 가장 바람직한 '좋은' 삶이 무엇인지 결정하고, 이것이 '옳음'의 내용이 된다는 것이다. 샌델은 첫 번째처럼 특정 공동체의 전통에 의해 인정된다는 것이 '옳음'의 근거가 되기에는 부족하다고 보았다(Sandel, 1998: x-xi).

(3) 공동체적 '연대의 의무'

자유주의자들의 자아는 자유롭고 독립적이기 때문에 스스로 선택하지 않은 도덕에 구속되지 않는다. 자유주의자들의 자유는 중세 봉건사회의 계급, 신분 및 관습과 전통으로부터 해방을 가져왔다는 점에서 호소력을 가진다. 그러나 현대에도 여전히 개인은 자신이 속한 공동체의 문화와 역사 그리고 공동체가 요구하는 의무에서 벗어날 수 없다는 사실을 설명할 수 없다.

샌델은 공동체 속의 개인이 가지는 의무를, ① 자연적 의무, ② 자발적 의무, ③ 연대의 의무로 구분하였다. 먼저, 자연적 의무는 인간으로서 다른 인간에게 가지는 보편적 의무이다. 타인을 존중할 의무, 남에게 상해를 입히지 않을 의무 등이 여기에 속한다. 이런 의무는 합의의 절차가 필요하지 않으며, 인간이 이성적 존재이기 때문에 갖는 의무이다. 다음으로, 자발적 의무는 합의와 약속에 의해 생기는 특수한 의무이다. 내가 돈을 받고 타인의 집을 수리해 주기로 하였으면 그 약속을 이행할 의무가 있다. 그러나 돈을 받지 않은 다른 사람의 집을 수리해 줄 의무는 없다. 자유주의자들은 이성적 존재로서 갖는 자연적 의무와 자신이 스스로 합의한 자발적 의무만이 있다고 생각한다. 그러나 우리는 특정 국가, 가족, 민족의 구성원이며 그 역사를 공유한 사람이기 때문에 거기에는 도덕적 책임과 의무가 따른다. 이를 샌델은 '연대의 의무' 또는 '소속의 의무'라고 하였다. 이 의무는 자연적 의무처럼 보편적 의무가 아니라 특수적이며, 합의에 따른 자발적 의무와 달리 합의에 좌우되지 않는다는 특징을 갖고 있다(Sandel, 2010: 312-315).

(4) 정부의 적극적 역할

샌델은 아리스토텔레스의 정치적 견해를 따라 국가는 시민의 덕을 양성하기 위해 적극적인 역할을 하여야 한다고 주장하였다.

아리스토텔레스는 정치의 목적이 어느 목적에도 치우치지 않은 중립적인 권리의 틀을 유지하는 것이 아니라, 좋은 시민을 양성하고 좋은 자질을 배양하는 것으로 보았다. 그에게 국가의 목적은 "상호 방위를 위해 동맹군을 파견하거나 ……(중략)…… 경제 교환을 수월하게 하고 경제 교류를 증진하는 것"만이 아니다. 정치의 목적은, 사람들이 고유한 능력과 미덕을 개발하게 만드는 것, 즉 공동선을 고민하고, 판단력을 기르며, 시민자치에 참여하고, 공동체 전체의 운영을 걱정하는 것이다(Sandel, 2010: 270-271).

샌델은 정의로운 사회에서 공동선을 추구하는 삶을 고민하기 위해 다음과 같은 제언을 하였다. 첫째, 사회는 시민들의 강한 공동체 의식 함양을 위해 개인보다는 공동체를 고민하고, 공동선에 헌신하는 태도를 교육하여야 한다고 주장하였다. 이를 위해 전통적으로 시민 교육을 담당했던 공립학교와 군대의 역할이 중요하다고 보았다. 자유주의자는 공교육이 학생들의 독립성을 고양시켜, 자신의 목적을 효과적으로 추구할 수 있는 능력을 배양하기 때문에 지지할 것이다. 반면에, 그는 공교육이 학생들을 훌륭한 시민으로 성장시키고, 공적 논의를 통해 공동체에 의미 있는 기여를 할 수 있도록 기능하기 때문에 중요하다고 보았다(Sandel, 1984: 17).

둘째, 시장의 도덕적 한계를 공론화하여야 한다고 주장하였다. 시장은 생산 활동을 조직화하거나 경쟁을 통해 효율성을 높이는 데 매우 유용한 도구이다. 그러나 시장 논리가 침입하지 않아야 할 영역도 존재할 것이다. 예를 들어, 저개발국 사람들에게 돈을 주고 임신과 출산을 의뢰하거나, 장기를 공개시장에서 매매하는 것이 과연 타당한가? 시장의 논리가 모든 사회제도의 규범을 지배하도록 하지 않으려면 시장의 역할과 그 도덕적 한계 및 영역에 대한 공론화가 필요하다.

셋째, 도덕에 기초하는 정치를 통해 적극적으로 시민의 삶에 개입하여야 한다고 주장하였다. 자유주의자는 정부가 좋은 삶에 관한 문제에 개입하는 것은 개인의 자유를 침해하는 것으로 여긴다. 이는 특정 삶의 방식에 대한 정부의 강압과 배타성을 우려하기 때문이다. 반면에, 샌델은 이 같은 중립적 입장은 다른 의견에 대한 존중이기보다는 이견을 회피하고 억누르는 형태라고 보았다. 오히려 도덕적 이견에 대한 보다 적극적 개입을 통해 상호존중의 토대를 더욱 강화할 수 있다고 생각하였다. 다른 구성원들의 의견을 경청하고 학습하면서, 때로는 도전하고 경쟁함으로써 보다 정의로운 사회 건설이 가능하다고 보았다(Sandel, 2010: 362-371).

2. 마이클 왈저(Michael L. Walzer)

1) 생애와 저작

마이클 왈저(M. Walzer)는 1935년에 미국의 뉴욕에서 태어났다. 브랜다이스대학교에서 역사학을 전공하였으며, 영국의 캠브리지대학교에 풀브라이트 장학생으로 2년간 머물렀으며, 1961년에 하버드대학교에서 사뮤엘 비어의 지도하에 박사학위를 받았다. 1962년에 프린스턴대학교 정치학과 교수가 되었으며, 1966년에 하버드대학교 교수로 임용되어 1980년까지 강의하였다. 이후 프린스턴 고등연구소(Institute for Advanced Study) 사회과학부에 재직 중이다. 그의 대표 저작으로는 『정의로운 전쟁과 부정의한 전쟁(Just and Unjust Wars)』(1997), 『정의의 영역들(Spheres of Justice: A Defense of Pluralism and Equality)』(1983) 그리고 『관용에 대하여(On Toleration)』(1997) 등이 있으며, 그 외에도 많은 책을 편집 또는 공동 편집하였다. 여기서는 그의 분배정의에 관한 관점이 잘 드러나고 있는 『정의의 영역들』을 중심으로 살펴보겠다. 이 책은 총 13장으로 구성되어, 첫 장에서 그의 분배정의에 대한 인식과 복합평등론(complex equality) 방법이 제시되고 있으며 이후 12장까지는 그가 제시한 11개의 분배 영역에 대해 상세하게 기술하고 있다.

2) 공동체주의 방법론

왈저는 미국의 경제적 불평등 문제에 대해 큰 영향력을 미친 롤즈의 정의론을 비판적으로 고찰하면서 『정의의 영역들』을 출간하게 되었다. 여기서 그는 분배정의에 대한 자유주의 공공철학에 대해 비판하고, 그의 분배정의에 대한 견해를 밝히고 있다. 왈저도 자유주의 공공철학의 기초인 개인주의, 도덕적 보편주의 및 가치 중립적 입장을 비판하지만, 샌델과 달리 자유주의를 전면적으로 거부하지는 않는다.

그는 자신의 공동체주의를 반자유주의적이고 전근대적인 반동적 공동체주의가 아니라 자유주의 정치 속에서 화합될 수 있는 공동체주의라고 밝힌다.

(1) 자아관

자유주의자인 롤즈는 자아를 목적에 선행하며 그 목적을 평가하고 교정할 수 있는 독립적이고, 자율적인 존재로 간주한다. 통합적 공동체주의자인 샌델은 이러한 롤즈의 자아 개념을 무연고적인 자아라고 비판하면서, 자아의 정체성은 공동체의 역사적 전통과 문화적 상황 속에서 형성되는 것으로 바라보았다. 그러나 왈저는 완전히 공동체로부터 고립된 자유주의적 자아 개념이나, 공동체로부터 구성된 사회화된 자아 개념은 사회적 실상을 제대로 반영하고 있지 못한다고 비판한다. 왈저는 '분할적 혹은 분화적 자아(the divided self)' 개념으로 개인과 공동체의 관계를 설명하고 있는데, 다음의 세 가지 측면에서 자아의 분화가 일어난다고 말한다. 첫째, 자아는 그것이 가진 관심과 사회적 역할에 따라 분화되며, 둘째, 자아는 역사적·문화적 정체성에 따라 분화할 수 있으며, 셋째, 자아는 추구하는 이상, 원칙과 가치에 따라 분화될 수 있다. 즉, 현대의 다원적 민주사회의 개인은 모든 사회적 관계의 복잡성에 따라 다양하게 분화되기 때문에, 공동체의 영향을 받는 구성적 자아이지만 부분적으로 제약될 뿐이라고 보았다(박정순, 2000: 150).

(2) 분배정의 도출

왈저는 이러한 자아 개념을 바탕으로, 분배정의는 문화적 특수성과 다양성에 의해 이루어지는 사회적 맥락을 벗어날 수 없으며, 공동체 내에서 공유되고 있는 특수한 의미를 통해 구체화된다고 하였다. 추상적인 가상적 상황에서 도출될 법한 롤즈의 보편적인 분배정의 원칙은 이론적 명확성은 있을지 모르지만, 다양한 문화적 상황과 역사적 경험의 세계를 거부하기 때문에 현실적 효용성이 낮다고 비판하였다.

> 나의 주장은 급진적인 특수주의이다. 나는 내가 있는 사회에서 대단히 멀리 떨어져 어떤
> 것을 이루었다고 주장하지 않는다. 하나의 철학적 작업 방식은 (평범한 인간들은 결코 할 수

없는 방법으로) 동굴을 벗어나, 도시를 떠나, 산에 올라, 객관적이고 보편적인 관점을 제시하는 것이다. 일상생활과 멀리 떨어진 것을 기술하기 때문에 구체적인 상황은 없어지고 일반적 윤곽만 갖게 된다.

그러나 나는 동굴 속에서, 도시에서, 그리고 땅 위에 서 있고자 한다. 이런 철학적 작업 방식은 우리가 공유하는 의미 세계를 동료 시민에게 해석해 주는 것이다. 정의와 평등은 철학적 가공물로 상상으로 고안될 수 있으나, 정의롭거나 평등한 사회는 결코 상상으로 고안될 수 없다. 만약 그런 사회가 여기에 없으면, 혹은 우리의 개념이나 범주에 숨어 있으면 우리는 결코 그것을 실제로 구체적으로 구현할 수 없다(Walzer, 1983: xiv).

왈저는 분배정의는 개인의 상태와 소유 정도, 재화의 생산과 소비, 그리고 토지, 자본 및 재산의 상태와 입장 등과 관련된 매우 광범위한 문제로 간주한다. 그는 분배정의의 원리가 그 본질에서 매우 다원적인 형태를 가지는 것으로 보았다.

왈저는 다음과 같이 주장한다.

정의의 원칙은 그 자체로 형태에 있어 다원적이다. 서로 다른 사회적 재화들은 다른 이유에 근거하여, 다른 절차에 따라, 다른 행위자들에 의해 분배되어야 한다. 이러한 차이는 (역사적 · 문화적 특수성의 불가피한 산물인) 사회적 재화에 대한 서로 다른 이해로부터 나온다(Walzer, 1983: 6).

분배정의는 "사람이 다른 사람에게 재화를 분배하는" 사회적 과정으로 단순하게 기술될 수 있다. 여기서 분배란 주거나(give), 나누거나(allocate), 교환하는(exchange) 의미를 가지며, 사람은 이러한 분배 행위의 결과에 놓여 있다. 즉, 사람은 재화의 생산자 혹은 소비자가 아니라 분배 행위자 혹은 재화를 받는 사람에 불과하다. 즉, 인간의 본질에 대해 재화를 주거나 받는 측면만을 고려하고, 생산과 소비 측면을 고려하지 못하고 있다.

그러나 이 표현은 그 과정을 너무 단순화하기 때문에 좀 더 구체적이고 정확하게 표현하면, "사람이 재화를 인식하고, 창조한 후에, 사람들 사이에 분배하는" 것이다. 이처럼 재화를 분배하기 이전에 그것을 인식하고 창조하는 것이 선행한다. 즉, 재화는 어떤 보편적 원칙에 따라 분배 행위자가 선호하는 방식으로 그의 손에 주어지는 것이 아니다. 오히려 재화에 대한 의미들이 사회적 관계에 중요한 매개적 역할을 한다. 즉, 재화는 사람들의 손에 놓이기 이전에 마음에 먼저 들어온다. 분배형태는 재화의 의미와 용도에 대한 공유된 인식에 따라 결정되며, 분배하는 사람은 그들이 가지고 있는 재화에 의해 제약을 받는다.

이처럼 분배 행위자는 특정한 개인들의 집합이며, 분배되는 재화도 특정한 의미를 갖고 있다. 왈저는 분배 행위자들의 중요성을 인식하지만, 분배정의에서 행위자뿐만 아니라 재화가 갖는 사회적 의미와 집합적 창조 과정을 강조하였다. 이런 맥락에서 왈저는 재화에 관한 다음과 같은 여섯 가지 명제를 제시하였다(Walzer, 1983: 7-10).

- 분배정의와 관련된 모든 재화는 사회적 재화이다. 어떤 재화는 개인적이고 감성적 이유로 가치를 가질 수 있으나, 그 재화에 대한 감성은 문화적 맥락이 있다. 예를 들어, 아름다운 석양, 멋진 도시 풍경 등은 개인적으로 가치 있는 것이지만, 그런 가치가 공동체의 문화적 평가에 영향을 받는 것은 명백하다.
- 인간은 사회적 재화를 인식하고, 만들고, 소유하고, 활용하는 방식을 통해 자신들의 구체적인 정체성을 갖는다. 사람들은 어떤 재화를 문화적 맥락에서 인식하고 만들기 때문에, 이를 배분하는 것은 재화에 대한 문화적 의미에 선행하여 발생할 수 없다.
- 모든 물질·도덕적 세계에서 인식될 수 있는 단일한 기본적 재화(primary goods)의 목록은 존재하지 않는다. 만약 그런 목록이 있다면 너무나 추상적이기 때문에 실제의 분배에 아무런 유용성이 없을 것이다. 어떤 재화의 의미는 시간과 공간의 따라 다를 수 있다. 예를 들어, 보리밥은 '배고픔의 상징' '건강한 웰빙(well-being) 먹거리' 혹은 '상대적 박탈감' 등 개인에 따라, 시간과 공간에 따라 다양한 의미를 갖는다.
- 재화의 이동을 결정하는 것은 재화의 의미이다. 즉, 분배의 기준과 조정은 재

화 그 자체에 있는 것이 아니라 사회적 의미에 내재하는 것이다.

- 재화의 사회적 의미는 그 특성상 '역사적'이다. 따라서 분배가 정당한지 부당한지도 시간에 따라 다르다.

- 재화의 의미가 분명할 때, 분배는 자율(autonomy)적이어야 한다. 모든 사회적 재화는 나름의 분배 영역을 구성하고 있으며, 그 재화에 맞는 기준 내에서 조정이 일어나야 한다. 예를 들어, 소득 수준이 신앙적 지위의 분배 기준으로 적합하지 않은 것처럼, 신앙심은 상품 시장에서 분배 기준으로 작용하지 않아야 한다.

3) 복합적 평등

왈저는 그의 복합적 평등(Complex Equality)을 설명하기 위해 재화의 소유 형태를 세 가지, 즉 지배, 독점 그리고 전제로 구분하여 살펴보고 있다. 지배(dominance)란 어떤 사회적 재화의 본래 의미가 제약을 받지 않고, 본래 의미대로 사용되는 것을 의미한다. 독점(monopoly)은 어떤 재화에 대한 지배를 확대하기 위해 사회적 재화를 소유하거나 통제하는 방법을 의미한다. 전제(tyranny)는 특정 사회적 재화가 본질에서 의미가 다른 재화의 영역을 침범하는 것을 의미한다.

다양한 재화의 독자적 영역의 자율성은 사회적 의미이며 공유된 가치이다. 하지만 이는 현실에서 쉽게 수정되거나 거부되었다. 즉, 현실 사회의 분배는 복합적이며 특정 재화가 다른 분배 영역을 지배하거나 결정적인 영향을 미치고 있다. 대부분의 지배적 재화는 사회적 창조물이며 사회의 현실적 사실과 상징의 혼합이다. 예를 들어, 역사적으로 지배적인 재화는 육체적 힘, 가문의 평판, 종교적 혹은 정치적 지위, 토지, 자본 그리고 기술적 지식 등으로 변하였으며, 특정 집단이 이런 지배적 재화에 대한 독점을 가졌다.

그러나 분배는 항상 사회적 갈등과 공존하였다. 어떤 사회적 재화도 모든 재화를 완벽하게 지배하지 못하며, 어떤 독점도 완벽할 수 없다. 귀족사회에서는 가문의 평판이, 자본주의 사회에서는 자본이, 그리고 기술주의 사회에서는 기술이 지배적 재화이다. 지배 집단은 이데올로기를 구성하여 지배적 재화의 독점을 주장하고, 철학적 원칙을 매개로 그들의 개인적 자질과 독점의 정당성을 연계시켰다. 그리고 지배적 재화에 대한 독점은 다른 재화에 대한 영향을 확대하여 모든 재화를 강탈하게 된다. 그러나 이런 강탈에는 항상 분노하고 반대하는 집단이 생기며, 이들의 주장은 다음의 세 가지로 대표될 수 있다.

- 지배적 재화는 그것이 무엇이든 간에, 평등하게 혹은 최소한 더 광범위하게 공유되도록 분배되어야 한다. 이 주장은 독점이 정의롭지 못하다(unjust)는 것이다.
- 모든 사회적 재화는 자율적 분배를 위해 개방되어야 한다. 이 주장은 지배가 정의롭지 못하다는 것이다.
- 다른 집단에 의해 독점된 새로운 재화는 현재의 지배적 재화를 대체하여야 한다. 이는 현존하는 지배와 독점의 형태가 정의롭지 못하다는 주장이다.[1]

첫 번째 주장은 보편적이고 단일한 분배원칙을 찾고자 하는 철학자들이 공통적으로 제기하는 주장이다. 즉, 지배적 재화에 대한 독점은 정의롭지 못하기 때문에, 이를 교정하는 보편적 원칙을 마련하자는 것이다. 이 주장은 특정 사회적 재화의 '지배'가 아니라 사회적 재화의 독점을 문제로 간주한다. 그러나 왈저는 독점을 해결하고자 하는 방식은 결코 안정적이고 지속적인 상태로 유지될 수 없다고 생각하였으며, 그 이유를 다음과 같이 설명하고 있다.

　　예를 들어, 모든 사회 구성원이 동일한 소득을 가진 사회[2]를 가정해 보자. 비록 처음에는

---

1) 왈저에 의하면, 세 번째 주장은 마르크스의 프롤레타리아 혁명이나 프랑스 혁명처럼 기존의 분배를 부정하는 것이며, 설사 혁명이 성공하여 새로운 분배가 이루어지더라도 결국 또 다른 새로운 지배적 재화의 독점에 대한 문제, 즉 첫 번째 주장으로 귀결된다.
2) 왈저는 이런 상태를 단순평등(simple equality)이라 하였는데, 이는 그의 복합적 평등(complex equality)에 대비되는 개념이다.

모두 동일한 소득을 가졌다 하더라도 자유 시장에서의 지속적인 전환 과정을 통해 불평등이 필연적으로 발생할 수밖에 없다. 그리고 이는 소득이 아닌 다른 사회적 재화의 독점으로까지 확대될 수밖에 없다. 유일한 해결방법은 (고대의 토지 균분법처럼) 국가가 일정 기간이 지나면 구성원의 소득을 강제로 모두 같게 하는 것이다. 그러나 과연 이런 강력한 국가가 현실적으로 존재할 수 있을지, 그리고 이런 법을 집행하는 관료가 지배적 재화인 소득을 과연 그렇게 분배할 것인지는 의문이다.

그러나 실제로 이런 조정이 가능하다고 가정해 보자. 균등한 분배를 통해 소득의 독점은 해결되지만, 동시에 모두가 같은 소득을 갖게 되므로 소득의 지배적 재화로서의 의미도 사라지게 된다. 모든 사람이 같은 소득으로 다른 사회적 재화를 구매할 것이며, 그중에서 다시 다른 지배적 재화가 생길 수밖에 없다. 그리고 새로 생긴 지배적 재화는 이전에 지배적 재화였던 소득처럼 유사한 과정을 통해 다시 불평등을 발생시킬 수밖에 없다.

여기서 국가는 이런 전환 과정에 개입하여 사회적 재화의 독점을 방지할 수 있는데, 롤즈의 차등 원칙이 이러한 개입 방식이다. 그러나 차등 원칙의 실현을 위해, 즉 지배적 재화의 독점을 방지하기 위해서는 필연적으로 강력한 국가개입이 필요하다. 그리고 국가권력이 강력한 힘을 가지게 되면, 국가권력도 다시 지배적 재화가 되어 특정 집단에 의해 독점되게 될 것이다. 그러므로 지배적 재화가 존재하는 한 끊임없이 불평등이 발생할 수밖에 없다.

왈저는 첫 번째 주장, 즉 지배적 재화의 독점을 교정하고자 하는 것은 불평등 문제를 해결할 수 없다고 주장한다. 그는 불평등을 해소하기 위해서는 두 번째 주장, 즉 특정 사회적 재화의 지배를 감소시키는 데 초점을 두어야 하며, 이것이 분배 체계의 실질적 복합성과 다양한 사회적 의미를 가장 잘 포착할 수 있다고 보았다. 그는 특정 사회적 재화의 독점을 문제 삼기보다는 특정 재화가 아무런 내재적 관련성이 없는 다른 재화의 영역을 침범하는 것이 문제라고 보았다. 왈저는 이를 파스칼의 전제(tyranny) 개념을 인용하여 다음과 같이 설명하고 있다.

전제란 자신의 본래 영역을 벗어나서 전 영역으로 힘을 행사하고자 하는 것이다. 힘센 사람, 잘생긴 사람, 똑똑한 사람 그리고 경건한 사람……. 이들은 서로 다른 무리이며, 각자의

영역을 다스리고 있었다. 어느 날 그들은 서로 만나. 멍청하게도 힘센 사람과 똑똑한 사람이
서로 다른 방식으로 지배되고 있는 영역을 위해 싸우게 되었다. 그러나 아무도 이 싸움에서
승리할 수 없다. 힘센 것은 지혜의 왕국에서는 아무런 쓸모가 없기 때문에. ……(중략)……

전제(tyranny): 그러므로 다음의 진술은 잘못되었으며 전제적이다. "나는 잘생겼기 때문에.
존경받아야 해." "나는 힘이 세기 때문에 사랑받아 마땅해."

이처럼 사회적 재화나 개인적 자질은 그 자체의 고유한 작용 영역이 있다. 이는
자발적이며, 효과적이고 정당하게 작용한다. 특정 사회적 재화는 직관적으로 수용
할 수 있는 고유의 작용 방식이 있다.

왈저는 복합평등을 전제의 반대 개념으로 보았다. 복합평등이란 하나의 영역에
있는 어떤 시민도 다른 영역으로 인해 본래의 영역에서 평가 절하되지 않는 것을
의미한다. 즉, 개인 X는 정치적으로 Y보다 높은 지위에 있을 수 있다. 그러나 그 이
유로 다른 영역, 예를 들어 의료 서비스, 학교, 취업 기회 등에서 불평등하게 취급
되지 않아야 한다. 이를 일반화하여 다음과 같이 제시하였다.

어떤 사회적 재화 X도 (그것의 사회적 의미와 무관하게) 단지 다른 사회적 재화 Y를 갖고
있다는 이유로 그 사람에게 분배되지 않아야 한다.

4) 분배의 11개 영역

왈저는 고유의 사회적 의미를 가진 대표적인 분배 영역으로 열한 가지를 제시하
였으며, 이들의 분배원칙으로 자유 교환(free exchange), 공적(desert) 그리고 필요
(need)를 제시하였다. 이 세 가지 원칙은 종합적으로는 분배정의 원칙의 요건을 갖
추고 실질적 의미가 있으나, 하나의 원칙만으로는 모든 분배 영역에 힘을 미칠 수
없다. 그 세 가지 원칙과 11개 분배 영역은 다음과 같다.

(1) 세 가지 분배원칙

먼저, 자유 교환이다. 이론적으로 자유 교환은 모든 재화가 중립적 성격의 화폐를 매개로 다른 재화로 전환될 수 있는 시장을 만든다. 여기서는 지배적 재화나 독점이 존재하지 않기 때문에, 자유 교환 이후는 재화의 사회적 의미만 나뉘는 것이다. 즉, 모든 교환은 사회적 의미의 표현에 불과하다. 그러나 실제 생활에서의 자유 교환은 이론적인 것과 다르다. 중립적 성격을 가정한 화폐는 실제로는 지배적 재화이다. 화폐는 모든 재화 영역을 넘나들기 때문에 그 영향을 통제하는 것은 매우 시급할 뿐만 아니라 분배정의 원칙으로도 중요하다.

다음으로, 공적이다. 공적은 모든 개인의 공적을 고려하여 그에 따른 보상과 처벌이 이루어지는 것을 의미한다. 그러나 이를 위해서는 개인의 공적을 모두 중립적으로 고려하여 분배할 수 있는 중앙 기구가 필요할 것이다. 그리고 자유 교환의 원리가 지배하는 영역에서는 공적이 분배의 원칙으로 개입할 여지가 없다. 또한, 공적은 분배의 원칙으로 의미가 있으나, 그것을 구체적으로 판단하기 어려운 문제가 있어, 공적은 매우 제한된 조건에서만 구체적인 분배원칙으로 기능할 수 있다.

마지막으로, 필요이다. 이는 사람들의 필요에 따라 배분하는 원칙이다. 즉, 공동체의 부를 구성원의 필요에 따라 분배하는 것이다. 그러나 이는 다른 분배원칙과 상충될 수 있으며, 때로는 필요가 분배원칙으로 고려될 수 없는 재화도 있다. 예를 들어, 정치권력이나 명예, 귀중품과 같은 재화는 필요가 아니라 욕구(want)에 따른 분배원칙이 더 타당할 것이다(Walzer, 1983: 10-25).

(2) 분배의 영역들

왈저는 복합적 평등의 분배 영역들로, ① 구성원 자격(membership), ② 안전과 복지(security and welfare), ③ 화폐와 상품(money and commodities), ④ 공직(office), ⑤ 힘든 일(hard work), ⑥ 자유시간(free time), ⑦ 교육(education), ⑧ 친척과 사랑(kinship and love), ⑨ 종교적 은총(divine grace), ⑩ 인정(recognition), ⑪ 정치권력(political power)을 제시하였다.

① 구성원 자격(membership)

왈저는 분배의 영역으로 가장 먼저 공동체 구성원의 자격을 제시하였다. 이는 분배가 발생하는 정치적 공동체를 의미하며, 그 안에서 구성원들은 사회적 재화를 나누고 공유하며 교환하는 것이다. 구성원 자격은 앞의 세 가지 분배원칙만으로 결정되기보다는 정치공동체의 자기 결정에 달려 있다. 그러나 자기 결정은 정치적 공동체에 따라 다를 수 있으나, 공동체의 독립성을 위해 존중되어야 할 원칙이다. 그리고 공동체의 구성원 자격이 없더라도 분배 영역에 참여할 수 있으나, 일반적으로 자격이 있는 사람보다 훨씬 열등한 상황에 놓이기 쉽다.

② 안전과 복지(security and welfare)

왈저는 공동체 구성원에게 제공되는 첫 번째 재화로 안전과 복지를 들고 있다. 공동체 구성원과 비구성원을 구분하고, 구성원이 공동체에 애정을 느끼게 하는 이유로 공동체가 제공하는 가장 중요한 재화가 안전과 복지이다. 안전과 복지의 구체적인 내용은 정치적 선택의 문제이지만, 안전과 복지를 제공하는 것은 공동체의 존립을 위해 필수적 요소이다.

③ 화폐와 상품(money and commodities)

왈저는 화폐와 관련하여 두 가지 질문을 제기하였다. "화폐로 무엇을 살 수 있는가?" "화폐는 어떻게 분배되어야 하는가?" 이는 화폐가 작동되는 영역과 범위를 명확히 한 이후에 어떻게 분배되어야 하는가를 논의할 수 있기 때문이다. 특히 화폐는 모든 사회적 재화의 영역을 넘나들 수 있는 전지전능한 보편적 중개자로 작동할 수 있으므로, 화폐로 '살 수 있는 것'과 '살 수 없는 것'을 구분하였다. 오늘날 미국에서 화폐로 '살 수 없는 것'의 예로 인신매매, 투표권, 범죄에 대한 형벌, 언론·출판 및 종교의 자유, 일부다처 결혼, 이민할 권리, 군 복무, 기본적 복지권 그리고 사랑과 우정 등을 들고 있다. 반면에 화폐로 '살 수 있는 것'으로는 일반적인 시장의 모든 상품과 서비스를 들고 있으며, 화폐와 상품의 분배원칙으로 자유 교환이 타당하다고 보았다.

④ 공직(office)

공직은 전체 정치공동체가 관심을 가지고, 적합한 사람을 뽑는 일자리를 의미한다. 샌델은 공직이 개인이나 특정 집단에 의해 충원되거나 시장에서 판매되지 않아야 한다고 보았다. 공직의 분배에 대해 일반적으로 자유경쟁과 공정한 기회를 중요하게 여기지만, 왈저는 이 원칙이 다양한 사회적 재화의 영역에서 다원적 평등을 침해할 수 있음도 경계하였다.

⑤ 힘든 일(hard work)

힘든 일은 모든 사람이 싫어하고, 최소한의 다른 대안이 있으면 꺼리는 노동을 의미한다. 일반적으로 이런 일은 사회적으로 필요한 노동임에도 불구하고 다른 부정적 영역들, 예를 들어 빈곤이나 위험, 불명예와 같이 무가치한 것으로 취급하였다. 왈저는 이런 힘든 일을 분배되어야 할 사회적 재화로 보았다. 그리고 분배 방식으로는 공동체 구성원들 간 공동 분배, 화폐나 레저와 같은 적절한 보상 그리고 다른 정치적 · 전문적 활동과 연계를 통한 보상 등을 제시하였다.

⑥ 자유시간(free time)

왈저는 필요 노동 시간 이외에 개인이 향유할 자유시간을 분배의 영역으로 간주하였다. 이는 게으름을 피우는 시간이 아니라, 개인이 선호하는 방식과 스스로 최선이라고 생각되는 기준에 맞게 활동을 배치할 수 있는 것을 의미한다. 자유시간은 휴가 기간이나 공휴일 등을 지정하는 방식으로 배분할 수 있으며, 그 구체적인 분배 방식은 공동체 단위나 개인 단위에서 다양한 방식으로 이루어질 수 있다고 보았다.

⑦ 교육(education)

미래 세대에 대한 교육은 모든 사회에서 이루어지고 있으며, 이는 공동체의 지속적인 생존을 위해 필수적이다. 왈저는 교육을 크게 기초교육과 전문교육으로 구분하였다. 기초교육은 미래 시민이 될 모든 어린이가 알아야 할 것을 교육하며, 전문교육은 개인의 재능과 능력을 고려하여 소수에게 제공되는 교육이다. 왈저는 교육의 분배는 강제로 모두 교육받도록 하기도 어렵고, 개인의 특수성만을 고려하는 것도 어렵다고 지적하였다. 그런 점에서 다양한 방식으로 구성된 이웃학교(neighborhood schools)는 공동체 감정을 강화하는 수단으로 유용할 수 있다고 제안하였다.

⑧ 친척과 사랑(kinship and love)

일반적으로 혈연이나 성적 관계는 분배정의의 영역이 아니라고 생각될 수 있다. 그러나 왈저는 친척과 사랑은 다른 재화 영역들과 밀접히 관련되어 있으며, 이들의 개입에 지극히 취약하며 널리 영향을 받으므로 중요한 분배 영역으로 간주하였다. 결혼지참금, 유산, 선물, 부양비와 같이 중요한 분배가 가족 내에서 이루어지거나 가족연합을 통해 발생하고 있다. 일반적으로 가족 내 분배는 다른 재화 영역과 달리 이타주의가 표현되는 영역이라고 할 수 있지만, 많은 사람이 가족의 부를 나누는 데 이런 이타주의에 동의하지 않을 수 있다.

⑨ 종교적 은총(divine grace)

왈저는 종교적 은총이 특히 서구 사회에서는 주요한 분배 영역이라고 보았다. 오늘날에는 종교적 자유가 널리 인정되기 때문에 큰 문제가 아닐 수 있지만, 과거에는 종교적 은총이 공적 제도에 따라 영향을 받거나 정치적 특권과 관련되었기 때문이다.

⑩ 인정(recognition)

봉건 유럽처럼 위계적 사회에서는 직함이 개인에게 부여된 사회적 지위를 의미하였다. 현대에는 위계적 사회의 계급과는 다르지만, 사회 계층이 여전히 인정과 무관하지 않으며 이와 관련되어 있다. 왈저는 사회적 재화의 자율성과 분화를 통해 재화에 대한 자유로운 평가가 가능하며, 이것이 분화된 인정 체계를 만들 수 있다고 보았다.

⑪ 정치권력(political power)

정치권력은 권력 그 자체뿐만 아니라 다른 사회적 재화가 분배되고 배치되는 데 큰 영향을 미친다. 정치 영역에서 사람들은 토론과 설득 및 다양한 활동을 통해 권력을 더 많이 가지거나 독점할 수 있다. 정치권력은 그 자체로 전제가 될 수도 있으며, 전제로부터 우리를 보호할 수도 있다. 왈저는 대부분의 권력이 다른 재화로 이동하는 것을 제한하고, 정치적 영역 내에서의 교환만을 추구하도록 모든 정치적·지적 노력을 기울여야 한다고 보았다. 정치권력이 사회적 재화의 영역을 침범하면, 자유를 위협할 뿐만 아니라 가족, 교회, 학교, 사업장 등 모든 영역에서 행위자들의 결정권을 침해하게 된다. 결론적으로, 사회적 재화가 고유 영역 내에서 교환되어야 하는 것처럼 제한된 정부 역할이 복합평등 사회를 위해 매우 중요한 하나의 수단이다.

왈저는 분산된 민주적 사회주의가 그의 복합평등 사회를 위해 적절한 정치형태라고 제안하였다. 이 사회는 지역주민들에 의해 관리되는 강한 복지국가, 제한된 시장, 개방되고 계몽된 시민 서비스, 독립된 공립학교, 자유시간과 고된 노동의 공유, 종교적·가족적 생활의 보호, 지위나 계급으로부터 자유로운 공적 명예와 불명예 체계, 노동자의 공장과 회사에 대한 통제권, 정당·사회운동·회합 및 공공 토론의 정치 등을 특징으로 한다.

왈저는 평등 상태는 어떤 객관적 조건이 아니라, 문화적으로 다양한 의미를 띠는 것으로 보았다. 평등은 소유물의 독점을 줄이는 것이기보다는 특정 영역의 지배적 영향을 제거하는 정치적 관계로 바라보았다. 그는 현대의 평등은 '화폐의 전제'를 막는 것이며, 이는 화폐를 축적한 자가 다른 재화의 영역까지 더 많이 누리는 것을 방지하는 것이다. 오늘날의 민주사회에서 화폐의 전제에 대한 해결책은 국가의 통제이다. 이는 화폐와 정치권력이 서로 다른 가치에 의해서 분배되기 때문에 가능한 것으로 전제하였다. 그러나 정치권력이 화폐의 전제로 전락하거나, 정치권력 자체가 다른 재화의 영역에 전제를 행할 가능성을 경계하였다.

3. 공동체주의의 한계

1980년대 이후 자유주의-공동체주의 철학 논쟁을 거치면서 다양한 측면에서 논의가 이루어지고 있다. 여기서는 공동체주의의 주요 한계로 지적되는 점을 살펴보겠다(신중섭, 2016: 211-216).

첫째, 공동체 개념이 불분명하다. 공동체 개념은 국가, 지역 및 부족 등 다양한 기준에 따라 분류될 수 있다. 이처럼 다양한 형태의 공동체가 존재할 때 모든 공동체가 동등한 위치에서 취급될 수 있는 것인지, 아니면 이들 간에도 수직적 위계가 존재하는지가 불분명하다. 또한 국가의 경우 다른 공동체와 달리 그 역할과 영향력이 광범위하다. 이 경우에 국가가 다른 공동체의 조정자인지, 아니면 국가도 하나의 이익 공동체에 불과한지가 모호하다. 그리고 공동체주의는 공동체들의 관계를 유기적 협력의 관계로 바라보지만, 현실에서는 공동체의 포괄범위와 영향력 정도에 따라 수직적 관계로 존재할 가능성이 크기 때문에 공동체 간의 갈등과 강압이 발생할 가능성이 매우 크다.

둘째, 전체주의에 빠질 가능성이 높다. 공동체주의는 공동체의 가치에 따라 '좋은' 삶을 실현하고자 하므로, 필연적으로 정치의 적극적 개입이 요구된다. 그러므로 보편적 '옳음'보다는 공동체의 특수한 '좋음'이 우선시될 가능성이 높다. 또한, 공동체주의는 다원성을 인정하지만, 개인과 공동체의 다원성을 인정하려면 각각의 독립성을 인정하여야 한다. 그리고 각각의 독립성 보장은 다양성을 보장할 수 있는 보다 높은 차원의 조직을 상정할 수밖에 없으며, 다양성을 조율하는 강력한 국가가 필수적인 요소가 된다. 그러므로 강력한 국가 조직이 나쁜 공동체 혹은 나쁜 품성을 형성할 가능성은 항상 열려 있다.

셋째, 현대 사회에 적합하지 않은 원시에 대한 동경이다. 공동체 자치는 현대와 같이 세계화되고 복잡한 사회에서 실행할 수 없으며, 과거의 소규모 공동체에서만 가능한 것이다. 공화주의 정치는 아리스토텔레스가 살았던 아테네 도시국가나 자급자족으로 운영되는 소규모 촌락공동체에서나 가능한 형태이다. 현대 사회는 다양한 가치를 가진 개인들로 구성된 사회이며, 가치의 변화도 엄청나게 빠르게 일어

나고 있다. 또한 자본주의적 생활에 익숙한 현대인들은 모든 사람이 공동으로 추구
해야 할 가치나 공공선의 존재를 믿지 않으며, 정치적 참여와 자치를 통해 '좋은' 삶
이 구현된다는 원리를 믿지 않는다.

 사례 5-1 청년임대 주택 건립 반대

모 지역사회에 건립하고자 한 청년 사회주택이 주민들 반대에 부닥쳐 시행을 시작하
지 못하고 있다. 이 사업은 애초 지난해 10월에 공사에 들어가 입주자를 모집할 예정이
었으나, 주민들의 반대에 부닥친 것이다. 이 사업은 지자체가 빈집을 구입하고 그 부지
를 사회주택 사업자에게 빌려 주는 토지임대부 형태로 진행되는 사업이다.

주민들은 "서울시가 매입한 주택은 빈집이 아니"기 때문에, "세금이 함부로 쓰여서 항
의하는 것"이라고 주장한다. 하지만 청년들은 "결국 집값 때문에 반대하는 게 아니냐"
고 지적하면서 반발하고 있다(조선일보, https://biz.chosun.com/site/data/html_
dir/2020/01/13/ 2020011301884.html). 주민들과 청년들의 입장은 어떤 근거에서
정당화될 수 있을까?

 사례 5-2 차별금지법 찬반 시위

지난 19대 대선 당시 서울시청 광장에서 동성애 합법화와 차별금지법을 둘러싼 찬반
시위가 팽팽한 분위기에서 이어진 바 있다. 대선 후보 토론에서도 문재인 대통령의 동성
애에 대한 반대 입장과 심상정 의원의 비판이 제기되기도 하였다. 찬성하는 입장에서는
동성애는 비정상도 질병도 아니기 때문에 다른 사회 구성원들과 똑같이 합법적인 결혼을
할 수 있도록 해야 한다고 한다. 반면에, 반대론자들은 동성애는 쾌락을 위한 것이며 부도
덕한 것이라고 주장한다. 그리고 동성애자의 권리를 보호하는 것은 법적으로 처벌하지 않
고 교육과 고용의 평등한 권리를 허용하는 것이지, 동성애를 합법화하는 것과는 다르다고
주장한다. 이 주제를 자유주의와 공동체주의 관점에서 바라보면 찬성할까, 반대할까?

제**3**부

사회복지 전문직을 위한
기초적 실용적 토대

사회복지 전문직은 소득, 건강, 교육, 고용 등의 영역에서 자유, 평등, 정의의 가치를 실현하는 사회적 제도의 가장 핵심적인 요소이다. 사회적 제도로서의 사회복지 전문직은 다양하고 다층적인 사회적 관계 속에서 그들의 직무를 수행한다. 고용불안 또는 저임금 빈곤층, 미충족 건강 서비스 욕구가 높은 환자 또는 장애인, 차별 및 배제의 위험 노출도가 높은 사회적 약자 계층의 자유, 평등, 정의를 구현하기 위해서 사회복지 전문직은 소득 또는 고용보장, 의료보장, 권리보장 제도와의 관계 속에서 직무를 수행한다. 이때, 사회복지 전문직은 윤리강령, 윤리적 관점과 책임 그리고 윤리적 의사결정에 대한 이해를 기초로 그들의 직무를 수행한다. 사회복지 전문직은 윤리강령, 윤리적 관점과 책임, 윤리적 의사결정을 통하여 전통적 개념의 사회복지를 실천하는 동시에 새로운 개념의 사회복지를 개척하고 확대하게 된다. 즉, 사회복지 윤리강령, 윤리적 관점과 책임, 윤리적 의사결정은 사회복지 전문직이 정책 및 서비스, 프로그램의 절차와 과정, 목적과 결과에서 자유, 평등, 정의를 구현하기 위한 가장 기초적인 윤리적 · 철학적 토대라 하겠다.

제1부와 제2부에서 사회복지 윤리와 철학 그리고 분배적 정의에 대한 기본적 이해를 다루었다면 제3부에서는 사회복지 전문직이 각종 정책, 서비스, 프로그램의 기획, 개발, 실행에서 윤리적 · 철학적 토대로 두어야 할 윤리강령, 윤리적 관점과 책임, 윤리적 의사결정에 대하여 다룬다. 제6장은 윤리강령의 발전 과정과 기능 및 한계를 다룬다. 한국사회복지사협회 윤리강령의 한계와 미국사회복지사협회의 디지털 기술(digital technology) 관련 윤리표준은 향후 사회복지 전문직이 시급히 대응하여야 할 윤리적 과제를 제시한다는 점에서 중요하다. 제7장은 사회복지 전문직이 가져야 할 보다 구체적인 윤리적 관점과 책임을 다룬다. 원리, 인격, 관계, 근접성, 포스트모던 윤리에 기반한 윤리적 관점이 비교적 이론적인 내용이라면, 캐나다와 미국의 사회복지사협회가 제시한 윤리적 책임은 비교적 실용적인 내용이라 하겠다. 제8장은 사회복지 전문직이 당면한 윤리적 딜레마의 내용과 이에 대응하는 윤리적 의사결정을 다룬다. 윤리적 딜레마의 개념과 유형 그리고 윤리적 의사결정의 개념과 모형은 사회복지 전문직이 실제 직무 수행 과정에서 경험하는 양립 불가능한 가치들 간의 갈등을 조정하는 데 도움을 줄 수 있다. 특히 디지털 기술과 사회 미디어의 확대 그리고 이용자와 지역주민의 참여 확대로 인하여 더욱 증가되고 있는 윤리적 딜레마 또는 윤리적 이슈에 대처하는 데 도움을 줄 수 있다.

제6장

사회복지 전문직과 윤리강령[1]

 학습목표

1. 사회복지 윤리강령의 역사적 변천 과정의 이해
2. 윤리강령의 기능 이해와 한계에 대한 비판적 분석
3. 한국사회복지사협회 윤리강령의 한계에 대한 파악과 대안 모색

제1절 사회복지 전문직의 성장과 윤리강령의 변화

역사적으로 볼 때, 사회복지 전문직의 성장 과정과 전문직 윤리강령의 변화는 밀접한 관련이 있다. 국가 간 협의체인 국제사회복지사연맹과 캐나다와 미국 등 영어권 국가들에서 공통으로 발견되는 사실이다. 사회복지 전문직의 윤리강령의 연원

---

1) 이 장은 2017년도 한국사회복지사협회의 연구용역보고서 「한국사회복지사 윤리강령 개정 필요성과 방향에 관한 연구」를 수정·요약한 것이다.

은 1928년의 세계사회복지사대회, 1932년 국제사회복지사연합, 1956년 국제사회복지회의에서 찾을 수 있다. 당시 국가 간 연합체는 명백히 사회정의의 가치를 지향함을 표명하였다(Keeney et al., 2014). 각국 고유의 사회복지 전문직 윤리강령이 아직 출현하지 않은 상태에서 국제적 사회복지사들의 연합체가 사회정의를 사회복지의 가치로 표명한 점은 매우 고무적이라 하겠다. 각국의 윤리강령이 각국의 상황에 따라 다소 편차가 나타나며 발전하는 가운데 국제사회복지사연맹의 사회정의의 가치는 일종의 최대공약수의 가치로 작용하였기 때문이다.

이후 국제사회복지사연맹 윤리강령의 발전 시기는 1960년대부터 1970년대, 1980년대부터 1990년대, 2004년부터 지금까지로 나누어 살펴볼 수 있다. 국제사회복지사연맹의 윤리강령이 한 단계 비약한 시기는 1968년 헬싱키에서 열린 사회복지사대회 시기이다. 이때 처음으로 국제사회복지사연맹은 세계인권선언의 인권개념을 사회복지 전문직의 표준 윤리로 채택되었다. 이후 국제사회복지사연맹은 계속적으로 인권 개념을 윤리강령의 기본 가치로 강조하였다.

1980년대와 1990년대는 사회복지 전문직의 제도적 정체성이 가치와 윤리와 불가분의 관계임을 천명한 시기라 하겠다. 1988년 제도로서의 사회복지(social work)를 공식적으로 정의할 때 세계인권선언과 각종 인권조약에 드러난 인권 개념을 중시함을 선언한 점과 2000년 몬트리올 세계총회에서는 인권과 사회정의가 사회복지의 근본 원칙임을 선언한 점이 이를 잘 보여 준다. 이 밖에 1994년 윤리표준을 개발하고 이를 채택한 점을 그 의지를 잘 보여 준다고 하겠다(Keeney et al., 2014: 6).

국제사회복지사연맹의 윤리원칙이 보다 구체적으로 등장한 시기인 2004년은 주목할 만한 시기이다. 호주 아델레이드 세계총회에서 마침내 지금의 사회복지 윤리가 채택되었기 때문이다. 이전부터 강조되어 온 인권과 사회정의에 더불어, 모든 이의 평등, 가치(worth), 존엄성(dignity)을 존중하는 것을 사회복지 전문직의 주요 가치로 여기고 있다(IFSW, 2005). 이를 기반으로 지금의 국제사회복지사연맹 윤리표준은 지구화, 환경, 이주민, 청년, 여성, 피난민, 개인 사생활, 빈곤 박멸, 장애인, 평화, 사회정의, 이주, 토착민, HIV와 AIDS, 건강, 농촌사회, 고령화와 노인, 학살, 국가 간 성매매 등 다양한 영역이 포함되었다(Keeney et al., 2014).

한편, 캐나다와 미국 등 영어권 국가들의 사회복지사협회 윤리강령의 역사를 살펴보면 다음과 같다. 캐나다는 국제사회복지사연맹보다 먼저인 1923년에 사회복지사협회 윤리강령을 채택하였다. 1914년 캐나다의 최초의 사회복지대학이 설립된 이후 그리고 1926년 사회복지사협회가 설립된 이전 시기에 윤리강령이 채택되었다는 점은 주목할 만하다. 캐나다는 일찍 윤리강령을 채택한 초기 이후 비교적 오랜 기간 변화가 없다가 1976년 세계총회의 윤리강령을 수용하면서 대폭 변화하였다. 여덟 가지의 원칙이 채택되었는데, 이는 1988년까지 유지되었다. ① 전문직으로서의 주요 의무, ② 품위(이해갈등 포함), ③ 역량과 서비스의 질(필수 지식기반 포함), ④ 비밀 정보(기록, 노출, 유지, 폐기 포함), ⑤ 외부 이익과 사회복지 실천, ⑥ 직장에 대한 책임(학계와 개인 독립 실천 포함), ⑦ 전문직에 대한 책임, ⑧ 사회에 대한 책임(James, 1986: 9). 특히 최소 역량(minimum competence)에 대해 다룬 점과 캐나다 변호사협회의 윤리강령을 참고한 점은 주목할 만하다(James, 1986: 9). 전문가로서의 사회복지사의 윤리적 책임과 법적 책임 간의 경계가 복잡할 수 있음을 함축하기 때문이다.

1994년 제정 후 처음으로 캐나다는 2005년 윤리강령을 개정하고 처음으로 윤리강령 가이드라인을 따로 마련하였다. 그리고 이후 계속하여 다양한 윤리강령과 관련된 실천표준을 개발하고 보급 확산하여 왔다. 특히 연방국가인 캐나다는 각 주별로 보다 구체적인 사회복지사협회 윤리강령을 마련하여 독립적으로 운영하고 있다. 캐나다사회복지사협회는 2014년 '소셜 미디어 사용과 사회복지 실천'에 관한 가이드라인과 2015년 '존엄사와 조력자살에 관한 원리 성명서'를 발표하는 등 활발히 활동하였다. 캐나다 온타리오주의 지역인 뉴펀들랜드(New Foundland)와 래브라도(Labrador)의 사회복지사협회 지회는 2007년 이후 윤리강령의 구체적 실행 표준에 대해 다양하게 개발하고 보급하여 왔다. 2012년 기술(technology) 사용에 대한 표준을 포함하여 2014년 기록에 관한 표준, 2016년 문화적 유능성에 대한 표준이 대표적이다(NLCSW, 2021).

미국사회복지사협회 윤리강령의 연원은 1947년 당시 미국 내 최대 규모인 미국사회복지사협회(AASW)의 윤리강령이라 하겠다. 지금의 전미사회복지사협회

(NASW)의 윤리강령은 1960년 채택되었다. 이는 미국사회복지사협회의 초기 역사와 관련이 있다. 1940년대까지 7개의 단체, 즉 미국사회복지사협회(AASW), 미국의료사회복지사협회(AAMSW), 미국학교사회복지사협회(NASSW), 미국정신분석사회복지사협회(AAPSW), 집단상담사회복지사협회(AAGW), 지역복지연구협회(ASCO), 사회복지연구그룹(SWRG)들이 시기별, 지역별, 영역별로 등장하고 활동한 특징을 지녔다. 1950년 이 단체들이 임시 협의회를 구성한 후 5년에 걸쳐 하나의 사회복지사협회를 탄생시켰고 다시 5년이 지난 1960년 지금의 윤리강령의 초판이 채택되었다.

14개의 일인칭 선서 조항으로 이루어진 당시 미국사회복지사협회의 윤리강령은 전문직 책임의 우선순위, 클라이언트의 사생활보호, 공공 위기 시 적극 관여, 사회복지 프로그램 개발과 연구에 적극 협조 등이었다. 이후 1967년 차별금지 조항이 15번째로 추가되었다(NASW et al., 2017).

1960년 채택된 윤리강령이 아직 선언문에 그치고 유용성의 문제가 제기된 이후 개정된 1979년 윤리강령은 전문과 6개의 원리조항으로 구성되었다. 사회복지사의 일반적 전문직 행동자세와 책임이 주요 내용이었는데, 책임은 클라이언트, 동료, 고용주, 기관, 전문직, 사회에 대한 책임으로 나뉘었다. 그리고 구체적 내용과 추상적 용어가 혼재되어 있고 긍정적(prescriptive) 지시문과 처벌적(proscriptive) 규제문으로 이루어졌다. 이후 1990년과 1993년의 일부 개정, 1996년의 2차 개정 과정을 거쳤는데, 특히 주목할 점은 1993년 채택된 이중 및 다중 관계로 인한 이해충돌에 관한 내용이다(NASW et al., 2017). 2008년 부분 개정 과정에서는 윤리조항 중 다양성 항목에 있는 '장애'(disability) 용어가 '기능'(ability) 용어로 대체되었다. 이는 '기능' 용어가 보다 포용적이자 강점 기반 용어이기 때문이다. 이를 통하여 사회복지사는 보다 포괄적이고 다양한 차원에서 기능에 대해 숙고할 수 있는 계기가 마련되었다.

최근 미국사회복지사협회의 윤리강령은 2017년 3차 개정판이다. 주요 특징은 디지털 기술 관련 표준에 대한 내용이 대폭 추가되었다는 점이다. 구체적인 내용은 다음의 스무 가지로 요약된다.

① 디지털 기술 사용 관련 클라이언트에 대한 고지 권장(encourage: 서비스 제공, 소통, 클라이언트 정보 온라인 검색 및 보관)

② 클라이언트로부터의 동의 획득 권장(관계 초기에 디지털 기술 사용 고지)

③ 클라이언트의 고지된 동의 제공 역량 진단 지도(advise: 기술을 사용한 소통 계획 시)

④ 원거리 서비스 제공 시 클라이언트의 신분과 위치 확인 지도(위기 발생 및 지리적 관할 법령 대비), 고지된 동

⑤ 디지털 기술 관련 클라이언트의 역량 진단 권고(alert: 특히 온라인 및 원거리 서비스 제공 시)

⑥ 클라이언트 관련 온라인 정보검색 이전 고지된 동의 획득(사생활보호 존중 차원이나, 응급상황은 예외)

⑦ E-서비스와 원격 서비스 제공 시 유의사항 숙지 강조(highlight)

⑧ 관할 지역 법령 숙지 지도(클라이언트와 사회복지사 거주지가 다를 경우)

⑨ 클라이언트의 문화, 환경, 경제, 장애, 언어, 기타 사회적 다양성 이슈 숙지 및 그에 따른 진단과 반응 지도

⑩ 클라이언트와 사적 또는 업무 외적 목적의 디지털 소통 금지 권장

⑪ 클라이언트가 사회복지사의 사적 SNS 접근 시 적절 조치 권장(경계구분 및 이중관계 이슈 관련)

⑫ 사회복지사의 개인정보를 공적 전문적 웹사이트에 탑재하는 것이 초래할 경계구분 모호, 부적절한 이해갈등에 대한 숙지 제안(suggest)

⑬ 클라이언트가 자신의 연계망과 SNS를 통해 사회복지사의 개인정보를 알아낼 수 있음을 염두에 둘 것을 공지(remind)

⑭ 온라인 또는 SNS 또는 기타 사이버공간에서 클라이언트의 요청 수락 금지 제언

⑮ 클라이언트의 개인정보 및 기타 디지털 정보 관련 안전조치(암호, 방화벽, 비밀번호 등) 지도

⑯ 클라이언트의 개인정보 누설 시 적절한 시간 내에 클라이언트에게 고지할 절차 개발 및 공지 지도

⑰ 클라우드 기록에 불법 접근 발생 시 클라이언트에 고지 지도

⑱ 클라이언트 정보수집 시 디지털 기술 사용에 관한 절차 마련 및 클라이언트에 대한 고지 지도

⑲ 클라이언트 관련 정보를 전문직 웹사이트 혹은 기타 SNS 탑재 금지 지도

⑳ 평가 및 연구에 디지털 기술을 사용하는 사회복지사는 클라이언트의 기술 사용 역량을 진단하고 필요 시 적절한 대안을 제공할 것을 지도(Reamer, 2017)

제2절 사회복지사 윤리강령의 기능과 실제

윤리강령의 개념은 전문직 종사자들이 자신들의 업무 전 과정에서 윤리적 책무성을 가질 것을 선언하고 안내하는 일종의 지침이다. 스스로 설정한 책무를 성실히 수행할 것을 윤리적이라고 판단하고 이를 준수하려는 전문직 종사자들의 집합적 의지의 표현이라 하겠다. 사회복지사를 포함하여 변호사, 의사, 간호사 등의 전문직은 대부분 그들 고유의 윤리강령을 채택하고 그들의 전문직 업무에서 윤리적 책무를 다하려는 노력을 기울여 왔다. 지금까지 알려진 바에 따르면 히포크라테스의 선서가 의사 윤리강령의 시초인데 주요 내용을 살펴보면 윤리강령의 개념을 파악하는 데 도움이 된다. 첫째, 전문가로서의 능력과 판단에 따라 환자의 이익을 높이고 해악을 줄이겠다는 의지가 표현되어 있다. 둘째, 전문 지식과 기술의 범위에서 벗어나는 행위는 하지 않을 의지가 표현되어 있다. 셋째, 환자의 신분에 따라 차별하지 않을 것과 환자를 위해서 어떠한 해악이나 부패도 멀리할 것이 표현되어 있다. 넷째, 환자와 관련된 정보를 알게 될 경우 그 비밀을 지킬 것이 표현되어 있다. 이처럼 윤리강령은 자신의 업무를 올바르게 수행하고자 하는 전문직의 표현인 만큼 전문직 업무의 범위와 내용은 다양할 수 있다. 주목할 점은 전문가로서의 능력, 서비스 이용자에 대한 이익 증진 및 해악 감소, 전문직 영역의 범위 또는 전문성 범위, 이용자 차별금지, 이용자와의 관계에서 부패금지, 이용자의 비밀보장의 내용이 고대 그리스 시대 윤리강령에 나타났다는 점이다.

현대 대부분의 전문직은 20세기 이후 근대적 형태의 윤리강령을 채택하였다. 리머(Reamer, 2013)에 의하면 윤리강령의 기능은 다음과 같다. 첫째, 윤리적 딜레마 해결이 기능한다. 둘째, 외부로부터의 전문직 규제, 특히 전문직의 사명과 수행 방법에 대한 외부 규범으로부터 전문직을 보호한다. 셋째, 전문직의 부적절한 행위(misconduct)에 관한 각종 분쟁을 해결하는 표준으로 기능한다. 이에 대해 좀 더 자세히 살펴보면 다음과 같다.

첫째, 윤리강령은 사회복지사가 실천현장에서 직면하는 윤리적 딜레마와 윤리적 갈등을 해결할 수 있는 안내서 기능을 한다. 사회복지사 실천현장은 다양한 맥락과 다양한 상황을 접하게 된다. 사회복지사는 서비스와 관련된 다양한 대안을 모색하게 되는데, 경제적 측면만큼이나 윤리적 가치적 측면에 의해 대안의 선택이 달라질 수 있다. 특히 윤리적 딜레마 상황, 즉 서비스 결정과 관련하여 두 가지 이상의 가치가 상호 충돌하여 선택이 쉽지 않은 상황에서는 더욱 윤리적·가치적 고려가 중요해진다. 윤리강령은 이러한 상황에서 선택의 과정을 비교적 용이하게 한다.

둘째, 윤리강령은 사회복지사가 저지를 수 있는 부적절한 행위(misconduct)와 고의적 태만(malpractice)으로부터 이용자를 보호할 수 있다. 사회복지사는 이용자에 비해 비대칭적으로 전문직과 관련된 각종 자원을 갖고 있다. 이러한 이유로 사회복지사는 전문직 업무를 올바르게 수행하려는 책무성 의지가 흔들리기 쉽다. 가치나 이론을 소홀히 한 채 전문직 업무를 부적절하게 수행하거나 고의적으로 태만할 수 있다. 윤리강령은 사회복지사의 이러한 비윤리적 행위로부터 보호하는 기능을 갖는다.

셋째, 윤리강령은 외부로부터의 규제를 예방하고 전문직 자율성을 유지하는 기능을 갖는다. 전문직 스스로 그리고 집합적으로 올바르게 업무를 수행하고 이를 자율적으로 규제할 때 외부의 간섭 또는 압력 등의 규제로부터 자유로울 수 있게 된다. 그리고 전문직 업무에 타당하지 않고 불필요한 외부 통제로부터 벗어날 수 있게 된다.

넷째, 윤리강령은 동료 전문가들과의 집합적·자율적 규제를 포함하여 다양한 수준의 상호작용의 표준으로 기능한다. 사회복지사는 전문가 동료와의 상호작용에 의해 전문직으로서 자격과 수준을 발전시킬 수 있다. 그리고 상호작용에 의한 전문성 발전은 윤리적 업무수행과 매우 밀접한 관련이 있다. 윤리강령은 사회복지사가 전문가 동료와의 올바른 상호작용을 하는 데 표준을 제시한다.

다섯째, 윤리강령은 윤리적 딜레마에 대한 부적절한 대응뿐만 아니라 부적절한 행위, 고의적 태만 등에 대한 법적·행정적 쟁의를 예방하는 기능을 갖는다. 업무상 과실이나 범죄를 사전에 예방하고 기소나 재판 과정에서 업무수행의 윤리성을 주장하고 입증할 수 있는 근거를 제시한다. 사회복지사는 윤리강령을 성실히 수행할 경우 이러한 리스크로부터 자신을 보호할 수 있다.

한편, 많은 나라의 사회복지사협회는 그들의 윤리강령이 실제로 이와 같이 기능할 수 있도록 윤리강령의 목적을 분명히 제시하고 있다. 미국사회복지사협회(2021)는 윤리강령의 목적(purpose)을 다음과 같이 여섯 가지로 분명하게 제시하였다.

첫째, 윤리강령은 사회복지의 사명이 근거하고 있는 핵심가치를 규명한다.

둘째, 윤리강령은 사회복지 전문직의 핵심가치를 반영하는 윤리적 원리를 총괄적으로 요약한다. 그리고 사회복지 실천을 안내하는 일련의 세부적인 윤리적 표준들을 수립한다.

셋째, 윤리강령은 사회복지사가 윤리적 의무사항의 충돌 또는 윤리적 불확실성의 상황에서 고려 사항을 참고할 수 있도록 돕는다.

넷째, 윤리강령은 일반 대중이 사회복지사에게 책무감(accountability)을 지울 수 있는 윤리적 표준을 제시한다.

다섯째, 윤리강령은 신입 사회복지사가 사회복지의 사명, 가치, 윤리적 원칙, 윤리적 표준에 대하여 사회화하도록 돕는다. 그리고 모든 사회복지사가 자신에게 주의를 기울이고(self-care), 지속적 교육에 임하며, 기타 다른 활동들에 참여하도록 지지함으로써 그들 모두가 동일 전문직 종사자로서 동일한 핵심특색에 대한 헌신을 하고 있음을 확실히 한다.

여섯째, 윤리강령은 사회복지사 스스로 비윤리적 행위(conduct) 여부를 심사할 수 있는 표준을 구체화한다. 미국사회복지사협회는 협회 회원들의 비윤리적 행위에 대한 소송을 조정하기 위해 공식 절차를 갖추고 있다. 협회 회원 사회복지사들은 윤리위원회의 공식 절차에 협조할 의무가 있으며 각종 심판과 소송에 참여하며 협회의 모든 규제와 제재에 따를 의무가 있다.

반면, 사회복지 윤리강령이 실제 현장에서 그 본래의 기능을 수행하고 목적을 달성하는지에 대해서 살펴볼 필요가 있다. 즉, 윤리강령은 윤리적 딜레마 해결과 윤리적 실천의 준거 제시, 자율규제를 통한 외부 규제로부터의 독립적 자율성 유지, 법적 책임 소지의 예방 및 해결, 전문직으로서의 동일 정체성 확립, 일반 대중에 대한 책무성 고취의 기능을 수행하는지 여부를 확인하고 그에 대한 과제를 모색할 필요가 있다.

2017년 11월 한국사회복지사협회의 리서치 패널단 429명의 설문조사 결과에 의하면, 현재 한국사회복지사협회의 윤리강령은 기능과 목적 면에서 다음의 한계를 갖고 있음을 알 수 있다.

첫째, 현재의 한국사회복지사 윤리강령은 윤리적 딜레마 해결의 준거틀로 기능하는 데 한계를 갖고 있다. 설문조사 응답자 중 9.2%만이 윤리강령을 활용하고 있는 것으로 나타났는데, 24.3%가 개인적 양심을 활용하고 있는 결과에 비추어 볼 때 그 기능에서 매우 큰 한계를 갖고 있음을 알 수 있다. 더욱이 자격증 취득 후 윤리강령을 접할 기회가 없다는 사실(52.6%)과 유사 사례와 판례를 참고하는 비중이 11.3%라는 사실은 현재 윤리강령의 기능과 목적에 대해 시사하는 바가 크다.

둘째, 현재의 한국사회복지사 윤리강령은 윤리적 딜레마를 포함한 일반적 상황에서도 사회복지 가치를 구체화하는 데 방향을 제시하는 기능에 한계를 갖는다. 활용 수준에서 5점 기준 2.15점, 유용도 수준에서 5점 기준 3.25점의 점수는 윤리강령의 기능이 기대에 못 미치고 있음을 알 수 있다.

한편, 현재의 한국사회복지사 윤리강령의 기능 수행과 목적 달성의 방해요인을 정리하면 〈표 6-1〉과 같다.

표 6-1 현재 한국사회복지사 윤리강령의 기능 수행과 목적 달성의 방해요인

현장 활용성이 높지 않은 이유	윤리강령을 접할 기회가 제한적임	제대로 배우지 않음, 반복하거나 강조하지 않으니 기억이 나지 않음
	실제 업무에 윤리강령을 적용하는 방법을 모름	관련된 교육을 받지 못함, 윤리강령에 입각해서 일할 것을 요구받은 적이 없음, 윤리강령이 있다는 것은 알아도 현장에서 활용하는 것을 보지 못함
	위반에 대해 제재가 없어 실효성이 적음	안 지켜도 불이익 없음, 윤리강령과 관련된 직능단체에 제재 권한이 없음, 방패가 되어 주지 못함
	윤리강령 준수가 초래하는 부작용 경험 후 멀리함	윤리강령 준수가 악용되는 사례가 있음, 윤리강령 준수로 사회복지사가 힘들어짐
	윤리적 상황에서 윤리강령보다 다른 것들이 더 많이 활용되고 있음	윤리강령보다 '우리의' 가치를 따름, 최근에는 윤리강령보다 인권수칙이 강조됨, 기관 자체의 윤리조항을 정해서 활용함, 윤리강령보다 일반상식을 따름
윤리강령의 내용적 한계	사회변화를 반영하지 못하여 시대에 뒤처짐	2000년 개정 이후 사회변화가 있었음, 현장 변화를 반영하지 못함, 윤리강령에서 제시하는 윤리적 수준이 낮다고 느낌
	너무 추상적이어서 와닿지 않음	선진국 윤리강령에 비해 구체성이 부족함, 용어들에 거리감이 있음, 내재화되지 못하고 문서화됨
	윤리강령이라고 보기 어려운 내용이 포함된 것 같음	윤리위원회 구성은 윤리강령이 아닌 협회 규정이어야 함, 협회 교육, 참여는 윤리강령에 적합해 보이지 않음

출처: 최명민 외(2017).

제3절 최근 사회복지사 윤리강령의 쟁점과 과제: 디지털 기술을 중심으로

사회복지 실천현장의 디지털 기술은 2010년대 이후 급격히 확산되었다. 전통적인 전화 상담과 온라인 상담에서 더 나아가 비디오 화상 상담, 사이버 치료(cyber therapy), 가상 돌봄(virtual care), 아바타 치료(avatar therapy), 웹 기반 이용자주도 개입이 대표적이다. 이 외에 문자 전송, 이메일 전송, 스마트폰 애플리케이션 활용을 수단적으로 사용하는 경우가 증가하였다. 이러한 변화로 인하여 새로운 윤리적 쟁점이 등장하게 되었는데, 이용자의 고지된 동의, 이용자의 비밀보장과 사생활보호과 개인정보보호, 사회복지사의 개인정보 공개의 위해, 사회복지사의 전문직 경계선의 혼선이 이에 해당한다. 캐나다사회복지사협회는 2015년 기술 활용에 대한 윤리적 실천표준을 수립하였다. 미국사회복지사협회는 2017년 디지털 기술 활용에 관한 윤리적 실천표준을 마련하였고 이후 2018년 윤리강령 중 윤리적 책임 부분에 명시하였다.

미국사회복지사협회의 기술 관련 윤리적 실천표준(2017)과 윤리강령(2018) 중 윤리적 책임 부분을 살펴보면 한국사회복지사협회가 시급히 디지털 기술 관련 내용을 윤리강령에 반영할 과제가 있음을 알게 된다.

〈표 6-2〉를 바탕으로 한국사회복지사 윤리강령의 디지털 기술과 관련된 과제를 제시하면 다음과 같다.

첫째, 사회 미디어와 관련된 조항이 추가되어야 한다(Knight, 2017). 사회복지기관은 사회 미디어를 통하여 일반 대중 및 이용자들과 여러 목적의 소통을 수행한다. 기관의 각종 사업 및 서비스의 신청자 모집과 성과에 대한 홍보가 대표적이다. 이 과정에서 사회복지기관과 사회복지사는 이용자의 인지된 동의 없이 이용자의 개인정보를 노출할 위험이 있다. 뿐만 아니라 이용자와의 접촉이 단절되거나 이용자에 대한 추가 정보가 필요할 때 이용자의 인지된 동의 없이 이용자의 사회 미디어상의 이용자 정보를 검색, 수집, 관리, 저장할 위험이 있다. 한편 사회 미디어

표 6-2 미국사회복지사협회 기술 관련 윤리표준의 주요 내용

〈일반 대중에게 정보 제공 부문〉	
① 윤리와 가치	② 자기 표상과 정보의 정확성

〈서비스 기획과 전달 부문〉
① 기술의 윤리적 활용
② 기술 관련 자격증 및 인증이 필요한 서비스
③ 서비스 관련 법률
④ 인지된 동의: E-사회복지서비스 제공의 이득과 리스크 설명
⑤ 이용자의 기술에 대한 태도 사정
⑥ 서비스 제공 시 필요한 기술 관련 지식과 스킬에 대한 유능성
⑦ 비밀보장과 기술 활용
⑧ 전자 결제와 불만
⑨ 전문직 경계선
⑩ 사회 미디어 지침
⑪ 직무 수행 시 사적 기술 활용
⑫ 의도치 않은 E-서비스 중단
⑬ 위기 상황에서의 책임
⑭ 전자기술을 통한 증언(testimony)
⑮ 조직화와 옹호
⑯ 모금
⑰ 이용자에 대한 일차적 헌신
⑱ 비밀보장
⑲ 적절한 경계선
⑳ 독특한 니즈 해결

〈기술 접근성〉
① 실용적 니즈 사정과 평가
② 최신 지식과 유능성
③ 메시지 통제
④ 행정관리
⑤ 온라인 연구 수행
⑥ 사회 미디어 지침

〈정보의 수집, 관리, 보관〉
① 고지된 동의
② 사회복지사의 사적 전문직 계정 분리
③ 이용자의 비밀 정보 처리
④ 기관 내 기록 접근
⑤ 비밀보장 위배
⑥ 전자기술로 수집된 정보의 신빙성(credibility)
⑦ 제3자와의 정보 공유
⑧ 이용자의 본인 기록 접근
⑨ 이용자 정보에 관한 검색 엔진 활용
⑩ 동료에 대한 존중
⑪ 개방 정보(open access information)
⑫ 이용자 기록에 대한 원격 접근
⑬ 고장 또는 오래된 전자 기기 폐기
〈교육과 수퍼비전〉
① 교육에서의 기술 활용
② 기술 관련 훈련 제공
③ 보수교육
④ 사회 미디어 지침
⑤ 평가
⑥ 기술의 방해(disruptions)
⑦ 원격 교육
⑧ 지원(support)
⑨ 학문적 표준 유지
⑩ 교육자−학생 경계선
⑪ 현장 지도(instruction)
⑫ 수퍼비전

출처: NASW, ASWB, CSWE, & CSWA (2017).

는 사회복지사의 개인정보 공개의 위해와 이로 인한 새로운 형태의 전문직의 경계선 혼선 및 이익갈등을 야기할 수 있다. 사회복지사의 사적 사회 미디어 계정에 개인의 사생활을 공개하고 이용자가 이를 알게 될 때 전문직의 경계선 혼선이 야기될 수 있다. 또한 이용자가 사회복지사의 사적 사회 미디어상의 개인정보를 활용하여 이익갈등의 소지가 있는 요구를 할 가능성이 있다. 무엇보다 사회복지사가 사적 사회 미디어 계정에 이용자, 동료 그리고 기관에 대한 부적절한 언급과 사진 및 이미지를 포스팅할 경우 사회복지사의 이용자, 동료, 조직에 대한 윤리적 책임을 위반하는 경우가 발행한다.

둘째, 디지털 기술 활용과 관련된 이용자의 사생활과 개인정보의 보호 조항이 추가되어야 한다(Knight, 2017). 앞에서도 언급되었듯이 이용자의 인지된 동의 없이 이용자의 개인정보를 수집, 관리, 보관은 예상치 못한 위험을 초래할 수 있다. 사회 미디어 이외에도 최근 사회복지기관과 사회복지사들은 개방 정보(open access information)와 각종 전자기록 플랫폼의 접근을 통한 이용자 개인정보 수집의 기회를 접하게 되었다. 마찬가지로 어디서나 전자기록화된 개인정보의 접근이 가능하게 되었다. 이러한 개인정보 수집은 쉽고 융통성이 있으며 편리한 장점이 있는 반면, 보안상의 리스크가 크다는 단점이 있다. 민감한 개인정보가 저장된 전자 기기가 도난 또는 분실될 경우와 전자 정보와 전자기록 시스템이 해킹되거나 악성 바이러스에 노출될 경우가 대표적인 리스크이다. 공공 와이파이를 통한 전자정보 교환은 사생활과 보안상의 리스크가 더욱 크다고 하겠다.

셋째, 디지털 기술 활용과 관련된 이용자의 고지된 동의와 접근권 조항이 추가되어야 한다(Reamer, 2017). 소위 디지털 사회 서비스, 즉 온라인 상담, 비디오 상담, 사이버 치료 및 아바타 치료를 계획하는 사회복지사는 이용자와의 관계 초기에 이와 관련된 내용, 이득, 위해, 대안책을 충분히 설명하고 그에 대한 인지된 동의를 구해야 한다. 그리고 이용자의 디지털 역량을 충분히 정확히 사정하고 그에 상응하는 인지된 동의를 구해야 한다. 그리고 개인정보 공개와 비밀보장에 관한 기관과 사회복지사의 방침을 서비스 초기에 고지하며, 서비스 과정 내내 필요할 경우, 특히 클라우드 보관 파일의 허용되지 않은 접근 등에 대하여 적시에 알려야 한다. 다른 한편, 사회복지사는 디지털 기술과 관련한 이용자의 문화적 · 환경적 · 경제적 장애, 언어, 기타 다양성 이슈에 대해 인지하고 심사하며 그에 대응하여야 한다. 그리고 디지털 기술을 활용하여 서비스의 평가 또는 연구를 계획할 경우 사회복지사는 이에 대한 인지된 동의를 구하여야 하며 다른 서비스와 마찬가지로 이용자의 디지털 역량에 대한 인지, 심사, 적절한 방안을 제공하여야 한다.

넷째, 디지털 기술 활용과 관련된 전문가 동료 조항이 추가되어야 한다(Reamer, 2018a). 사회복지사는 이용자에게 서비스 정보를 제공하기 위해 동료 전문가에 관한 정보를 수집할 경우가 있다. 가령 동료 전문가의 자격증과 인정된 교육 및 훈련 이수 여부에 대하여 이용자에게 정보를 제공하여야 할 상황이 생긴다. 이러한 상황에서 사회복지사는 동료 전문가의 방침을 살펴보고 불만 제기 및 소송 등을 고려하여야 한다. 인터넷 검색 엔진을 활용할 경우 동료 전문가에 대한 정보를 게시하고 모니터링을 하는지 살펴보아야 한다. 다른 한편, 사회복지사는 동료 전문가의 업적, 성과 그리고 포스팅 정보에 관하여 디지털 기술을 활용하여 언급할 경우 윤리적 주의를 기울여야 한다. 사이버폭력, 가해(harrassment), 비하 또는 훼손하는 표현을 금해야 한다. 특히 문자, 사진, 동영상 등 성과에 대한 민감한 정보와 개인정보에 대해서는 동료 전문가의 고지된 동의를 구하여야 한다. 이 밖에 동료 전문가의 업적과 성과를 도용하거나 전자정보 보안 방침을 이행하지 않을 경우, 윤리적 기준에 위반될 경우 등에 대하여 기관, 전문직협회, 정부 기관에 의한 합의적 해결(resolution), 규제, 제재 조치를 제시하여야 한다(Reamer, 2018a).

다섯째, 디지털 기술 활용과 관련된 사회복지 교육 조항이 추가되어야 한다(Knight, 2017). 디지털 기술의 활용은 이용자의 삶의 질 향상에 대한 사회복지사의 헌신 가치와 상당한 관련이 있다. 이용자에 대한 접근을 용이하게 하고, 사회복지 실천 스킬을 개선함에 도움이 되며 특정 이용자 집단의 경우 서비스 과정 참여를 독려할 수 있다. 온라인 상담을 포함하여 각종 디지털 형태의 사회 서비스를 선호하는 이용자들이 꾸준히 증가하고 있다. 뿐만 아니라 학생 교육, 실습생 훈련, 사회복지사 수퍼비전과 보수교육, 그리고 기관 집합 교육에 유용한 수단이 될 수 있다. 실제로 이미 많은 신입 사회복지사들은 '디지털 네이티브' 세대로 디지털 기술 활용에 익숙하다. 이러한 점을 고려할 때 디지털 기술의 활용은 사회복지사의 유능성 가치와도 상관이 있다고 하겠다.

이 외에 사회 미디어 사용의 리스크 관리 전략(NLASW, 2015)은 다음과 같다.

첫째, 사회복지사 자신이 사용하는 사회 미디어의 사생활 설정을 최고 수준으로 유지한다.

둘째, 사회복지사 자신의 사회 미디어 사용 시 사적 계정과 전문적 계정을 분리하고 전문직 경계선의 혼선을 경계한다.

셋째, 인터넷 기록은 영구적임을 명심하고 사회복지사 자신의 포스팅과 글쓰기는 지속적인 파급효과를 가짐을 명심한다.

넷째, 온라인상의 사회복지사 자신의 개인정보에 대해 주기적으로 점검한다.

다섯째, 온라인상의 포스팅과 글쓰기가 타인에게 어떻게 인지될지 사전에 숙고한다.

여섯째, 사회복지사의 사회 미디어 사용이 본인과 전문직 전체의 명성에 미칠 영향에 대해 주의를 기울인다.

일곱째, 사회복지사는 포스팅하기 전, "만약 물리적으로 혼잡한 공공장소나 암호가 설정되지 않은 사회 미디어에서는 절대 하지 않을 포스팅"인지 숙고한다.

여덟째, 사회복지사 스스로 전문직과 관련된 사회 미디어 사용 방침을 정하고 기관의 방침과 가이드라인을 제시할 수 있도록 노력한다.

아홉째, 보수교육을 통하여 지속적으로 사회 미디어 관련 실천표준과 가이드라인을 익힌다.

제7장

사회복지 전문직의 윤리적 관점과 책임

🔖 **학습목표**

1. 사회복지 전문직의 윤리적 관점들의 특징에 대한 이해
2. 사회복지 전문직의 윤리적 책임의 특징에 대한 이해
3. 사회복지 전문직에게 윤리적 관점과 윤리적 책임의 중요성에 대한 이해

제1절 윤리적 관점

사회복지 전문직이 윤리적 관점을 갖는 것이 중요한 이유는 휴먼서비스 전문직으로서의 정체성과 정부 기관 또는 복지국가와 관련된 전문직의 정체성에서 찾을 수 있다. 사회복지 전문직은 사람에게 서비스를 제공하는 전문직이다. 보건 의료직, 교육직, 법률직 등과 마찬가지로 휴먼서비스 전문직인 사회복지 전문직은 서비스 이용자로부터 전문직 고유의 권위, 지식, 전문성(expertise)에 대해 신뢰를 받아

야 비로소 전문직으로서의 의미가 있다. 무엇보다도 전문직은 고유의 권위, 지식, 전문성으로 서비스 이용자의 최선의 이익을 위해 노력한다는 신뢰를 받아야 전문 직으로서 정당화될 수 있다(Banks, 2012).

반면, 사회복지 전문직은 다른 휴먼서비스 전문직과 달리 전문직으로서의 재량성과 의사결정 범위가 비교적 제한되어 있다. 직접 혹은 간접적으로 중앙정부 또는 지방정부에 고용된 사회복지 전문직은 일정 정도 사회 통제력을 갖는다. 따라서 다른 전문직에 비해 이용자에 대해 통제력을 갖는다. 특히 사회복지 전문직은 복지국가 제도와 뗄 수 없는 관계에 있는 만큼 이용자의 최대의 이익을 위해 노력하는 것과 다소 모순된 통제와 제한을 가하는 역할을 수행한다. 더욱이 대부분의 선진 복지국가의 사회복지 전문직은 복지 자본주의 체제에 기능적으로 수행할 수밖에 없는 태생적 한계를 갖고 있다. 사회복지 전문직은 한편으로는 사회정의와 평등의 가치, 그리고 다른 한편으로는 시장 경쟁주의적 개인주의의 가치를 실현하는 모순적 위치의 전문직이라 하겠다. 이는 복지국가의 목적이 불평등 자체의 해소가 아니라 모두에게 시민으로서 평등한 지위를 부여하는 것임을 주장한 마셜(T. H. Marshall)의 주장과 맥을 같이한다. 또한 복지국가의 자본 축적과 정당화의 모순된 기능을 지적한 오코너(J. O'Connor)와도 맥을 같이한다. 사회복지 전문직을 '국가 중개 전문직(state-mediated profession, Johnson, 1972; Banks, 2012: 29에서 재인용)'으로 일컫는 바가 함의하는 바가 크다고 하겠다(Banks, 2012).

휴먼서비스 전문직이자 복지국가 실천직(practioner)인 사회복지 전문직은 내재적으로 윤리적 이슈, 윤리적 문제, 윤리적 딜레마에 노출되어 있다. 사회구조적 이타주의와 사회구조적 통제 사이에서, 그리고 개인의 권리보장과 전체 집합체의 이익 보호 사이에서 사회복지 전문직은 의사결정을 내려야 한다. 일반 대중에게 때로는 '멍청이(wimpy)' 때로는 '위협자(bullying)'로 여겨지는 이유가 바로 여기에 있다. 자격이 없는 빈곤자에게 속아서 서비스를 제공하거나 자격 있는 빈곤자에게 지나치게 통제적으로 비치기 때문이다(Banks, 2012). 이러한 특징으로 말미암아 사회복지 전문직은 이용자와 일반 대중으로부터의 질책(blame)과 스스로 갖는 죄책감(guilt)의 리스크를 적절히 관리하여야 한다. 사회복지 전문직이 윤리적 관점을 충분하고 건실하게 갖는다면 모순적 직무 수행의 실패에서 오는 질책과 죄책감을 예방하거나 적절히 대처할 수 있을 것이다(Banks, 2012).

사회복지 전문직이 취할 수 있는 윤리적 관점(approach)은 의무론과 공리주의 등의 원리(principle)에 기반한 관점과 덕이론 등 사회복지사의 인격(character)에 기반한 관점이 대표적이다. 이 외에 사회복지 전문직과 이용자 간의 돌봄의 윤리(ethics of care) 등 관계(relationship)에 기반한 관점, 타자의 윤리(ethics of the other) 등 근접성(proximity)에 기반한 관점, 마지막으로 다양성, 내러티브, 구성주의 등 포스트모던 윤리에 기반한 관점이 있다(Banks, 2012). 각각의 관점의 특징에 대해 살펴보면 〈표 7-1〉과 같다.

표 7-1 원리, 인격 또는 관계에 기반한 관점 비교

	원리에 기반한 관점	인격 또는 관계에 기반한 관점
윤리의 특성	보편성, 추상성, 일반성	특수성, 맥락성, 개체성
윤리의 내용	의무, 정의 -올바름과 좋음을 구분함 -올바름을 강조함	인격, 돌봄, 응답성 -올바름과 좋음을 구분하는 것을 강조하지 않음 -좋음을 강조함
토대	원리	인격, 관계
강조점	규범적 행동	규범적 인격 혹은 삶, 규범적 반응성
윤리적 의사결정	-일반적 원리로부터 연역 적용 -일반적 보편적 원리에 대한 이성적 사유에 기반함	실천적 지혜(phronesis), 즉 좋은 판단과 실천을 수행할 수 있는 좋은 역량과 속성에 기반함
정당화의 조건	일반적 보편적 원리에 관한 이성적 사유	자질과 성향에 의한 행동
도덕적 행위자 (agent)	-이성 -거리를 두고 구분되는 개인 -얽매이지 않은 개인 　(unencumbered self)	이성과 감정 -역사와 맥락 속의 개인 　(embedded self)

출처: Banks (2012), pp. 70-71에서 재인용

1. 원리에 기반한 관점: 의무론과 공리주의

사회복지 전문직의 윤리적 관점 중 가장 흔한 관점이 바로 원리에 기반한 관점이다. 원리(principles)는 "행위(conduct)에 관한 근본적 표준으로서, 다른 표준과 판단이 기반하는 토대이고 사고와 신념 시스템의 핵심규범이자 그 시스템에서의 도덕적 사유의 기초"(Beauchamp, 1996; Banks, 2012: 41에서 재인용)를 뜻한다. 칸트(Kant)의 의무론과 밀(Mill)의 공리주의가 사회복지 전문직의 대표적인 원리라 하겠다.

칸트의 의무론은 18세기 계몽주의 시대적 배경에서 출발하였다. 영국 경험주의 철학자들이 인간의 정서(sentiment)와 감정(emotions)에 기대어 도덕철학을 발전시킨 것과 달리 칸트는 인간의 이성(reason), 그리고 궁극적 원리인 인간에 대한 존중에 관한 범주적 언명을 발전시켰다(Banks, 2012). 즉 타인을 오직 수단으로만 간주하지 말고 언제나 목적 그 자체로 대우하라는 언명을 기반으로 인간은 내재적으로 타인의 존중을 받을 자격이 있음을 논증하였다. 나에 대한 유용성 또는 해악성과 상관없이 오직 사람이기 때문에 존중하여야 한다는 것이다. '사유하는(rational) 존재', 즉 행동에 대한 이유(reason)를 제시할 수 있고 그 선택과 욕망에 따라 행동할 수 있는 존재로서 존중하여야 한다는 것이다. 이와 더불어 중요한 점은 개인의 선천적 성향이 아닌, 의무의식(sense of duty)이라는 의지로 행동을 할 때 그 행동의 윤리성이 의미가 있다는 점이다. 이러한 칸트의 범주적 언명은 사회복지 전문직에게 가장 영향력 있는 윤리적 관점이라 하겠다(Banks, 2012).

한편, 칸트의 영향으로 도덕적 추론의 원리를 강조하는 담론윤리학도 원리에 기반한 윤리적 관점과 관련이 있다. 도덕적 추론을 통하여 담화 구성원들이 모두 일반화 가능한 명제(maxim)라고 합의하는 바가 윤리적 행동임을 논증하는 독일 사회철학자 하버마스(Habermas)가 대표적인 담론윤리학자이다. 칸트가 도덕적 행위자에 대해 "개별적이고 독립적으로 각자의 도덕 의무를 수행"하는 것으로 설명한 것에 반해 하버마스는 도덕성(morality)에 대한 도덕 행위자들 간의 상호주관적 인식에 주목하였다. 즉, 합리적 담론의 이상적 시스템하에서 상호 승인(validate)한 바가 바로 보편화가 가능한 도덕 원칙이라는 것이다. 이때 담화의 이상적 시스템에는 담화 상황에 참여한 모든 이에게 공평한 발언권과 경청권이 보장되고 이 상황을 왜곡시킬 어떠한 부나 권력의 영향력을 배제한다. 모두가 어떤 주장을 의심할 자격, 어떤 제안도 할 자격, 태도, 욕망, 욕구를 표현할 자격이 보장되는 상황에서 도출된 합의가 바로 도덕적 원리라는 것이다(Banks, 2012).

칸트의 의무론과 하버마스의 담론윤리론에 기반한 윤리적 관점은 자칫 사회복지 전문직의 과잉 의무 부담 또는 무사안일주의적·기계적·관행주의적 태도(mindlessness) 또는 차별적 담화 상황 구성에 의한 편향적 합의의 부작용을 가질 수 있다(Banks, 2012).

의무론이 사회복지 실천의 윤리에 관한 원리라면 공리주의는 사회복지제도의 윤리에 관한 원리라 할 수 있다. 정부 기관 및 공공성을 띤 민간 비영리 기관에 소속된 사회복지 전문직은 공공의 이익 또는 사회 전체 이익의 증진이라는 또 다른 도덕적 원리에 기반하여야 한다(Banks, 2012). 정부 기관 또는 비영리 민간 기관의 사회복지 전문직은 담당 이용자 또는 이용자 집단의 자기 결정권 존중뿐만 아니라 소속 기관이 추구하는 사회정의와 사회복지를 위해 실천해야 한다. 더욱이 사회복지 전문직은 한정된 자원배분의 현실적 상황에서 최선의 결과에 대해서도 고려할 수밖에 없다. 이러한 상황에서 공리주의는 원리로서 타당하다고 하겠다.

벤담(Bentham)과 밀의 고전적 또는 쾌락주의적(hedonistic) 공리주의는 의무론과 더불어 사회복지 전문직의 윤리적 관점에 대표적인 원리를 제공한다. 이들에게 올바른 행위는 선과 악에서 최대 균형을 산출하는 행위이다(Banks, 2012). 좋음은 행복 또는 쾌락의 총합이고 고통의 총합인 나쁨보다 클 때 그 행위는 올바른 행위이다. 벤담이 행복만을 염두에 두었다면 밀은 덕, 지식, 진리, 미(美)를 포함시킴으로써 이상주의적 공리주의로 확대하였다. 이 밖에 행위공리주의자들은 효용 자체를 중시하고, 규칙공리주의자들은 효용의 원리를 다루는 제도 자체를 중시하는 등 다양한 공리주의가 등장하게 되었으나 핵심원리는 산출되는 결과를 중시한다는 점이다. 그리고 그 결과의 산출에 대하여 효용, 즉 가능한 최선의 결과를 강조하거나 동등한 대우 또는 정의, 즉 가능한 광범위한 배분의 결과를 강조한다(Banks, 2012).

2. 인격에 기반한 관점: 덕 이론

덕 윤리의 역사는 의무론과 공리주의에 비해 훨씬 오래되었다. 기원전 4세기경의 아리스토텔레스(Aristotle)와 불교, 유교, 기독교 등의 종교 전통은 도덕적 행위자들의 인격 또는 덕을 강조한다. 그러나 1980년대 매킨타이어(MacIntyre)를 포함하여 많은 윤리학자가 덕 윤리를 강조하기 시작하였다. 이는 의무론과 공리주의 적용의 한계가 점차 증가함에 기인한다고 하겠다. "원리가 지나치게 추상적이어서 매일의 일상적이지만 복잡한 상황에 대해 더 이상 유효한 가이드가 되지 못한다."라는 비판이 점차적으로 증가함에 기인한다(Banks, 2012: 71).

덕 윤리에 기반한 윤리적 관점은 "기본적 판단의 내용이 인격에 관한 관점"을 말한다(Startman, 1997; Banks, 2012: 72에서 재인용). 덕이 있는 행위자가 특정 상황에서 수행할 만한 행위가 올바른 것이다. 그리고 덕이란 번성시키거나(flourish) 잘 실현해야(live well) 할 속성이다(Hursthouse, 1997; Banks, 2012: 72에서 재인용). 그리고 덕은 시대와 문화에 따라 다르게 요구된다. 1980년대 서구의 사회복지 전문직에게 요구되는 덕은 연민(compassion), 거리감 있는 보살핌(detached caring), 따스함, 정

표 7-2 사회복지 전문직의 덕

전문직으로서의 지혜	전문직 직무와 관련하여 의도적으로 향상하여야 할 우수함(excellence)
용기	위험하거나 리스크가 있는 상황이나 반갑지 않은 소식을 이용자 또는 동료에게 전해야 할 상황에서 적절하게 판단하고 적절하게 대처함
존경심	타인의 가치를 있는 그대로 인지함
애정 어린 보살핌(care)	타인의 실존 상태를 향상하려고 관계를 맺음
신뢰성 (trustworthiness)	타인의 기대를 거스르지 않음
정의	좋은 평가 능력에 기반하여 이득과 부담의 공평한 분배
전문직 신실성	전문직 가치와 이상에 진실되게 실천함

출처: Banks (2012), pp. 74-75에서 일부 인용

직, 도덕적 용기, 희망참, 겸손함이었다(Rhodes, 1986; Banks, 2012: 73에서 재인용). 반면 2000년대 이후 사회복지 전문직에게 요구되는 덕은 실용적 사유, 성찰성 또는 비판적 성찰, 감정이입(empathy), 신실성, 가치 다양성, 좋은 판단력 또는 지혜, 도덕적 용기, 정의감, 관용 등이 포함된다(Banks, 2012). 몇 가지 덕에 대해 살펴보면 〈표 7-2〉와 같다.

서양 철학의 덕 윤리와 마찬가지로 동양철학, 그중에서도 노자의 『도덕경』이 인격에 기반한 관점과 관련이 있다. 『도덕경』에 의하면 다른 모든 존재와 마찬가지로 사회복지 전문직은 도(道)와 덕(德)에 근거하여 실천한다. 이때, 도(道)란 "우주 자연의 생성 주체이고 세상 만물은 도의 자발적 자기 전개과정의 결과"를 의미한다. "천지 만물을 생성, 양육하여 존재하게 하지만 어떤 의도나 목적을 갖지 않기 때문에 천지 만물 역시 자기 존재를 스스로 발전시켜 갈 수 있다." "도에 근거하고 그 작용인 덕을 통해 현실의 구체적 형질로 구성된" 모든 존재는 "자기만의 고유한 욕구와 인지를 통해 도와 덕"을 거스를 위험이 있다. 각 개별적 존재들은 개인적 노력과 사회적 제도를 통하여 도와 덕에 합치할 수 있다. 개인적 노력으로는 "지나친 집착을 버리고 과도한 의미 규정을 지양하는 것"이 해당하며 사회적 제도로는 "무위로써 다스리면 다스려지지 않음이 없다는 역설"이 해당한다. "과도한 인위적 이념과 조작"에 문화와 지식을 극복하고 모든 개별적 존재가 서로의 본연의 우직한 성품과 진정한 사랑을 고취할 때 도와 덕에 합치할 수 있다고 설명한다(최명민 외, 2014).

이러한 노자의 『도덕경』에 기반한 윤리적 관점은 사회복지 전문직이 "도의 작용으로서 덕을 실천"하도록 이끈다. "억지로 하는 것, 조급함, 불필요한 참견, 도움을 주어 공을 세우고 인정과 보상을 받으려는 마음뿐 아니라 이성의 기획에 따라 과도하게 좋음과 밝음만을 추구하는 것" 그리고 "스스로 과신하며 무한 긍정을 강요하는 것"을 버리게 한다(최명민 외, 2014).

3. 관계에 기반한 관점:
사회복지 전문직과 이용자 간의 돌봄의 윤리

돌봄(care)과 정서적 반응성(emotional responsiveness)을 주요 모티브로 하는 돌봄의 윤리는 돌봄이 단지 덕성(virtue) 또는 인격(character)이 아니라 실천(practice)임을 강조한다. 영국의 사회적 돌봄과 건강 돌봄 제도 종사자들이 갖추어야 할 덕성 또는 인격이 아니라 이용자와 종사자 간의 사회적 관계 속에서 상호 공유하는 가치들의 사회적 실천임을 강조한다. 그리고 돌봄 상황과 관계 속 인물들의 특수성(particularity)에 주목한다. 관계에 기반한 윤리적 관점은 독자적이기보다는 원리에 기반한 관점을 보완하는 역할을 한다고 볼 수 있다. 이러한 관점은 길리건(Gilligan, 1982), 러딕(Ruddick, 1989), 트론토(Tronto, 1993), 세벤후이센(Sevenhuijsen, 1998), 나딩스(Noddings, 2002), 헬드(Held, 2006), 뷰챔프와 칠드레스(Beauchamp & Childress, 2009) 등의 연구에 기반한다.

길리건(1982)의 연구에서는 돌봄을 강조하는 관점을 정의(justice)의 의무를 강조하는 관점과 비교하여 설명함으로써 의무론과의 차이를 잘 보여 준다. 길리건(1982)에 의하면, 돌봄의 윤리는 관계 속의 사람들 간의 연결성을 강조하고 그들 간의 협력, 소통, 애정 어린 보살핌(caring)을 특징으로 한다. 반면, 정의의 윤리는 원자적·독립적 존재들 간의 사회적 계약, 가치들 간의 우선순위, 의무, 개인주의적 자유(freedom)를 특징으로 한다(Banks, 2012).

트론토(1993)의 연구는 사회적 실천으로서의 돌봄을 네 국면(phase)으로 나누고 각 단계별 독특한 돌봄의 요소와 전체 요소를 아우르는 상위 요소를 잘 설명하였다. 이를 요약하면 〈표 7-3〉과 같다.

노자의 『도덕경』은 앞에서 다룬 인격에 기반한 관점과 관련이 있는데, 관계에 기반한 관점과도 연관되어 살펴볼 수 있다. 노자의 『도덕경』에 의하면 인간을 포함하여 모든 개별적 존재는 도에 의해 생성되고 덕에 의해 양육된다. 그리고 인간은 그러한 우주 만물의 일부로서 "세상 만물에 대해 폭넓은 관심"(최명민 외, 2014: 151)을 가질 때 도에 따르는 덕의 작용을 수행한다. 『도덕경』의 관계론은 상관대대론

🎡 **표 7-3** 트론토의 돌봄 이론

주의 기울임 (caring-about)	주의를 살핌 (attentiveness)	처음 접했을 때 상대방의 돌봄 욕구를 눈치챔. 타인의 인지(awareness), 욕구, 견해를 구함
돌봄의 책임 인지 (taking-care-of)	책임 (responsibility)	상호 간의 명시적 약속이 아닌, 암묵적인 문화적 실천 행위들에 기반한 책을 전제하게 됨
돌봄 제공 (care-giving)	유능함 (competence)	실행되어야 할 구체적 돌봄 행위를 수행함. 실제 수행 능력이 중요함
돌봄 수용 (care-receiving)	반응성 (responsiveness)	돌봄을 받는 사람의 돌봄에 대한 반응 및 만약의 경우에 대비하여 경계함
돌봄의 전체 (the whole of care)	돌봄의 진실성 (integrity of care)	돌봄의 네 가지 국면 모두 전체(the whole)를 이루어야 하며, 돌봄의 전 과정의 맥락에 대한 이해와 여러 욕구와 전략에 대한 판단력이 요구됨. 정확한 판단력을 위해서는 돌봄 과정의 개인적, 정치적 사회적 맥락에 대한 이해가 필요함

출처: Banks (2012), p. 81을 재구성

(相關待對論), 즉 "인간과 우주, 자연과 인간, 개체와 개체 사이의 상응성과 근본적 일치성"의 관점에서 볼 때 모든 개별적 존재는 "고정불변의 본질을 가진 것이 아니라 서로 의존적이며 지속적으로 변화해 간다."라고 요약할 수 있다(최명민 외, 2014: 146).

노자의 『도덕경』의 관계 개념에 기반한 윤리적 관점은 앞서 다룬 돌봄의 윤리의 관계 개념에 기반한 윤리적 관점과 유사점과 차이점이 있다. 돌봄의 윤리론은 돌봄의 맥락과 관계 속에 있는 존재들이 그 맥락과 관계 속에서 상호적 실천을 수행하는 것을 강조한다. 그리고 상호 소통과 협력, 애정 어린 보살핌(caring)의 가치를 강조한다. 이들의 상호적인 사회적인 실천은 사회적·문화적·정치적·개인적 맥락에 배태되어 있다. 이러한 점은 노자의 『도덕경』이 강조하는 상관대대론과 유사하다고 하겠다. 반면, 돌봄의 윤리론은 각 개별자들의 독립적 분리적 존재를 강조하는 것과 달리 노자의 『도덕경』의 관계론은 존재 자체를 관계 속에서 규정짓고 '상황에 따른 융통성 있는 행동 원리'를 강조한다(최명민 외, 2014: 154). 특히 전자가 돌봄 제공자와 수용자 각각의 실천 직무가 고정적이고 개별적이고 상호 충돌의 가능성도 있음을 설명하는 반면, 후자는 돌봄 제공자와 사용자 간의 근본적 일치성 또는 엄격한 구분이 불가능한 '상생'의 관계임을 설명한다.

4. 근접성에 기반한 관점: 타자의 윤리

근접성(proximity)에 기반한 윤리적 관점은 레비나스(Lebinas)의 윤리에서 출발한다. 레비나스에 의하면 타자의 얼굴을 대면하는 근접성은 존재에게 '피할 수 없는' 그리고 '상호교환적이지 않은' 책임을 부여한다. 타자를 대면하는 순간 '무조건적이고 타협 불가능한' 책임을 부여받는다. 타자의 얼굴을 대면할 때 생성되는 도덕적 인지(moral perception) 혹은 민감성을 강조하는 레비나스의 윤리는 실존주의(existentialism)와 현상학(phenomenology)과 관련이 있다. 실존주의와 현상학적 관점의 윤리는 '나와 너(I and thou)'의 대면(face to care) 관계라는 실존적 관계에서 출발하고, 추상주의적·보편주의적 이론이 윤리의 출발점이 아님을 주장한다. 레비나스에 의하면, 모든 존재는 '성찰 이전의 자기의식(pre-reflective self-consciousness)'에서 출발하는데, 이것은 자신의 의지에 의해 통제될 수 없고 어떠한 목적이나 속성을 자체적으로 가질 수 없으며 오직 '순수한 수동성(pure passivity)'의 상태이다. 모든 존재는 타자에 대하여 그의 이름, 신분, 상황, 법률, 제도가 아니라 오직 '타자에 대한 두려움'으로 실존할 권리에 응답하여야 한다(Banks, 2012).

데리다(Derrida)는 레비나스와 마찬가지로 타자에 대한 책임의 윤리를 강조하며, "응답으로서의 책임, 계산 불가능성으로의 책임, 비호혜성으로서의 책임"(황보람, 2019b: 159)을 설명한다. 그리고 레비나스와 마찬가지로 데리다는 환대(hospitality)의 윤리를 설명한다. 레비나스가 "내가 타자를 맞이하기 전에, 내 집이 나를 맞이하고, 이 집의 환대에 힘입어 주체인 나는 주체가 되었음"을 언급하면서 타자의 환대가 주체보다 선행함을 강조하는 것처럼, 데리다에게 환대는 매우 중요한 개념이다.

데리다에게 환대는 이방인에 대한 환대이다. 절대 타자로서의 이방인, 초대받지 않은 이방인, 신원을 확인하지 않은 이방인, 그리고 이러한 이방인에 대한 법률과 관습에 의한 조건적 환대와 '아직 이루어지지 않은' 절대적, 무조건적, 순수 환대의 개념을 구분하여 설명한다(황보람, 2019b). 그리고 '무조건적이면서 조건적인' 환대로서의 우애(friendship) 개념을 추가적으로 설명한다. 역사적으로 존재하는 '또 다른 나'로서의 친구와 우애의 개념, 즉 그리스로마 시대의 우애, 기독교의 우애가 아

표 7-4 타자 윤리의 주요 내용

개념	타자의 개념	타자에 대한 실천	주요 철학자
책임 (responsibility)	-식구, 형제로서의 타자 -고통받는 얼굴 -지배나 향유 불가능한 존재 -무한의 존재 -나에게 책임을 지우는 존재	-자신을 희생하고 버림 -타자를 적극적으로 받아들이면서 동시에 타자를 수동적 존재로 간주할 수 있음 -책임은 나의 죄의식, 희생을 전제	Levinas
환대 (hospitality)	-손님으로서의 타자 -나의 정체성을 도전하고 공존을 모색하는 존재	-환대는 관용과 책임과 다름 -환대는 동일성을 전제하고 무조건적인 환대와 조건적인 환대로 나뉨	Derrida
관용 (tolerance)	-이교도로서의 타자 정체성, 생활방식, 생활공간이 전혀 다른 이방인 -나와 공존을 요구하는 존재	-나와 전혀 다른 타자에게 동일성을 부여하지만 자기 밖에 그대로 존재하게 허용함 -관용은 여전히 지배와 소유욕을 전제	Walzer
호혜성 (reciprocity)	-친구로서의 타자 -나의 좋은 삶을 위해 필요한 존재 -나의 능력을 현실화시켜 주며 지평을 넓혀 주는 매개체	-나와 타자의 동등성을 인정하지만 타자에 대한 배려는 나의 자기 존중에서 출발 -나의 능력의 현실화를 위해 타자의 도움을 필요로 함	Ricouer
인정 (recognition)	-구성원으로서의 타자 -동등한 대우를 위해 투쟁하는 존재	-타자에게 사랑, 권리 부여, 연대를 실천함으로써 타자의 자신감, 자존감, 자부심을 성장시킴	Honneth

출처: 최명민(2020), p. 136의 내용을 재구성하고 필자가 보완함

닌, '도래할 어떤 것'으로서의 우애 개념을 제안한다(황보람, 2019b).

타자의 윤리의 대표적인 개념 또는 가치들은 책임과 환대, 우애 이외에도 관용, 호혜성, 인정을 포함한다(최명민, 2020). 이러한 개념 또는 가치가 근접성에 기반한 윤리적 관점에 의미하는 바는 이용자에 대해서뿐만 아니라 동료, 사회로 확대되어 살펴볼 수 있다. 법과 제도에 의해 이미 자격이 주어진 이용자뿐만 아니라 '아직 자격에 적부하지는 않은, 그러나 이미 자격이 있는' 자들에게 응답하는 책임을 제안한다. 법적·제도적으로 아직 자격이 인정되지 않은 자들과의 인정투쟁을 제안한다.

5. 포스트모던 윤리에 기반한 관점: 다양성, 내러티브, 구성주의

포스트모던 윤리의 출발은 앞에서 다룬 레비나스에서 찾을 수 있다. 이론으로서의 윤리를 부정하고 '지금 여기의 우리(us)'의 실천을 주장한 레비나스는 이후 바우만(Bauman)의 포스트모던 윤리에 많은 영향을 미쳤다(Banks, 2012). 외부로부터 부과되는 원리와 규칙으로 살아가는 것을 거부하고 우리에게 남겨진 '도덕적 충동(moral impulse)', 즉 타자의 요구에 대하여 응답하며 살 것을 강조한다는 점에서 레비나스의 타자 윤리와 관련이 있다. 반면, 바우만은 유동성(fluidity) 또는 액체성(liquidity)의 개념을 도입하여 그의 독특한 윤리적 관점을 설명하였다.

바우만은 액체적 근대성으로 인하여 현대 또는 포스트모던 시대는 인간 행위의 근대적 도덕 규범이 흘러내리고 개인의 도덕에 관한 관심이 감소하며 인간에 대한 공감이 약화되는 도덕적 불응성(adiaphoria)이 증대되었다(Baumanm, 1993; 김기덕, 최명민, 2014: 62에서 재인용). "유동적 사회의 개인들은 공공성, 좋은 사회, 정의로운 사회 등과 같은 큰 정치의 문제에는 무관심하거나 회의적"이 되었다(김기덕, 최명민, 2014: 65). 반면, 새로운 불안, 불확실성, 양가성 등장으로 인해 개인들 스스로 도덕적 선택과 행동이 부각되었다. 개인들을 묶어 주던 이전의 딱딱한 규범과 제도가 아닌, 새로운 도덕적 인식과 윤리적 성찰에 직면하게 되었다. 이전의 윤리적 관점, 즉 객관적 논리와 비인격적 원리에 입각한 보편적 윤리원칙이 아니라 다양성과 사회적 구성주의에 기반한 윤리적 관점을 모색하게 되었다.

바우만에 의하면, 포스트모던 윤리에 기반한 관점은 거대 윤리 담론에 대한 불신 또는 거부를 특징으로 한다(Banks, 2012). 윤리 행동에 대한 보편적 설명 또는 처방을 내용으로 하는 거대 윤리 담론이 아니라, 지역 상황에 부합하는 내러티브, 즉 "특수한 상황에서의 적절한 과업(tasks)을 수행하기 위한 각각 분리되고 측정 가능한 역량(competence)들"의 내러티브라고 하겠다(Banks, 2012: 85). 이러한 개념에 비추어 볼 때 앞의 근접성에 기반한 윤리적 관점도 넓은 범위의 포스트모던 윤리에 기반한 관점에 속한다. 그러나 다른 한편 다양성과 차이(difference), 이용자의 내러티브, 사회복지 전문직의 경험윤리, 담론윤리 그리고 지식과 가치에 관한 구성주의 논의가 주로 포스트모던 윤리에 기반한 관점과 관련이 있다(Banks, 2012). 계급, 민족, 젠더, 섹슈어리티, 연령, 장애 또는 기능 등에 대해 이전 마르크스주의 페미니즘, 반인종주의 등 하나의 거대하고 딱딱하며 보편적이고 획일적인 논의를 제시하는 대신 각각의 개인과 상황, 그리고 유동하는 정체성과 상호 구성적 관계를 강조하는 논의가 이에 해당한다. 구성주의(constructivist)의 경우, 객관적 실체 대신 구성원들 간의 언어와 사유 방식을 통한 실체 구성을 중시한다. 누가 사회문제를 규정하고 전개하는지에 대한 과정을 해체함으로써 거대 지식과 가치를 해체하고 재해석을 강조한다. 담론의 권력, 감시의 실천, 자아(self)의 기술을 파헤친 푸코(Foucault)의 관점이 이에 해당한다(Banks, 2012).

포스트모던 윤리에 기반한 관점에 해당하는 개념 또는 가치로는 '다름에 대한 무관심(indifference to difference)' '공생(conviviality)' '아상블라주(Assemblage)'를 들 수 있다. '다름에 대한 무관심'과 '공생' 개념은 탈식민지주의 연구자인 길로이(Gilroy)가 주목하는 개념이다. 길로이는 "인종적 민족적 차이를 평범하고 시시하며 지루한 것으로 여기는 일상생활 속의 공생적 상호작용"을 자세히 설명함으로써 "공생적 미덕이 확산되고 민주주의가 확산되고 차별과 배제에 저항"할 것을 주장한다(황보람, 2019a: 145). 공생의 개념은 "다수에 의한 소수의 포섭과 전체주의적 일원화를 의미할 수 있는 (분리의 반대인) 통합 또는 (배제의 반대인) 포용의 개념에 비해 특수성의 인정"이라는 점에서 민주적이다(황보람, 2019a: 146). '아상블라주' 개념은 포스트모던 철학자인 들뢰즈(Deluze)와 가타리(Guattari)가 주목하는 개념으로서, 땅속

줄기가 어느 것과도 연결되는 과정, 즉 이질적 행위자들의 일시적 · 우연적 결합 과정을 뜻한다. 그리고 땅속줄기가 뿌리와는 달리 더 큰 영토로의 확장이 가능하듯이, 이질적 존재들 간의 일시적 · 우연적 결합과정을 통해 전체를 편성하는 영토화 과정의 확장성을 강조한다(황보람, 2019a: 150). 이러한 개념들은 기존의 거대 윤리들에 기반한 사회복지 전문직과 이용자 간의 엄격한 구분, 이용자 자격조건에 대한 엄격한 심사, 엄격한 행정구역 경계구분에 대한 의문을 제기할 수 있게 한다.

　포스트모던 윤리에 기반한 윤리적 관점은 거대 윤리와 이론에서 벗어나서 실제 매일의 일상에 대한 관심을 강조한다. 기존의 제도적 토대, 전문가주의 문화와 규범에 대해 의문을 갖게 한다. 사회복지 전문직의 성과에 대한 서비스 이용자들의 구체적이고 일상적이며 상세한 담론 분석은 사회복지 전문직의 문화와 윤리에 대해 새로운 시각을 제시할 수 있다.

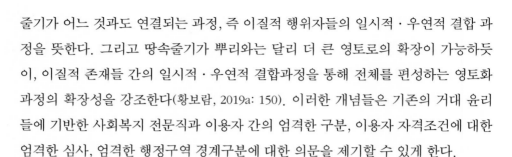

제2절　윤리적 책임

　사회복지 전문직의 윤리적 책임은 윤리적 관점에 비해 비교적 구체적이다. 북미 영어권 나라의 사회복지사협회들은 윤리강령과 별도로 윤리표준(ethical standards) 또는 윤리적 실천 가이드라인(guidelines for ethical practice)을 제시하는데, 윤리적 책임은 윤리표준과 윤리적 실천 가이드라인에 상세하게 제시되어 있다. 미국사회복지사협회는 『윤리적 표준』(2018)에서 이용자와 동료에 대한 윤리적 책임, 실천현장에서의 윤리적 책임, 전문가협회 구성원으로서의 윤리적 책임, 소속 기관과 사회 전체에 대한 책임으로 세부적이고 구체적으로 제시하고 있다. 캐나다사회복지사협회는 『윤리적 실천 가이드라인』(2005)에서 윤리적 책임을 다루고 있는데, 미국사회복지사협회에 비해 연구 부문을 별도로 제시하고 이 밖에 기관 소속이 아닌 독립 사회복지사에 대해 별도로 윤리적 책임을 제시하고 있는 특징을 갖고 있다.

　한편, 한국사회복지사협회는 2001년 3차 개정 윤리강령에서 윤리기준을 명시하였는데, 형식은 캐나다와 미국과 유사하나 내용은 다소 차이가 있다 첫째 '기본적 윤리기준'은 캐나다와 미국과 달리, '전문가로서의 윤리적 책임'과 '전문직협회에 대한 윤리적 책임'이 혼재되어 있다. 둘째, 캐나다와 미국과 달리 '전문가로서의 자세'와 '이용자에 대한 윤리기준'에서 이용자에 대한 문화적 인지(awareness)와 민감성, 문화적 유능성, 물리적 접촉과 성희롱, 서비스의 종결 및 중단, 이익갈등에 대한 자세한 언급이 없다. 셋째, 캐나다와 미국과 달리, '전체 사회에 대한 윤리적 책임'에서 '공공 응급상황 시 서비스 제공'과 '일반 대중에 대한 인지된 참여 독려'에 대한 언급이 없다. 넷째, 캐나다와 미국과 달리, 기관에 대한 윤리기준 부분에서 노사쟁의에 대한 내용과 독립 사회복지사의 영업에 관한 내용이 없다. 이 외에도 한국사회복지사협회와는 달리 캐나다의 '전문직 관계에서의 윤리적 책임' 중 이중관계 또는 다중관계 등 전문직 경계선을 강조하는 부분은 주목할 만하다. 미국의 '이용자에 대한 윤리적 책임' 중 의사결정 역량이 부족한 이용자에 대한 언급에 주목할 필요가 있다. 그리고 '이용자에 대한 윤리적 책임' 중 디지털 기술 활용으로 인한 고지된 동의, 문화적 유능성, 이익갈등, 사생활과 비밀보장, 기록 접근, 성희롱, 비하 표현 등에 대한 언급에도 주목할 필요가 있다.

캐나다, 미국, 한국의 사회복지사협회가 규정한 사회복지 전문직의 윤리적 책임을 요약하면 다음 〈표 7-5〉〈표 7-6〉〈표 7-7〉과 같다.

표 7-5 캐나다사회복지사협회의 윤리적 책임

이용자에 대한 윤리적 책임	① 이용자의 이익 우선
	② 문화적 인지와 민감성 표명
	③ 이용자의 자기결정과 고지된 동의 증진
	④ 비자발적 이용자와 동의가 어려운 이용자에 대한 책임
	⑤ 사생활과 비밀 보호
	⑥ 사회취약계층 보호
	⑦ 이용자 기록 관리
	⑧ 서비스 종결 및 방해/중단

전문직 관계에 대한 윤리적 책임	① 적절한 전문직 경계선 ② 사적 전문적 이익을 목적의 착취 금지 ③ 이익갈등 분명히 밝히기 ④ 이중 혹은 다중 관계 회피 ⑤ 이용자와의 물리적 접촉 기피 ⑥ 이용자와의 연인관계 금지 ⑦ 성희롱 금지
동료에 대한 윤리적 책임	① 존중 ② 협력과 자문 ③ 쟁의 관리 ④ 수퍼비전과 자문에서의 책임 ⑤ 학생에 대한 책임
직장에 대한 윤리적 책임	① 전문성 ② 노사쟁의 ③ 중간관리자의 책임
독립 사회복지사의 윤리적 책임	① 보험 필수 가입 ② 이익갈등 분명히 밝히기 ③ 윤리적 서비스 비용 책정
연구 수행 시 윤리적 책임	① 책임 있는 연구 수행 ② 리스크 최소화 ③ 고지된 동의, 익명성, 비밀보장 ④ 이용자 속임 금지 ⑤ 연구 결과 보고의 정확성
전문직협회에의 윤리적 책임	① 사회복지 전문직의 명예 유지 및 향상 ② 동료의 비윤리적 실천에 대한 대응 ③ 규제 조치에 대한 협조
사회에의 윤리적 책임	① 사회적 니즈에 대한 정보의 원천 ② 사회행동에 동참 ③ 일반 대중의 참여 독려 ④ 공공 응급상황 시 지원 ⑤ 환경 옹호

출처: CASW (2005).

표 7-6 미국사회복지사협회의 윤리적 책임

이용자에 대한 윤리적 책임	① 이용자에 대한 헌신 ② 자기결정 ③ 고지된 동의 ④ 유능성 ⑤ 문화적 유능성 ⑥ 이익갈등 ⑦ 성관계 ⑧ 물리적 접촉 ⑨ 성희롱 ⑩ 비하 표현 ⑪ 서비스 비용 지불 ⑫ 의사결정 역량이 어려운 이용자 ⑬ 서비스의 갑작스러운 중단 ⑭ 서비스 의뢰(referral) ⑮ 서비스 종결
동료에 대한 윤리적 책임	① 존중 ② 비밀보장 ③ 직능 간 학제 간 협력 ④ 동료 관련 쟁의 ⑤ 자문 ⑥ 성관계 ⑦ 성희롱 ⑧ 동료의 전문직 역량 손상 ⑨ 동료의 유능성 결여 ⑩ 동료의 비윤리적 행위
실천현장에서의 윤리적 책임	① 수퍼비전과 자문 ② 교육과 훈련 ③ 성과 평가 ④ 이용자 기록 ⑤ 비용 청구

실천현장에서의 윤리적 책임	⑥ 이용자 연계(transfer) ⑦ 행정 ⑧ 보수교육과 직원 개발 ⑨ 고용주와의 관계 ⑩ 노사쟁의
전문가로서의 윤리적 책임	① 유능성 ② 차별 ③ 사적 행위 ④ 부정직, 사기, 속임수 ⑤ 전문직 역량 손상 ⑥ 전문직 대표성과 기타 대표성 구분 명료화 ⑦ 이용자에게 부당한 증언 청원 금지 ⑧ 정당한 성과(credit) 인정
전문직협회에 대한 윤리적 책임	① 신실성(integrity) ② 평가와 연구
전체 사회에 대한 책임	① 사회복지(social welfare) ② 대중 참여 독려 ③ 공중 응급상황 ④ 사회 정치 행동

출처: NASW (2018).

 표 7-7 한국사회복지사협회의 윤리기준(2001)

| 기본적 윤리기준 | ① 전문가로서의 자세: 전문가로서의 품위, 자질 유지 및 직무 책임, 차별 금지, 성실하고 공정한 직무 수행, 부당한 타협 금지, 사회정의와 이용자 권익증진을 위한 환경조성을 위해 국가와 사회에 변화 요구, 자율적 전문적 판단과 부당한 외부 압력으로부터 자유, 전문직의 가치와 권위 훼손 금지 협회와 전문직 권익옹호 협조
② 전문성 개발을 위한 노력: 유능성, 연구 참여 이용자의 자발적 고지된 동의 보장, 연구 참여 이용자의 비밀보장 및 리스크 보호, 전문성 개발과 서비스 제공의 균형, 보수교육 참여
③ 경제적 이득에 대한 태도 |

이용자에 대한 윤리기준	① 이용자와의 관계: 이용자의 이익 최우선시, 자기결정 지원, 사생활 보호, 비밀보장, 충분한 정보 제공을 통한 알 권리 보장, 이용자 기록, 정보 공개 필요 시 이용자의 사전 동의, 지위를 악용한 이용자 착취 금지, 성관계 금지, 이용자와의 동반자 관계 ② 동료의 이용자와의 관계: 동료 또는 타 기관의 이용자와의 적법하고 적절한 관계, 긴급하게 의뢰받은 동료의 이용자와의 관계
동료에 대한 윤리기준	① 동료: 존중과 신뢰, 협력, 동료의 비윤리적 비전문적 행위에 대한 법률 및 윤리기준 적용, 이용자 이익 보호, 타 전문직의 가치 인정 상호 민주적 직무 관계 노력 ② 수퍼바이저: 지위 악용 금지, 일선 사회복지사, 실습생과 수련생의 전문성 고취를 위한 지도평가, 비하 발언 금지, 일선 사회복지사의 수퍼바이저 존중
사회에 대한 윤리기준	① 인권 존중 및 인간 평등에 헌신하고 사회적 약자 대변 ② 사회정책의 수립 발전, 입법, 집행에 적극 참여와 지원 ③ 지역 사회문제 해결에 적극 참여
기관에 대한 윤리기준	① 이용자에게 이익이 되는 기관 정책에 협력

출처: 한국사회복지사협회(2021).

캐나다와 미국의 사회복지사협회의 윤리적 책임을 바탕으로 사회복지 전문직의 주요 윤리적 책임을 요약하면 이용자에 대한 책임, 전문직 관계에 대한 책임, 전문직협회에 대한 책임, 전체 사회에 대한 책임, 동료 및 실천현장에서의 책임이라 하겠다. 이에 대하여 주요 내용을 중심으로 살펴보면 다음과 같다.

1. 이용자에 대한 윤리적 책임

이용자에 대한 윤리적 책임은 일곱 가지 유형으로 나뉜다.

첫째, 이용자 이익의 우선성이다. 모든 이용자에 대하여 어떠한 차별도 용납하지 말아야 한다. 특히 의사결정 능력에 제한이 있는 이용자의 권리와 이익 보호에는 더욱 관심을 기울여야 한다. 그리고 이용자의 이익을 위하여 타 직종 전문가와 적극 협력하여야 한다. 단, 윤리강령이 제시하는 예외적 상황에서는 타인 또는 사회의 이익을 우선시할 수 있어야 한다.

둘째, 문화적 인지와 민감성이다. 개인, 지역사회, 문화의 내적·외적으로 다양성의 존재를 인정하고 그들의 생활 속 지혜와 문화유산 및 전통을 활용할 수 있어야 한다.

셋째, 자기결정과 고지된 동의 증진 유형이다. 관련 법률과 윤리강령에 따라 가능한 한 초기에 충분한 정보를 제공하고 타당한 동의를 받은 후 서비스를 제공하여야 한다. 또한 이용자의 인지된 동의 능력에 따라 필요한 제반 지원을 제공하여 실질적 자기결정을 도모하여야 한다. 법원 명령 등의 비자발적 이용자와 동의 능력에 제한이 있는 이용자에 대해서는 협상 지원과 조력인 제도 등 별도의 조치를 해야 한다.

넷째, 사생활과 비밀보장의 유형이다. 법률 또는 윤리강령의 명시한 경우를 제외하면, 이용자에게 불필요한 사생활 정보를 강압적으로 요구하지 말아야 하며 부득이한 경우 익명성을 보장하여야 한다. 법률과 윤리강령이 명시한 경우, 즉 이용자 또는 타자에 대한 심각하고 예견 가능하며 긴박한 위해를 예방할 목적에서는 비밀보장의 의무에서 벗어날 수 있다. 특히 폭력 피해의 합리적 의심이 가능한 아동과 성인에 대해 그리고 자신과 타인에 심각한 위해를 가할 합리적 의심이 있는 성인에 대해서 사회복지 전문직은 비밀보장의 의무에서 벗어날 수 있다.

다섯째, 이용자 기록 접근 보장 및 기록의 적절한 관리 유형이다. 사회복지 전문직은 윤리강령과 법률이 명시한 예외적 상황 이외에는 이용자 본인의 기록에 대한 접근을 보장하여야 한다. 이용자에게 적절한 자문을 제공하여 기록 접근권을 보장하되, 상당한 위해 또는 타당한 사유가 있을 경우 접근은 제한될 수 있다. 사회복지 전문직은 이용자 당사자의 기록 접근 보장에 대한 기관의 방침에 대해 서비스 초기에 이용자에게 알려야 한다. 이용자에 대한 서비스 전반에 대하여 사회복지 전문직은 윤리강령과 관련 법률이 정한 기준에 따라 기록 과정을 적절하게 관리하여야 한다. 기록의 적절한 관리에 대한 윤리적 책임은 기록의 내용, 기관 또는 타 전문가와의 기록 공유, 기록 공개의 조건과 범위, 기록 접근, 보관, 이송, 폐기와 관련된 의무사항들로서 기록의 내용을 제외하고 대부분 이용자의 사생활과 비밀보장과 관련되어 있다.

여섯째, 서비스의 종결 및 중단과 관련된 책임 유형이다. 서비스가 더 이상 필요하지 않거나 의도된 목적을 달성하지 못할 때 사회복지 전문직은 이용자에게 서비스 종결 또는 조정을 제안할 수 있어야 한다. 그리고 이용자의 이익을 고려하여 사회복지 전문직은 가능한 초기에 서비스의 중단 및 종결을 알려야 한다. 또한 이용자가 자발적으로 서비스를 종결하거나 다른 전문직 의뢰를 요청할 때 수용하여야 한다.

일곱째, 성희롱이나 비하 표현, 물리적 접촉 등으로 이용자의 존엄성과 소중함의 훼손을 하여서는 안 된다.

전문직 관계에 대한 책임은 이용자에 대한 윤리적 책임과 전문직협회에 대한 윤리적 책임의 성격을 동시에 띤다. 이용자의 최선의 이익을 다하고 동시에 전문직의 명예를 유지하며 신실성 가치를 준수하는 것을 의미한다. 전문직 관계에 대한 책임 유형은 이용자의 최선의 이익에 방해되는 요인을 사전에 예방하는 노력에 관한 것이다. 전문직 경계선 준수, 이중 또는 다중 관계의 경계, 이익갈등 기피에 관한 내용으로 나뉜다. 전문직 경계선에 관한 책임은 서비스의 시작부터 종결 이후까지 이용자와 전문직 관계를 적절히 유지하는 것을 의미한다. 사적 이득을 부당하게 취하기 위하여 어떠한 명시적·묵시적 압력을 행사하여서는 안 된다. 이중 또는 다중 관계 경계는 이용자와의 관계에서 전문직 관계 이외의 사회적 또는 사업적 관계가 부가됨에 따라 이용자의 최선의 이익을 우선시하는 데 차질이 생기는 것을 경계하는 것을 의미한다. 그 자체로 위해가 반드시 발생하지는 않는다고 하더라고 사회복지 전문직은 경계하여야 할 책임이 있다. 이익갈등 기피는 전문가적 재량과 중립적 판단을 방해하는 어떠한 사적 관계에도 연루되어서는 안 되는 것을 의미한다. 불가결한 경우 사회복지 전문직은 초기에 이용자에게 이익갈등의 개연성과 이로 인한 위해에 대해 충분히 고지하여야 한다.

2. 전문직협회에 대한 책임

사회복지 전문직의 전문직협회에 대한 책임은 전문직 공동체 회원으로서 공동체의 명예를 유지하고 자질을 향상하며 협회의 자율적 독립적 규제를 준수하는 것을 가리킨다.

첫째, 명예 유지와 자질 향상을 위하여 사회복지 전문직은 업무의 우수성, 공인된 자격증 취득과 훈련 이수, 지역 협회의 보수교육 이수, 사회복지 전문직의 우수성 대외홍보, 부당한 외부 비판으로부터의 타당한 방어에 적극 노력하여야 한다.

둘째, 평가와 연구에 대한 책임 유형이다. 이는 이용자에 대한 책임과 전문직으로서의 자질 향상 책임과도 관련 있다. 정책 및 프로그램, 서비스 제공에 대한 모니터링과 평가를 통하여 이용자의 최선의 이익에 기여할 수 있는 지식 개발에 기여하여야 한다. 이때 중요한 것은 이용자가 연구 참여 시 참여자로서 권리를 보장하여야 한다는 점이다. 직접 혹은 간접적으로 연구와 관련이 있는 사회복지 전문직은 이용자들에게 충분한 정보에 의한 고지된 동의와 자기결정, 그리고 철회 권리의 보장과 리스크 최소화의 조건 보장, 익명성과 비밀의 보장에 대한 책임이 있다. 또한 연구 결과의 정확한 보고 등의 연구 진실성 책임이 있다. 마지막으로 연구 결과의 이익과 위해의 공평한 분배를 유념하여 연구 참여자 선정에 신중을 기울여야 할 책임이 있다.

셋째, 본인 또는 동료의 비윤리적 행위에 대한 협회의 청문회 또는 위원회 등의 규제 및 제재에 적극 협력하여야 한다. 특히 사회복지사 신분을 사칭하거나 부적합한 자격을 가진 자에 대하여 협회에 신고하여야 한다.

3. 전체 사회에 대한 책임

사회복지 전문직의 전체 사회에 대한 윤리적 책임은 이용자와 사회, 그리고 환경과 지구시민사회 모두의 최선의 이익을 위한 사회변화를 옹호하는 것을 말한다. 구체적으로는 개별 이용자의 자기결정권과 취약계층의 해악 보호의 이중적인 윤리적 책임을 균형 있게 수행하여야 함을 의미한다. 사회에 대한 윤리적 책임의 유형은 다섯 가지로 나뉜다.

첫째, 사회문제의 규명 및 해석이다. 사회변화로 인하여 이용자 개인, 집단, 지역사회, 국가, 전 지구적 차원의 새로운 사회문제에 대한 규명과 재해석을 통하여 일반 대중과 정책결정자들의 관심을 촉구하여야 한다.

둘째, 사회행동에의 동참이다. 모든 차별의 예방 및 해소를 위하여 문제 양상을 기록하고, 자원과 서비스, 기회에 대한 모든 이의 평등한 접근성 보장을 위하여 사회 정치 행동에 참여하여야 한다. 특히 정치가 사회복지 실천현장에 미치는 중대한 영향을 이해하고 평등과 사회정의를 위한 환경을 위하여 정치와 법률 변화를 위하여 행동하여야 한다.

셋째, 대중 참여의 독려이다. 일반 대중과 사회정책과 변화에 대한 충분한 정보를 기반으로 행동에 참여하도록 독려하여야 한다.

넷째, 응급 위기 상황에의 참여이다. 사회복지 전문직은 공공 응급 위기 상황에서 전문적 서비스를 가능한 최대한의 수준으로 제공하여야 한다.

다섯째, 깨끗하고 건강한 지구환경을 옹호하고 사회복지 원칙과 가치에 일관된 지구환경 전략 개발을 옹호하여야 한다.

4. 동료 및 실천현장에서의 책임

사회복지 전문직의 동료에 대한 윤리적 책임과 실천현장에서의 책임은 대부분 전문직협회에 대한 윤리적 책임의 일부라고 할 수 있다. 전문직 공동체의 자질 향상에 대한 책임 중 특히 동일 직장에서 근무하는 동료와 조직에 대한 책임이라 하겠다. 단, 행정관리 부분과 고용주 또는 노사관계에 대한 부분은 예외인데, 직장 또는 고용주의 사회복지 전문직에 대한 윤리적 책임과 관련이 있다.

동료 또는 실천현장에서의 책임 유형으로는 수퍼비전과 자문, 동료 평가와 성과 인정, 교육과 훈련, 이용자의 타 기관 연계, 서비스 비용 청구, 행정관리, 노사관계에 관한 유형으로 나뉜다. 주목할 점은 행정관리 부분과 고용주 또는 노사관계 부분이다. 전자는 사회복지 전문직 관리자가 기관 내부는 물론 외부에서 이용자의 욕구 충족에 필요한 자원 확보를 옹호하여야 한다는 것이다. 그리고 자원배분 과정이 공개되고 공정하며 비차별적이어야 하며 그 원리가 적절하고 일관성 있게 적용될 수 있도록 옹호하여야 한다는 점이다. 다른 한편, 사회복지 전문직의 자질 향상을 위해 기관 내 자원을 확보하고 윤리강령이 제시하는 건전한 직무환경을 준수하도록 조치를 해야 한다는 점이다. 고용주 또는 노사관계에 대한 부분은 사회복지 전문직은 기관의 방침과 절차의 발전과 기관 내 기금 등의 절약과 업무의 효율성과 효과성 증진에 노력하여야 한다는 점과 동시에 고용주에게 사회복지 전문직의 가치와 윤리, 윤리강령에 대해 적극 알려야 한다는 점이다. 그리고 직장 내 차별 금지와 직장 내 공평한 업무 분담 환경 조성 후 실습생 배치에 대한 내용은 이용자의 최선의 이익을 위한 사회복지 전문직의 윤리적 책임을 위해 기관 또는 고용주가 수행하여야 할 윤리적 책임이라 하겠다.

제**8**장

윤리적 딜레마와 윤리적 의사결정

🔖 **학습목표**

1. 윤리적 딜레마의 개념과 유형에 대한 이해
2. 윤리적 딜레마의 발생 요인과 사회복지 전문직의 대처 요인에 대한 비판적 분석
3. 윤리적 의사결정 모형들의 특징에 대한 이해
4. 윤리적 의사결정 모형의 한계에 대한 비판적 분석

제1절 윤리적 딜레마와 사회복지 전문직

1. 윤리적 딜레마의 개념과 발생 요인

사회복지 실천(social work practice)의 윤리적 딜레마(dilemma)는 대개 "사회복지 실천과 관련된 가치들 간의 갈등이 발생하는 상황"(Murphy, 1997)을 가리킨다. 다

시 말하면, 사회복지 실천에서 이용자와 관련된 의사결정을 할 때 사회적 가치, 전문직 가치와 윤리원칙 간에 갈등이 발생하여 일률적 의사결정이 어려운 상황을 가리킨다. 상호 충돌하는 가치들은 모두 도덕적으로 옳고(morally correct) 동시에 전문직 가치에 해당하기 때문에 딜레마를 야기한다. 또한 상호 충돌하는 가치들은 올바르거나 좋기 때문에 딜레마를 야기한다(Linzer, 1999; NLASW, 2017에서 재인용). 많은 나라들의 사회복지사 윤리강령은 여러 가치가 제시되어 있는데, 이 가치들은 모두 올바르거나 좋은 가치들이고 어느 하나가 우선적이라고 보기 힘들기 때문에 딜레마 상황을 야기한다.

사회복지 실천의 불확실성과 애매함의 특성으로 인하여 윤리적 딜레마는 흔히 발생한다고 해도 과언이 아니다. 따라서 사회복지 전문직은 일상적으로 윤리적 딜레마에 대해 감수성을 갖고 그 중요성을 성찰할 필요가 있다. 그렇지 않을 경우 전문직 윤리에서 규정하는 책임은 물론 경우에 따라 법적·제도적 책임을 져야 할 수 있다.

또한 윤리적 딜레마는 윤리적 실천(ethical practice)의 구성요소들 간의 부조화에 의하여 발생한다(Antle, 2005). 윤리적 실천의 구성요소는, ① 이용자의 문화

표 8-1 각국의 사회복지사 윤리강령에 나타난 가치들

국제사회복지사협회	캐나다	미국	한국
• 인간의 내재적 존엄성 인지(recognition) • 인권 증진 • 사회정의 증진 • 자기결정권 증진 • 비밀보장과 사생활 존중 • 전 인격체로서의 인간 대우 • 전문직으로서의 신실성	• 인간의 내재적 존엄성과 소중함(worth) 존중 • 사회정의 추구 • 인류에 대한 서비스 • 전문직 실천의 신실성(integrity)	• 서비스 • 사회정의 • 개인의 존엄성과 소중함 • 인간관계의 중요성 • 신실성	• 인본주의 • 평등주의 • 인간의 존엄성과 가치 존중 • 천부의 자유권 존중 • 사회정의 • 민주주의

출처: IFSWW (2018), NASW (2021), CASW (2005), 한국사회복지사협회(2001).

와 가치, 우선순위, 자원 등의 이용자 요소, ② 사회복지사의 전문직 윤리 지향성(orientation), 전문직 윤리강령, 윤리표준, 리스크 용인성(risk tolerance) 등의 전문직 요소, ③ 기관의 정책 및 문화, 관련 제도 등의 맥락적 요소, ④ 국내 인권법 및 국제 인권헌장 등의 인권 요소로 나뉜다. 사회복지사가 네 가지 구성 요소가 서로 불합치하는 상황에 더해 각 구성요소를 균형 있게 감지하고 그 중요성에 대해 균형 있게 공감하는 윤리적 실천을 시도할 때 윤리적 딜레마는 불가피한 상황이라 하겠다. 이 중에서 두 번째 구성요소인 사회복지사의 전문직 윤리 지향성, 전문직 윤리강령, 윤리표준, 리스크 용인성은 윤리적 실천의 가장 실질적 요소라 하겠다. 특히 리크스 용인성은 사회복지사에게 가장 직접적인 사항이라 하겠다(NLASW, 2015).

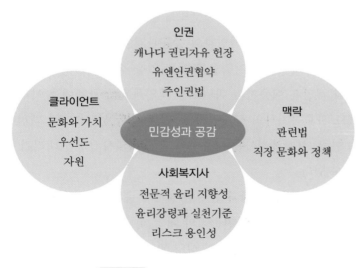

그림 8-1 윤리적 실천의 구성요소

출처: Antle (2005), NLASW (2015)에서 재인용 및 번역

2. 윤리적 딜레마의 유형

윤리적 딜레마의 대부분은 윤리적 실천요소 중 전문직 요소와 관련된다. 그중에서 이용자에 대한 사회복지사의 윤리적 책임과 관련된 유형이 대표적이다. 이는 대체로 일곱 가지 세부 유형으로 나뉜다. ① 이용자에 대한 헌신과 관련된 딜레마 유형, ② 이용자의 자기결정권 보장과 관련된 딜레마 유형, ③ 인지된 동의와 관련된 딜레마 유형, ④ 사회복지사의 유능성과 관련된 딜레마 유형, ⑤ 문화적 유능성과 관련된 딜레마 유형, ⑥ 이익갈등과 관련된 딜레마 유형, ⑦ 비밀보장과 사생활보호와 관련된 딜레마 유형이 이에 해당된다(NASW, 2021).

① 이용자에 대한 헌신과 관련된 딜레마 유형: 이용자의 웰빙 증진에 대한 사회복지사의 윤리적 책임이 다른 전문직의 윤리 책임과 갈등관계에 놓일 상황은 많다. 이용자의 비밀보장 책임과의 갈등관계인 상황이 대표적이다. 상담과정 중에 이용자가 폭력 가해자임을 알게 되었을 경우 이용자에 대한 사회복지사의 헌신의 책임은 이용자의 비밀보장 책임과 갈등관계에 놓이게 될 수 있다. 이 외에도 사회복지사의 사회질서 유지 및 사회안녕에 대한 책임과 갈등관계에 있는 만큼, 사회복지사는 이용자와 관련된 의사결정을 내리기 어려운 상황에 놓일 수 있다.

② 이용자의 자기결정권 보장과 관련된 딜레마 유형: 이용자가 질병 치료에 필요한 약물 복용 행위에 대해 전문직의 처방 및 지시에 어긋나는 자기결정을 내릴 경우, 사회복지사는 이용자의 생명 및 안전에 대한 헌신에 대한 책임과 갈등관계에 놓일 수 있다.

③ 이용자의 인지된 동의와 관련된 딜레마 유형: 인지능력이 저하된 노인과 발달장애인 등의 이용자에 대해 보완 대체 소통 수단이 갖추어지지 않을 경우와 정보통신기술을 통해서만 서비스를 제공할 수 있는 경우, 사회복지사는 이용자에 대한 헌신의 책임과 갈등관계에 놓일 수 있다.

④ 사회복지사의 유능성과 관련된 딜레마 유형: 전문 교육, 훈련, 자격증, 수료

증, 자문 등이 부재함에도 불구하고 이용자에게 서비스를 불가피하게 제공해야 할 경우와 충분히 실효성이 확인되지 않은 이론이나 정보통신기술을 활용하여 불가피하게 서비스를 제공해야 할 경우, 사회복지사는 유능성에 대한 책임과 갈등관계에 놓일 수 있다.

⑤ 사회복지사의 문화적 유능성과 관련된 딜레마 유형: 사회복지사가 사회적 다양성과 반차별 및 반억압 가치를 충분히 인지하고 동의하지 않은 사회복지사가 이러한 이용자 집단에 서비스를 불가피하게 제공해야 할 경우, 사회복지사는 문화적 유능성에 대한 책임과 갈등관계에 놓일 수 있다.

⑥ 사회복지사의 이익갈등 회피와 관련된 딜레마 유형: 과거 또는 현재 사적 관련성이 있는 자에게 사회복지사가 전문적 관계에서 서비스를 불가피하게 제공해야 할 경우, 사회복지사는 이익갈등 회피에 대한 책임과 갈등관계에 놓일 수 있다. 사적 관계와 전문적 관계의 중복으로 말미암아 발생하는 전문직 관계상의 경계선의 모호함과 경계선 위반은 전문가로서의 재량과 무사공평한 판단에 방해가 되고 이용자의 악용 및 해악의 리스크가 발생할 가능성이 높기 때문이다. 이러한 딜레마 유형은 최근 사회관계망 서비스의 급격한 확대로 인하여 더욱 주목할 필요가 있다.

⑦ 이용자에 대한 비밀보장과 사생활보호와 관련된 딜레마 유형: 사회복지사는 "중대하고(serious), 예견되고(foreseeable), 긴박한(imminent)"(NASW, 2021) 상황 등과 같이 전문직으로서 주장할 만한(compelling) 사유가 있지 않는 한, 전문직 관계에서 알게 된 이용자의 비밀과 사생활은 이용자의 동의 없이는 노출할 수 없다. 이러한 책임은 특히 이용자에 대한 헌신의 책임과 갈등관계에 놓일 확률이 증대되었다. 서비스의 질을 개선하기 위한 명분으로 불가피하게 이용자의 동의를 구하지 않고 이용자의 사생활에 대하여 사회관계망 서비스에서 검색 및 수집하거나 정보통신기술을 통하여 이용자의 비밀을 전자기록하는 경우가 이에 해당한다.

3. 사회복지 전문직의 윤리적 딜레마 대처 요인

1) 윤리적 리스크 용인성

윤리적 딜레마와 관련하여 사회복지사의 리스크 용인성은 윤리적 딜레마를 예방하거나 대처하는 데 가장 직접적인 사항이라 하겠다. 리스크 용인성의 개념은 윤리적 실천에서 벗어날 리스크에 대해 사회복지사가 용인할 만하다고 지각하는 수준이다(NLASW, 2015). 사회복지사는 전문가로서 자신에 대한 리스크는 물론 이용자에 대한 리스크에 대해서 그 용인성을 체크하여야 한다(NLASW, 2015). 리스크 용인성은 전무한 수준부터 매우 높은 수준까지 연속선상에서 측정될 수 있다. 사회복지사의 윤리적 리스크 용인성이 낮을수록 엄격한 윤리적 실천을 수행하고 윤리적 딜레마를 예방할 수 있다.

윤리적 리스크 용인성은 일반적으로 다음의 열한 가지 요소에 의하여 영향을 받는다(NLASW, 2015).

① 사회복지사 개인적 가치와 신념
② 사회복지사의 개인적 전문적 경험
③ 경력 발달단계
④ 실천 영역
⑤ 수퍼비전 및 자문 가용성 또는 접근성
⑥ 기관 정책 및 규정
⑦ 법령
⑧ 직장 문화
⑨ 이론적 지향성
⑩ 이용자의 리스크 용인성 및 기관장의 윤리적 리스크 용인성
⑪ 지역사회 문화

사회복지사는 개인, 팀, 부서 단위의 리스크 용인성을 측정하고 훈련하는 데 다음의 일곱 가지 질문 사항을 활용할 수 있다(NLASW, 2015).

① 나는 어떠한 정보를 통해 나의 리스크 용인성 수준을 변화시키는가?
② 나는 나의 개인적 삶에 대한 리스크 용인성 잣대와 전문직 삶에 대한 리스크 용인성 잣대가 다른가, 같은가?
③ 나는 사회복지 실천과 관련된 불확실성과 애매함에 대해 어느 정도로 허용하는가?
④ 나는 의무론적 원칙과 공리주의적 원칙 중 어떤 원칙에 따르는가?
⑤ 나는 어떠한 이론을 근거로 사회복지 실천을 수행하는가?
⑥ 과거에 나의 리스크 용인성이 지나치게 높거나 낮은 시기가 있었는가? 어떠한 요인이 나의 리스크 용인성 수준을 변화시켰는가?
⑦ 나는 어떠한 도구나 자료가 나의 리스크 용인성에 도움이 되었다고 생각하는가?

2) 윤리적 민감성

한편, 윤리적 리스크 용인성의 개념과 유사한 개념은 윤리적 민감성(ethical sensitivity)을 들 수 있다. 윤리적 민감성 개념은 역량과 과정으로 이루어진다. 역량으로서의 윤리적 민감성은 "특정 상황에 있는 윤리적 이슈를 규명하고 다양한 행위의 과정을 인식하는 능력"(Rest, 1983) 또는 "윤리적 이슈의 존재를 인식하고 그 상대적 중요성을 결정할 수 있는 능력"(McSahne, 2001)으로 정의할 수 있다. 역량으로서의 윤리적 민감성에 대한 보다 자세한 정의는 "무엇이 옳은지에 대한 원칙에 따라 자신의 행위를 규정하고 이를 해석하는 것과 자신의 머릿속에서뿐만 아니라 타인과의 대화 속에서 윤리적 이슈를 심사숙고할 수 있는 것"(Booth & Marshall, 1991)이 있다(김연수 외, 2017: 119-121에서 재인용).

과정으로서의 윤리적 민감성은 "윤리적 문제의 존재를 인식하고 그 상황을 해석하며 어떤 대안이 가능한지를 결정하는 과정"(Rabouin, 1996; 김연수 외 2017: 119-120에서 재인용)으로 정의할 수 있다. 요약하자면 윤리적 민감성 개념은 "전체 윤리적 결정 과정의 시작 단계부터 요구되는 요소로서, 개인이 당면한 상황에 윤리적 이슈가 존재하는지를 파악해 내고 그 상대적 중요성을 결정할 수 있는 능력"(최명민, 2005; 김연수 외, 2017: 120에서 재인용)이라 하겠다. 윤리적 리스크 용인성이 편안함(comfort) 수준의 개념이라면 윤리적 민감성은 엄격함(rigidity) 수준의 개념이라 하겠다. 윤리적 리스크 용인성과 마찬가지로 윤리적 민감성은 사회복지사가 윤리적 딜레마를 예방하고 적절히 대처하는 데 직접적인 사항이라 하겠다.

사회복지사는 이용자와 관련된 의사결정 과정 초기부터 윤리적 민감성이 고려될 필요가 있다(김연수 외, 2017). 의사결정 과정 초기에 윤리적 딜레마를 예방하거나 적절히 대처할 가능성이 떨어지기 때문이다. 윤리적 민감성은 교육, 자기 탐색 및 성찰, 훈련을 통하여 증진될 수 있다(최명민, 2005; 김연수 외, 2017: 122에서 재인용).

제2절 윤리적 의사결정의 개념과 모형

1. 윤리적 의사결정의 개념과 유용성

윤리적 의사결정(ethical decision making)이란 여러 대안을 평가하고 선택하는 데 윤리적 원칙을 일관되게 적용하는 과정을 가리킨다(UCSD, 2016). 이때, 각각의 대안을 평가할 때 그 선택으로 야기되는 파급효과에 대해서도 평가하는 것이 중요하다. 그리고 윤리적 의사결정의 필수요소로서 윤리적 선택에 대한 헌신(commitment)과 실제 수행 여부에 대한 인지(awareness), 그리고 관련 정보를 수집하고 평가하며 대안을 개발하며 파급효과와 리스크를 예측할 수 있는 유능성(competency)을 갖추는 것이 중요하다(UCSD, 2016).

윤리적 의사결정의 유용성은 윤리성뿐만 아니라 효과성 측면에서 살펴볼 수 있다. 첫째, 좋은 윤리적 의사결정은 의사결정 참여자와 이해 당사자들이 상호 간의 존중, 책임, 공정, 관심(caring), 시민의식을 고양할 수 있게 한다. 둘째, 좋은 윤리적 의사결정은 의도하지 않은 결과를 최대한 사전에 예측하여 예방함으로써 의도한 결과를 정확히 성취할 수 있게 한다(UCSD, 2016). 사회복지 실천의 윤리적 의사결정은 이 유용성 이외에도 사회복지 실천의 윤리적 딜레마를 예방하거나 적절히 대처하는 데 기여한다.

2. 윤리적 의사결정 모형의 변천과정과 유형

1) 1980년대 로웬버그와 돌고프 모형

미국의 사회복지 실천에서 윤리적 의사결정 모형은 1990년대에 제시되기 시작하였다. 19세기 후반과 20세기 초반 사회복지 전문직이 등장하기 시작한 시기에는 이용자의 도덕성(morality)이 주된 관심이었고 사회복지 전문직의 윤리와 사회복지 실천의 윤리적 측면에 대해서는 비교적 사회적으로 관심이 덜했다. 이후 사회복지 전문직이 성장하는 과정에서 점차 전문직 윤리와 실천의 윤리성과 사회복지의 가치에 관한 사회적 관심이 증가하게 되었다. 그리고 윤리이론과 윤리적 의사결정에 관한 관심이 증가하였다.

1970년대에 다양한 부문의 과학과 기술이 발전하기 시작하는 가운데 특히 생명과학의 발전이 부분적으로 비윤리적 실험과정에 기인한 사실이 사회적으로 이슈가 되면서 생명윤리학(bioethics)이 발전하게 되었다. 또한 과학, 기술과 관련된 의사결정에서 비윤리적 행위들이 사회적으로 크게 이슈화되면서 윤리적 의사결정의 중요성이 강조되기 시작하였다. 무엇보다도 다양한 분야의 전문가들의 비윤리적 행위가 각종 제도적 문제 제기와 법률 소송으로 대폭 연결되면서 사회복지 전문직에서도 윤리 교육과 윤리적 의사결정에 관한 관심이 대폭 증가되었다(Reamer, 2013).

1980년대에 이르러 소수의 사회복지 학자들이 사회복지와 관련된 윤리적 이슈와 윤리적 딜레마에 관한 연구를 시작하였다. 1979년, 1980년, 1982년의 리머

(Reamer)의 연구가 이에 해당한다(Reamer, 2013). 그리고 윤리적 의사결정에 관한 연구 역시 시작되었다. 1982년 로웬버그(Loewenber)와 돌고프(Dolgoff)의 연구, 1986년 로즈(Rhodes)의 연구, 1996년 리머의 연구가 대표적이다(Reamer, 2013).

현재 사회복지 실천에서 많이 활용되는 의사결정 모형은 1982년 로웬버그와 돌고프가 제시하고 이후 2000년과 2005년 돌고프, 로웬버그, 해링턴(Harrington)이 보완한 모형, 1986년 제시하고 1991년 보완된 로즈 모형, 1995년 리머가 제시한 모형이다. 이 밖에 2000년 콩그레스(Congress)가 제시한 ETHIC 모형과 2000년 매티슨(Mattison)이 제시한 윤리적 딜레마 분석틀이 있다. 이들의 모형은 사회복지사 개인, 팀, 부서 단위에서 공통으로 윤리적 의사결정 과정 및 절차에서 활용할 수 있다. 각각의 모형의 특징을 살펴보면 다음과 같다.

1982년 로웬버그와 돌고프가 처음으로 제시한 윤리적 의사결정 과정을 기반으로 2005년 돌고프, 로웬버그, 해링턴이 제시한 사회복지 실천의 윤리적 의사결정의 특징은 일반적(general) 의사결정 모형을 기본으로 하고 추가적으로 사정(assessment), 규정(rule), 원칙(principle)를 윤리적으로 심사할 때의 절차 및 기준을 제시하였다는 점이다(Dolgoff, Loewenberg, Harrington, 2009).

일반적 의사결정 모형은 사회복지사가 윤리적 딜레마를 대처할 때 초기 단계에 적용할 절차를 설명한다. 일반적 의사결정 모형의 특징은 이용자뿐만 아니라 이용자의 지지 체계와 관련 전문가의 윤리적 관점을 고려하는 동시에 의사결정 참여자의 가치를 모두 고려할 것을 제시한 특징을 갖는다.

① 무엇이 문제인지 규명하고 그 문제를 지속시키는 원인을 파악한다.
② 해당 문제에 관련된 모든 개인, 조직을 규명한다, 이용자뿐만 아니라 이용자의 지지 체계와 사회복지 전문직 및 관련 직종 전문가 등을 모두 포함시킨다.
③ 누가 의사결정에 참여하여야 할지를 결정한다.
④ 문제상황에 대하여 의사결정 참여자들 각자가 견지하는 가치들을 규명한다.
⑤ 문제상황을 해결하기 위하여 필요한 목적(goal)과 목표(objective)를 규명한다.
⑥ 대안적 전략과 표적(target)을 규명한다.

⑦ 목적에 대한 각각의 대안들의 효과성과 효율성을 심사한다(assess).

⑧ 가장 적절한 전략을 선택한다.

⑨ 선택한 대안을 실행한다.

⑩ 실행과정을 모니터한다. 이때 예기치 않은 결과에 특별히 관심을 기울인다.

⑪ 결과를 평가하고(evaluate) 추가적 문제상황을 규명한다.

이처럼 일반적 의사결정 과정을 거치는 과정에서, 특히 문제상황 관련자들과 의사결정 참여자들이 복잡할 때, 그리고 대안들이 다양할 때 때 담당 사회복지사가 추가적으로 활용할 수 있는 윤리적 사정, 윤리적 규정, 윤리적 원칙에 대한 선별 과정을 제시하였다(BCASW, 2014). 윤리적 사정에 대한 선별 모형은 이용자와 사회 모두의 권리와 복지를 최대화하고 해악을 최소화하는 대안을 선택하도록 안내한다. 윤리적 규정에 대한 선별 모형은 사회복지사의 자기 윤리 평가(ethical self-awareness)를 거친 이후, 전문직 윤리강령이 개인적 가치에 우선함을 강조하며 윤리강령이 해당될 경우와 그렇지 않을 경우를 선별할 수 있게 한다. 그리고 전문직 윤리강령이 해당되지 않거나 다양한 강령 간의 상충성으로 인하여 어려움을 겪을 때 활용할 수 있는 윤리적 원칙에 대한 선별 모형을 제시한다(Dolgoff, Loewenberg, & Harrington, 2009). 각 선별 모형은 다음과 같다.

(1) 윤리적 사정에 대한 선별(EAS) 모형

① 문제상황과 관련하여 담당 사회복지사의 개인적 가치를 규명한다.

② 의사결정이 이루어질 때 그와 관련된 사회구조적(societal) 가치들을 규명한다.

③ 관련된 전문직 가치와 윤리를 규명한다.

④ 추가적으로 취할 수 있는 윤리적 선택 사안을 규명한다.

⑤ 이용자와 관련된 자들의 권리와 복지를 최대한 보호할 수 있는 대안이 무엇인지 규명한다.

⑥ 사회 전체의 권리와 이익을 최대한 보호할 수 있는 대안이 무엇인지 규명한다.

⑦ '최소 해악'의 결과를 가져올 대안이 무엇인지 규명한다.

⑧ 선택한 대안의 효율성, 효과성, 윤리성의 수준을 규명한다.

⑨ 윤리적 파급효과에 대하여 단기적 장기적 측면을 모두 고려한다.

(2) 윤리적 규정에 대한 선별(ERS) 모형

① 문제상황에 적용할 전문가 윤리강령을 확인한다.

② 해당 강령이 있을 경우 그 윤리강령에 따른다.

③ 해당 강령이 없거나 둘 이상의 상호 갈등적 강령이 관련될 경우 (우선순위에 관한) 윤리적 원칙에 대한 심사 모형을 따른다. 윤리적 원칙에 대한 선별 모형은 각 원칙들 간의 우선순위가 제시되었다는 특징을 갖는다(Dolgoff, Loewenberg, & Harrington, 2009).

(3) 윤리적 원칙에 대한 선별(EPS) 모형

① 생명보호

② 평등과 불평등

③ 자율성과 자유

④ 최소 해악

⑤ 삶의 질

⑥ 사생활과 비밀보장

⑦ 진실성과 자료 공개

2) 1990년대 로즈 모형과 리머 모형

1991년 로즈의 모형은 이용자의 관점과 전문가의 관점을 비교하고 대조하는 것으로부터 출발할 것을 지시하는 특징을 지닌다(BCASW, 2014).

① 이용자의 관점: 이용자의 가치는 무엇인가? 문제 해결방법에 대한 이용자의 의견은 무엇인가?

② 사회복지사의 관점: 사회복지사에게 이용자 '원조(help)'의 의미는 무엇인가?

③ 이용자의 관점과 전문가의 관점의 차이를 어떻게 다루어야 하는가? 전문가는 이용자에게 전문가 가치를 설명하여야 하는가? 이용자에게 알리지 않고 이용자의 신념을 변화시키도록 노력하여야 하는가?

④ 어떤 선택이 필수적인가? 과연 이 사안이 문제인가? 이 사안을 다르게 바라볼 수 있는 다른 관점은 무엇인가? 이 사안과 관련된 윤리적 · 정치적 전제들은 무엇인가?

⑤ 취할 수 있는 행동 대안들은 무엇인가? 수집한 데이터와 그 한계들을 파악한 후에도 여전히 다른 대안이 존재하는가?

⑥ 각각의 대안이 표상하는 입장과 지지 근거들은 무엇인가? 실체적 주장과 이면의 윤리적 입장은 무엇인가? 전문가인 나와 다른 의견을 가진 전문가와 함께 상의하였는가?

⑦ 선택한 대안은 전문가로서의 궁극적 목적과 일관되는가? 현재 선택한 행동이 전문가로서 내가 지향하는 바를 표상하는가?

1995년 리머의 모형은 여섯 가지 원칙과 7단계로 이루어졌다(Reamer, 2013; 이효선, 2016). 리머의 윤리적 의사결정 원칙의 특징은 사회복지 가치들 간의 우선순위를 제시하였다는 점이다. 법률, 규칙, 규정의 준수에 대한 사항과 공공재화 조성 의무에 관한 사항이 포함되어 있는 것 역시 특징적이다.

① 인간행동의 필수 전제 요소(생명, 건강, 음식, 주거, 정신적 평정)의 위협요소 예방 규정은 다른 여타 요소의 위협요소 예방 규정보다 우선한다.

② 기본적인 권리는 인간행동의 필수 재화와 타인의 자기결정권보다 우선한다.

③ 개인의 자기결정권은 당사자의 기본적인 권리보다 우선한다.

④ 자발적이며 자유롭게 동의한 법률, 규칙, 규정을 준수해야 하는 의무가 그 법

률, 규칙, 규정과 상충하는 방식에 자발적이며 자유롭게 관여할 권리가 상충할 때 전자가 우선한다.

⑤ 개인의 기본권과 자발적 결사단체의 법률 규칙 규정, 협정이 상충할 때 전자가 우선한다.

⑥ 기본적인 해악(기아)과 공공재화(주거, 교육 공공부조)의 조성의무는 재산통제권에 우선한다.

Reamer의 7단계 윤리적 의사결정 과정은 갈등 사항에 대해 사회복지 가치와 관련된 윤리적 이슈를 규명할 것과 선택의 영향 범위에 있는 개인, 집단, 조직을 규명할 것을 제시하였다는 점, 그리고 선택의 근거로서 윤리이론, 윤리강령, 법률, 사회복지이론과 원칙을 검토할 것을 제시하였다는 데에서 특징적이다. 무엇보다도 기관 내 자문과 수퍼비전, 전문가로부터의 자문, 의사결정 과정의 기록화 등 윤리적 리스크에 대한 개념과 관리 전략이 제시되었다는 점에서 실용적이다.

① 갈등 사항과 관련된 윤리적 이슈(사회복지 실천 가치와 의무 등)를 규명한다.
② 윤리적 결정의 영향을 받을 개인, 집단, 조직을 규명한다.
③ 실행 가능한 모든 행동 방침을 모색한다. 이때 각 방침의 참여자를 규명하고 각 방침의 이익과 리스크를 잠정적으로 규명한다.
④ 모색한 각각의 방침에 대한 찬성과 반대의 근거를 검토한다. 이때 윤리이론, 윤리강령과 법적 원칙, 사회복지 실천이론과 원칙, 개인의 종교적·문화적·정치적 가치를 고려하여 근거를 철저히 검토한다.
⑤ 기관 내 동료, 수퍼바이저, 상급 관리자 또는 윤리학자, 변호사 등의 다른 분야 전문가와 상의한다.
⑥ 결정을 내린다. 그리고 결정 과정의 기록을 보관한다.
⑦ 결정에 대한 모니터링, 평가, 결정과 관련된 자료를 보관한다.

3) 2000년대 이후 콩그레스 모형과 캐나다사회복지사협회 가이드라인

콩그레스(Congress, 2000)의 ETHIC 모형은 앞의 세 모형에 비해 가장 간소한 절차를 제시하는 특징을 갖는다. 그리고 초기에 사회복지사협회의 윤리표준, 법률, 사례 결정에 대하여 고려할 것을 명시한 특징을 갖는다. 또한 가장 취약한 집단에 대한 사회복지의 헌신(commitment)의 관점에서 고려할 것을 제시하였다는 특징을 갖는다.

① 관련된 개인적, 사회구조적, 기관 이용자, 전문직 가치들을 평가한다(Evaluate).
② 관련 상황에 적용될 사회복지사협회의 윤리표준, 관련 법률, 사례 결정들을 살펴본다(Think).
③ 각 대안의 결과들을 가설화한다(Hypothesize).
④ 최대 취약계층에 대한 사회복지사의 헌신(commitment) 책임의 관점에서 볼 때, 각 대안으로 인하여 이득과 손실을 받을 당사자들을 규명한다(Identify).
⑤ 수퍼바이저와 동료에게 가장 윤리적 선택 대안에 대하여 조언을 구한다.

사회복지사 개인, 팀, 부서, 기관 그리고 사회복지사협회는 이러한 윤리적 의사결정 모형을 참고하여 유용한 윤리적 의사결정 모형을 개발할 수 있다. 캐나다 동부 온타리오 지역의 사회복지사협회가 제시한 윤리적 의사결정 모형은 그 예시가 될 수 있다(NLASW, 2015).

① 윤리적 딜레마임을 인지한다. 문제상황과 관련된 전문직 윤리 중 상호 갈등관계에 있는 조항들이 무엇인지 규명한다. 그리고 개인의 가치가 관여되었는지 확인한다.
② 담당 사회복지사가 가장 먼저 혹은 본능적으로 떠오른 딜레마 해결방안은 무엇인가?
③ 사회복지사협회의 윤리강령과 윤리 가이드라인을 참고한다. 직접적 방향을

제시할 수 있는 조문을 확인한다.

④ 기관의 윤리방침(policy)과 협회의 모범 실천표준(best practice standards)를 참고한다.

⑤ 법적으로 고려할 필요가 있는지 확인한다. 필요할 경우 각종 법령을 살펴본다.

⑥ 문화적으로 고려할 사항을 확인한다.

⑦ 문제상황이 인지된 동의에 의해 대응되고 있는지 확인한다.

⑧ 문제상황을 해결하는 데 가용한 대안들과 자원을 확인한다. 각 대안별 리스크와 이득을 분석한다. 리스크를 최소화하고 동시에 사회복지사 개인의 윤리적 책임을 희생하지 않기 위해 필요한 절차가 무엇인지 확인한다.

⑨ 동료, 기관행정가, 수퍼바이저의 자문을 구한다.

⑩ 실천현장의 맥락에 의해 문제상황 또는 딜레마 상황이 개선될 수 있는지 확인한다.

⑪ 적절할 경우, 이용자와 함께 딜레마를 논의한다.

⑫ 딜레마가 이용자와 담당 사회복지사 간의 전문직 관계에 미칠 영향을 고려한다.

⑬ 딜레마 관련 의사결정에 추가적 자원 여부를 확인한다.

⑭ 윤리적 의사결정 과정을 문서화한다. 사회복지사협회의 '문서화 표준'(standards for documentation)을 참고한다.

⑮ 최종 결정의 결과를 모니터하고 평가한다. 필요할 경우 수정한다.

윤리적 의사결정 과정에서 매우 중요한 것은 사회복지사의 비판적 성찰(reflection)과 전문가적 판단이라 하겠다(NLASW, 2015). 돌고프, 로웬버그, 해링턴(Dolgoff, Loewenberg, & Harrington, 2009)이 강조하였듯이 사회복지 실천은 다양한 당사자가 복잡한 문제를 다차원의 가치와 윤리를 기반으로 다양한 해결방안을 모색하는 반면 그 결과는 자주 예상치 못한 결과를 야기할 수 있기 때문이다. 따라서 사회복지사는 어떠한 윤리적 의사결정 모형도 일률적으로 적용할 수 없음을 인지하고 본인의 비판적 성찰과 전문가적 판단에 대해 경계심을 늦추어서는 안 된다.

다음의 질문들은 윤리적 의사결정과 관련하여 사회복지사의 비판적 성찰과 전문가적 판단을 고찰하고 개선하는 데 도움이 된다(NLASW, 2015).

① 나는 이용자를 제일 우선적으로 고려하는가, 나의 필요에 의해 행동하는가?
② 전문가로서 지켜야 할 경계선(boundary)을 적절히 유지하는가? 경계선에 관하여 이용자와 명백하게 논의하였는가?
③ 딜레마 상황으로 인하여 나의 사적 생활과 전문직 생활이 혼재되었는가?
④ 동일한 사실과 상황이라면 다른 사회복지사도 지금의 결정과 유사한 결정을 내리는 것이 합리적이라고 생각할 수 있는가?
⑤ 나의 결정을 협회의 윤리강령과 관련하여 설명할 수 있는가?
⑥ 나는 전문가로서 역할과 전혀 상관없는 요인에 의해 의사결정을 하였는가?

특히 사회관계망 서비스의 확대와 정보통신기술의 발전으로 인하여 사회복지사는 예전에 비해 더욱 자주 자신의 요인에 의하여 윤리적 딜레마에 노출되고 있는 추세이다. 대표적으로 사회복지사로서의 지나친 자기 공개(self-disclosure), 사적·전문적 경계선의 혼선, 사생활과 비밀보장의 책임 방기, 이익갈등을 들 수 있다. 이러한 사항들은 이용자에 대한 사회복지사의 헌신의 책임과 쉽게 딜레마 상황에 놓일 수 있다. 사회복지사는 이와 관련된 윤리적 딜레마에 대하여 윤리적 의사결정 모형과 더불어 자신의 비판적 성찰과 전문가적 판단력에 주의를 기울여야 한다.

① 지나친 자기 노출: 사회복지사가 이용자에게 자신의 사적 정보에 대하여 지나치게 많이 노출할 경우 사회복지사와 이용자 간의 전문적 관계는 이용자 관점에서 악화될 수 있다. 경우에 따라 윤리적 딜레마를 더욱 가중시킬 수 있기도 한다.
② 사적·전문적 경계의 혼선: 사회관계망 서비스에서 이용자가 사회복지사에게 '친구 요청'을 할 경우가 이에 해당한다. 사회복지사가 현재 또는 과거 이용자와 사적 우정을 형성하는 것은 윤리적인가?

③ 사생활과 비밀보장: 이용자가 이메일로 자신의 사적 정보를 제공한 경우 사회복지사가 이 정보를 활용하는 것이 윤리적인가? 이용자의 개인정보에 대한 전자기록은 어느 정보로 보호되어야 하는가? 사회관계망 서비스에 이용자 정보를 비식별화한 채 게시하는 것은 윤리적으로 적절한가?

④ 이익갈등: 기관 소속 사회복지사가 자신의 독립적 실천현장(금연 금주 자조 모임 등)에 이용자를 초대하는 것은 윤리적으로 적절한가? 이용자가 사회복지사의 사적 관련 기관(종교시설 등)에 기부하는 것은 윤리적으로 적절한가?

제3절 윤리적 의사결정의 실제

1. 이용자에 대한 헌신과 관련된 윤리적 의사결정

17세 여성 청소년인 박 양은 지역아동센터의 사회복지사와 상담하는 과정 중에 최근 본인의 거식증에 대하여 털어놓았다. 상담 과정 중에 박 양은 본인의 부모에게 절대 비밀을 지킬 것을 요구하였다. 지역센터에 박 양을 마중 나온 박 양의 어머니는 사회복지사에게 딸의 건강에 대해 크게 걱정하고 있음을 말하며 딸에 대한 사회복지사의 의견을 물어보았다. 사회복지사와 박 양의 어머니는 같은 교회를 다니고 있다.

돌고프, 로웬버그, 해링턴(Dolgoff, Loewenberg, & Harrington, 2005)의 일반적인 윤리적 의사결정 모형과 윤리적 심사에 관한 선별 모형을 적용할 때 고려할 주요 사항은 다음과 같다.

① 박 양의 거식증과 관련된 의사결정에 누가 참여할 것인가? 박 양과 박 양의 부모와 사회복지사, 학교 보건교사가 참여할 것인가?

② 의사결정 참여자 각자의 가치는 무엇인가? 누가 박 양의 자기결정권과 비밀보장 가치를 지지하는가? 누가 박 양의 부모와 사회복지사의 경계선의 혼선

에 대하여 어떤 의견을 가지고 있는가?

③ 현재 딜레마 상황과 관련된 사회구조적 가치는 무엇인가?

④ 사회복지사 윤리강령 중 해당 사항이 있는가?

⑤ 박 양과 사회 전체에 이익을 최대화할 수 있는 방안은 무엇인가?

⑥ 박 양, 박 양의 부모, 사회복지사에게 해악을 최소화할 수 있는 방안은 무엇인가?

2. 이용자의 자기결정권 보장과 관련된 윤리적 의사결정

노인요양시설에 1년째 거주하는 80세 이 씨는 초기 치매 증상을 가지고 있다. 3개월 전 소화 기능이 급격히 악화되어 의료진으로부터 일체의 음식을 주스로 섭취할 것을 처방받았다. 일주일 전 이 씨는 사회복지사와 요양보호사에게 고기와 케이크를 강하게 요구하였다. 반면 이 씨의 가족은 이에 대하여 절대 반대 의사를 제시하였다.

로즈(Rhodes, 1991)의 윤리적 의사결정 모형을 적용할 때 고려할 주요 사항은 다음과 같다.

① 사회복지사에게 '이용자 원조'의 의미는 무엇인가? 사회복지사는 이 씨의 생명과 안전에 대한 책임과 자기결정권 존중의 책임 중 무엇을 우선적으로 중요시하는가? 이에 대해 개인적 가치, 전문직 가치, 사회적·문화적 가치가 각각 어떻게 작용하였는가? 치매 노인에 대한 사회적 편견과 전문직 지식이 작용하였는가?

② 이 씨 가족의 의견은 의사결정에 필수적인가? 치매 부모와 성인 부양 자녀간 관계에 대한 윤리적·정치적 전제들은 무엇인가?

③ 이 씨의 음식물 요구에 대한 대안들이 각각 표상하는 가치는 무엇인가?

④ 최종 선택안은 전문직 사회복지사로서 내가 표상하는 가치(반차별주의 등)를 표상하는가?

리머(Reamer, 1995)의 의사결정 모형을 적용할 때 고려할 주요 사항은 다음과 같다.

① 누가 윤리적 의사결정에 의해 영향을 받는가? 이 씨, 이 씨의 가족, 사회복지사, 요양보호사, 시설, 노인요양시설협회가 다 포함되는가?

② 고기와 케이크 요구에 실행 가능한 여러 대안에 대하여 이익과 리스크를 분석하였는가?

③ 공리주의, 의무론, 덕 윤리 등의 윤리이론과 사회복지사 윤리강령, 노인복지법, 노인장기요양보험법, 노인복지 실천론 등을 살펴보고 해당 사항 여부를 확인하여 각 대안에 대한 충분한 지지와 반대 근거를 마련하였는가?

④ 기관 내 자문 및 수퍼비전, 변호사와 의료진, 윤리학자로부터 자문을 받았는가?

⑤ 의사결정 과정을 적절히 기록하였는가?

3. 이용자의 인지된 동의와 관련된 윤리적 의사결정

우울증을 가진 성소수자 30세 신 씨는 최근 병원 정신건강 사회복지사와의 상담을 시작하였다. 3개월이 지난 이후 신 씨는 여전히 사회복지사에게 자신의 개인정보를 충분히 제공하지 않았다. 그리고 정기적 상담 일정을 자주 연기하였다. 사회복지사는 보다 빨리 개입 프로그램을 시도하기 위해 인터넷 검색 도구를 사용하여 신 씨에 대한 개인정보를 검색할 계획을 갖고 있다. 또한 사회관계망 서비스에서 신 씨에게 '친구 요청'을 하여 친밀감과 신뢰를 쌓을 계획을 갖고 있다.

캐나다 동부 온타리오주 지역 사회복지사협회(NLASW, 2015)의 의사결정 모형을 적용할 경우 고려할 주요 사항은 다음과 같다.

① 이용자에 대한 헌신의 책임과 이용자의 인지된 동의 보장 간에 윤리적 딜레마 상황임을 인식하는가?

② 사회복지사가 가장 먼저 떠올린 대안은 무엇인가?

③ 소속 기관이나 사회복지사협회의 강령, 실천표준 중 관련 조항이 있는가?

④ 개인정보보호법 등 관련 법령 중 해당 사항이 있는가?

⑤ 성소수자에 대해 문화적으로 고려할 사항을 확인하였는가?

⑥ 사회복지사의 계획이 이용자의 동의에 의해 대응된 것인가?

⑦ 병원이 아닌 다른 사회복지 실천현장일 경우 대안이 바뀔 가능성이 있는가?

⑧ 이용자와 함께 딜레마 상황에 대해 함께 논의하는 것이 적절할지 확인하였는가?

⑨ 딜레마 상황이 신 씨와 사회복지사의 전문적 관계에 어떤 영향을 미칠지 고려하였는가? 이용자의 신뢰와 서비스의 지속성과 효과성에 영향을 미칠 것인가?

⑩ 기관 내 자문, 수퍼비전, 외부 법률 자문, 협회의 윤리위원회의 자문을 구하였는가?

⑪ 협회가 제시한 표준에 따라 의사결정 과정을 문서화하고 보관하였는가? 실행 후 필요 시 수정할 가능성도 포함하였는가?

4. 사회복지사의 이익갈등 회피와 관련된 윤리적 의사결정

1년 전 시작하여 6개월간 청소년상담복지센터에서 효능감 증진 프로그램에 참여한 19세 김 씨는 일주일 전 취직을 한 후 사회복지사 노 씨에게 찾아와 구직 성공에 대하여 사회복지사에게 감사의 표시를 하였다. 그리고 감사의 인사로 떡과 음료수를 선물하였다. 김 씨의 동생은 최근 시작된 효능감 증진 프로그램에 새로 참여하였다. 김 씨의 동생은 김 씨의 권유로 프로그램 참여를 결정하였는데 프로그램 참여 직후 사회복지사 노 씨의 사회관계망에 '친구 요청'을 하였다.

이와 관련하여 사회복지사 노 씨가 자신의 윤리적 리스크 용인성과 윤리적 민감성, 비판적 성찰, 전문가적 판단력을 점검할 경우 다음의 질문을 활용할 수 있다.

① 최근 나는 사회복지사의 윤리적 실천 및 윤리적 리스크에 대하여 어느 정도 인지하고 있는가? 이와 관련된 최근의 교육으로 나의 윤리적 리스크 용인성은 변화하였는가?

② 나는 사적 관계에서의 선물 주고받기와 전문직 관계에서의 선물 주고받기에 대해 각각 얼마만큼 용인하는가? 사적 관계에서의 친구 요청에 대한 수락과 전문직 관계에서의 친구 요청 수락에 대해 각각 얼마만큼 수용하는가? 수락 기준은 동일한가?

③ 나는 어떠한 윤리적 입장과 실천이론적 입장을 취하는가?

④ 나는 윤리적 리스크 용인성을 점검하고 관리하기 위해 유용하게 활용하는 도구들이 있는가?

⑤ 나는 김 씨의 동생을 우선하는가, 나의 성과를 우선하는가?

⑥ 나는 김 씨와 김 씨의 동생에게 프로그램 초기에 이익갈등과 경계선 혼선의 회피에 대한 사회복지사의 윤리적 책임에 대하여 분명히 설명하였는가?

⑦ 나는 김 씨의 동생으로 인하여 사적 생활과 전문직 생활 간에 혼선이 생겼는가?

⑧ 동일한 상황이라면 어느 사회복지사도 동일한 결정을 내릴 정도로 합리적인 대안을 마련하였는가?

⑨ 전문직 윤리협회의 감사에 대하여 이 사안과 관련된 윤리강령과 결부시켜 선택 대안을 설명할 수 있는가?

⑩ 전문가적 역할과 사명과 전혀 상관없는 이유로 나는 김 씨의 동생에 대하여 결정을 내렸는가?

5. 이용자에 대한 비밀보장과 사생활보호와 관련된 윤리적 의사결정

중독관리통합지원센터의 이용자인 오 씨는 약 1년간 우울증으로 사회복지사 조 씨와 상담을 진행하였다. 그리고 약 1주일 전 자살하였다. 오 씨의 유족은 사회복지사 조 씨를 찾아와 생전의 오 씨가 사회복지사 조 씨에게 많이 고마워했다고 전하였다. 그리고 사회복지사 조 씨가 유족들에게 생전 오 씨의 상담내용을 전해 주고 오 씨의 장례식에 참석하여 준다면 유족에게 많은 위로가 될 것이라고 정중히 요청하였다.

콩그레스(Congress, 2000)의 ETHIC 모형을 적용하여 윤리적 의사결정을 할 때 고려할 주요 사항은 다음과 같다.

① 자살 사망자의 정보와 관련된 사회복지사 개인, 사회구조, 기관, 전문직 협의 가치는 무엇인가? 사망자의 생존 시 표명한 가치는 무엇이었는가?

② 사망자의 고지된 동의가 불가능한 상황에서 사망자의 사생활과 비밀보장에 대한 책임과 관련된 협회의 윤리표준과 윤리강령, 관련 법령을 확인하였는가?

③ 이 사안에서 누가 가장 취약한가? 각 대안들로 인하여 사망자, 유족, 사회복지사, 기관, 협회가 취할 각각의 이득과 손실은 무엇인가?

④ 수퍼바이저와 동료들의 조언 내용은 무엇인가?

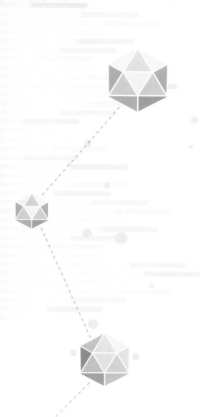

제 **4** 부

사회복지 실천과 윤리적 쟁점

사회복지사들은 임상적 · 거시적 실천 과정에서 다양한 윤리적 문제와 딜레마에 직면한다. 사회복지 전문직의 가치나 의무가 상충하면서 윤리적 판단을 하기 어렵거나 또는 어떻게 실행해야 할지 분명하지만 실제로는 그렇게 실행되지 못하는 경우들이다. 그러므로 사회복지 전달 체계나 사회복지사의 일상적인 실천에 구조적으로 깊이 자리하고 있는 윤리적 쟁점에 대한 본질적 이해 없이 윤리적 문제나 딜레마를 해결하는 데는 한계가 있다.

윤리적 판단이나 평가를 때로는 윤리적 의사결정이라고 칭하기도 하지만, 일반적으로 윤리적 의사결정은 도덕적 의무와 공리주의적 행동방침의 결정뿐만 아니라 실행을 위한 헌신을 포함한다. 한편 윤리적 의사결정은 도덕적 의무나 공리주의적 가치 외에도 사회복지사의 도덕적 품성이나 정서적 반응성, 그리고 관련 체계들 간의 소통과 협력 등이 중요하게 고려되어야 하는 과정이다. 이같이 사회복지 실천에는 필연적으로 제기되는 윤리적 쟁점들이 있으며, 실천의 모든 측면에 윤리적 차원이 존재한다는 인식을 갖추는 것이 사회복지사의 윤리적 실천을 위한 첫걸음이 될 것이다.

제4부에서는 사회복지 실천에서 제기되는 윤리적 쟁점들의 의미와 본질을 탐색하고 윤리적 의사결정을 살펴보도록 한다. 앞서 제1부에서부터 제3부까지 추상적이고 이론적으로 논의된 윤리적 개념과 쟁점에 실천현장의 생명력을 불어넣음으로써, 예비 사회복지사들에게 윤리적 의사결정을 자연스럽게 습득할 기회를 제공하도록 실천 사례를 함께 제시한다. 이는 다른 한편으로 사회복지사의 윤리적 판단이 실질적인 서비스로 실현되는 과정에도 도덕과 윤리적 개입이 존재한다는 것을 보여 주기 위한 목적도 지닌다. 대부분의 윤리적 의사결정은 윤리적 · 정치적 · 법적 · 기술적 쟁점이 맞물려 있는 복합적인 상호작용 과정이다. 따라서 각 사례마다 윤리적 쟁점을 파악하고, 실행 가능한 행동대안을 찾는 과정이 요구된다. 이를 위하여 각 실천 사례를 윤리이론의 관점에서 살펴보고, 관련 윤리강령과 법규를 확인하고, 윤리원칙과 표준을 검토하고, 검토 결과의 종합적 의미를 명확히 함으로써, 마지막으로 행동방침을 결정하여 실행에 옮기는 윤리적 의사결정 틀을 적용한다.

제9장은 자기결정권, 사생활보호와 비밀보장권 등 클라이언트의 권리 및 안녕과 관련된 윤리적 쟁점, 제10장은 전문적 역할과 경계, 그리고 이중관계와 관련된 윤리적 쟁점, 제11장은 인권, 자원의 배분, 정부와 민간의 사회적 책임과 관련된 윤리적 쟁점 그리고 제12장은 법률과 규칙의 준수, 조직의 내부갈등, 조사와 연구, 정보기술(IT)과 관련된 윤리적 쟁점에 초점을 맞춘다.

제9장

클라이언트의 권리와 윤리적 쟁점

이 장에서는 클라이언트의 권리와 관련하여 자기결정권, 사생활보호와 비밀보장권을 중심으로 윤리적 쟁점의 의미와 본질에 대해 학습하고 윤리적 의사결정을 살펴보도록 한다.

제1절 자기결정과 온정적 개입

한국사회복지사 윤리강령(2001)은 "사회복지사는 인본주의·평등주의 사상에 기초하여, 모든 인간의 존엄성과 가치를 존중하고 천부의 자유권과 생존권의 보장 활동에 헌신한다."라는 선언으로 시작된다. 사회복지사는 개인의 자율성과 자유를 보호하는 데 최선을 다하고, 어떠한 여건에서도 개인이 부당하게 희생되는 일이 없도록 해야 한다는 다짐인 것이다. 임상적 실천에서 자율성과 자유의 원칙과 관련이 있는 윤리적 쟁점은 일반적으로 클라이언트의 자기결정권과 사회복지사의 온정주의(paternalism)가 상충함으로써 제기된다.

1. 자기결정

1) 자율성과 자유

자율성은 다른 사람의 통제를 받지 않으며, 자유롭고 의미 있는 선택을 막는 개인적 한계로부터도 자유로운 존재 상태이다(Beauchamp & Childress, 1994; Linzer, 1999: 135에서 재인용). 그러나 이와 같은 정의는 인간이 추구하는 자율성과 자유의 이상적인 기준이며 그렇게 실현되는 일은 드물다. 따라서 실천적 의미에서의 자율성은 명백하게 정의되고 이해되는 대안들 중에서 합리적인 선택을 하는 것으로 표현된다. 실질적으로 의미 있는 선택이 되기 위해서는 자유롭게 결정되어야 하고, 무력감이나 체념이 아닌 이해에 기반을 두어야 하며, 개방적인 탐색과 평가가 이루어져야 한다.

밀러(Miller, 1981)는 자율성을 네 유형으로 구분함으로써 자율성이 표현되는 행동 특성을 구체화했다.

① 자유로운 행동으로서의 자율성: 강제되거나 부당한 영향을 받지 않는 자발적

행동이며 행위자의 의식적인 목표가 있는 의도적인 행동

② 진실성으로서의 자율성: 개인의 태도, 가치, 성격 및 생활 계획과 일치하는 행동

③ 효과적인 숙고로서의 자율성: 대안에 대한 인식과 결과 평가에 기초한 행동

④ 도덕적 성찰로서의 자율성: 개인의 도덕적 가치를 반영하는 행동(Linzer, 1999: 136에서 재인용)

2) 자기결정의 원칙 및 한계

사회복지 전문직에서 자율성과 자유의 원칙은 자기결정의 원칙과 동일시되어 왔다. 자기결정의 원칙은 실천 과정에서 자유로운 선택과 결정을 할 클라이언트의 권리와 욕구에 대한 실천적 인식이다(Biestek, 1979: 103). 개인의 권리로서의 자율성은 타인에게는 의무를 의미한다. 한국사회복지사 윤리강령은 클라이언트의 자기결정권을 존중할 사회복지사의 의무에 대해 명시하고 있다.

> Ⅱ-1-3 사회복지사는 클라이언트가 자기결정권을 최대한 행사할 수 있도록 도와야 하며, 저들의 이익을 최대한 대변해야 한다.

미국 NASW 윤리강령(2021)은 클라이언트의 자기결정권이 어떻게 실현되어야 하는지에 대해 보다 구체적인 윤리표준을 제시하고 있다. 사회복지사에게는 클라이언트에 대한 책임뿐만 아니라 사회에 대한 공적 책임성도 있음을 시사하는 지침이다.[1]

---

1) 한국사회복지사 윤리강령(2001)은 주로 사회복지사의 책임과 의무에 비중을 두고 있으며 윤리적 딜레마 상황에 적용 가능한 실질적이고 표준적인 지침을 제시하지 못한다. 한편, 미국 NASW 윤리강령(2021)은 실천현장에 적용 가능한 구체적인 윤리표준을 제시하고 있어서 윤리적 딜레마에 처한 사회복지사의 사고와 행동에 상대적으로 명확한 방향을 제시해 준다. 이러한 이유에서 제4부에서는 이 두 가지 윤리강령을 함께 참고한다. 그 밖에도 실천 분야에 따라 유관 윤리강령들을 추가로 참고할 수 있을 것이다.

1.02 사회복지사는 클라이언트의 자기결정권을 존중하고 증진시키며 클라이언트가 자신의 목표를 확인하고 명확히 하도록 돕는다. 사회복지사는 클라이언트의 행동 또는 잠재적 행동이 그 자신이나 타인에게 심각하고 예측 가능하며 임박한 위험을 초래할 수 있다고 전문적으로 판단될 경우 클라이언트의 자기결정권을 제한할 수 있다.

사회복지사는 의도적으로 클라이언트의 자기결정권을 무시하지는 않더라도 약화시킬 수 있다는 점에 주의해야 한다. 사회복지사는 클라이언트의 최대 이익을 추구하기 위해서 성찰, 제안, 조언, 직접 개입 등의 지시성 원조방법(directiveness modes)을 넓은 범주에서 사용한다(Rothman et al., 1996; Linzer, 1999: 136-137에서 재인용). 사회복지사가 클라이언트의 존엄성과 가치를 존중할 때는 이러한 원조전략이 클라이언트의 자기결정에 미치는 영향이 정당화되지만 클라이언트가 자발적으로 선택하지 않은 방향으로 개입을 이끌어 갈 때 사회복지사는 클라이언트를 조종(manipulation)하는 것이다.

대부분의 사회복지사가 자신이 실천 과정에서 항상 클라이언트의 자기결정권을 존중한다고 믿지만 이것은 대부분 환상일 뿐이다. 실질적인 자기결정은 자원과 기회와 권력(power)에 접근할 수 있어야 가능하므로 자기결정은 현실적인 한계를 지닌다(Hartman, 1997: 216). 경제적 불평등, 인종차별, 성차별, 노인차별 등이 클라이언트의 자기결정권과 관련하여 오늘날 자주 거론되는 조건들이다. 또한 사회복지 전달 체계를 통해 받는 수혜에 대한 의존 정도, 취약성, 지식과 능력의 결여, 그리고 문화에 따라 개인 존중 및 공동체 존중이 가지는 의미와 상대적 중요도 등도 클라이언트의 자기결정에 영향을 미친다.

2. 온정적 개입

1) 선행의 원칙

도덕성은 사람들을 자율적으로 대하고 그들에게 해를 입히지 않을 뿐 아니라 더 나아가 기본적 안녕(well-being)에 기여할 것을 요구하는데, 이러한 행동이 선행의 원칙에 해당된다. '선행의 의무' 또는 '선행의 의무의 상호성'은 우리가 다른 사람들로부터 받는 이익에 대한 응답이다. 구체적인 선행의 의무는 부모, 배우자, 친구와 같은 사회적 역할의 특정한 도덕적 관계에서 비롯된다(Beauchamp & Childress, 1989: 203).

선행의 원칙은, 첫째, 이익이 제공되어야 하며, 둘째, 이익과 손실이 균형을 이루어야 한다. 개인에게 이익을 제공하는 과정에서 공공의 이익에 해를 초래할 수 있기 때문이다. 예를 들어, 의식 불명의 노인 환자에게 강제로 영양공급을 해야 할 것인지가 윤리적 쟁점이 될 수 있다. 이 경우에는 일반적으로 예상되는 치료 성공 기회나 이익의 정도를 비용이나 위험 정도와 비교해서 윤리적 의사결정을 하게 될 것이다.

한국사회복지사 윤리강령에는 선행의 원칙이 반영되어 있다.

> Ⅱ-1-1 사회복지사는 클라이언트의 권익옹호를 최우선의 가치로 삼고 행동한다.

미국 NASW 윤리강령 역시 사회복지사의 클라이언트에 대한 헌신을 첫 번째 윤리표준으로 제시하면서 클라이언트의 이익이 최우선임을 강조한다. 그러나 클라이언트의 이익보다 공공이 이익이 우선시될 때도 있음을 명시하고 있다.

> 1.01 사회복지사의 일차적인 책임은 클라이언트의 안녕을 증진시키는 것이다. 일반적으로 클라이언트의 이익이 최우선이다. 그러나 일부 제한된 상황에서는 사회 전반에 대한 사회복지사의 책임이나 특정한 법적 의무를 클라이언트에 대한 충실성보다 우선시해야 할 때도 있다. 이런 경우에는 클라이언트에게 그것을 알려야 한다(클라이언트가 아동을 학대했거나 자신 또는 타인을 해치려고 위협한 사실을 사회복지사가 법에 따라 신고하도록 해 놓은 경우가 이에 해당된다).

2) 온정적 개입

일반적으로 온정주의는 '(자신의 자유와 자율성을) 억압당하는 사람 자신의 복지, 행복, 욕구, 이익, 가치 등을 배타적으로 위한다는 근거로 해서 정당화될 수 있는 개인의 자유로운 행위에 대한 간섭'으로 정의된다(Dworkin, 1971: 108; 김기덕, 2002: 198에서 재인용).

오늘날 사회복지 실천에서 온정적 개입은 주로 사회복지사가 클라이언트의 이익을 위해 클라이언트에게 특정 정보를 공개하지 않거나, 허위 정보를 제공하거나, 물리적인 강제 개입을 하는 세 가지 유형으로 나타난다(Reamer, 1999: 106).

에이브럼슨(Abramson, 1985, 1989)은 클라이언트의 서비스 거부에도 불구하고 당사자의 삶의 질을 향상시키기 위해 행해지는 보호적인 개입을 온정적 개입이라고 정의하면서, 이미 자기 돌봄 능력이 심각하게 약화된 취약인구집단이 대부분인 사회복지 클라이언트의 문제해결과 욕구충족을 위해서는 전문가의 적극적인 온정적 개입이 필요하다고 주장했다. 그러나 온정주의의 부정적인 측면에 주목하는 견해들도 있다(Childress, 1981; Linzer & Lowenstein, 1987). 온정주의는 클라이언트의 복지를 위해 당사자의 동의 없이 강제력을 행사하거나 거짓말을 하거나 정보를 공개하지 않음으로써 개인의 소망이나 행동에 간섭하는 것이다. 따라서 본질적으로 개인의 존엄성과 독립성을 모독하고 자율성 실현 의지와 능력을 약화시키는 결과를 가져올 것이라는 우려를 표명한다(Linzer, 1999: 137-138에서 재인용).

사회복지 전문직의 주요 책임은 취약하고 억압받으며 빈곤한 사람들의 욕구와 능력에 특별한 관심을 기울이면서, 인류의 복지를 향상시키고자 하는 것이다. 이러한 선행의 원칙에 기반하는 온정적 개입이라고 할지라도 클라이언트의 자기결정권과 본질적으로 부딪히면서 윤리적 쟁점이 제기된다. 클라이언트가 온정적 개입을 선의로 받아들이지 않고 자신의 삶에 대한 부당한 간섭이나 자율성 침해로 여겨 원망과 분노를 표출하는 경우 사회복지사는 윤리적 딜레마에 처한다.

온정적 개입으로 인해 윤리적 문제가 발생하는 상황은 명분상으로는 클라이언트의 이익을 위해서라고 하지만 실제로는 제3자(보험회사)나 사회복지사나 기관의 배타적 이익을 위해 간섭 행위가 동기화된 경우이다. 전문가 집단이 자기 이익의 동기에 뿌리를 두고 있으면서도 클라이언트의 이익을 위해 사실을 감추거나 허위 정보를 전하거나 강제할 필요가 있다고 주장하는 것은 '사이비 온정주의(pseudopaternalism)'로서 그런 개입은 도덕적으로 정당화될 수 없다(Reamer, 1999: 109에서 재인용).

3. 공적 책임성의 윤리

자율성은 윤리적 원칙 가운데 우선순위가 높은 주요 원칙으로 여겨진다. 그러나 공동체(community)에 대한 책임성보다 개인의 자율성이 우선한다는 견해에는 의문이 제기된다. 자율성은 개인의 복지를 위한 가치 체계로서는 우선될 수 있으나 공동체의 삶을 위한 가치 체계로서는 우선되지 않을 수 있다. 자율성은 다른 사람들이 우리에게 느끼는 의무감과 다른 사람에게 우리가 느끼는 의무감을 불가피하게 감소시키기 때문이다(Callahan, 1984: 40). 자율성과 공적 책임성의 윤리원칙을 함께 고려한다면 보다 넓은 집합체의 한 부분으로서의 자기상(vision of the self)과 강제와 제한에 대해 고려하게 된다.

사회복지사는 클라이언트가 자신의 결정과 행동이 공동체의 가족, 친구, 이웃들에게 미치게 될 영향을 생각해 보도록 돕기 위해서 공동체를 자기결정과 자율성에 대한 평형추(평형 균형을 이루는 힘)로 사용할 수 있다. 공동체는 자율성에 대한 역원칙(counterprinciple)이 될 수 있다(Linzer, 1999: 140).

공동체 구성원의 복지에 대한 도덕적 책임성과 개인의 자율성 사이에서 윤리적 의사결정은 이루어진다. 사회복지 전문직은 개인의 복지와 공공의 복지를 향상시키기 위한 선행에 깊은 지향을 두고 있다. 자율성은 최대한 존중되어야 하지만 공동체 구성원 전체의 복지를 향상시키기 위한 자율성의 제한 역시 도덕적으로 정당화된다. 자율성의 윤리는 공적 책임성의 윤리와 균형을 이루어야 한다.

4. 자기결정권 관련 윤리적 쟁점

사회복지사는 클라이언트의 행동이나 잠재적 행동이 그 자신이나 타인에게 심각하고 예측 가능하며 임박한 위험을 초래할 수 있다고 전문적으로 판단할 경우 클라이언트의 자기결정권을 제한할 수 있다.

> 초등학교 6학년인 양○○은 돌 전에 부모가 이혼한 후 아버지와 함께 살고 있다. 양○○의 아버지는 교통사고로 뇌 손상을 입은 후 술에 의지해 살고 있으며 최근 들어서는 술에 취해 아들과 이웃 주민들에게 폭력을 휘두르기까지 한다. 어느 날 양○○의 아버지는 동네 어귀에서 아들에게 욕을 하면서 머리와 뺨을 사정없이 때리며 바닥에 넘어뜨리고 말리는 이웃들을 발로 차는 등 심한 술주정을 했다. 이웃이 경찰에 신고했고, 아동보호전문기관의 사회복지사 전△△은 아동을 보호하기 위한 응급조치가 필요하다고 판단해 아동복지시설에 일시보호를 요청했다.

이 사례에서 사회복지사는 클라이언트의 의사에 반하는 온정적 개입을 결정했다. 양○○ 아버지가 아들에게 심각한 위해를 가했고 아동학대가 언제라도 다시 발생할 위험이 높다고 예측되기 때문이다. 비록 양○○ 부자가 서비스를 거부한다고 하더라도 아동보호 서비스 제공을 결정하는 과정에서 불확실성과 모호성이 상대적으로 적은 경우이다. 그러나 명백한 증거는 없지만 아동학대가 의심되는 경우처럼 온정적 개입의 정당성을 판단하기가 쉽지 않은 상황에서는 윤리적 의사결정이 복잡해진다. 또한 클라이언트의 자기결정을 온전한 자기결정이라고 추정할 수 있는가에 대해 의문이 제기되는 경우도 있다. 클라이언트의 자기결정권 제한에 대한 윤리적 정당성을 확보하기 위해서는 상황에 대한 전문적 판단뿐 아니라 자기결정의 추정 근거 또는 전제 조건에 대한 세심한 검토가 필요하다.

자기결정의 전제 조건에 대한 윤리적 쟁점은 고지된 동의에 대한 논의에서 비롯된다. 누군가가 상황을 인식하는 방법을 생각해 보면, 자기결정의 불가결한 요소인 결정하는 사람의 특징이 무엇인지 알 수 있다. 정신적 능력이 있고(mentally competent), 상황에 대해 잘 알고(informed), 자발적으로 결정하는(deciding voluntarily) 것이 대표적인 특징이다(Robison and Reeser, 2000: 78). 그렇다면 자기결정권을 행사하기 위해서는 어느 정도의 정신적 능력이 있어야 하는가? 얼마나 많은 정보가 있어야 충분한가? 온전히 자발적인 상태란 어떤 상태인가? 그러나 우리가 항상 완벽한 정신적 능력, 완전한 정보를 가지고 순수하게 자발적인 상태에서 판단하는 것이 아니다.

자기결정권과 관련해서 클라이언트의 결정 능력, 정보의 확보(completeness) 그리고 상황의 강제성에 대한 윤리적 쟁점이 제기된다.

1) 결정 능력

자기결정의 원칙은 클라이언트에게 결정 능력이 있다는 전제하에 추구되며, 인지적 · 정서적 결정 능력에 대한 사회복지사의 사정이 윤리적 의사결정에 영향을 미친다. 일반적으로 클라이언트의 결정 능력은 특정한 과제와 관련된 정신적 기능을 의미하며 시간과 상황에 따라 기복이 있을 수 있다. 사회복지사는 가능하면 클라이언트가 이해력과 판단력 등 결정 능력을 가장 잘 발휘할 수 있는 상황에서 서비스에 대한 고지된 동의를 얻도록 노력할 책임이 있다. 결정 능력에 대한 사회복지사의 사정은 클라이언트가 구체적으로 무엇을 할 수 있는가에 초점을 맞추어야 한다. 전반적인 일상 기능의 능력검사에서 적격 판정을 받지 못한 클라이언트가 특정 기능의 능력검사에서는 적격 판정을 받을 수 있다. 즉, 클라이언트의 결정 능력은 있거나 없는 유무의 개념이 아니라 특정 기능을 어느 정도 수행하는가 하는 연속적 또는 차등적 개념이다. 이러한 사실은 사회복지사가 클라이언트의 삶의 어떤 부분에는 온정적 개입을 하더라도 다른 부분에는 클라이언트의 자기결정권을 존중할 수 있다는 것을 의미한다.

사례 9-1　노부부의 재가 서비스 거부

① 사례 개요[2]

백○○ 할아버지와 고△△ 할머니는 영구임대아파트에 거주하는 80대 초반의 노부부이다. 자녀는 없고 다른 도시에 살고 있는 조카가 유일한 혈육인데 왕래가 거의 없다. 중풍으로 거동이 불편해 누워 있는 시간이 많은 할아버지는 점차 몸이 쇠약해지고 있으며 치매 초기 증상으로 기억력도 저하되고 있다. 할아버지의 수발을 비롯해 집안일을 혼자 하고 있는 할머니는 심하게 굽은 허리의 통증으로 보건소에서 물리치료를 받고 있으며 지치고 우울한 모습이다.

할머니의 사정을 딱하게 여긴 이웃이 재가복지센터에 도움을 청했다. 사회복지사 윤□□이 가정방문을 했을 때 집 안은 깨끗하게 정돈되어 있었고 할아버지의 위생 상태도 양호한 편이었다. 할머니가 집안일과 병자 수발로 지쳐 있었기 때문에 센터에서 가정봉사 서비스를 제공하기로 했다. 그러나 서비스를 받기로 한 날, 할머니는 가정봉사원을 돌려보냈고 반찬도 받으려 하지 않았다. 서비스를 거부한 이유는 자신이 만든 음식이 아니면 할아버지가 들려고 하지 않는다는 것이었고, 아직은 혼자 해낼 수 있으며 낯선 사람을 집에 들여놓고 싶지 않다고 했다.

그 후 6개월이 지나는 동안 할머니의 허리 통증은 점차 더 심해져 갔다. 할머니는 보건소 의사가 권하는 대로 정형외과에 입원해서 정밀검사를 받고 전문적인 치료도 받아 보고 싶지만 할아버지 수발 때문에 미루고 있었고, 집 안은 예전처럼 청결하지 못했다. 할머니의 입원치료를 위해서 할아버지가 단기보호 서비스를 받는 방안을 사회복지사

---

2) 윤리적 쟁점별 사례들은 윤리적 의사결정의 정답이 아니라 윤리적 쟁점에 대한 이해를 돕고 실행 가능한 실질적인 의사결정 과정을 체득하도록 돕기 위한 예시이다. 각 사례에 대해 각자 선택한 윤리적 의사결정 모델을 적용하고 그에 따른 강조 사항들을 고려함으로써 보다 확장된 논의를 전개할 수 있을 것이다. 그리고 윤리적 쟁점의 이해에 초점을 맞추고 클라이언트나 사회복지사의 익명성을 보호하기 위해 각 사례마다 바꾸거나 밝히지 않은 신상 정보와 세부 정보들이 있다. 의미 있다고 생각되는 관련 정보를 바꾸거나 추가해서 새로운 논의를 펼칠 수도 있을 것이다. 또한 사회복지사의 역량, 수퍼바이저 및 동료들의 전문성, 기관 정책 그리고 법적 의무를 포함한 지역사회 환경 등에 따라서도 상이한 윤리적 의사결정이 이루어질 수 있을 것이다. 마지막으로, 논리적이고 합리적인 윤리적 판단에 의해 동일한 행동방침이 선택되더라도 실행 과정은 상당히 다를 수 있기 때문에 다양한 사회적·경제적·문화적·정치적·실천적 맥락에서 또 다른 논의를 전개할 수도 있을 것이다.

가 제안하자 할아버지는 절대로 집을 떠나지 않겠다며 완강히 거부했다. 할머니도 할아버지의 뜻을 받아들였고, 조카는 전화 통화에서 도움을 줄 수 있는 처지가 아니라고 밝혔다.

② 윤리적 쟁점과 논의

이 사례의 초기 단계에서 노부부의 서비스 거부가 선호하는 생활방식에 대한 자기결정의 가치를 반영하는 것인지, 또는 사회적 지지 체계가 취약한 노부부가 있는 힘을 다해서 노화과정에 적응하고 있는 것인지 정확하게 알기는 어렵다. 후자의 경우라면 윤리적 딜레마는 야기되지 않으며 노부부 가족의 생존능력을 보호하기 위해서 서비스를 제공하는 임상적 도전이 필요하다. 사회복지사 윤□□은 지난 6개월간의 사례관리를 통해 노부부의 서비스 거부가 이제까지 지켜 온 삶에 대한 가치를 반영하는 것이라고 판단하며 윤리적 딜레마에 처해 있다. 이번에도 노부부의 자기결정을 존중하기에는 할머니의 건강 악화가 염려되지만 강제적인 개입이 노부부의 기본적 안녕을 보호할 것이라고 확신하기도 어렵다.

백○○ 할아버지, 고△△ 할머니, 그리고 사회복지사 윤□□ 각자가 중시하는 가치는 무엇인가? 가치가 상충할 때 누구의 가치가 우선시되어야 하는가? 이 사례에서는 자율성을 존중할 가치와 적절한 서비스를 제공할 가치의 상충이 윤리적 쟁점을 제기한다.[3]

윤리이론의 관점에서 검토하면, 의무론적 관점에서는 사회복지사에게 노부부의 자율성을 존중할 고유한 의무가 있으며 동시에 건강과 생명을 보호할 의무 역시 있다고 주장할 것이다. 행위공리주의의 관점에서는 사회복지사의 온정적 개입이 할머니의 신체적 · 정신적 건강을 증진시킬 수 있고 결과적으로 할아버지의 건강상 손실을 최소화할 수 있다면 노부부의 자기결정권을 일시적으로 제한하고 서비스를 제공하는 것이 정당하다고 결론내릴 것이다. 규칙공리주의의 관점에서는 클라이언트의 자기결정권이 존중받지 못하는 상황에서 서비스를 제공하는 것은 장기적으로는 이익보다는 해를 가져올 수

---

3) 이 사례와 관련이 있는 또 다른 전문적 가치는 가능한 한 최대 다수의 사람에게 이익을 줄 수 있는 제한된 자원의 공평한 배분이다. 노부부의 신체적 · 정신적 상태가 악화될수록 결국에는 서비스 제공을 위한 추가 재원을 필요로 할 것이므로 다른 서비스 이용자들의 재원 사용이 제한받게 될 것이다. 또한 사회복지기관은 지역사회의 인가에도 가치를 둔다. 공공기금의 지원을 받기 때문에 지배적인 지역사회의 가치인 생명보호 의무에 상대적으로 큰 비중을 두게 된다.

있다고 우려할 것이다. 센터에서 클라이언트의 의사에 반하는 개입을 했다는 사실이 지역에 알려지면 잠재적 클라이언트들이 서비스 요청을 꺼리게 되고 결과적으로는 사회복지 실천에 장애가 될 것이기 때문이다.

한편, 돌봄의 윤리 관점에서는 할머니의 입원치료와 회복 과정이 자신의 건강관리뿐만 아니라 할아버지도 보살펴야 하는 어려운 과정인 만큼 사회복지사, 노부부, 이웃, 보건소 의료진 등 특정 관계를 맺고 있는 사람들 사이의 연결과 소통과 협력 그리고 애정 어린 보살핌이 중요하다고 할 것이다. 또한 노부부의 기본적 안녕을 위협하거나 다른 주요한 인간관계를 해치지 않는 한, 노부부가 평생 견지해 온 삶의 가치를 최대한 지킬 수 있는 방향으로 윤리적 의사결정이 이루어지기를 권장할 것이다.

③ 윤리적 지침과 결정

한국사회복지사 윤리강령에는 선행의 원칙(II-1-1)과 자율성의 원칙(II-1-3)을 준수할 사회복지사의 의무가 명시되어 있으나 두 가지 의무가 대립하는 경우 적용할 수 있는 구체적인 지침은 없다. 미국 NASW 윤리강령은 사회복지사의 클라이언트에 대한 헌신 의무(1.01)와 자기결정권 존중 의무(1.02)를 명시하면서 자기결정이 제한되는 상황에 대해서도 언급함으로써 윤리적 쟁점 제기 시 적용할 수 있는 상대적으로 구체적인 윤리표준을 제시하고 있다. 미국 NASW 윤리강령에 따르면 노부부의 서비스 거부가 그들에게 심각하고 예측 가능하며 임박한 위험을 초래할 수 있다고 전문적으로 판단될 경우 사회복지사는 노부부의 자기결정권을 제한할 수 있다. 사회복지사 윤□□은 할머니의 잠재적인 건강 악화 위험이 심각하고 예측 가능하지만 현재 보건소의 의료적 관리를 받고 있으므로 임박한 위험은 아니라고 판단했다.

윤리이론들이 일관된 지침을 제시하지 않고 사회복지사의 전문적 판단에 의해서도 온정적 개입을 정당화하기 어려운 상황에서 사회복지사는 행동대안들의 윤리적 정당성을 검토하기 위해서 윤리적 원칙 심사[4]와 윤리적 지침[5]을 적용해 볼 수 있다.[6] 윤리적

---

4) 윤리적 원칙의 우선순위 검토에는 로웬버그와 돌고프(Lowenberg & Dolgoff, 1996)의 '윤리적 원칙 심사 (Ethical Principles Screen)'를 적용한다. 김상균 외의 저서(김상균 외, 2002: 163-166)와 돌고프 외의 저서 (Dolgoff et al., 2012: 79-82)에서 윤리적 원칙 심사에 대한 설명을 참고할 수 있다.

5) 일부 사례에는 리머의 '윤리적 의무 상충에 대한 해결 지침'을 적용한다. 이 지침은 거워드(Gewirth)의 윤

원칙 심사에 의하면 자율성과 자유의 원칙은 삶의 질의 원칙에는 우선하지만 생명보호의 원칙[7]보다는 하위원칙이다. 따라서 서비스 제공이 노부부의 생명보호를 위한 것인지 아니면 삶의 질을 향상시키기 위한 것인지에 따라서 윤리적 판단은 달라질 것이다. 사회복지사 윤□□은 지난 6개월간의 사례기록과 보건소 의료진들의 자문을 참고하여 고령인 노부부의 신체적·정신적 건강 악화 위험에 생명보호의 원칙을 적용하는 것이 타당하다고 판단했다. 그러나 강제 개입으로 초래될 수 있는 잠재적 손실도 고려해야 한다. 할아버지는 낯선 곳에서 생활하거나 낯선 사람의 도움을 받게 될 경우 정신적 균형을 잃거나 건강을 해칠 위험이 예측되고, 할머니에게는 자신의 입원치료 때문에 할아버지가 겪게 될 정신적 혼란을 염려하여 기대했던 치료 결과를 얻지 못하는 손실을 가져올 수도 있다. 사회복지사는 노부부의 생명보호를 위한 강제 개입의 결과가 역으로 작용할 위험도 간과할 수 없다고 판단했다.

한편, "개인의 자기결정권은 자신의 기본적 안녕(생명, 건강, 음식, 주거, 정신적 균형 등 인간행동의 필수 조건 포함)에 대한 권리에 우선한다"는 윤리적 지침은 노부부의 의사에 반하여 강제 개입을 하는 것은 정당화될 수 없음을 시사한다. 그렇다면 노부부의 서비스 거부는 상황에 대한 인식이 있고 결정에 따르는 잠재적 결과를 알고 있는 '정신적 능력이 있는' 클라이언트의 자율적인 결정인가? 백○○ 할아버지의 서비스 거부는 자기결정으로 존중될 수 있는가? 고△△ 할머니의 서비스 거부는 어떠한가? 부부 한쪽의 자기결정이 배우자에 의해서 바뀔 때 사회복지사는 어떤 판단을 해야 하는가?

리적 의무의 우선순위에 관한 '일관성 원칙(the principle of generic consistency)'을 리머가 사회복지 분야에 적용한 것이다. 리머는 일관성 원칙이 인간의 기본적 욕구에 대한 사회복지의 오랜 관심과 일치하며, 가치, 이익 및 의무의 서열화는 사회의 가장 취약한 구성원들의 욕구에 초점을 맞추어 온 사회복지의 끊임없는 헌신을 지지한다는 점에서 윤리적 딜레마를 다루는 데 도움이 된다고 한다(Reamer, 1999: 72-75).

6) 윤리적 원칙과 지침은 윤리적 딜레마 분석과 의사결정에 있어서 유용한 준거기준이 될 수 있지만 모든 딜레마 상황에 명쾌하고 분명한 해결책을 제시하지는 못한다. 특정 가치, 조건, 의무의 상대적 이점이나 장점에 대해서 관련 체계 모두가 동의하기는 어렵기 때문이다. 심지어 그 상대적 중요성에 동의하는 사회복지사들조차도 특정 개별 사례에서는 서로 다른 판단을 할지 모른다. 그렇다고 하더라도 사려 깊은 해석과 예측과 추론이 이루어진다면 윤리적 딜레마의 본질을 확인하고 윤리적 판단을 하고 관련 방침들을 체계화하는 데 도움이 될 것이다.

7) 생명보호의 원칙은 직접 생명을 보호하는 것뿐 아니라 의식주 해결이나 신체적·정신적 건강 보호와 같이 인간의 생명을 위협할 수 있는 조건들을 보호하는 것을 포함한다.

사회복지사 윤□□은 보건소 의료진의 자문을 받아 치매로 인한 기억력과 판단력 등 인지기능 저하로 할아버지의 결정 능력이 제한적이라고 평가했다. 반면에 할머니는 우울하고 지쳐 있기는 하지만 건강 상태 및 센터의 서비스에 대한 인식 등에 기반할 때 결정 능력이 유지되고 있다고 평가했다.[8] 그러나 서비스를 거부했던 두 경우 모두 할머니의 자기결정은 번복되었다. 할머니의 자기결정은 자발적인 결정인가 아니면 할아버지의 강요에 의한 결정인가? 사회복지사 윤□□은 그동안의 노부부와의 만남과 이웃들의 시각에 근거하여 할머니의 서비스 거부는 할아버지의 강요가 아니라 가장 역할과 건강을 잃어 가는 남편에 대한 배려와 돌봄 동기에 의한 결정이라고 판단했다. 그리고 노부부가 함께해 온 지난 긴 세월 동안 배우자에 대한 배려가 한결같이 중요한 가치였을 수 있다는 추론도 가능하다.

사회복지사 윤□□은 노부부의 건강 상태와 기능에 지속적으로 관심을 기울이면서 노부부의 자기결정과 사회복지사의 온정적 개입 사이에서 중간 지점을 찾으려고 노력했다. 그리고 할아버지의 서비스 거부가 결정 능력의 전반적인 손상을 의미하는 것은 아님에 유념했다. 적지 않은 시간을 필요로 했지만, 노부부와 사회복지사를 포함한 관련인들 사이의 소통과 협력을 통해서 노부부가 신뢰하는 이웃 주부가 할머니의 동의하에 가정봉사원의 자격으로 노부부에게 서비스를 제공할 수 있게 되었다. 할아버지는 평소 알고 지내 온 이웃 주부의 도움은 거부하지 않았고, 할아버지가 가정봉사원의 돌봄에 적응하는 준비 기간을 거쳐 할머니는 입원치료를 받을 수 있었다.

자율성의 가치와 생명보호의 가치는 대립되는 가치가 아니며 진행성(progressive) 가치이다. 한 시점에서 우위를 점하는 가치가 다른 시점에서는 차선의 가치가 될 수 있다. 노부부의 신체적·정신적 기능에 심각한 장애가 나타나고, 직면하고 있는 실질적인 위험이 크다고 판단되는 시점에는 클라이언트의 자기결정에 반하여 강제 개입을 하는 것이 타당하다. 노인 클라이언트의 자기결정권 존중 의무와 온정적 개입 의무가 상충할 때 사회복지사의 윤리적 의사결정이 정당화되려면 실천적 판단에 기반하는 숙련된 평가가 필요하다. 상황에 대한 적절한 정보를 수집하고, 갈등에 처한 당사자들의 가치와 규칙의 우선순위를 파악하며, 윤리적 원칙을 적용해야 한다. 또한 강화된 자율성과 손상된

---

8) 노인 클라이언트의 서비스 결정 능력은 서비스 제공방법의 본질에 대한 이해 능력, 다양한 대안의 함의에 대한 이해 능력 그리고 이성적인 선택과 의사소통 능력 등에 근거하여 평가된다(Linzer, 1999: 140).

자율성 사이의 연속체를 따라 재가 서비스 제공을 위한 자율성 모델을 구축할 필요가 있다. 돌봄 제공자가 가족이든, 전문가이든, 공식적인 보호서비스 제공자이든 클라이언트와 돌봄 제공자는 서로 적응하고 상호관계를 발전시켜 나가야 한다.

2) 정보의 확보

클라이언트가 문제상황이나 서비스의 본질을 이해하지 못한다면 특정 서비스를 요청하거나 거부하는 자기결정권을 행사하기 어려울 것이다. 따라서 클라이언트가 자기결정에 필요한 정확하고 충분한 정보를 가지고 있는가 하는 점이 윤리적 쟁점을 제기한다. 우리나라의 임상 사회복지 실천현장에서 클라이언트들은 대부분 서비스를 제공받기 전에 서비스의 목적, 이점, 관련 비용 등에 대해 듣고, 위탁 상담인 경우에는 서비스 기간과 제한 등에 대해서도 듣는다. 그렇지만 서비스 관련 위험이나 대안적 서비스에 대한 상세한 설명은 듣지 못하는 경우가 있다. 또한 기관이나 사회복지사가 선의에서 클라이언트에게 특정 정보를 공개하지 않거나 검증되지 않은 정보를 제공하거나 허위 정보를 제공하는 온정적 개입을 함으로써 자유로운 선택과 결정의 기회를 제한할 수도 있다.

 사례 9-2 암 투병 클라이언트의 주거지원비 거부

▣ 사례 개요

사회복지사 오○○는 지역자활센터의 사례관리 업무를 맡고 있다. 50대 후반 남성 클라이언트 최△△는 기초생활보장 수급자로 지난 1년간 자활사업에 성실히 참여해 왔다. 클라이언트는 일찍 부모를 여의었고 초등학교를 졸업하지 못한 채 생활전선으로 내몰렸으며 40대에 알코올 의존 진단을 받았다. 알코올전문병원 입·퇴원을 수차례 반복하다 중독관리통합지원센터의 회복 프로그램에 참여하고 단주모임에 나가면서 2년간 단주를 유지하고 있다.

지난 달 클라이언트는 림프종 진단을 받았는데 전이가 상당히 진행된 상태이다. 클라이언트는 생활비 비축을 위해 보증금 없는 지하창고로 이사했는데, 창문이 없어 햇볕이 전혀 들지 않고 난방과 환기가 안 되어 곰팡이 냄새가 심한 열악한 환경이었다. 건강에 해로울 것 같다는 사회복지사의 염려에 클라이언트는 어려움이 있어도 이겨 나갈 자신이 있다고 이야기했다.

클라이언트는 과거 불법 사건에 연루되어 자신과 무관한 주택의 소유자로 명의 도용을 당했고, 그 때문에 임대 보증금에 대한 주거지원 서비스 신청자격이 없다. 그러나 2백만 원 정도이면 인근에서 주거환경이 더 나은 원룸을 구할 수 있으며, 클라이언트의 지인들이 자발적으로 십시일반 격려금을 모으고 있고 필요한 경우 임대 보증금 지원을 약속한 센터 후원자도 있다.

사회복지사는 클라이언트의 건강회복을 위해 이사가 최우선이라고 생각하지만 클라이언트는 주변의 도움으로 이사하는 것을 원치 않는다. 클라이언트는 병원으로 면회 온 지인들의 병문안도 극구 사양했다. 사회복지사 오○○는 좋은 원룸이 있는데 곧 나갈 상황이어서 급히 계약을 했고 이사하지 않으면 계약금을 돌려받지 못한다고 하면 어떻겠냐는 후원자의 제안이 이 상황에서 최선이 아닌가 하는 생각이 들었다.

② 윤리적 쟁점과 논의

사회복지사 오○○는 이사하지 않겠다는 클라이언트 최△△의 자기결정을 존중해야 하는가, 아니면 허위 정보를 전해서라도 이사를 강제해야 하는가? 클라이언트의 자기결정을 존중할 경우 발생할 수 있는 문제는 무엇인가? 그럼에도 불구하고 자기결정을 존중해야 하는 근거가 있는가? 반대로 자기결정을 제한할 근거는 무엇인가?

사회복지사는 클라이언트의 열악한 주거환경이 건강을 해칠 위험이 있다고 예측한다. 최악의 경우에는 생명을 잃는 돌이킬 수 없는 결과를 가져올지도 모른다. 그럼에도 불구하고 클라이언트에게는 자신의 삶의 방향을 선택하고 결정할 자유를 누릴 권리가 있으며, 아울러 자신에게 제안된 서비스에 대해 정확히 알 권리도 있다고 생각한다. 더군다나 알코올 의존에서 회복 중인 클라이언트는 알코올로부터의 자유와 일상의 자율성을 무엇보다 중요한 가치로 여기고 있다. 하지만 사회복지사의 일차적 책임은 클라이언트의 안녕을 증진시키는 것이다. 클라이언트의 독립적인 삶에 대한 자기결정권 및 알 권리를 존중할 의무와 클라이언트를 건강 악화의 위험으로부터 보호할 의무가 상충하면서 윤리적 쟁점이 제기된다.

윤리이론의 관점들을 살펴보면, 의무론적 관점에서는 사회복지사에게 주거 이전과 관련하여 클라이언트에게 정확하고 충분한 정보를 제공할 의무가 있다고 주장할 것이다. 클라이언트의 건강 악화를 막기 위해서라고 해도 허위 정보를 전하는 것은 클라이언트의 자기결정권을 침해하는 것이기 때문이다. 행위공리주의적 관점에서는 클라이언트의 열악한 주거환경이 초래할 수 있는 신체적·정신적 위험이 허위 정보로 인한 해로움보다 크다고 여겨진다면 진실을 알리지 않는 편이 정당하다고 할 것이다. 규칙공리주의적 관점에서는 클라이언트에게 허위 정보를 제공함으로써 초래될 장기적인 결과에 관심을 가질 것이다. 사회복지사가 거짓말을 했다는 사실을 나중에 클라이언트가 알게 되면 이사한 것을 후회할 수 있고 사회복지사에게 실망하거나 원망하는 마음을 가질 수도 있다. 클라이언트의 지인들 역시 선의의 거짓말이라고 해도 클라이언트와의 진실된 관계에 미칠 부정적인 영향을 걱정하며 거짓말에 동조한 것을 후회할지 모른다. 또한 기관은 클라이언트의 알 권리를 침해하고 자기결정권을 훼손한 데 대해 지역사회에서 전문성을 의심받을 수 있다.

한편, 클라이언트의 투병생활은 자신과 타인들의 돌봄을 필요로 하는 길고도 힘든 과정이다. 돌봄의 윤리 관점에서는 관련 체계들의 연결, 협력, 소통 그리고 애정 어린 보살핌이 중요하다고 할 것이며, 중요한 관계를 맺고 있는 사람들을 돌보고 그들을 위해 행동할 필요성을 강조할 것이다.[9]

③ 윤리적 지침과 결정

한국사회복지사 윤리강령은 사회복지사가 클라이언트의 권익옹호를 최우선으로 해야 할 의무(II-1-1)와 자기결정권을 최대한 보장할 의무(II-1-3)에 대해 명시하고 있으며 클라이언트의 알 권리도 규정하고 있다.

---

9) 나딩스(Noddings, 2002: 20-21)는 미덕으로서의 돌봄과 관계의 속성으로서의 돌봄을 구별한다. (미덕의 의미에서) 진심으로 돌보면서도 돌봄을 받는 사람과 마음이 통하지 않을 수 있다는 지적이다. 또한 리(Li, 1994)는 돌봄 개념이 유교 윤리의 인(仁) 개념과 유사하다고 했다(Banks, 2012: 77-78에서 재인용). 공자는 인(仁)이 선(善)의 근원이자 행(行)의 기본이라고 강조했다. 우리나라에서는 인(仁)을 '어질다'라고 하는데, 어질다는 '얼이 짙다'에서 온 말로서 심성의 착함과 행위의 아름다움을 뜻한다(한국민족문화대백과사전, http://encykorea.aks.ac.kr).

Ⅱ-1-5 사회복지사는 클라이언트가 받는 서비스의 범위와 내용에 대해, 정확하고 충분한 정보를 제공함으로써 알 권리를 인정하고 존중해야 한다.

미국 NASW 윤리강령 역시 클라이언트의 안녕을 증진시킬 의무(1.01)와 자기결정권 존중과 제한에 대한 의무(1.02)를 명시하고 있으며, 다음과 같이 자기결정에 앞선 고지된 동의와 그 실행방법에 대한 윤리표준을 제시한다.

1.03(a) 사회복지사는 적합한 때, 유효한 고지된 동의에 기초한 전문적 관계의 맥락 안에서 클라이언트에게 서비스를 제공해야 한다. 사회복지사는 명확하고 이해할 수 있는 말로 클라이언트에게 서비스의 목적, 서비스 관련 위험, 제3자 지불요건으로 인한 서비스의 제한, 관련 비용, 합리적인 대안, 동의를 거절하거나 취소할 수 있는 클라이언트의 권리 그리고 동의 기간에 대해 알려 주어야 한다. 사회복지사는 클라이언트에게 질문할 기회를 제공해야 한다.

클라이언트가 서비스에 동의하기 위해서는 사전에 관련 정보에 대한 정확하고 충분한 논의가 이루어져야 한다. 그러나 사회복지사 오○○는 클라이언트 최△△의 자기결정권과 알 권리를 존중해야 할지 아니면 제한해야 할지 갈등하고 있다. 미국 NASW 윤리강령은 클라이언트의 행동이 당사자에게 심각하고 예측 가능하며 임박한 위험을 초래할 수 있다고 전문적으로 판단될 경우 클라이언트의 자기결정권을 제한할 수 있다고 명시하고 있다(1.02). 따라서 클라이언트가 주거지원을 거절함으로써 야기될 위험의 정도에 대한 판단이 윤리적 의사결정의 중요한 부분이 된다.

윤리이론의 관점이 지지하는 행동방침들이 일관되지 않으므로 윤리적 원칙 심사를 적용하여 윤리적 정당성을 검토할 수 있다. 생명보호의 원칙은 자율성과 자유의 원칙에 우선하며, 최소 손실의 원칙이나 삶의 질의 원칙은 자율성과 자유의 원칙보다 하위원칙이다. 즉, 클라이언트의 열악한 주거환경이 생명, 건강 그리고 정신적 균형에 위험을 초래할 수 있다고 판단되면 허위 정보를 제공해서라도 자기결정권을 제한할 수 있음을 시사한다. 그러나 클라이언트가 열악한 주거환경에서 지내기로 결정함으로써 얻는 손실이 삶의 질적 저하를 가져오는 수준이고 생명보호에 위해를 가할 정도가 아니라면 클라이언트에게 허위 정보를 제공하는 온정적 개입은 윤리적으로 정당화될 수 없을 것이다.

한편 "개인의 자기결정권은 자신의 기본적 안녕(생명, 건강, 음식, 주거, 정신적 균형

등 인간행동의 필수 조건 포함)에 대한 권리에 우선한다"는 윤리적 지침은 클라이언트의 의사에 반하여 허위 정보를 제공하는 온정적 개입이 정당화될 수 없음을 시사한다. 그리고 그와 동시에, 클라이언트에게 결정 능력이 있고 자발적으로 결정했다는 점을 고려할 때 충분히 정보를 확보한 상태에서 자기결정이 이루어졌는지에 대한 의문이 제기된다.

사회복지사 오○○는 윤리적 의사결정을 위해서 의학적·임상적 지원이 중요하다고 판단했다. 따라서 클라이언트의 선택 결과보다는 자율성을 최대한 존중하면서 소통하는 과정에 초점을 맞추었다. 클라이언트는 낮은 교육 정도에 대한 수치심과 암에 대한 두려움 때문에 알고 싶은 정보를 주치의에게서 얻지 못하고 있었다. 사회복지사는 클라이언트의 동의하에 주치의 면담에 동행해서 질병과 항암치료에 대한 정확한 정보를 얻도록 도왔다. 또한 클라이언트는 지역사회 보건소의 간호사를 통해 상세하고 이해하기 쉬운 추가 정보를 얻을 수 있었다. 클라이언트는 항암치료에 면역력이 중요한 요소이며 열악한 주거환경이 면역력 저하를 가져올 수 있음을 이해했다.

한편으로는 클라이언트의 자율적 삶에 대한 강한 소망에 작용하는 심리기제에 대한 사정도 이루어졌다. 클라이언트는 알코올 의존 회복 과정에서 알코올이나 타인에게 의존하지 않는 독립적인 삶을 가장 중요한 가치로 받아들이고 있었다. 또한 거의 평생을 홀로 살아온 클라이언트는 암 발병이라는 위기 앞에서 타인들의 보살핌을 어디까지 어떻게 받아들여야 할지 혼란스러웠고, 그에 따르는 여러 감정이 혼란을 더하고 있었다.

클라이언트 최△△는 정확하고 충분한 의학적 정보를 얻었고 자신의 내면에 대한 인식도 증진되었다. 그리고 임대 보증금 지원에 관한 상세한 정보도 얻었다. 클라이언트는 항암치료를 마치고 일상에 복귀하는 대로 보증금을 갚는다는 조건으로 이사를 결정했다. 지인들의 진실되고 따뜻한 보살핌과 협력은 클라이언트가 새로운 선택을 하는 데 결정적인 힘이 되었고, 클라이언트는 의존이 아닌 유연한 상호의존 관계를 경험할 수 있었다.

돌봄의 윤리 관점에서는 개인적 자율성조차도 부분적으로는 관계에 의해 발달한다고 본다(Reamer, 2018b: Location 1878 of 6390). 결정 능력이 있는 클라이언트의 선택은 사회복지사의 선택보다 우선하며 주요 타자들의 선택에도 우선한다. 자신의 삶의 궁극적인 책임자는 자기 자신인 것이다.[10]

---

10) 「민법」(시행 2021. 1. 26.)은 사람은 생존할 동안 권리와 의무의 주체가 된다고 규정하고 있다(제3조 권리 능력의 존속기간).

3) 상황의 강제성

클라이언트의 자기결정이 자발적으로 이루어졌는지 아니면 강제적인 힘이 영향을 미쳤는지가 윤리적 쟁점을 제기한다. 클라이언트의 자기결정이 순수하게 자율적이려면 선택할 수 있는 하나 이상의 선택지가 있어야 하고, 자신의 선택에 따라 행동할 기회가 있어야 하며, 사회복지사나 다른 전문가들이 어느 하나의 선택을 강요하지 않아야 한다(Dolgoff et al., 2012: 100). 클라이언트가 선택의 여지없는 어떤 결정을 했을 때 클라이언트는 하나뿐인 선택지를 자발적으로 결정한 것이 아니라 비자발적이며 강제적으로 결정한 것이다. 결정 능력이 있는 클라이언트가 상황에 대해 잘 알고 있는데도 불구하고 사회복지사가 생각할 때 합리적인 사람이라면 하지 않을 결정을 할 때가 있다. 그런 경우 사회복지사는 클라이언트의 결정이 어떤 면에서는 비자발적일 수 있다고 추정하고 클라이언트가 강요당하거나 또는 내적 충동이나 강박에 의해 결정한 것은 아닌지 파악하고자 할 것이다.

아내로부터 ○○알코올중독상담센터에 등록하지 않으면 이혼하겠다는 경고를 받은 남편의 서비스 요청은 가정을 지키고자 하는 소망에서 동기화된 자발적인 결정인가, 아니면 아내의 강요에 의한 비자발적인 결정인가? 비자발적 결정이었다면 서비스에 대한 클라이언트의 고지된 동의는 윤리적으로 정당하다고 할 수 있는가? 일반적으로 클라이언트의 자기결정이 그 자신이나 타인에게 위험을 초래하지 않는 한 자기결정의 전제 조건에 대한 의문이나 윤리적 쟁점은 제기되지 않는다. 그러나 결정 능력이 있는 클라이언트가 자신에게 위험을 초래할 수 있는 상황이라는 것을 잘 알면서도 서비스를 거부한다면 비자발적인 결정으로 이끈 외적 강제나 내적 명령의 불확실성과 모호성으로 인하여 사회복지사는 더욱 복잡한 윤리적 딜레마에 처하게 된다.

사례 9-3 학대 피해노인의 노인복지시설 입소 거부

Ⅰ 사례 개요

□□병원 의료사회복지사 우○○는 손△△ 환자의 퇴원 수속 중 문제가 생겼으니 도와 달라는 원무과의 연락을 받았다. 환자는 심근경색증으로 입원한 하반신 마비의 70대 할머니이며 보훈대상자였다. 우○○는 본인부담 진료비를 낼 수 없다며 소란을 피우는 환자 보호자를 진정시키고 면담을 가졌다. 자신을 환자의 이웃이라고 소개한 60대 남성은 3년 전 이민을 떠난 할머니의 딸로부터 할머니를 돌보는 조건으로 할머니 소유의 27평 슬라브 주택을 받았다고 했다. 그 이후 할머니의 보훈급여금을 보호자가 관리해 왔는데 생활비가 항상 부족해서 보태는 실정이라며 쓸모없는 낡은 집인데 괜한 짓을 했다고 불만을 토로했다. 퇴원은 보류되었다.

단정하고 깔끔한 모습의 할머니는 인지기능이 정상이고 면담에 협조적이었다. 할머니는 보훈병원에 갔으면 문제가 없었을 텐데 의약분업 때문에 응급 입원하는 바람에 이렇게 되었다면서 속상해했다. 그러고는 연금으로 진료비를 낼 수 있을 텐데 무슨 일인지 모르겠다며 한숨을 쉬었다. 그러나 곧 자신에게 들어가는 돈이 많아서 그럴 거라며 보호자를 두둔했고, 보호자를 탓하지 말아 달라고 부탁했다. 할머니는 보호자와 관계가 나빠지면 퇴원 후 자신을 돌봐 줄 사람이 없다면서 눈물을 보였다.

사회복지사는 할머니의 퇴원이 지연되면서 가진 몇 번의 면담에서 할머니의 외아들이 조현병으로 정신요양시설에 입소해 있다가 15년 전 사망했으며, 현재 보호자는 며느리의 재혼한 남편이라는 것을 알게 되었다. 보호자는 경제 능력이 없으며 보훈급여금으로 세 식구가 살고 있었다. 할머니는 보호자 부부가 외출하면 종종 끼니를 걸렀고, 최근에는 할머니의 용변 처리가 힘들다며 하루 종일 하의를 입혀 주지 않은 일도 있다. 또한 보호자는 할머니를 구타하지는 않지만 화가 나면 물건을 집어던지는데 할머니는 움직이기 힘들다 보니 그럴 때면 무척 불안하다고 했다. 할머니를 곁에서 돌볼 수 있는 자녀나 일가친척이 전혀 없지만 할머니는 사회복지사 우○○가 제안한 노인요양시설 입소를 단호하게 거절했다.[11]

---

11) 이 사례는 「노인복지법」(시행 2021. 6. 30.)에 규정된 노인학대 예방 및 신고를 위한 긴급전화 설치(제39조의4), 노인보호전문기관 설치(제39조의5), 노인학대 신고의무와 절차(제39조의6), 응급조치의무(제39조

② 윤리적 쟁점과 논의

이 사례는 원조요청에 대한 손△△ 할머니의 양가감정과 사회복지사 우○○가 직면해 있는 윤리적 딜레마를 보여 준다. 할머니는 평생 살아온 집에서 여생을 보내고 싶어 하며 노인요양시설에서 공동생활을 함으로써 간섭받는 것을 원치 않는다. 그러나 한편으로는 사회복지사에게 고통을 호소하면서 간접적으로 원조를 요청하고 있다. 클라이언트가 자발적으로 어려움을 호소하고 있다면 노인요양시설 입소를 거부한다고 하더라도 절박한 위험에 처해 있는 것이 아닌가? 클라이언트의 자기결정에 장애 요소가 있는 것은 아닌가? 클라이언트는 정신적인 결정 능력이 있고 노인요양시설의 서비스에 대해 이해한 것으로 평가된다. 그럼에도 불구하고 서비스를 거부하고 있다. 그렇다면 클라이언트의 결정이 자발적이 아니었다는 가정이 가능한가? 클라이언트의 자기결정권 존중 의무와 기본적 안녕에 대한 권리 보호 의무의 상충으로 윤리적 쟁점이 제기되며, 자기결정이 자발적으로 이루어졌는가 하는 점이 윤리적 의사결정에 있어서 핵심적 쟁점이 된다.

의무론적 관점에서 사회복지사는 클라이언트의 자기결정권을 존중하는 동시에 학대의 위험으로부터 보호할 의무가 있다. 행위공리주의적 관점에서는 학대 위험에서 벗어나는 것이 클라이언트에게 이익이 된다면 고지된 동의 없이도 개입을 해야 한다고 주장할 것이다. 규칙공리주의적 관점에서는 클라이언트의 동의 없이 행해지는 개입이 일반화될 때 잠재적 클라이언트의 서비스 접근 가능성에 부정적인 영향을 미칠 수 있음을 우려할 것이다. 관계 기반 윤리 관점에서는 윤리적 의사결정 방식이 사회복지사와 클라이언트의 원조관계, 클라이언트 · 보호자 부부 · 딸 사이에 형성된 주요한 관계들, 그리고 클라이언트의 욕구를 충족시킬 수 있는 사회복지사의 능력에 대한 자기 평가를 반영하고 존중하는 세심한 주의를 기울이도록 권장할 것이다.

③ 윤리적 지침과 결정

한국사회복지사 윤리강령은 "사회복지사는 클라이언트가 자기결정권을 최대한 행사할 수 있도록 도와야 하며, 저들의 이익을 최대한 대변해야 한다(II-1-3)"고 명시하고 있다. 또한 미국 NASW 윤리강령은 클라이언트의 자기결정권 존중과 제한 가능성에 대

의7) 그리고 노인학대행위자에 대한 상담 · 교육 제공(제39조의16) 등이 시행되기 이전 사례이다. 그러나 지금도 실천현장에서 유사한 윤리적 딜레마가 야기될 수 있다고 사료된다.

해 보다 구체적으로 언급하고 있지만(1.02) 이 사례의 윤리적 의사결정에 적용할 수 있는 구체적 윤리표준은 제시하지 않고 있다.

관련법을 검토하면, 「가정폭력범죄의 처벌 등에 관한 특례법」(약칭: 가정폭력처벌법, 제정 1997. 12. 13.)에 의해 누구든지 가정폭력 범죄를 알게 된 때에는 이를 수사기관에 신고할 수 있으므로(제4조) 사회복지사 우○○는 가정폭력 신고로 클라이언트를 학대 위험으로부터 보호할 수 있다. 그러나 「가정폭력방지 및 피해자보호 등에 관한 법률」(약칭: 가정폭력방지법, 제정 1997. 12. 31.)은 상담소나 보호시설의 장은 피해자의 명시한 의사에 반하여 피해자를 일시보호하거나, 치료보호할 수 없다고 규정하고 있다(제9조). 사회복지사가 신고를 하더라도 클라이언트가 보호 서비스를 거절하는 경우에는 클라이언트의 자기결정권이 우선적으로 존중되며, 신고가 보호 서비스로 연결되지 못하면서 오히려 클라이언트를 더 위험한 상황에 빠뜨릴 수도 있는 것이다.

윤리강령과 법규가 사회복지사의 행동방침에 구체적인 방향을 제시하지 못하므로 사회복지사는 윤리적 원칙 심사와 지침을 고려하여 행동대안의 윤리적 정당성을 검토할 수 있다. 의무론적 관점에서 자기결정권 존중과 클라이언트 보호의 의무가 동시에 중시되므로 윤리적 원칙 심사를 적용해 보면 생명보호의 원칙이 그 어떤 원칙에도 우선해서 사회복지사의 강제 개입을 정당화한다. 그러나 개인의 자기결정권은 자신의 기본적 안녕(생명, 건강, 음식, 주거, 정신적 균형 등 인간행동의 필수 조건 포함)에 대한 권리에 우선한다는 윤리적 지침은 상반된 결론으로 이끈다. 이 지침에 의하면 노인복지시설 입소를 거부할 클라이언트의 권리가 안전과 보호에 대한 권리보다 우선해서 앞에서 참조한 법 규범과 일치한다. 그러나 한편 클라이언트가 정신적 결정 능력이 있고 위험 상황과 서비스 내용에 대해 잘 알고 있는 상황에서 서비스를 거부했기 때문에 상황의 강제성, 즉 자기결정의 자발성에 대해 확인할 필요가 있다.

이와 같이 양쪽의 행동대안이 모두 논리적으로 옳고 어느 쪽 결정이든 가능할 수 있다면 사회복지사는 대안들 사이에 절충의 여지가 있는지 결정하기 위해서 상황을 보다 깊이 들여다볼 필요가 있다. 때로는 상충하는 윤리적 원칙들을 통합하는 실천원칙을 적용함으로써 윤리적 딜레마 상황에서 어느 한쪽을 선택하지 않고도 해결로 이끌 수 있다. 이는 관계 기반 윤리 관점에서 윤리적 딜레마의 해결방식이 클라이언트와의 원조관계를 반영하고 존중하도록 세심한 주의를 기울일 것을 권장하는 것과 맥락을 같이한다.

상충되는 윤리적 원칙들은 자율성과 자유의 원칙과 생명보호의 원칙이다. 사회복지사는 클라이언트의 기본적 안녕 보호에 세심한 주의를 기울이는 동시에 자율성을 최대한 존중하는 배려가 필요하다고 판단했다. 따라서 보호 서비스에 대한 온정적 개입을 조급하게 실행하려 하지 않았고, 사례를 조기 종결하지도 않았다. 특히 이 사례에서는 클라이언트의 자기결정이 자율적으로 이루어졌는가 하는 점이 쟁점이 되고 있다. 클라이언트의 서비스 거부를 강요하는 사람이나 상황이 있는가? 클라이언트의 강박적인 사고나 소망이 서비스 거부에 영향을 미치고 있는가? 이러한 질문에 답을 얻기 위해서는 클라이언트와의 진정성 있는 원조관계 형성이 중요하며, 사회복지사와 관련인들 사이의 소통과 협력도 중요하다.

보호자 상담에서는 노인학대가 법으로 금지되며, 가정폭력은 가정 구성원 사이의 신체적 학대뿐 아니라 정서나 재산상 피해를 포함하는 행위임을 설명했다. 클라이언트가 보훈급여금 사용 내역에 대해 언급하는 것을 원치 않았기 때문에 생활비 관리 문제를 상세히 다루지는 않았지만 보호자에게 본인부담 진료비를 정산해야 할 책임이 있음을 설명했다. 그와 함께 보호자 부부의 돌봄 부담과 경제적 압박감에 대해서도 공감을 통한 소통과 협력을 이끌어 내려 노력했다.

클라이언트에게는 퇴원 후에도 전화 연락이 가능함을 알렸다. 클라이언트의 돌봄 욕구와 정서에 민감하게 반응하며 관심을 기울여 경청하고자 한 사회복지사의 태도가 신뢰를 바탕으로 하는 원조관계 형성에 연결고리가 되었다. 사회복지사와의 정기적인 전화상담 외에도 클라이언트는 종종 자발적으로 전화를 해서 자신의 어려움을 하소연했다. 사회복지사는 클라이언트의 안전에 대한 위험을 평가하는 동시에 지지적인 상담을 제공함으로써 상호존중과 이해를 쌓아 갔다. 클라이언트에게 집은 그저 물리적인 보호공간이 아니라 남편이 남겨 준 인생의 마지막 선물이자 어머니를 돌보지 못하는 딸의 염려를 덜어 주는 보호막이었다. 그렇기에 클라이언트에게 더 이상 집이 안전한 보금자리는 아니었지만 정든 집을 떠난다는 것은 생각할 수 없는 대안이었음을 스스로 깨닫게 되었다. 한 달 후 클라이언트는 사회복지사와 함께 입소 가능한 노인복지시설을 방문했다. 그리고 미국에 있는 딸과 의논하고 보호자들과도 소통하면서 숙고하는 시간을 가진 후 노인복지시설 입소를 결정했다.[12]

---

12) 「노인복지법」(시행 2021. 6. 30.)은 직무상 65세 이상의 사람에 대한 노인학대를 알게 된 때 즉시 신고할

학대 피해노인을 보호하려는 사회복지사의 실천적 노력에도 불구하고 클라이언트가 위험한 환경에서 그대로 지내기로 결정하고 사회복지사가 제안하는 시설 입소나 재가서비스를 거부할 수 있다. 학대 피해노인의 보호 서비스를 제공하는 실천가들은 지역사회의 시민 보호에 관한 관심과 클라이언트의 존엄성을 지키며 독립적으로 살고 싶은 욕구 사이에서 균형을 유지하는 민감한 개입을 할 필요가 있다. 개입은 클라이언트의 상황, 클라이언트의 결정 능력, 그리고 이용 가능한 적절한 자원에 대한 사회복지사의 사정에 근거한다(Levine, 1993: 23).

제2절 비밀보장과 알 권리

비밀보장의 원칙은 본질적으로 자유와 자율성 존중이라는 도덕적 가치에서 파생된 것으로 개인의 사생활보호권에 근거한다. 헌법 제17조는 "모든 국민은 사생활의 비밀과 자유를 침해받지 아니한다"고 개인의 사생활보호권을 인정하고 있다. 사회복지 실천에서 비밀보장의 원칙은 기본적인 토대를 이루는 윤리적 원칙이지

의무가 있는 직군을 지정하고 있다(제39조의6). 의료사회복지사는 노인학대를 신고할 의무는 없지만 신고를 할 수는 있다. 하지만 신고를 하더라도 클라이언트가 노인보호전문기관의 보호 서비스를 거부할 것이라고 사회복지사가 예측한다면 역시 동일한 윤리적 딜레마에 처할 것이다. 물론 사회복지사가 온정적 개입을 한 결과, 클라이언트가 노인보호전문기관의 포괄적인 전문 서비스에 대해 고지된 동의를 하고 서비스를 받기로 결정할 수도 있을 것이다. 그러나 신고 후에도 클라이언트가 변함없이 서비스를 거부한다면, 노인보호전문기관의 담당 상담원이 클라이언트의 보호 의무와 자기결정 존중 의무 사이에서 갈등하는 상황이 반복될 수 있다. 더군다나 「가정폭력방지법」(시행 2020. 6. 9.)의 '피해자 의사의 존중 의무'(제9조) 규정이 「노인복지법」에는 없기 때문에 윤리적 딜레마가 야기될 가능성이 더 크다. 상담자가 클라이언트의 자기결정권을 중시하여 사례를 종결한 후에 클라이언트가 돌이킬 수 없는 노인학대 피해를 입게 된다면 상담자는 보호 의무에 충실하지 않았다는 비난을 받게 될 수 있다. 반대로 상담자가 사례를 종결하지 않고 간헐적으로 연락을 이어 가면서 클라이언트의 보호 서비스 수락을 설득하는 경우에는 클라이언트의 자기결정권 침해라는 부정적인 업무평가를 받을 수도 있다. 후자의 경우 클라이언트의 소망과 욕구에 공감과 이해로 반응하는 협조적인 원조관계가 기반되지 않는 한 상담자는 온정적 개입에 대한 윤리적 정당성을 주장하기 어려울 것이다.

만 비밀정보가 어떠한 경우에도 완벽하게 지켜질 수 있다고 확언하기는 어렵다. 때로는 비밀보장이 제한되는 경우도 있어서 비밀보장 및 알 권리와 관련된 다양한 윤리적 쟁점이 제기된다.

1. 사생활보호권과 비밀보장

1) 비밀정보의 개념

비밀정보란 다른 사람에게는 알려지지 않은 개인의 사생활에 관한 사실이나 조건 및 그에 대한 지식으로서 자연적 비밀, 약속에 의한 비밀, 신뢰에 의한 비밀 등이 있다. 자연적 비밀이란, 알려지면 개인의 명예를 손상시키거나 상처를 주고 부당한 슬픔을 야기하는 비밀이다. 자연적 비밀을 지켜야 할 의무는 관계의 본질에 상관없이 모든 사람에게 해당된다. 약속에 의한 비밀은 비밀정보를 안 이후에 다른 사람에게 누설하지 않을 것을 확약한 비밀이다. 신뢰에 의한 비밀은 정보가 공개되지 않을 것임을 사전에 명시적으로나 암묵적으로 이해함으로써 비밀을 지킬 사람에게 의사소통되는 정보이다. 내용에는 자연적 비밀이 포함될 수도 있고 포함되지 않을 수도 있다. 신뢰에 의한 비밀은 명예를 훼손할 내용이 아니더라도 비밀이 지켜져야 한다는 계약적 합의가 이루어졌다는 함의를 지닌다. 사회복지 실천에서의 비밀보장은 세 가지 형태의 비밀을 모두 포함하지만 일반적으로는 신뢰에 의한 비밀이다. 따라서 사회복지사는 비밀을 지켜야 한다는 명시적 계약만이 아니라 암묵적 계약도 지킬 윤리적 의무가 있다(Biestek, 1979: 123-124).

2) 비밀보장의 원칙

비밀보장의 원칙은 사회복지사에게 클라이언트와 공유하고 있는 특정 정보를 공개하는 것을 삼가는 전문적 의무를 부여한다. 한국사회복지사 윤리강령에는 사회복지 전문직의 대표적인 윤리원칙인 사생활보호와 비밀보장의 원칙이 명시되어 있다.

Ⅱ-1-4 사회복지사는 클라이언트의 사생활을 존중하고 보호하며, 직무 수행 과정에서 얻은 정보에 대해 철저하게 비밀을 유지해야 한다.

미국 NASW 윤리강령은 클라이언트의 사생활보호와 비밀보장에 대한 사회복지사의 윤리적 책임으로 비밀보장 및 보호, 비밀보장의 한계, 비밀정보의 공개, 그리고 전자매체를 통한 의사소통의 비밀보장에 대해 1.07(a) 등 23항의 구체적인 윤리표준을 제시하고 있다.

1.07(a) 사회복지사는 클라이언트의 사생활권을 존중해야 한다. 합당한 전문적 이유가 있는 경우를 제외하고는 클라이언트로부터 사적 정보를 얻으려고 하거나 또는 클라이언트에 대한 사적 정보를 얻으려고 해서는 안 된다. 일단 사적 정보가 공유되면 비밀보장의 표준이 적용된다.

비밀보장의 원칙이 엄격하게 준수될 때 사회복지 실천에 바람직한 결과를 가져올 것이라는 주장들이 있다. 첫 번째는 비밀이 보장되지 않는다면 위기 상황에서 원조 요청을 꺼릴 사람이나 취약인구집단 등 잠재적 클라이언트들이 비밀보장의 원칙이 지켜질 것이라는 믿음에서 서비스 제공자에게 도움을 요청하는 효과가 있다는 주장이다(Bok, 1983: 25). 두 번째는 비밀보장의 원칙으로 인하여 사회복지사와 클라이언트의 전문적 관계에 보다 깊은 신뢰감이 형성됨으로써 실천개입의 효과를 극대화할 수 있다는 주장이다.

레이놀즈(Reynolds, 1976)는 사회복지 실천에서 클라이언트가 사회복지사와 전문적 관계를 시작하는 순간부터 자신이 말하는 것은 무엇이든지 비밀로 지켜진다는 약속에 대한 강한 확신을 가지지 않는 이상 비밀보장의 원칙은 실제로 무의미하다고 주장한다(김기덕, 2002: 207에서 재인용).

3) 비밀보장의 법적 의무

사회복지사의 비밀보장 의무는 전문직 윤리에 근거한 당연한 의무로서 법적 의무로도 규정되어 있다. 「사회보장기본법」 「사회복지사업법」 「노인복지법」 「노인장기요양보호법」 「장애인복지법」 「정신건강증진 및 정신질환자 복지서비스 지원에 관한 법률」(약칭: 정신건강복지법), 「가정폭력방지 및 피해자보호 등에 관한 법률」 (약칭: 가정폭력방지법), 「가정폭력범죄의 처벌 등에 관한 특례법」(약칭: 가정폭력처벌법), 「성폭력방지 및 피해자보호 등에 관한 법률」(약칭: 성폭력방지법) 그리고 「입양특례법」 등 사회복지 관련법들이 개인정보보호 또는 비밀엄수 의무를 규정하고 있다. 여러 관련법은 전·현직 종사자의 비밀보장 의무를 규정하고 있으며, 의무 위반에 대해서는 징역, 벌금형, 자격정지 등 벌칙을 부과하고 법에 따라 경중에 차이가 있다. 그러나 현행법상 비밀보장 의무 위반으로 처벌받은 실례는 거의 없다. 이는 전문직에 대한 신뢰의 반영일 수도 있고 아직은 우리 사회가 법적 절차에 대해 익숙하지 않기 때문일 수도 있다.

비밀보장 의무를 윤리적 차원에서 규제하는 데 그치지 않고 이처럼 법적 책임을 부여한 이유는 클라이언트가 전문가를 신뢰할 수 있는 기반을 마련함으로써 서비스의 접근 가능성을 증진시키고자 하는 취지에서이다. 그러나 사회가 전문가를 신뢰할 때 서비스 효과가 극대화될 수 있다는 실천적 의미에서 보면 개인의 이익 보호뿐만 아니라 공공의 이익 보호도 사회복지 실천의 목적이 될 것이다. 따라서 사회복지사에게는 클라이언트와 공유하는 정보에 대한 비밀보장 의무가 있는 동시에 비밀정보를 올바르게 사용해야 하는 적극적인 사회적 의무도 있다.

2. 알 권리와 고지된 동의

일반적으로 알 권리란 국민 개개인이 정치적·사회적 현실에 대한 정보를 자유롭게 알 수 있는 권리, 또는 이러한 정보에 대해 접근할 수 있는 권리를 통칭하는 개념이다(www.doopedia.co.kr). 우리나라 헌법에는 알 권리에 대해 명시적으로 규정되어 있지 않으나 다양한 판례에서 알 권리를 헌법상의 기본권으로 인정하고 있다. 또한 1996년에 「공공기관의 정보 공개에 관한 법률」 등을 제정하여 공공기관이 보유·관리하는 정보에 대한 국민의 공개청구와 공공기관의 공개의무에 관해 규정함으로써 국민의 알 권리를 보장하고 있다(우국희 외, 2015: 178에서 재인용).

사회복지 실천현장에서 클라이언트의 알 권리는 자기결정권과 함께 보장되어야 하는 기본적인 권리이며 고지된 동의의 형태로 구체적으로 실현된다. 클라이언트가 자신의 목표를 확인하고 명료화하며 자기결정을 하기 위해서는 필요한 정보를 요청하고 제공받을 수 있는 권리인 알 권리가 전제되어야 한다. 한국사회복지사 윤리강령에는 클라이언트의 알 권리가 규정되어 있다.

> Ⅱ-1-5 사회복지사는 클라이언트가 받는 서비스의 범위와 내용에 대해, 정확하고 충분한 정보를 제공함으로써 알 권리를 인정하고 존중해야 한다.

클라이언트의 알 권리 제한은 자기결정권의 제한을 의미하며, 클라이언트의 이익을 위해서 사회복지사가 클라이언트에게 특정 정보를 공개하지 않거나 허위 정보를 제공하는 온정적 개입을 하는 경우가 전형적인 예이다. 한편, 클라이언트의 비밀보장권 존중이 타인의 알 권리를 제한할 수 있으며, 클라이언트의 비밀보장권보다 타인의 기본적 안녕에 대한 권리와 알 권리가 우선시될 때 비밀정보 공개가 정당화된다.

비밀보장의 본질과 한계에 대한 클라이언트의 알 권리는 서비스 제공에 대한 고지된 동의를 얻는 데 있어서 필수적인 부분이다. 한국사회복지사 윤리강령은 비밀정보 공개와 관련된 고지된 동의에 대한 기본적인 윤리기준을 제시하고 있다.

> Ⅱ-1-6 사회복지사는 문서·사진·컴퓨터 파일 등의 형태로 된 클라이언트의 정보에 대해 비밀보장의 한계·정보를 얻어야 하는 목적 및 활용에 대해 구체적으로 알려야 하며, 정보 공개 시에는 동의를 얻어야 한다.

미국 NASW 윤리강령은 사생활과 비밀정보의 공개에 앞선 고지된 동의에 대해 보다 구체적인 윤리표준을 제시하고 있다.

> 1.03(h) 사회복지사는 클라이언트의 오디오 녹음이나 비디오 녹화를 하거나 클라이언트에게 제공되는 서비스를 제3자가 관찰하도록 허용할 때는 사전에 클라이언트로부터 고지된 동의를 얻어야 한다.
>
> 1.07(b) 사회복지사는 클라이언트 또는 클라이언트를 대신해 동의할 권한을 법적으로 인정받은 사람으로부터 유효한 동의를 얻어 적절한 경우에 비밀정보를 공개할 수 있다.
>
> 1.07(u) 사회복지사는 교육이나 훈련을 목적으로 클라이언트에 관해 논의할 때 클라이언트가 비밀정보의 공개에 동의하지 않는 한 신상정보를 공개해서는 안 된다.
>
> 1.07(v) 사회복지사는 자문가와 함께 클라이언트에 관해 논의할 때 클라이언트가 비밀정보의 공개에 동의하거나 그러한 공개에 대한 합당한 요구가 있지 않는 한 신상정보를 누설해서는 안 된다.

법적으로도 클라이언트의 동의가 있는 경우에는 비밀누설 금지의무가 면제된다. 형법에서는 "처분할 수 있는 자의 승락에 의하여 그 법익을 훼손한 행위는 법률에 특별한 규정이 없는 한 벌하지 아니한다."(제24조)라고 규정하고 있다. 그러나 동의가 이루어지기 위해서는 클라이언트의 지식과 자발성과 능력이 쟁점이 되며 윤리적 쟁점이 제기되기도 한다.

일반적으로 사회복지기관은 비밀정보를 개방하기 전에 클라이언트로부터 가능하면 서면동의를 받아야 한다. 접수 시에 받는 일괄적 동의서는 사회복지사와 기관을 실천과오에서 보호하기 위해 작성되는 일종의 방어적 절차로 보는 것이 타당하며, 클라이언트의 알 권리를 존중하는 고지된 동의로 보기는 어렵다. 클라이언트의 입장에서도 일괄적 동의서는 서비스를 받기 위한 전제 조건으로 여겨져 무조건 동의할 수 있으며 실천적 측면에서는 무의미하기 때문이다. 윤리적 측면에서 사회복지사는 이해가 가능하고 충분히 구체적이며 클라이언트에게 위협감을 주지 않는 동의서 양식을 개발할 필요가 있다. 클라이언트와 사회복지사 사이에는 전문성이나 지위에서 비롯되는 불평등이 있기 때문에 고지된 동의의 진정한 의미에 대한 지속적인 주의와 검토가 필요하다.

3. 비밀보장권 관련 윤리적 쟁점

사회복지사의 비밀정보 공개 의무가 비밀보장 의무에 우선하는 경우가 있다. 한국사회복지사 윤리강령에는 비밀보장의 한계에 대해 구체적으로 알려야 한다고 언급하고 있을 뿐 클라이언트의 비밀보장권 제한에 관한 구체적인 윤리기준은 없다. 그에 비해 미국 NASW 윤리강령은 비밀보장권의 제한 및 비밀정보의 공개 방법에 대한 윤리표준을 제시하고 있다.

> 1.07(c) 사회복지사는 합당한 전문적 이유가 있는 경우를 제외하고는 전문 서비스 과정 중 얻은 모든 정보의 비밀을 보장해야 한다. 그러나 클라이언트 자신이나 타인에 대한 심각하고 예측 가능하며 임박한 피해를 방지하기 위해 정보 공개가 필요할 경우에는 사회복지사가 비밀정보를 보장해야 한다는 일반적 기대는 적용되지 않는다. 모든 경우에 사회복지사는 소기의 목적 달성에 필요한 최소한의 비밀정보를 공개해야 하며, 정보 공개 목적에 직접 관련된 정보만을 알려 주어야 한다.

그러나 미국 NASW 윤리표준도 피해에 대한 판단을 사회복지사의 전문적 재량에 맡기고 있어서, 윤리적 딜레마 해결에 명확한 지침이 되기는 어렵다. 따라서 임상적 실천에서는 클라이언트의 비밀보장권과 관련하여 윤리적 쟁점들이 제기된다. 제3자를 보호하기 위해서, 클라이언트에게 이익을 주거나 보호하기 위해서, 미성년 클라이언트 보호자의 요청에 의해서, 그리고 법적 명령에 따르기 위해서 사회복지사가 클라이언트의 비밀보장권 제한을 고려하는 경우를 중심으로 살펴보도록 한다.

1) 제3자의 보호

클라이언트가 누군가에게 해를 입히겠다는 위협을 실제로 하거나 애매한 말로 위해를 암시하여 잠재적 위험이 우려되는 경우에 클라이언트의 비밀보장 및 자기 결정권 존중과 제3자 보호 의무 사이에서 윤리적 쟁점이 제기된다. 그리고 제3자 위해에 관한 비밀정보 공개에 클라이언트가 동의하지 않을 경우 사회복지사는 어려운 윤리적 판단을 해야 한다.

사회복지사는 윤리적 의사결정을 위해 클라이언트에 의해 해를 입을 수 있는 제3자의 신체적·정신적 위험을 평가해야 하며, 비밀정보 공개가 사회복지사와 클라이언트의 원조관계, 기관의 평판 그리고 사회복지 전문직에 입힐 수 있는 잠재적 손실에 대해 고려해야 한다. 또한 비밀정보를 공개함으로써 클라이언트가 감당해야 할 법적 문제나 사회적·경제적 손실에 대해 예측해야 하며, 사회복지사 자신이 처할 수 있는 위험이나 손실에 대해서도 생각해야 한다. 사회복지사가 비밀정보를 공개하는 경우에는 클라이언트가 비밀 공개에 대한 윤리적 제소나 법적 소송을 제기할 수 있으며, 공개하지 않은 경우 제3자가 해를 입게 되면 피해자가 윤리적 제소나 법적 소송을 제기할 수도 있다.

'타라소프(Tarasoff) 대 캘리포니아대학 평의원회 판례'(1976)는 비밀보장에 관한 윤리적 쟁점과 관련하여 가장 널리 알려진 사건이다. 이 판례는 잠재적으로 위험한 클라이언트로부터 제3자를 보호할 의무에 대해 전문가가 윤리적 의사결정을 하는 데 영향을 미치는 미국의 여러 법규와 법정 판결의 지침이 되었다. 타라소프 판례는 제3자의 심각한 위험을 막기 위해서 클라이언트의 비밀정보를 공개할 의무가 사회복지사에게 있음을 시사한다(Reamer, 1999: 95-96).

그러나 리머와 겔먼은 AIDS에 걸린 클라이언트가 동거녀에게 그 사실을 알리기를 거부하고 비밀보장을 요구한 사례에 대해 서로 다른 윤리적 의사결정을 했다. 리머는 사례의 위험 정도가 '보호 의무 사례'에 통상적으로 적용되는 기준을 충분히 충족시킬 정도로 위협적이라고 보았고, 제3자의 생명보호 의무가 클라이언트의 비밀보장 의무에 우선한다고 주장했다. 이에 반해 겔먼은 사회복지사에게는 제3자에게 위험을 경고할 도덕적 책임은 있으나 전문적이거나 법적인 책임은 없다고 주장했다. 겔먼은 윤리적 의사결정에 사회복지사의 분별력이 필요한 여지가 아직도 존재한다면서 비밀보장에 대한 사회복지사의 윤리적 의무를 지지했다(Reamer & Gelman, 1992). 이 사례에서 '비밀정보 공개에 대한 납득할 만한 전문적 이유'의 정의에 대한 윤리적 쟁점이 제기되었다. 비밀정보의 공개를 정당화하는 조건들에 대한 전문직 내의 완전한 합의는 이루어지지 않고 있다. 다만 극단적인 상황에서만 비밀보장권이 제한되어야 한다는 일반적인 동의만이 이루어졌을 뿐이다.

일반적으로 잠재적 위험으로부터 제3자를 보호하기 위한 비밀정보 개방은 다음과 같은 네 가지 필요조건에 의하여 정당화된다(Reamer, 1999: 171-172).

- 사회복지사는 클라이언트의 제3자 폭력 위협 증거를 갖고 있어야 한다.
- 사회복지사는 폭력 행위가 예측 가능하다는 증거를 갖고 있어야 한다.
- 사회복지사는 폭력 행위가 임박하다는 증거를 갖고 있어야 한다.
- 사회복지사는 잠재적 희생자를 밝힐 수 있어야 한다.

 사례 9-4 가정폭력행위자의 제3자 위해 암시

◻ **사례 개요**

사회복지사 김○○은 가정폭력 재범으로 상담위탁처분을 받은 50대 중반 남성 박△△의 상담을 맡았다. 클라이언트는 음주 상태에서 폭력을 휘둘러 아내에게 갈비뼈 골절상을 입혔지만 아내가 처벌을 원치 않아 보호처분을 받았고, 위암 말기로 투병 중이었다.

인테이크 면담에서 클라이언트는 남은 시간이 얼마 없다 보니 아내의 잘못된 부분을 고쳐 놓고 가야겠다는 조급한 마음에서 벌어진 일이라고 했다. 클라이언트는 10년 전에 결혼했고, 아내가 식당을 운영하며 가장 역할을 해 왔다. 돈에 인색한 것이 아내의 가장 큰 문제라면서, 이번 사건도 오랜만에 후배들에게 저녁을 사기로 했는데 아내가 턱없이 적은 돈을 내놓아 시작되었다고 했다. 클라이언트는 그렇게 살면 외로울 수밖에 없으니 바로잡아야 한다고 진지한 표정으로 이야기했고, 심한 불면증과 불안감을 호소해서 정신과 치료위탁이 병과되었다.

상담 3회기에 클라이언트는 처형이 동생의 가정사에 간섭이 심하고 경찰 신고까지 하는 등 문제를 일으키는 주범이라며 격앙된 어조로 이야기를 꺼냈다. 제대로 손을 보고 혼내 주어야 하는데 참고 있다고 덧붙이는 클라이언트의 눈에서 강렬한 분노가 보였다. 사회복지사는 처형에 대한 클라이언트의 위해 의도와 잠재적 위험의 심각성을 파악하기 위해 임상적 노력을 기울였다. 클라이언트는 처형과 언쟁 도중 주먹으로 치고 싶은 충동을 느낀 적이 있었던 건 사실이지만 행동으로 옮긴 적은 없다고 했다. 처형을 혼내 주려고 마음먹고 실제로 행동으로 옮길 뻔했던 적은 없는지 묻자 그게 무슨 계획까지 할 일이냐며 말꼬리를 흐렸다. 사회복지사는 처형에게 해를 입혔을 때 클라이언트 자신과 아내, 그리고 처가 식구들에게 일어날 수 있는 잠재적인 결과에 대해 생각해 보도록 이끌면서 클라이언트의 인지정서 기능을 사정했다.

상담회기를 마무리하면서 클라이언트는 젊은 시절 일본에서 조직원 생활을 했을 때도 거칠 것이 없었다면서 짧고 굵게 사는 것이 좌우명이라고 자랑스럽게 이야기했다. 사회복지사에게는 클라이언트가 처형의 위해 가능성을 재차 암시하는 것으로 들렸고 혼란스러운 상태에서 상담을 마쳤다.

② 윤리적 쟁점과 논의

사회복지사 김○○은 클라이언트 박△△이 상담 중 이야기한 비밀정보를 지켜야 할지 아니면 제3자를 보호하기 위해 비밀정보를 공개해야 할지 혼란스러운 윤리적 딜레마에 처해 있다. 클라이언트가 처형에게 해를 입히겠다고 분명하게 밝힌 것이 아니기 때문에 비밀정보 공개를 정당화할 수 있는 필요조건들에 대한 불확실성과 모호성이 존재하기 때문이다. 사회복지사가 제3자 위해 가능성을 공개하지 않는 경우 발생할 수 있는 문제는 무엇인가? 반대로 공개한다면 어떤 문제가 발생할 것인가? 더군다나 클라이언트는 상담위탁처분을 받은 비자발적 클라이언트이다. 비밀 공개 사실이 상담위탁처분의 필요성에 의문을 제기하는 이해 당사자들에게 이용될 우려는 없는가?

클라이언트의 개인력과 가정폭력 행사 수위를 고려할 때 비밀정보로 유지될 경우에는 처형이 심각한 위험에 처할 가능성이 있으며, 비밀정보를 공개할 경우에는 원조관계가 훼손되고 상담의 긍정적인 효과를 기대하기 어려울지 모른다. 비밀보장의 원칙과 제3자, 즉 공공 보호의 원칙이 상충하면서 윤리적 쟁점이 제기된다.

의무론적 관점에서는 사회복지사에게 클라이언트의 비밀보장과 자기결정권을 존중할 고유한 의무가 있다고 주장할 것이다. 행위공리주의적 관점에서는 효용의 원칙에 근거해서 비밀 공개가 가져올 손실이 비밀보장이 가져올 손실보다 적기 때문에 제3자 보호 의무가 비밀보장과 자기결정권을 존중할 의무보다 중요하다고 결론내릴 것이다. 규칙공리주의적 관점에서는 사회복지사가 클라이언트의 비밀보장과 자기결정권을 침해하는 경우 항상 비밀이 지켜지는 것은 아니라는 믿음이 클라이언트들에게 점차 생기게되고 장기적으로는 원조관계의 성실성과 실행 가능성이 훼손될 것이라고 우려할 것이다. 특히 비자발적 클라이언트의 강제상담에 미치게 될 부정적 영향은 상대적으로 더 클것이다. 그러나 역으로 비밀을 지킴으로써 제3자가 해를 입게 되는 경우 공공의 안녕을지키지 못한 사회복지사와 기관의 전문성이 의심받게 될 것이라는 주장도 있을 수 있다.

인격 및 관계 기반 윤리 관점에서는 특수성, 맥락성, 개체성을 강조하며 사회복지사가 '어떻게 해야 하는가?'보다 '어떻게 살아야 하는가?' 또는 '어떻게 반응해야 하는가?'에 초점을 맞추도록 권장할 것이다. 클라이언트의 삶에서 부부관계의 중요한 본질을 고려하고, 클라이언트를 가정폭력 행위자의 한 사람이 아닌 특별한 개인으로 바라보며 관심을 기울여 진정성 있게 반응하고 진실로 원조하는 태도를 견지하는 데 관심을 가질 것이다.

③ 윤리적 지침과 결정

한국사회복지사 윤리강령은 클라이언트의 비밀보장 제한 가능성을 밝히면서 정보 공개 시에는 동의를 얻어야 한다고 명시하고 있으나(II-1-6), 비밀정보 공개 여부는 사회복지사의 재량에 달려 있다. 미국 NASW 윤리강령도 클라이언트의 비밀보장권 존중과공공의 보호 중요성을 동시에 강조하며[1.07(c)], 윤리적 의사결정을 사회복지사의 전문적 판단에 맡기고 있다.

관련법을 검토하면, 가정폭력방지 및 피해자보호 등에 관한 법률(시행 2020. 6. 9)에서는 상담소 직원의 비밀엄수 의무(제16조)와 의무 위반 시의 벌칙(제20조)을 규정하고있다. 그러나 현행법상 비밀누설이 형사사건으로 처리된 실례는 거의 없기 때문에 법적처벌을 피할 사회복지사의 권리를 이유로 잠재적 위험을 야기할 수 있는 비밀정보의 보장이 정당화될 수 있는지에 대해서는 의문이 제기된다.

윤리적 원칙 심사를 적용하면, 생명보호의 원칙이 자율성과 자유의 원칙 및 사생활보호와 비밀보장의 원칙에 우선해서 제3자에 대한 위해를 막기 위한 비밀정보 공개와 자기결정권 제한을 정당화한다. 윤리적 원칙 심사 결과는 행위공리주의적 관점과 일치하며 윤리강령의 윤리표준을 보완해 준다. 그러므로 이 사례에서는 비밀정보 공개를 정당화하기 위한 필요조건인 제3자의 위험에 대한 객관적 평가가 윤리적 의사결정에 결정적인 영향을 미친다. 사회복지사는 클라이언트의 분노 폭발과 폭력 행동이 공격적 충동 조절의 어려움과 관련이 있고, 평생 안정적인 직업을 가져 본 적이 없는 것도 일과 관련된 행동 조절의 어려움과 관련이 있다고 평가했다. 따라서 클라이언트의 자기조절 손상이 처형에게 심각한 폭행을 야기할 위험이 있으므로 비밀정보를 공개할 필요가 있다고 잠정적으로 판단했다.

사회복지사는 정신과 의사의 자문을 받고[13] 임시 사례회의를 거쳐서 클라이언트의 처형에게 잠재적 위험을 알리기로 결정했다. 처형의 연락처를 알기 위해 사회복지사는 클라이언트의 아내와 전화면담을 가졌다. 언니가 해를 입을 잠재적인 위험이 있다는 사실과 비밀정보를 공개하는 전문적인 근거를 설명하자 클라이언트의 아내는 자신이 언니에게 직접 알리겠다고 제안했다. 사회복지사는 자매의 친밀한 관계와 처형의 두 번에 걸친 가정폭력 신고를 고려할 때 아내의 제안을 신뢰할 수 있고 처형에게 자기보호 역량이 있다고 판단하여 아내의 제안을 받아들였다. 그리고 잠재적 위험을 예방하기 위한 일차적인 대처방안을 모색한 후 추가 상담을 약속하고 전화면담을 마쳤다. 아내와의 추가상담에서는 클라이언트의 폭력 전조 징후에 대한 확인과 대처방안이 다루어졌고, 상담내용은 처형에게 전달되었다.

다음 상담회기에 사회복지사는 지난 상담에서 클라이언트의 처형 위해에 대한 잠재적 위험 가능성이 제기되어 아내와 위험 예방을 위한 전화면담이 있었음을 알렸다. 사회복지사는 비밀보장의 한계와 제3자 보호 의무에 대해 다시 한번 설명했고, 이 의무는 결과적으로 클라이언트의 안전도 동시에 보호하기 위한 것임을 설명했다. 또한 클라이언트가 처형에게 느끼는 분노를 아내가 아는 것이 부부관계 개선을 위해서도 필요하다고 설명했다. 그리고 상담내용 공개에 대한 클라이언트의 생각과 감정들에 대해 이야기를

---

13) 사회복지사는 업무환경이 허락한다면 관련 전문가의 자문을 구하거나 수퍼비전 또는 사례회의를 거쳐 객관적인 평가를 하고, 회의 결과를 기록으로 남겨야 한다. 기록은 향후 윤리적 의사결정의 지침이 될 수 있으며, 법적 소송이나 윤리위원회 제소가 제기되는 경우에 증거 자료로 사용될 수 있다.

나누었다. 클라이언트는 처음에 보인 당황하고 불쾌한 모습이 줄어들면서 상황을 이해한다고 말했다. 사회복지사는 법적 강제 상담을 받고 있는 클라이언트의 표면적인 수용일 수도 있다는 가정 역시 고려하면서 남은 상담회기를 진행했다. 클라이언트는 정해진 상담회기에 모두 참석했고, 종결 평가에서 아내에 대한 자신의 염려와 대인관계를 중시하는 생활철학을 사회복지사가 그대로 믿어 준 것이 마음에 남는다고 했다.

마지막으로, 이 사례에서 클라이언트의 처형에게 위해 위험을 직접 알리지 않은 것이 사회복지사에게 과제로 남겨졌다. 사회복지사는 언니에게 자신이 알리겠다고 한 클라이언트 아내의 제안을 거절하고 처형의 연락처를 받아 직접 전화하는 것이 우리의 가족문화를 고려할 때 이득보다 손실이 크다고 판단했다. 실제로 피해자 상담에 소극적이었던 아내가 적극적으로 상담에 임하는 결과를 가져왔다. 그렇지만 만일 클라이언트가 처형에게 해를 입히는 상황이 발생했다면 사회복지사의 자기보호는 위험에 처했을지도 모른다.

2) 클라이언트의 보호

사회복지사들은 클라이언트를 보호하기 위해 당사자의 비밀보장권과 자기결정권을 제한해야 할 것인지에 대해 갈등하는 어려운 윤리적 딜레마 상황에 종종 처한다. 예를 들어, 자살시도나 자해와 같은 자기파괴적 행위로 자신에게 위험을 초래하거나 신체적 · 정신적 장애로 인해 심각한 위험에 처할 수 있는 클라이언트를 보호해야 하는 경우이다. 또한 부부상담이나 집단상담에 함께 참여하고 있는 또 다른 클라이언트를 보호하기 위해서 비밀정보 공개를 고려하는 경우도 이에 해당된다.

사회적 억압이나 차별을 초래할 수 있는 개인정보에 대한 비밀보장은 차별의 두려움으로부터 클라이언트를 보호해 준다. 그러나 비밀보장이 오히려 문제상황에 대한 이해 증진을 방해하고 고립을 심화시키며 서비스 접근을 막고 낙인을 증가시키며 공동체 의식을 저해함으로써 사회가 '우리'와 '그들'을 계속 분리시키는 데 일조할 수도 있다. 클라이언트가 치료를 받고 행동을 변화시키고 차별에 맞서는 데 사용해야 할 에너지가 클라이언트, 가족 및 서비스 제공자의 비밀보장 요구에 의해서 고갈될 수 있는 것이다(Abramson, 1990: 172).[14]

 사례 9-5 부부상담에서 남편의 비밀보장 요청

① 사례 개요

조○○와 이△△ 부부는 지난 5개월간 정신건강센터의 사회복지사 차□□에게 부부상담을 받고 있다. 30대의 클라이언트 부부는 필로폰 남용으로 보호관찰 중이고 센터의 수강교육 프로그램을 수료한 후 자발적으로 상담을 요청했다. 남편은 20대 초반 대마흡연을 시작했고 4년 전부터 필로폰을 남용해 왔다. 아내는 남편의 약물남용을 막기 위해서 안 해 본 일이 없다고 했으며, 남편이 약을 끊지 못하는 이유가 궁금하고 한편으로는 남편에게 겁도 주고 싶어서 필로폰 주사를 맞았는데 얼마 후 집중단속이 시작되면서 구속되었다.

부부는 약물중단 의지가 강했다. 특히 남편은 단약모임에도 나가고 타 지역에 있는 알코올중독 재활기관의 단주세미나에도 정기적으로 참석했다. 남편은 자조모임이 약물중단에 얼마나 도움이 되는지, 그리고 자신이 얼마나 달라지고 있는지를 부부상담 중에 이야기하곤 했다. 아내는 시아버지의 기계 부품 공장을 남편 대신 운영하면서 실질적인 가장 역할을 했다.

어느 날 남편이 사회복지사에게 개별상담을 청했다. 그동안 카지노와 경마 장외발매

---

14) 예를 들어, 「마약류 관리에 관한 법률」(법률 제6146호, 시행 2000. 7. 1.)의 시행과 동시에 폐지된 법률들인 「마약법」 「대마관리법」 및 「향정신성의약품관리법」에는 치료보호기관의 장 또는 의료인이 약물중독자를 발견, 치료 또는 사망 진단을 했을 때 지체 없이 보건복지부장관에게 보고하도록 규정되어 있었고, 신고의무를 위반하면 징역과 벌금에 처하도록 했다. 그런데 신고의무가 법에 의해 정당화될 때 조기 발견과 치료에 오히려 장애요인이 될 수 있으며, 클라이언트의 생명과 건강 보호에 위험을 초래할 수 있다는 우려가 표명되어 왔다. 따라서 신뢰관계에 기반을 둔 적절한 치료가 이루어질 수 있도록 「마약류 관리에 관한 법률」에서는 신고의무 조항이 삭제되었다. 그러나 신고의무를 규정함으로써 비밀보장을 제한하는 것이 성공적인 치료에 장애가 되기만 하는 것은 아니라는 견해도 있다. 사실 은폐로 인하여 클라이언트와 사회에 해를 초래할 잠재성이 있으며 궁극적으로는 클라이언트에게 부정적인 결과를 가져올 수 있다는 것이다. 즉, 비밀보장이 특정 사례에 있어서 부분적인 혜택을 줄 수 있다고 하더라도 잠재적 위험을 막을 필요성이 더욱 중요하다는 생각이다.

소에서 많은 돈을 잃었고, 도박 빚이 이제는 감당하기 어려운 정도라고 했다. 클라이언트는 불안하고 초조해서 필로폰을 다시 하고 싶은 충동을 견디기 어렵다면서 절망적인 심정을 털어놓을 수 있는 사람이 사회복지사밖에 없다고 했다. 이 사실을 아내가 알면 이혼하자고 할 거라면서 아내에게는 절대로 알리지 말아 달라고 간청했다.

② 윤리적 쟁점과 논의

사회복지사 차□□는 클라이언트 부부 중 남편과 공유한 비밀정보가 클라이언트 가족의 기본적 안녕을 위협하는 중요한 정보이며 아내도 공유할 필요가 있다고 생각한다. 하지만 남편이 절망감을 호소하면서도 비밀보장을 간청하고 있어서, 만일 비밀 공개로 원조관계가 손상된다면 클라이언트는 다른 도움을 받기 어려운 상황에서 필로폰을 재사용할 우려가 크다.

부부상담을 받고 있는 아내는 남편의 비밀정보에 대해 알 권리가 있는가? 사회복지사는 어느 정도까지 남편의 비밀보장 요청을 존중해야 할 의무가 있는가? 남편에 대한 사회복지사의 또 다른 의무는 무엇인가? 아내에 대한 사회복지사의 의무는 무엇인가? 기만행위에 대해서도 사생활보호권과 비밀보장이 존중되어야 하는가? 클라이언트의 기만행위로부터 자신을 보호할 사회복지사의 권리는 어떻게 행사될 수 있는가?

이 사례에서는 클라이언트 조○○의 비밀보장권 및 자기결정권과 부부의 기본적 안녕에 대한 권리가 상충하면서 윤리적 쟁점이 제기된다. 또한 아내의 알 권리와 남편의 고의적인 기만행위에 연루되는 것을 피할 사회복지사의 자기보호 권리도 윤리적 딜레마의 복잡성을 더해 준다. 사회복지사들은 가족 및 부부상담이나 사례관리 과정에서 이와 같은 딜레마 상황을 드물지 않게 경험한다.

사회복지사 차□□는 일차적으로 남편이 기만행위와 도박 문제를 아내에게 알리도록 돕는 상담을 진행할 수 있다. 그럼에도 불구하고 남편이 아내에게 비밀을 털어놓기를 거절한다면 사례를 중단하고 남편의 비밀정보를 아내에게 공개하는 대안을 선택할 수 있다. 이 사례에서 클라이언트의 의사에 반하는 사회복지사의 비밀정보 공개는 윤리적으로 정당화될 수 있는가?[15]

---

15) 또 다른 대안으로는 사회복지사가 남편이 스스로 비밀을 공개하기를 기다리며 부부상담을 계속하는 것이 있다. 이러한 선택은 비밀보장의 원칙을 절대적인 것으로 받아들이거나, 전문적 판단이 아닌 개인적

의무론적 관점에서는 사회복지사에게 클라이언트의 비밀보장과 사생활보호를 존중할 의무가 있다고 주장할 것이며, 남편의 도박문제와 기만행위로부터 아내를 보호할 의무를 강조하는 견해도 있을 것이다. 행위공리주의적 관점에서는 비밀을 공개하여 거짓된 부부관계로부터 아내를 보호하여 얻을 수 있는 이익이 더 크다는 입장을 취할 것이다. 규칙공리주의적 관점에서는 비밀이 공개될 경우 사회복지사에 대한 클라이언트의 신뢰가 손상을 입을 것에 관심을 가질 것이다. 윤리적 이기주의적 관점에서는 거짓에 연루되지 않기 위해 사례를 중단하거나 아내에게 정보를 공개할 자기보호 권리가 사회복지사에게 있다고 주장할 것이다. 관계 기반 윤리 관점은 사회복지사와 클라이언트 부부가 형성하고 있는 원조관계의 특별한 측면과 클라이언트 부부의 관계 특성에 관심을 가질 것이다. 즉, 사회복지사의 보편적 책임이나 의무, 클라이언트 부부의 서로에 대한 보편적 의무나 책임에 초점을 맞추기보다는 특정 관계의 특별한 책임과 정서적 측면에 주의를 기울이기를 권할 것이다.

③ 윤리적 지침과 결정

미국 NASW 윤리강령에 따르면 사회복지사는 합당한 전문적 이유가 있는 경우를 제외하고는 전문 서비스 과정 중 얻은 모든 정보의 비밀을 보장해야 하지만, 클라이언트 자신이나 타인에 대한 심각하고 예측 가능하며 임박한 피해를 방지하기 위해 정보 공개가 필요할 경우가 있다(1.07[c]). 또한 윤리적 원칙 심사를 적용하면, 생명보호의 원칙이 최우선순위의 원칙으로서 자율성과 자유의 원칙이나 사생활보호와 비밀보장의 원칙에 우선한다. 이 사례에서는 남편의 도박문제와 기만행위로 인해서 부부의 정신적 건강을 비롯하여 가족의 기본적 안녕이 심각하게 위협받을 것으로 판단되므로 비밀정보 공개가 정당화될 수 있다.

비밀정보 공개와 관련해서, 한국사회복지사 윤리강령은 클라이언트가 상담 중 사회

동기에서 비롯된 것일 수 있다. 만일 남편의 도박문제가 악화되거나 필로폰 사용이 재발되는 등 걷잡을 수 없는 상황에 이르게 되어 아내가 사실을 알게 된다면, 기만행위에 동조하고 클라이언트의 기본적 안녕을 보호할 의무를 준수하지 않았다는 이유로 사회복지사에게 윤리적 제소나 법적 소송이 제기될 위험이 있다. 이러한 상황은 일반적으로 사회복지사의 전문적 역할 및 경계와 관련된 윤리적 쟁점에 관한 경우이므로 이 사례에서는 논의에서 제외한다.

복지사와 공유한 비밀이 보장될 수 없는 경우가 있다는 것을 클라이언트에게 사전에 알리고 정보 공개에 앞서 고지된 동의를 얻을 필요가 있음을 안내한다(II-1-6). 미국 NASW 윤리강령은 이 사례와 관련된 보다 상세한 윤리표준을 제시하고 있다.

> 1.07(e) 사회복지사는 비밀보장의 본질과 클라이언트 비밀보장권의 한계에 관해 클라이언트 및 관련 당사자들과 논의해야 한다. 사회복지사는 클라이언트와 함께 비밀정보가 요청되거나 비밀정보 공개가 법적으로 요구될 수 있는 상황에 대해 검토해야 한다. 이런 논의는 사회복지사와 클라이언트의 관계에서 가능한 한 빨리 그리고 관계 진행 과정 내내 필요에 따라 이루어져야 한다.

일반적으로 사회복지사는 클라이언트의 고지된 동의 없이 제3자에게 비밀정보를 공개해서는 안 된다. 한편, 미국 NASW 윤리강령은 가족 및 부부상담을 위한 윤리표준도 제시하고 있다.

> 1.07(f) 사회복지사가 가족, 부부, 집단에 상담 서비스를 제공할 때 각 개인의 비밀보장권 및 타인과 공유하는 정보의 비밀보장 의무에 관해 당사자들 간의 합의를 구해야 한다. 이 합의에는 비밀정보가 직접적으로나 전자매체를 통해 클라이언트들 간 또는 정식 상담회기에 포함되지 않은 타인들과 교환될 수 있는지 아는지에 대한 사항이 포함되어야 한다. 사회복지사는 가족, 부부, 집단 상담에 참여한 사람들 개개인이 모두 그러한 합의를 존중할 것이라고 보장할 수 없음을 참가자들에게 알려야 한다.
>
> 1.07(g) 사회복지사는 가족, 부부, 결혼 및 집단 상담에 참여한 클라이언트들에게 사회복지사의 상담 내 관련 당사자들 간의 비밀정보 공개에 관한 사회복지사, 사회복지사의 고용주 그리고 기관의 정책을 알려야 한다.

사회복지사 차□□는 부부상담이 시작될 때 사회복지사 및 기관의 비밀보장 및 비밀정보 공개 방침에 대해 부부와 함께 논의했어야 한다. 많은 사회복지사는 가족 및 부부상담에서 어느 한쪽 편을 드는 것으로 비추어지는 것을 피하며 개방적이고 진실된 의사소통을 격려하기 위해서 '무 비밀(no secret)' 정책을 택한다(Reamer, 1999: 98). 이 경우 클라이언트는 자신이 개별적으로 사회복지사에게 이야기하는 비밀정보가 배우자나 다른 가족에게 공개될 수도 있음을 예견하고 정보의 공개 수위를 스스로 결정할 준비가 되어야 한다.

또한 부부상담에서 한쪽 배우자의 고의적인 거짓말은 수용될 수 없다. 사회복지사가 기만행위를 알면서도 진실을 숨긴 채 부부상담을 계속하는 것은 비윤리적이며, 동시에 사회복지사는 실천과오의 위험으로부터 자신을 보호할 권리가 있다.

　　4.04 사회복지사는 부정직, 사기, 기만행위에 가담하거나 묵인하거나 연루되어서는 안
　된다.

사회복지사 차□□는 남편이 도박문제에 대해 아내에게 사실대로 밝히고 기만행위를 멈추지 않는다면 부부상담은 계속될 수 없다고 알렸다. 결혼생활이 거짓에 의해 유지될 때 가족의 기본적 안녕이 위협받게 되고 긍정적인 미래를 기대하기 어려울 것임을 설명했다. 미국 NASW 윤리강령은 사회복지사가 설명 과정에서 부부의 이해관계로 인한 잠재적 갈등이 예상될 때 자신의 역할에 대해 명확한 입장을 취해야 할 필요성에 대해서도 명시하고 있다.

　　1.06(d) 사회복지사는 서로 관계를 맺고 있는 두 명 이상의 사람들(예를 들어 부부, 가
　족 구성원)에게 서비스를 제공할 때 누가 클라이언트로 간주될 것인지 그리고 서비스를
　받는 각 개인들에 대한 사회복지사의 전문적 의무가 무엇인지를 관련 당사자 모두에게
　명확히 해야 한다. 서비스를 받는 사람들 사이의 이익갈등이 예상되거나 사회복지사가
　잠재적으로 갈등적인 역할을 수행해야 할 것이 예상될 때(예를 들면, 사회복지사가 클라
　이언트들 사이의 양육권 분쟁이나 이혼소송에서 증언을 요청받을 경우) 관련 당사자들에
　게 자신의 역할을 분명히 하고 이익갈등이 최소화되도록 적절한 조치를 취해야 한다.

또한 사회복지사 차□□는 무엇보다도 클라이언트 조○○의 필로폰 재사용이라는 '심각하고 예측 가능하며 임박한 피해'가 염려됨을 전했다. 클라이언트는 아내에게 사실을 숨기는 것이 도박문제를 악화시키고 부정적인 감정들과 약물충동이 물질의존 재발을 일으킬 위험에 대해 인정했다. 사회복지사는 클라이언트 조○○가 아내에게 어떻게 비밀을 털어놓을지 생각할 시간을 가지고 약물충동을 다루기 위해서 개별상담을 가질 것을 제안했다. 역할 연습, 물질중독과 도박중독의 유사성 그리고 다른 중독 대상에 대한 취약성 등에 대한 정보제공 및 논의는 클라이언트가 아내에게 직접 비밀을 공개하는 데 도움이 되었다. 그러나 만일 특별한 이유로 클라이언트의 요청에 의해 사회복지사가 비밀정보를 공개하는 경우가 생긴다면, 클라이언트의 고지된 동의가 선행되어야 한다.

1.07(d) 사회복지사는 클라이언트에게 비밀정보 공개와 그에 따른 잠재적 결과들에 대해 가능하다면 정보를 공개하기 전에 가능한 범주 안에서 최대한 알려야 한다. 이는 사회복지사의 비밀정보 공개가 법적 요청에 의한 것이든 클라이언트의 동의에 의한 것이든 상관없이 적용된다.

이 사례에서는 클라이언트의 의사에 반하는 비밀 공개가 정당하다는 윤리적 판단을 한 후 윤리표준을 공식처럼 적용하여 아내에게 비밀을 공개하고 부부상담을 종결하는 행동대안을 선택하지 않았다. 중독 문제가 있는 클라이언트가 전문가에게 자신의 일탈행동을 솔직하게 공개하는 시점은 중독 분야의 원조관계나 클라이언트의 변화동기 측면에서 중요한 의미를 지닌다. 또한 물질사용 중단과 회복의 어려운 시간을 함께 거쳐 온 특별한 부부관계와 서로에 대한 특별한 책임은 새로운 문제 해결에 영향을 미친다. 그러나 이러한 특별한 의미를 논하지 않더라도 단선적이고 정서적 측면이 배제된 윤리적 의사결정에 따르는 클라이언트의 격렬한 부정적 정서반응과 결과에 무감각할 사회복지사는 아마도 없을 것이다. 관계 기반의 윤리이론은 클라이언트의 권리, 사회복지사의 의무, 그리고 의사결정의 잠재적 결과를 고려하는 원리 기반의 윤리적 분석을 대체하지 않는다. 사회복지사의 윤리적 의사결정이 클라이언트에게 미치는 영향에 대한 깊은 인식을 가지고 매너리즘에 빠지지 않도록 주의를 기울이는 윤리적 실천을 하도록 일깨워 주는 것이다.

3) 미성년 클라이언트 보호자의 정보 공개 요청

미성년 클라이언트와 공유하게 된 비밀에 대해 보호자가 알고자 할 때 사회복지사는 윤리적 딜레마에 직면한다. 같은 상황에서 성인 클라이언트의 경우에는 윤리적 의사결정이 상대적으로 분명하겠지만, 미성년자의 비밀보장은 복잡한 의사결정을 필요로 한다.

아동 및 청소년 관련법은 미성년 클라이언트의 비밀 준수에 대한 법적 의무를 사회복지사에게 부여하고 있다. 「아동복지법」(시행 2021. 6. 30. 제65조)과 「청소년복지 지원법」(약칭: 청소년복지법, 시행 2019. 3. 19.)은 관련 기관 전·현직 종사자의 직무상 알게 된 비밀 누설을 금지한다(제37조). 「학교 밖 청소년 지원에 관한 법률」(약칭: 학교밖청소년법, 시행 2021. 3. 23.)도 관련 업무의 전·현직 종사자는 직무 상 알게 된 비밀을 누설하거나 직무상 목적 외의 용도로 이용해서는 안 된다고 규정하고 있다(제16조). 특히 「청소년 보호법」(시행 2021. 1. 1.)은 환각물질 중독치료를 위한 청소년 전문 치료기관 종사자의 비밀누설을 금지한다(제34조의2). 또한 「아동·청소년의 성보호에 관한 법률」(약칭: 청소년성보호법, 시행 2021. 6. 9.)은 피해아동·청소년의 신상정보나 사생활에 관한 비밀 공개나 누설을 금하고(제31조), 피고인이 아동·청소년인 경우 등록정보 공개명령 선고를 하지 않도록 규정하고 있다(제49조).

그러나 사회복지사들은 미성년 클라이언트에 관한 정보의 통보 및 공개에 대해 규정하고 있는 법규들도 있음에 유념해야 한다. 「청소년 보호법」은 여성가족부장관, 시장·군수·구청장 및 관할 경찰서장은 청소년 보호법 위반행위를 적극적으로 유발하게 하거나 나이를 속이는 등 그 위반행위의 원인을 제공한 청소년에 대하여는 친권자 등에게 그 사실을 통보하여야 하며, 그 내용·정도 등을 고려하여 선도·보호조치가 필요하다고 인정되는 청소년에 대하여는 소속 학교의 장(학생인 경우만 해당한다.) 및 친권자등에게 그 사실을 통보하여야 한다고 규정하고 있다(제50조). 「학교폭력예방 및 대책에 관한 법률」(약칭: 학교폭력예방법, 시행 2021. 3. 23.)역시 비밀누설 금지와 함께 정보 공개에 대해 규정하고 있다(제21조). 즉, 심의위원회의 회의는 공개하지 않지만, 피해학생·가해학생 또는 그 보호자가 회의록의 열람·복사 등 회의록 공개를 신청한 때에는 학생과 그 가족의 성명, 주민등록번호 및 주소, 위원의 성명 등 개인정보에 관한 사항을 제외하고 공개해야 한다는 규정이다. 이러한 법규들은 청소년의 선도·보호에 가정과 학교의 역할이 중요함을 반영하고 있다.

사례 9-6 청소년 클라이언트의 비밀보장

① 사례 개요

학교사회복지사 한○○의 약물남용예방 프로그램에 중학교 3학년 여학생 방△△이 흡연으로 징계를 받고 들어왔다. 클라이언트는 협조적으로 5일 프로그램을 마쳤으며, 자발적으로 상담을 요청해서 지난 3개월간 주 1회 개별상담이 진행되고 있다.

클라이언트가 2살 때 부모가 이혼했고, 친어머니는 연락이 두절된 채 전혀 왕래가 없으며 아버지는 이혼 직후 재혼했다. 현재 클라이언트는 아버지, 새어머니 그리고 이복 여동생과 함께 살고 있으며, 독립한 친오빠는 가끔 클라이언트를 보러 집에 오곤 한다. 클라이언트는 아버지에게 많이 맞고 컸으며 아버지를 무서워한다. 아버지는 직업이 없으나 거의 집에 들어오지 않으며, 새어머니 또한 카페를 운영해서 얼굴을 보기 힘들다.

클라이언트는 집에 있으면 이유 없이 불안하고 답답해서 학교를 중퇴한 친구들과 밖에서 어울리기 시작했고, 담배와 술도 배웠다. 폭주족들과 어울리고 호프집을 드나든 적도 있지만 자신이 생각하기에도 한심해서 지금은 어울리지 않고 있다고 했다. 클라이언트는 이 사실을 집에서 알면 쫓겨날 것이라면서, 지금은 음주와 흡연을 하지 않고 결석도 하지 않으려 노력하니 담임선생님이나 집에는 비밀로 해 달라고 부탁했다.

어느 날 사회복지사 한○○은 클라이언트의 새어머니로부터 전화를 받았다. △△이 흡연으로 징계를 받았다는 것을 이제야 전해 들었는데 기가 막힌다면서 흥분한 목소리로 딸을 비난했다. 새어머니는 담임선생님이 학교사회복지사에게 부모상담을 받으라고 권유했다면서 아이에게 또 다른 문제는 없는지 알아야겠다며 상담을 청했다.

② 윤리적 쟁점과 논의

사회복지사 한○○은 청소년 클라이언트 방△△의 비밀을 지켜 주는 것이 옳은가? 아니면 부모에게 비밀을 공개하는 것이 옳은가? 클라이언트와 부모, 그리고 사회복지사의 이익을 최대화할 수 있는 방안은 무엇인가? 클라이언트가 미성년일 때 어떤 측면의 이익과 어느 시점을 기준으로 손익을 평가해야 하는가? 만일 어떠한 선택을 하더라도 손실이 크다면 어떤 결정을 해야 하는가?

사회복지사는 클라이언트가 부모에게 비행 사실을 숨기고 싶어 하는 이유를 이해하며, 동시에 딸의 문제가 얼마나 심각한지 알고 싶고 알 권리가 있다고 생각할 부모의 입장도 이해한다. 사회복지사가 클라이언트의 비밀을 지키면 원조관계는 증진될 수 있지만 부모는 언짢아하거나 심지어 화를 낼 수도 있을 것이다. 반대로 비행 사실을 부모에게 알린다면 원조관계가 손상을 입거나 종결될 수 있으며 부모자녀관계 역시 악화될 위험이 있다. 미성년 클라이언트의 비밀보장 권리와 부모의 알 권리가 상충하면서 윤리적 쟁점이 제기되는 상황이다.

의무론적 관점에서는 클라이언트의 비밀보장 원칙을 준수할 사회복지사의 의무를 중시할 것이다. 행위공리주의적 관점에서는 원조관계가 위태로워지는 등 해로운 결과가 이로운 결과보다 크다면 비밀정보 공개가 정당화될 수 없다고 주장할 것이다. 규칙공리주의적 관점에서는 상반된 견해가 있을 수 있다. 사회복지사가 비밀을 지키지 않으면 신뢰성이 손상을 입게 되어 좋지 않은 선례를 남길 것을 우려하는 견해와 부모자녀 사이에 비밀이 있을 때 해로운 장기적인 결과가 일어날 수 있음을 더 우려하는 견해가 모두 표명될 수 있다. 한편, 인격 및 관계 기반의 윤리이론 관점에서는 미성년 클라이언트에게 있어서 사회복지사의 역할은 서비스 제공자의 의미를 넘어 인생의 역할 모델이 될 수도 있다는 데 관심을 가질 것이다. 또한 클라이언트가 처한 상황의 본질에 주의를 기울일 필요가 있고 클라이언트와 부모의 특별한 관계와 그에 따르는 감정과 욕구 그리고 상처를 주거나 해를 입힐 가능성에 민감할 필요가 있다고 주장할 것이다.

③ 윤리적 지침과 결정

한국사회복지사 윤리강령에는 사회복지사는 클라이언트의 권익옹호를 최우선의 가치로 삼고 행동해야 하며(II-1-1), 클라이언트의 사생활을 존중하고 보호하며, 직무 수행 과정에서 얻은 정보에 대해 철저하게 비밀을 유지해야 한다고 명시되어 있다(II-1-4). 또한 이 사례와 관련해서 미성년이라는 이유로 차별 대우를 하지 않아야 한다는 윤리기준을 제시하고 있다.

> I-1-2 사회복지사는 클라이언트의 종교 · 인종 · 성 · 연령 · 국적 · 결혼 상태 · 성 취향 · 경제적 지위 · 정치적 신념 · 정신, 신체적 장애 · 기타 개인적 선호, 특징, 조건, 지위를 이유로 차별 대우를 하지 않는다.

미국 NASW 윤리강령도 사회복지사의 일차적인 책임은 클라이언트의 복지를 증진시키는 것이고, 일반적으로 클라이언트의 이익이 최우선이며(1.01), 클라이언트 자신이나 타인에게 심각하며 예측 가능하며 임박한 해를 초래할 위험이 없는 한 클라이언트의 비밀보장 권리를 존중해야 한다고 명시하고 있다[1.07(c)].

우리나라 청소년 관련법에는 청소년의 보호와 육성을 위해 청소년의 비밀보장 권리와 부모 및 학교의 알 권리를 보호하는 조항들이 있다. 따라서 사회복지사는 클라이언트의 비밀보장 권리와 기본적 안녕에 대한 권리, 그리고 부모의 알 권리를 함께 고려하여 정보 공개의 수위를 결정할 필요가 있다. 유엔아동권리협약은 자신의 의견을 형성할 능력을 갖춘 아동에게는 본인에게 영향을 미치는 모든 문제에 대해 자유롭게 의견을 표현할 권리를 보장하고, 아동의 나이와 성숙도에 따라 그 의견에 적절한 비중을 부여해야 한다고 천명하고 있다(제12조, 대한민국 발효일 1991. 12. 20.).

윤리적 원칙 심사를 적용하면 사생활보호와 비밀보장의 원칙이 진실성과 완전공개의 원칙에 우선하므로 사회복지사는 클라이언트가 동의한 내용에 대해서만 정보를 공개하는 것이 정당하다. 이러한 의사결정은 최소손실의 원칙이 진실성과 완전공개의 원칙보다 우선한다는 점에서도 정당화될 수 있다.

한편, "인간행동의 필수 전제조건(생명, 건강, 음식, 주거, 정신적 균형 등)에 대한 기본적 위해와 관련된 규칙들은 거짓말이나 비밀정보 누설과 같은 위해 또는 오락, 교육, 부와 같은 부차적인 것들에 대한 위협과 관련된 규칙들에 우선한다"는 윤리적 지침을 적용하면 클라이언트의 기본적 안녕 보호 의무가 비밀보장 의무에 우선된다. 즉, 클라이언트의 비행이 현재도 계속되고 있고 자신이나 타인에게 심각한 해를 입힐 수 있다고 예측되는 경우에는 비행 사실을 부모에게 공개하는 것이 정당화될 수 있음을 시사한다. 또한 "개인의 기본적 안녕(인간행동의 필수 조건 포함)에 대한 권리는 타인의 자기결정권에 우선한다"는 지침을 적용하면 사회복지사가 클라이언트의 기본적 안녕을 보호하기 위해서 비밀을 보장할 의무는 부모의 알 권리를 포함하는 자기결정권을 보호할 의무에 우선한다. 클라이언트는 비행 사실이 부모에게 알려지면 집에서 쫓겨날 것이라며 자신의 기본적 안녕이 위협받는 데 대한 두려움을 표현했다. 또한 가족의 구조나 상호작용을 고려할 때 클라이언트와 부모의 관계가 악화될 경우 클라이언트의 가출로 이어질 가능성이 높다.

클라이언트 방△△은 자발적으로 상담을 요청했고 협조적인 태도를 유지하고 있으며 적응적 행동이 증가하고 있다. 더군다나 사회복지사 한○○은 신뢰와 이해를 바탕으로 형성된 원조관계를 통해 클라이언트의 삶에서 바람직한 역할 모델이 될 수 있는 잠재적 가능성이 있다. 이와 같은 상황에서 사회복지사는 클라이언트의 비밀을 지켜 주는 것이 정당하다고 판단했다. 사회복지사는 클라이언트의 과거 비행 사실은 비밀정보로 유지하고, 심리검사 결과와 상담 과정 및 클라이언트의 변화된 측면과 부모의 지지적 역할의 중요성 등에 초점을 맞추어 부모상담을 진행했다.

사회복지사가 미성년자와 공유하는 비밀정보는 그 자신이나 타인에 대한 위해를 방지하기 위해 공개해야 하는 경우가 아니라면 비밀이 보장되어야 한다는 것이 사회복지사들에게 널리 받아들여지고 있는 지침이다. 사실상 아동이나 청소년의 사소한 법규 위반에 대해 알게 된 많은 전문직 원조자는 정보 공개로 인한 원조관계와 원조 과정의 피해가 너무 클 것이기 때문에 위법사실을 신고하지 않는다(Reamer, 1999: 104).

4) 법적 명령

클라이언트가 동의하지 않는 비밀정보 공개로부터 클라이언트를 보호하는 것은 사회복지사의 실천윤리이자 전문적 의무이다. 이에 기반해 '공공은 모든 사람의 증언에 대한 권리를 가진다'는 일반적인 법적 규칙에서 예외를 인정하는 것이 비밀유지특권(privileged communication)이다. 즉, 법적 소송절차에서 증언할 의무가 면제되는 것이다. 형사소송법에 규정된 증언거부권에 의해 사회복지사는 클라이언트의 특정 비밀을 공개할 의무에서 면제될 수 있지만 절대적인 것은 아니라는 점에서 비밀유지특권과 관련된 윤리적 쟁점이 제기된다.

형사소송법(시행 2021. 6. 9.)

제149조(업무상비밀과 증언거부)

변호사, 변리사, 공증인, 공인회계사, 세무사, 대서업자, 의사, 한의사, 치과의사, 약사, 약종상, 조산사, 간호사, 종교의 직에 있는 자 또는 이러한 직에 있던 자가 그 업무상 위탁을 받은 관계로 알게 된 사실로서 타인의 비밀에 관한 것은 증언을 거부할 수 있다. 단, 본인의 승낙이 있거나 중대한 공익상 필요 있는 때에는 예외로 한다.

제150조(증언거부사유의 소명)

증언을 거부하는 자는 거부사유를 소명하여야 한다.

제151조(증인이 출석하지 아니한 경우의 과태료 등)

① 법원은 소환장을 송달받은 증인이 정당한 사유 없이 출석하지 아니한 때에는 결정으로 당해 불출석으로 인한 소송 비용을 증인이 부담하도록 명하고, 500만 원 이하의 과태료를 부과할 수 있다.

형사소송법에서 증언거부권을 인정하고 있는 직군에는 사회복지사가 포함되지 않으나, 유관 직업인 경우에는 법 적용의 가능성이 있음을 고려해야 한다. 한편 「민사소송법」(시행 2021. 1. 1.)은 '법령에 따라 비밀을 지킬 의무가 있는 직책'으로 규정함으로써 사회복지사의 증언거부권을 인정하고 있다. 형사소송법과 마찬가지로 민사소송법에 의해서도 사회복지사는 클라이언트의 비밀정보에 관한 증언을 위해 출석을 명받아도 원칙적으로 클라이언트의 비밀누설 금지의무를 이유로 출두하지 않아도 되고, 법정에서 증언을 거부할 수도 있다. 그러나 증언을 거부하는 이유를 소명해야 한다.

사회복지사가 증언거부권을 행사하지 않고 클라이언트의 비밀정보에 관한 증언을 하는 경우에 증언은 국가의 사법작용에 협력하는 행위이므로 윤리적으로 정당하다는 견해가 있을 수 있다. 그러나 사회복지사에게 증언거부권이 인정되고 있고, 그 증언이 공공의 이익과 관계가 없는 이상 클라이언트의 동의 없이 비밀정보에 관해서 증언하는 것은 원칙적으로 비밀누설 금지의무의 위반으로 여겨진다. 법적 소송에 두 사람 이상의 클라이언트가 상이한 이해관계를 가지고 연루되어 있을 경우나 공공의 이익과 관계가 있을 때 사회복지사는 관계자 및 공공의 이익과 클라이언트의 사생활보호권의 비중을 검토해서 윤리적 판단을 해야 한다.

우리나라에서는 그동안 사회복지사가 법적 소송에 소환되는 경우가 드물어서 소년보호처분을 내리기 위한 소년법원의 재판에 참고인으로 소환되는 정도였다. 그러나 정신건강, 가정폭력, 성폭력, 아동학대, 노인학대 등에 대한 임상적 실천 관련법들이 제정됨에 따라 사회복지사가 법원의 소환 명령을 발부받고 비밀정보의 공개에 대해 결정해야 하는 상황이 점차 증가하고 있다. 예를 들어, 성폭력 가해자의 부당한 회유와 압력에 대해 사회복지사가 탄원서를 제출하고 법원으로부터 참고인 진술을 위한 소환장을 발부받는 경우가 있다. 양육자지정 청구소송에서도 자녀의 보호 및 양육 능력에 대한 아버지나 어머니 측의 주장을 지지하거나 혹은 이의를 제기하기 위해서 사회복지사의 전문적 의견이 요청될 수 있다. 또한 클라이언트가 퇴직이나 산재 사고로 인한 정신적 손상에 대해 전 직장에 소송을 제기한 경우에도 참고인 진술이나 증언을 위해서 사회복지사가 소환될 수 있다.

사회복지사의 증언이나 참고인 진술이 자신의 입장을 지지할 것이라고 믿는 클라이언트는 사회복지사의 증언에 반대하지 않을 것이다. 그러나 사회복지사의 증언으로 불리한 입장에 처하게 되거나 개인정보의 개방을 원치 않는 경우에는 클라이언트가 사회복지사의 증언에 동의하지 않을 수 있다. 그럼에도 사회복지사에게는 비밀보장을 위한 절대적인 특권은 보장되지 않고 있다. 사회복지사의 증언거부가 이유 없다는 판결을 받은 경우에 사회복지사는 법원의 증언 명령과 클라이언트의 비밀보장권 사이에서 윤리적 의사결정을 해야 한다. 이 경우 사회복지사는 비밀보장을 선택하는 경우에 법적 제재를 받는 위기에 처할 수도 있음을 고려해야 한다.

그러나 소환장 발부의 취지는 구두 증언이나 사례기록 제출로 요청받은 정보를 제공하도록 명하는 것이다. 만일 클라이언트가 요청된 정보의 공개에 동의하지 않는다면 사회복지사는 정보가 공개되지 않아야 할 이유를 법관들에게 납득시키기 위해서 최선을 다해야 한다. 사회복지사는 공개가 요구된 정보가 비밀을 전제로 공유된 것이며 클라이언트의 동의 없이 공개하는 것이 상당한 피해를 가져오게 될 수 있다는 점을 설득시킬 수 있다. 가능하다면 사회복지사는 법원이 필요로 하는 정보를 구할 수 있는 대안적 방법이나 자료원들을 제시해야 한다(Reamer, 1999: 101).

사례 9-7 양육자지정 청구소송에서의 소환 명령

① 사례 개요

전○○은 10년 전 유치원 교사의 권유로 아들의 성장발달에 관한 상담을 받기 시작한 이래, 아동가정상담원의 사회복지사 홍△△에게 도움이 필요할 때마다 상담을 받아 왔다. 상담 초기에는 아들의 발달 상태에 초점이 맞추어졌으나 점차 클라이언트의 심리 내적 주제가 상담의 중심 주제가 되었다. 클라이언트는 기운이 없고 매사에 의욕이 없으며, 유흥업소에서 일한 과거를 이웃들이 모두 알고 비웃을 것이라는 생각 때문에 괴로워했다. 또한 심한 불면증과 식욕부진을 호소하여 상담원과 연계된 신경정신과의 약물치료가 병행되었다. 이 과정에서 클라이언트의 남편은 가족상담에 협조적으로 참여했고 든든한 지지 체계의 역할을 했다. 클라이언트의 상태가 호전되면서 약물치료는 중단되었고 이후 클라이언트는 개별상담을 간헐적으로 신청하곤 했다.

그러나 2년 전 남편의 소규모 개인 사업이 부도로 정리되면서 경제적인 어려움에 처하자 클라이언트는 다시 정신적 고통을 호소했고 약물치료와 상담이 재개되었다. 증상은 점차 호전되었으나 부부갈등은 개선되지 않았고 최근에 남편이 이혼소송을 청구했다. 부부 모두가 아들의 양육을 원해서 친권 행사자 및 양육자지정 청구소송이 제기되었고 사회복지사는 가정법원으로부터 참고인 출두 소환장을 발부받았다. 클라이언트의 정신건강과 자녀양육 능력에 대한 전문적 의견을 듣기 위한 소환이었고, 클라이언트는 상담내용이 공개되는 것을 원하지 않았다.

② 윤리적 쟁점과 논의

사회복지사 홍△△의 윤리적·법적 딜레마는 클라이언트의 비밀보장권을 보호할 의무와 비밀정보 공개를 요구하는 법원 소환 명령에서 야기되고 있다. 사회복지사에게는 선택할 수 있는 대안이 있는가? 사회복지사의 윤리적 의사결정에 의해 어떤 관련 체계가 영향을 받을 것인가? 사회복지사가 자문을 받는다면 누구에게 받을 것인가? 클라이언트 전○○은 정보 공개로 정신건강이나 일상생활에 대한 세부 내용들이 노출되고 아들의 양육권을 지정받지 못하는 해를 입을 수 있다. 상대적으로 남편과 아들도 소환에 대한 사회복지사의 반응에 의해서 영향을 받을 수 있다. 또한 사회복지사도 정보를 공개하지 않기로 결정하고 법원의 소환 명령에 따르지 않는 경우에 처벌을 받을 수 있으며

경력에 손상을 입을 수도 있다.[16]

의무론적 관점에서는 사회복지사에게 법원 명령에 따를 의무와 비밀보장의 의무가 동시에 있다. 행위공리주의적 관점에서는 아들에게 바람직하고 좋은 결과를 가져올 것이라는 명확한 증거가 있다면 클라이언트 전○○의 특정 사례에서의 비밀정보 공개는 정당하다고 할 것이다. 원조관계의 손상이나 사회복지사의 평판과 경력에 미치는 피해와 같이 정보 공개로 인해서 야기되는 피해보다 아동에게 바람직한 결과를 가져오는 결정이 중요하다고 판단하기 때문이다. 그러나 규칙공리주의적 입장에서는 장기적인 안목에서 볼 때 클라이언트가 원치 않는 비밀정보 공개는 옳지 않다고 할 것이다. 클라이언트의 비밀보장권을 보호하지 못하는 사회복지 실천이 일반화되는 경우에 사회복지사에 대한 신뢰에 손상을 가져오고 결과적으로는 원조요청에 장애가 될 것이라는 우려 때문이다. 인격 기반 윤리 관점에서는 대립하고 있는 의무들의 우선순위를 결정하고 원칙을 지키고 의무를 수행하는 데 사회복지사의 온정성, 분별력, 신뢰성 그리고 성실성과 같은 덕목들이 밑받침되어야 한다는 것에 관심을 가질 것이다.

③ 윤리적 지침과 결정

사회복지사 홍△△에게는 법이 규정하는 비밀보장 의무와 증언거부권이 있다. 클라이언트 전○○이 동의하지 않는 특정 내용에 관한 진술을 사회복지사가 거부하기 위해서는 그 사유를 소명해야 한다. 그리고 소명 절차가 받아들여지는 데는 사회복지사가 소환 명령에 어떻게 대처하는가가 큰 영향을 미친다. 미국 NASW 윤리강령은 이에 대한 윤리표준을 제시하고 있다.

1.07(j) 사회복지사는 법적 절차가 진행되는 동안에도 법이 허용하는 한도 내에서 클라이언트의 비밀을 보호해야 한다. 법원이나 법적 권한을 가진 기관이 사회복지사에게 클

---

16) 이 사례에서는 클라이언트의 비밀보장, 사회복지사의 법 준수 의무 및 자기보호의 권리 외에도 클라이언트 가족 각자의 자기결정권, 클라이언트의 변화 가능성, 아들의 행복추구권 등과 관련된 윤리적 쟁점들이 제기되고 있다. 그러나 중심적인 윤리적 쟁점에 초점을 맞추기 위해서 비밀보장과 법적 명령을 중심으로 논의를 전개했다. 예를 들어, 클라이언트 아들의 기본적 안녕과 성장발달상의 피해를 막기 위해서 정보 공개가 필수적이라는 전문적 판단이 있는 경우에는 비밀정보를 공개하는 윤리적 의사결정이 상대적으로 용이할 것이다.

라이언트의 동의 없이 비밀정보나 면책특권정보를 공개하도록 명령을 내리고 그러한 공개가 클라이언트에게 해가 될 경우 사회복지사는 명령을 철회하거나, 가능한 한 그 범위를 최소화하거나, 또는 그 기록을 공람이 불가능한 비공개로 유지하도록 법원에 요청해야 한다.

한편, 이 사례에서 사회복지사는 클라이언트들의 이해관계의 잠재적 갈등을 예상할 필요가 있다. 특히 이혼문제가 양육자지정 청구소송과 같은 사법절차로 발전되었을 때 사회복지사는 관련된 모든 당사자에 대한 자신의 역할을 명확히 해야 하며, 모든 이해관계의 상충을 최소화하기 위한 적절한 조처를 취해야 한다(기준 1.06[d]).

윤리적 원칙 심사에 의하면, 비밀보장의 원칙이 진실성과 완전공개의 원칙에 우선하고 있어서 클라이언트의 비밀유지에 대한 자기결정권이 사회복지사의 완전공개 의무에 우선해 증언거부를 정당화한다. 또한 자기결정권이 제한되는 경우에는 최소 손실의 원칙이 완전 공개의 원칙에 우선함으로써 가족에게 최소한도의 손실을 가져올 정도의 비밀정보 공개만을 정당화한다. 한편, "자발적이고 자유롭게 동의한 법률, 규칙, 규정을 준수할 의무는 이러한 법률, 규칙, 규정과 상충하는 방식으로 자발적이고 자유롭게 관여할 권리에 우선한다"는 윤리적 지침은 사회복지사가 증언을 거부하기 위해서는 사유를 소명하는 데 최선을 다해야 한다는 것을 시사한다. 그리고 "개인의 안녕에 대한 권리가 법률, 규칙, 규정 및 임의 단체의 협정과 상충하는 경우에는 안녕에 대한 권리가 우선한다"는 지침은 양육자지정 청구소송에서 클라이언트 전○○을 불리한 입장에 처하게 함으로써 행복추구권을 위협할 수 있는 법적 명령을 사회복지사가 거부할 수 있음을 시사한다.

이와 같은 관련사항들을 고려해 사회복지사 홍△△은 공개가 요구된 정보가 비밀을 전제로 공유된 것이며 클라이언트 전○○의 동의 없이 공개하는 것이 상당한 해를 가져올 수 있다는 점을 법원에 설득시키기 위해서 노력했다. 또한 사회복지사의 비밀 공개가 전문직에 대한 일반인의 신뢰를 손상시킴으로써 원조요청을 감소시킬 것이며 궁극적으로는 공공의 이익에도 해가 될 수 있음을 알리고자 노력했다. 증언거부 사유는 인정받았다.

그러나 사회복지사가 정보 공개를 거부하기 위해 노력했음에도 불구하고 법원이 사회복지사에게 정보 공개를 공식적으로 명할 수 있다. 이 경우에는 관계자들에게 최소한의 손실을 가져올 정도의 정보 공개가 될 수 있도록 세심한 배려를 해야 한다.

제10장
전문가의 역할, 관계와 윤리적 쟁점

학습목표

1. 전문적 관계와 경계 문제에 대한 이해
2. 이중관계 관련 윤리적 쟁점 및 윤리적 의사결정의 이해
3. 충실성의 상충에 대한 이해
4. 충실성의 상충 관련 윤리적 쟁점 및 윤리적 의사결정의 이해

   이 장에서는 전문가의 역할과 관련하여 전문적 관계와 이중관계 그리고 충실성의 상충을 중심으로 윤리적 쟁점들에 대해 학습하고 윤리적 의사결정을 살펴보도록 한다.

제1절 전문적 관계와 이중관계

한국사회복지사 윤리강령은 "사회복지사는 사회복지 전문직의 사명을 실천하기 위하여 전문적 지식과 기술을 개발하고, 사회적 가치를 실현하는 전문가로서의 능력과 품위를 유지하기 위해 노력한다."라고 선언하고 있다. 사회복지사는 클라이언트의 권익옹호를 최우선으로 하는 전문적 관계를 형성하고 유지할 책임이 있다. 전문적 관계와 관련이 있는 윤리적 쟁점은 주로 사회복지사와 클라이언트의 원조관계에서 경계 침해가 일어나고 이중 또는 다중 관계가 형성됨으로써 제기된다.

1. 전문적 관계

사회복지사는 전문적 관계를 활용해 클라이언트가 변화 가능성에 대해 개방적이며 변화 과정에 적극적으로 참여하도록 원조한다. 긍정적인 전문적 관계는 개인, 가족 또는 집단을 효과적으로 원조하기 위한 전제조건이 되며 조직이나 지역사회의 구성원들과의 협력관계에서도 중요한 역할을 한다. 전문가는 사려 깊고, 의도적이며, 적합하고, 책임감이 있으며, 윤리적인 행동을 함으로써 전문적 관계를 형성하고 발전시켜 나간다. 전문가는 해야 할 일을 알아야 하고, 그 일을 신뢰할 수 있어야 하며, 개인적 편견이나 감정 문제로 인해서 업무수행이 방해받지 않도록 해야 한다(Sheafor, Horejsi, & Horejsi, 1997).

한국사회복지사 윤리강령은 "사회복지사는 전문가로서의 품위와 자질을 유지하고, 자신이 맡고 있는 업무에 대해 책임을 진다."(I-1-1) 등 전문가로서의 자세에 대한 윤리기준을 제시하고 있으며(I-1~7), 클라이언트와의 전문적 관계에 대한 윤리기준도 명시하고 있다.

> II-1-7 사회복지사는 개인적 이익을 위해 클라이언트와의 전문적 관계를 이용하여서는 안 된다.

Ⅱ-1-8 사회복지사는 어떠한 상황에서도 클라이언트와 부적절한 성적 관계를 가져서는 안 된다.

Ⅱ-2-1 사회복지사는 적법하고도 적절한 논의 없이 동료 혹은 다른 기관의 클라이언트와 전문적 관계를 맺어서는 안 된다.

미국 NASW 윤리강령도 전문가로서 사회복지사의 윤리적 책임에 대해 능력 (4.01), 차별(4.02), 사적인 행위(4.03), 부정직·사기·기만(4.04), 손상(4.05), 잘못된 설명(4.06), 권유(4.07), 공적의 인정(4.08) 등의 윤리표준을 제시하고 있다. 또한 클라이언트에 대한 사회복지사의 윤리적 책임에 대해서도 이해의 상충(1.06), 성적 관계(1.09), 신체적 접촉(1.10), 성희롱(1.11), 경멸적인 언어(1.12), 서비스 비용의 지불(1.13) 등 임상실천 과정에서의 전문적 관계에 관한 윤리표준을 구체적으로 언급하고 있다.

2. 경계 문제와 이중관계

전문적 윤리의 관점에서 전문가의 역할과 권위가 만들어 내는 클라이언트와의 경계 사이에 생기는 모든 문제를 '경계 문제(boundary issues)'라고 부른다. 이 문제는 윤리적 척도일 뿐 아니라 때때로 법적인 규제와 처벌이 뒤따르는 범죄 행위로 불거진다(권수영, 2007: 65). 사회복지사가 클라이언트와의 관계에서 원조 전문가의 역할 외에 제2의 역할을 맡게 될 때 이중관계가 시작된다. 즉, 사회복지사가 클라이언트의 친구, 고용주, 동업자, 연인, 가족 구성원 등의 역할을 맡으면서 전문적 의무와 실제적이거나 잠재적인 갈등에 직면하게 될 때 경계 문제가 발생한다.

일반적으로 경계 문제는 외부적 경계 문제와 내재적 경계 문제를 포함한다. 외부적 경계로는 신체적 경계(physical boundary)와 성적인 경계(sexual boundary)를 들 수 있는데, 신체적 경계는 어느 정도로 친밀하게 타인이 신체적으로 접근하거나 접촉하는 것을 허용할지를 통제하며 성적인 경계 역시 타인과 성적인 거리와 접촉을 통제하는 기능을 한다.[1] 반면에 내재적 경계는 보이지 않는 상징적 울타리라고 할 수 있으며 다음과 같은 세 가지 기능을 가진다. 첫째, 타인이 자신의 공간을 침입하는 것을 막고 권리를 보호한다. 둘째, 반대로 우리 자신이 타인의 공간을 침범해 권리를 빼앗지 못하게 경계한다. 셋째, 경계야말로 나와 타인, 즉 우리 모두에게 '우리가 서로에게 누구인지'의 감각을 구체화하는 생활양식을 제공한다. 경계가 '우리 됨(we-ness)'을 가능하게 한다. 경계를 유지하면서 각자의 울타리 안에 있을 때 나도 있고 너도 있고 우리도 있다(권수영, 2007: 39).

사회복지 실천에서 외부적 경계에 대한 인식은 클라이언트에게 접근하거나 접촉할 때 사회복지사가 안정감을 줄 의무를 갖도록 이끈다. 내재적 경계는 사회복지사가 해야 할 것과 하지 말아야 할 것에 대한 윤리적 범위를 규정한다. 또한 클라이언트가 요청하는 전문적 행위만을 사회복지사가 하도록 범위를 정해 주며, 효과적인 원조관계의 기반이 된다. 전문적 관계 및 전문가의 자세에 대한 윤리강령은 이 경계를 통해 클라이언트와 안전하게 연결된 관계를 유지할 수 있도록 안내한다. 모든 관계에는 상호성이 있기 때문에 원조관계에서의 경계 유지는 제한된 힘을 가진 클라이언트를 보호하는 한편 사회복지사 역시 자신의 힘을 부적절하게 행사하지 않도록 이끄는 윤리적 절차라고 할 수 있다.

사회복지사와 클라이언트가 상호관계의 본질과 목적을 이해하기 위해서는 명확한 경계가 필요하며, 사회복지사들은 클라이언트와의 경계를 유지하도록 훈련받는다. 사회복지사와 클라이언트의 혼란스런 관계는 치료 목적과 과정에 심각한 지장을 초래할 수 있다. 사회복지사를 전문적인 도움을 주는 사람이 아닌 친구, 연인 또는 동업자로 생각하는 클라이언트는 치료적 동맹(therapeutic alliance)을 맺고 사회복지사와 클라이언트의 관계를 최대한 활용하는 데 어려움을 겪을 수 있다 (Reamer, 1999: 115).

때때로 경계 문제가 심각한 윤리적 문제를 일으키고 나서야 드러나는 이유는 사

---

1) 외부적 경계가 제공하는 거리(distance)는 친밀도(intimacy)와 안전감(security)을 담보하는 심리적 개념으로 사용된다. 외부적 경계를 분명하게 하지 못하면 가까이 할 수 없고 안전하다고 느낄 수 없는 사람이 되고 만다(권수영, 2007: 37).

회복지사나 클라이언트 모두 언제 어떻게 경계가 무너졌는지 알지 못하는 사이에 서로의 역할이 바뀌고 뒤섞이는 경우가 적지 않기 때문이다. 즉, 원조관계에서 경계의 문제는 항상 모호하다고 할 수 있는데, 이는 부분적으로는 원조관계의 특성과 관련이 있다. 임상 사회복지 실천의 성과는 원조자의 공감, 온정, 진실성과 같은 성격 특성이나 대인관계 기술과 관련이 있고(Fischer, 1978: 191), 이와 같은 원조관계의 특성 때문에 전문적 관계가 사적 관계로 오인받기도 하고 때로는 전문적 관계 이상을 요구받기도 하는 것이다. 따라서 전문적 경계가 클라이언트의 욕구 충족을 목적으로 하는 안전한 연결을 제공한다고 하지만 원조관계에서 무엇이 얼마만큼 안전감을 제공할 것인지에 대한 명확한 기준을 제시하기는 어렵다.

또한 경계 문제의 모호성은 부분적으로는 문화적 다양성에 기인한다. 인간의 심리 영역에 적용하는 '안전한 느낌'을 주는 거리의 문제는 언제나 문화의 문제이다. 어떤 문화에서는 명확한 경계가 안정감과 평안함을 주는 반면, 다른 문화에서는 경계보다는 다소 모호한 경계를 유발할 수도 있는 관계성(relationality)이 그 문화권 사람들에게 편안함을 준다. 즉, 나와 타인 사이의 최적의 거리는 개인적이고 문화적인 차이가 있다는 것을 보여 준다(권수영, 2007: 34).

사회복지사는 경계 문제와 관련해서 경계 침해(boundary violations)와 경계 교차(boundary crossings)를 구별할 필요가 있다. 경계 침해는 사회복지사가 착취하거나 조종하거나 속이거나 강제하는 이중관계를 클라이언트나 동료와 형성할 때 일어난다. 경계 침해의 중요한 특징은 클라이언트나 동료에게 해를 입히는 이해의 상충이다. 이해 상충은 부당한 영향이라는 법적 개념도 포함한다. 부당한 영향은 사회복지사 자신의 개인적 이익이 되고 클라이언트에게 최대 이익을 가져오지 않을 수 있는 방식으로 클라이언트에게 부적절하게 권력을 행사하거나 압박할 때 일어난다.

이에 반해, 경계 교차는 착취하거나 조종하거나 속이거나 강제하지 않는 방식으로 클라이언트나 동료와 이중관계에 연루될 때 일어난다. 경계 교차는 경계가 무너지기보다는 구부러지는 것으로서, 본질적으로 비윤리적은 아니다. 경계 교차의 결과는 해로울 수도 이로울 수도 있으며 때로는 중립적일 수도 있다. 경계 교차가 해로울 때는 이중관계가 사회복지사의 클라이언트나 동료에게, 그리고 잠재적으로는 사회복지사에게 부정적인 결과를 가져올 때이다(Reamer, 2012: 6-8). 예를 들어, 가정방문을 한 사회복지사가 마침 식사 중이던 가족의 권유에 못 이겨 함께 식사를 한 경우 의도치 않게 관계의 본질에 대해 클라이언트를 혼란스럽게 할 수 있다. 반면에 어떤 경계 교차는 클라이언트나 동료에게 도움이 될 수 있다. 일부 전문가들은 현명하게 다루어진다면 사회복지사의 적절한 자기개방이나 클라이언트의 졸업식 초대를 받아들이는 것은 특별한 상황에서는 클라이언트에게 치료적으로 유용할 수 있다고 주장한다. 득실이 모두 있는 경계 교차도 있다. 일정 기간의 재활프로그램을 수료한 클라이언트를 인턴으로 고용한 센터장은 그 클라이언트의 자존감을 향상시키고 새로운 경력을 쌓는 데 도움을 줄 수 있지만, 유사한 조건의 다른 클라이언트들에게 상대적인 실망감과 열등감을 불러일으킬 수도 있다. 또한 클라이언트는 이전에 같은 회원의 위치에 있던 다른 클라이언트들을 서비스 제공자의 지위에서 만남으로써 그들의 입장에서 공감하고 이해하는 데 도움이 될 수 있는 반면에 경계 문제가 발생하기 쉽다. 그리고 만일 클라이언트가 시간이 경과한 후에 새롭게 드러난 삶의 문제를 다루기 위해 다시 클라이언트의 위치로 돌아가고 싶어 할 때는 또 다른 경계 문제를 초래할 것이다. 따라서 경계의 문제는 어떠한 경우에도 윤리적 쟁점을 불러일으킬 소지가 있는 어려운 문제이다.

아울러 사회복지사들은 부적절한 행동(impropriety)과 부적절한 모습(appearance of impropriety)이라는 용어도 개념적으로 구분할 수 있어야 한다. 부적절한 행동은 사회복지사가 클라이언트의 경계를 침범하거나 윤리표준을 어기는 방식으로 부적절한 이중관계를 맺을 때 발생한다. 클라이언트와 성적 관계를 가지거나 사적인 금전거래를 하는 것은 부적절한 행동의 명확한 예시이다. 그에 비해 부적합한 모습은 부적절해 보이기는 하지만 실제로는 그렇지 않을 수 있는 행동에 사회복지사가 관여할 때 발생한다. 그럼에도 불구하고 부적절한 모습조차도 윤리적인 문제가 되고 해로울 수 있다. 그러므로 사회복지사들은 실제로는 비윤리적이지 않더라도 부적절해 보이는 행동에 관여하는 모습이 자신의 평판과 전문직 청렴도에 가져올 결과에 민감해야 한다(Reamer, 2012: 8).

사회복지사와 클라이언트의 경계 문제 및 이중관계는 〈표 10-1〉과 같이 여러

표 10-1 경계 문제 및 이중관계의 유형

개념적 범주	예시
1. 친밀한 관계	성적인 접촉이나 다정한 몸짓 • 성적 관계: 현재 또는 과거 클라이언트와 명백한 성행동 • 과거 성적 파트너의 상담 • 클라이언트의 친척이나 지인과의 성적 관계 • 수퍼바이지, 수련생, 학생, 동료와의 성적 관계 • 신체적 접촉 [사례] 신체 긴장 상태를 호소하는 클라이언트의 신체 마사지
2. 개인적 이익	사회복지사의 이익과 관련된 이해 상충 • 서비스 교환 • 사업 및 재정 관계: 금전적인 이득 • 조언과 서비스: 클라이언트의 지위, 전문성, 지식 • 호의와 선물 • 이해 상충: 이기적 동기에서 클라이언트에게 물품 판매 등 [사례] 사회복지사가 클라이언트를 의뢰한 서비스 제공 기관과의 재정적 이해관계
3. 정서적 및 의존적 욕구	사회복지사 자신의 정서적 욕구 해결 목적 • 현재 또는 과거 클라이언트와의 우정 • 비관습적 개입: 비윤리적이고 부주의한 개입 • 사회복지사의 욕구 충족을 위한 자기개방 • 애정 어린 의사소통 • 지역사회에서 클라이언트 접촉: 사회복지사의 관계 욕구와 소망 [사례] 자신이 참석하는 자조모임을 클라이언트에게 소개
4. 이타주의적 동기	선의의 동기 • 클라이언트에게 선물하기 • 지역사회 환경에서 클라이언트와 만남: 결혼식, 장례식 등 • 클라이언트에게 편의 제공: 업무와 무관하게 사회복지사의 승용차 동승 • 클라이언트의 특유한 요청 또는 상황에 맞춤 • 클라이언트에게 자기개방 [사례] 클라이언트의 자선동아리 일일찻집 티켓 구매

5. 불가피하고 예상치 못한 상황	예상치 못하고, 초기 통제력이 거의 없거나 전혀 없는 상황 • 지리적 근접성: 작은 지역사회에서 겹치는 사회적 관계 • 예측치 못한 이해 상충: 부부상담 후 양육권소송 증인 소환 • 전문적 만남: 가까운 동료의 기관사업 평가위원 배정 • 사회적 만남: 헬스클럽이나 문화센터에서의 우연한 마주침 [사례] 사례회의에서 대학 동창의 부부상담 사례 발견

출처: Reamer (2012: 11-19). 일부 설명 및 사례는 필자가 보완함

가지 유형으로 나타날 수 있다.

사회복지사가 반드시 피해야 할 이중·다중 관계는 클라이언트가 해를 입거나 이용당할 수 있는 경우이다. 카글과 기벨하우젠(Kagle & Giebelhausen, 1994: 217)은 심리치료에서 치료사와 클라이언트가 이중관계를 맺게 되면서 일어나는 심리기제에 대해 다음과 같이 설명한다.

> 이중관계에서는 경계 침해가 일어난다. 치료관계와 제2의 관계 사이의 선을 넘음으로써 치료관계의 독특한 본질을 남몰래 서서히 손상시키고 실천가와 클라이언트의 역할을 모호하게 하며 권력(power)의 남용을 허용한다. 치료관계에서는 전문적 윤리와 기타 전문적 실천규정에 의해 실천가가 클라이언트에게 미치는 영향이 제한된다. 전문적 관계가 이중관계로 전환되면 실천가의 권력은 그대로이지만 전문적 행동규칙에 의해 확인되지 않거나, 어떤 경우에는 인식조차 되지 않는다. 실천가와 클라이언트는 제2의 관계를 다른 역할과 규칙으로 정의하여 진짜같이 보이게 하려 한다. 치료관계에서는 허용되지 않는 행동을 제2의 관계 맥락에서 수용 가능한 것처럼 보이게 만드는 것이다. 클라이언트로부터 실천가에게로 주의가 이동하고, 권력은 보다 더 동등하게 공유되는 것처럼 보인다.

3. 이중관계 관련 윤리적 쟁점

경계 문제 및 이중관계는 가장 문제가 되고 다루기 힘든 윤리적 쟁점이다. 사회복지사와 클라이언트의 이해 상충, 친밀한 관계 그리고 서비스의 교환을 중심으로

살펴보도록 한다.

1) 이해의 상충

한국사회복지사 윤리강령에는 클라이언트의 권익옹호를 최우선의 가치로 삼고 행동해야 한다는 사회복지사의 의무가 명시되어 있다(II-1-1). 사회복지사는 클라이언트에게 헌신해야 하며 클라이언트는 이용당하지 않도록 보호받아야 한다. 하지만 때로는 사회복지기관이나 사회복지사 자신의 이익을 클라이언트의 이익보다 우선시함으로써 윤리적 쟁점이 제기된다. 사회복지사가 자신의 업무 영역을 넓히기 위해서 전문성을 갖추지 못한 프로그램을 무리하게 운영한다면 사회복지사 자신의 이익을 우선시하는 것으로서 명백하게 비윤리적이다. 그렇다면 회복 중인 클라이언트의 제안으로 클라이언트 소유 건물에 중독전문사회복지사가 중독재활센터를 개소하여 보다 많은 잠재적 클라이언트들에게 무상으로 서비스를 제공하는 것은 윤리적으로 정당할 것인가? 전문성을 갖춘 사회복지사가 선의의 동기에서 행동하는 이러한 경우에 야기될 수 있는 윤리적 쟁점은 무엇인가?

 사례 10-1 클라이언트의 사적인 도움

⬚ 사례 개요

임○○은 장애인복지시설에 근무하는 사회복지사이다. 2개월 전 지적 장애아동 교육 프로그램에 등록한 7세 남아 강△△의 어머니는 때때로 임○○에게 자녀양육 및 부부문제에 관한 상담을 받고 있다.

사회복지사 임○○에게도 1급 지적 장애 판정을 받은 15세 아들이 있는데, 시어머니가 반년 전 돌아가신 이후로 아들을 돌보는 데 큰 어려움을 겪고 있다. 임○○은 마음은 아프지만 아들의 장애인 거주시설 입소를 알아보고 있다. 그러나 아들이 기본적인 일상생활관리를 할 수 없고 공격적이어서 입소 가능한 시설을 찾기가 어렵다.

어느 날 상담 중 클라이언트는 지인의 중증 지적 장애가 있는 자녀를 인근 신도시의 장애인 거주시설에 입소할 수 있게 도와주어 기쁘고 뿌듯하다는 이야기를 했다. 그 시설은 장애아를 더 받을 계획이 없었지만 클라이언트의 남편이 후원회장이기 때문에 특별한 배려를 해 준 것이었다. 지인이 자녀에게 적합한 거주시설을 찾기 위해 얼마나 애를 써 왔는지 모른다면서 시설과 연결해 준 것을 무척 고마워한다고 했다.

사회복지사 임○○은 아들이 입소할 수 있는 거주시설을 찾는 데 절망적이었기 때문에 클라이언트에게 도움을 청하고 싶은 마음에 휩싸였지만 동시에 불편한 마음도 느껴졌다.

② 윤리적 쟁점과 논의

사회복지사 임○○은 자신의 삶에서 중요하고도 어려운 문제를 해결하기 위해 클라이언트의 도움을 받고 싶은 마음이 간절하다. 사회복지사가 처해 있는 상황을 고려해 보면 그 마음을 이해할 수 있다. 그러나 한편 사회복지사 임○○은 클라이언트의 권익옹호를 최우선의 가치로 삼고 헌신해야 한다는 것을 잘 알고 있다. 사회복지사가 클라이언트에게 아들의 주거시설 입소에 대한 청탁을 하는 경우 야기될 수 있는 사회복지사와 클라이언트의 이해 상충이 윤리적 쟁점을 제기한다.

이 상황의 결과에 의해 가장 직접적인 영향을 받게 될 사람들은 강△△의 가족과 사회복지사의 가족이다. 만약 클라이언트 남편의 후원회장이라는 입지가 거주시설 입소에 영향력을 행사할 수 있다면 사회복지사 임○○의 가족은 특별한 혜택을 받게 된다. 또한 클라이언트는 사회복지사를 도움으로써 성취감과 만족감이라는 심리적 이익을 얻을 수 있다. 하지만 사회복지사는 클라이언트의 지위를 이용하여 특혜를 받는 것은 전문적 원조관계에 적합한 행동이 아니라는 생각에서 윤리적 딜레마를 경험하고 있다. 이 경우 만일 클라이언트가 사회복지사에게 특정 거주시설을 소개하고 입소 절차를 안내하는 역할만 하더라도 역시 윤리적 쟁점은 제기된다. 클라이언트의 상담 목표를 위해 사용되어야 할 시간이 사회복지사의 개인적 욕구 충족과 이익을 위한 정보제공에 사용되기 때문이다.

의무론적 관점에서 볼 때, 의심의 여지없이 사회복지사와 클라이언트는 이중관계로 인해서 해를 입을 수 있다. 사회복지사가 후원회장이라는 클라이언트의 지위를 이용해서 공정하지 않은 과정을 통해 아들을 시설에 입소시킨 것이 알려지면 대부분 비윤리적 행동이라고 생각할 것이고 사회복지사의 전문성은 의심받을 것이다. 하지만 그보다 더 중요한 측면은 클라이언트가 해를 입을 수 있다는 점이다. 사회복지사가 클라이언트에게 의지하게 되면 원조관계에서 두 사람의 역할이 바뀌어 적절한 경계 유지가 어려울 것이고, 결과적으로 클라이언트가 효과적인 서비스를 받을 권리를 침해당할 것이라는 주장이다.

철저히 행위공리주의적인 관점에서는 클라이언트의 도움으로 사회복지사 임○○이 아들을 거주시설에 입소시키는 것이 정당화될 수 있다. 원조관계에 다소 위험이 따르겠지만 사회복지사 가족에게 돌아올 이익이 더 클 것이라고 판단되는 경우이다. 그러나 반대로 입소 절차를 밟는 과정에서 사회복지사에게 불만족스런 부분이 발견되고 클라이언트가 난처한 입장에 놓인다면 이익보다 손실이 더 클 수도 있다. 한편, 규칙공리주의자는 클라이언트의 지위를 이용해서 사회복지사가 이익을 얻는 상황이 일반화될 때 원조관계와 전문직 자체가 입을 손상에 관심을 가질 것이다. 설령 사회복지사 임○○의 특정 사례에서 클라이언트의 도움을 받는 것이 정당화된다고 하더라도, 전문적 실천 자체는 윤리적 손상을 입을 것이라는 우려이다. 이와 같이 원리 기반 윤리이론들은 사회복지사가 클라이언트에게 아들의 장애인 거주시설 입소를 청탁하는 것은 윤리적으로 정당화될 수 없다는 입장을 취한다.

덕 윤리의 관점에서 볼 때[2] 사회복지사의 개인적 욕구와 전문적 역할에 대한 믿음이 상충하는 상황이다. 욕구와 믿음이 서로 다른 행동 대안을 지시하는 경우, 특히 윤리적 쟁점이 제기되는 경우에는 의지의 나약함이 문제가 된다. 덕 윤리적 관점에서는 윤리적 의사결정이 사회복지사의 나약한 의지에 의해 영향받지 않고 올바로 이루어지려면 자제력의 덕과 숙고하는 능력이 필요하다고 주장할 것이다. 그리고 의지의 나약함을 해소하기 위하여 의지력의 덕을 함양하도록 강조할 것이다.[3]

---

2) 제10장의 사례에 대한 윤리적 의사결정에서는 인격 기반 윤리이론인 덕 윤리의 관점을 다른 윤리이론들과 함께 살펴본다. 미국 NASW 윤리강령은 이익의 갈등(1.06), 성적 관계(1.09), 신체적 접촉(1.10) 등 사회복지사의 전문적 역할과 관련하여 분명하고 적절하며 문화적으로 민감한 경계를 설정하고 유지할 책임이 사회복지사에게 있으며, 서비스 비용의 지불(1.13)과 관련하여 서비스 교환이 클라이언트나 전문적 관계에 해롭지 않을 것임을 입증할 전적인 책임이 사회복지사에게 있다는 윤리표준을 제시하고 있다. 이 같은 윤리적 지침은 사회복지사가 특정 상황에 적합한 덕을 구현하는 삶의 모습을 보여 줄 때 옳은 행위를 했다는 평가가 가능할 것임을 시사한다.

③ 윤리적 지침과 결정

한국사회복지사 윤리강령에는 사회복지사 임○○이 클라이언트에게 아들의 거주시설 입소를 청탁하는 것은 잘못된 선택임을 의미하는 윤리기준들이 있다.

I-1-6 사회복지사는 자신의 이익을 위해 사회복지 전문직의 가치와 권위를 훼손해서는 안 된다.

II-1-1 사회복지사는 클라이언트의 권익옹호를 최우선의 가치로 삼고 행동한다.

II-1-7 사회복지사는 개인적 이익을 위해 클라이언트와의 전문적 관계를 이용하여서는 안 된다.

미국 NASW 윤리강령에도 관련된 윤리표준들이 있는데, 사회복지사가 클라이언트에게 도움을 청하는 것이 옳지 않다는 것을 시사한다. 윤리강령은 "사회복지사의 일차적 책임은 클라이언트의 복지를 증진시키는 것이다. 일반적으로 클라이언트의 이익이 최우선이다."(기준 1.01)라고 명시하고 있다. 이와 같은 취지는 다음의 윤리표준들에 의해서도 강조된다.

1.06(a) 사회복지사는 전문적 재량권 행사와 공정한 판단을 저해하는 이익의 갈등에 항상 주의를 기울이고 이를 피해야 한다. 실질적이거나 잠재적인 이익의 갈등이 발생할 때 사회복지사는 이를 클라이언트에게 알려야 하며, 클라이언트의 이익을 최우선으로 하고 클라이언트의 이익을 최대한 보호하는 합리적인 조치를 취해 문제를 해결해야 한다. 어떤 경우에는 클라이언트의 이익을 보호하기 위해서 그를 적절한 곳으로 의뢰하고 전문적 관계를 종결해야 할 때도 있다.

1.06(b) 사회복지사는 자신의 개인적 · 종교적 · 정치적 또는 사업상의 이익을 위해 전문적 관계를 부당하게 이용하거나 타인을 착취해서는 안 된다.

1.06(c) 사회복지사는 클라이언트를 착취하거나 잠재적 해를 끼칠 위험이 있는 경우 현재나 과거의 클라이언트와 이중 또는 다중 관계를 맺어서는 안 된다. 이중 또는 다중

---

3) 의지의 핵심적 특성은 지속성, 인내, 군건함, 참을성, 근면함, 절제와 같은 심성이다. 그리고 의지력의 덕은 2개의 성격적 요소, 즉 자제하는 힘과 숙고하는 능력으로 이루어져 있다. 자제하는 힘과 숙고를 통하여 군은 의지를 가지고 바른 길을 지켜 낼 수 있기 때문이다(장동익, 2017: 302).

관계를 피할 수 없는 경우 사회복지사는 클라이언트를 보호하기 위한 조치를 취해야 하며, 분명하고 적절하며 문화적으로 민감한 경계를 설정할 책임이 있다(이중 또는 다중 관계는 전문적이든 사회적이든 사업적이든 사회복지사가 클라이언트와 하나 이상의 관계에 관련될 때 일어난다. 이중 또는 다중 관계는 동시에 일어나거나 연속적으로 일어날 수 있다).

4.03 사회복지사는 그의 전문적 책임수행 능력을 방해하는 사적인 행위를 용납해서는 안 된다.

미국 NASW 윤리강령에서는 아들의 장애인 거주시설 입소를 위해 클라이언트에게 특별한 도움을 청하는 사회복지사 임○○의 선택을 지지하는 기준을 찾아보기 어렵다. 그러나 사회복지사를 돕는 것이 클라이언트에게 기쁨이 될 수 있으며, 비슷한 어려움을 가진 부모를 도움으로써 클라이언트의 역량이 강화될 것이라는 주장이 있을 수 있다. 즉, 사회복지사 임○○을 돕는 행위가 원조관계에 미치는 영향과 의미에 대해 클라이언트가 명확히 알고, 그에 따르는 위험들을 감수할 수 있다면 사회복지사를 돕는 것이 문제되지 않는다는 주장이 있을 수 있다. 하지만 클라이언트의 자기결정 원칙에 근거해 이중관계를 정당화하는 것은 이기적인 해석으로 여겨진다.

'개인의 기본적 안녕(인간행위의 필수 조건 포함)에 대한 권리는 타인의 자기결정권에 우선한다'는 윤리적 지침을 적용하면, 클라이언트의 기본적 안녕에 대한 권리가 아들의 거주시설 입소에 대한 사회복지사의 자기결정권에 우선한다. 이와 같은 결과는 사회복지사가 클라이언트에게 아들의 장애인 거주시설 입소를 청탁하는 것은 윤리적으로 정당화될 수 없다는 윤리이론의 관점이나 윤리강령의 윤리표준과도 일치한다.

이와 같은 관련사항들을 고려할 때, 사회복지사 임○○은 클라이언트에게 아들의 돌봄 부담이나 거주시설 입소의 어려움에 대한 자기개방을 하지 않고 입소 청탁도 하지 않는 것이 윤리적으로 정당할 것이다.

2) 친밀한 관계

임상적 실천에서의 많은 이중관계는 어떤 형태이든 친밀감과 연루되어 있다. 선물하기, 주요 생애사건 참석, 위로의 가벼운 포옹이나 손잡기처럼 경우에 따라서는 적절하다고 여겨지는 친밀감의 표현도 또 다른 경우에는 클라이언트에게 불편감을 줄 수 있다. 원조관계에서 가장 문제가 되는 이중관계는 클라이언트와 성적인 접촉을 가지는 것으로서 클라이언트나 사회복지사에게 치명적인 해를 입히는 경우가 대부분이다. 한국사회복지사 윤리강령은 어떠한 상황에서도 클라이언트와 부적절한 성적 관계를 가져서는 안 된다고 명시하고 있다(II-1-8). 미국 NASW 윤리강령에도 부적절한 성적인 행위와 관련된 조항들이 있다. 사회복지사와 현재 및 이전 클라이언트의 성행위나 부적절한 성적 대화 또는 성적 접촉을 금하고[1.09(a), (c)], 클라이언트를 이용하거나 클라이언트에게 잠재적 해를 입힐 수 있는 상황에서 클라이언트의 친척 또는 클라이언트와 친밀한 대인관계를 맺고 있는 사람과의 성행위나 성적 접촉을 금하며[1.09(b)], 이전에 자신과 성적 관계를 가진 적이 있는 사람에게 임상적 서비스를 제공하는 것을 금한다[1.09(d)]. 그리고 클라이언트에게 심리적 해를 입힐 가능성이 있는 신체 접촉을 금하며 적절한 신체 접촉의 경우에는 분명하고 적절하며 문화적으로 민감한 경계를 설정할 책임이 있고(1.10), 클라이언트에 대한 성적 접근, 성적 유혹, 성적 호의 요구 그리고 기타 성적 성격을 띤 구두, 서면, 전자 또는 신체 접촉 등 성희롱을 금한다(1.11). 또한 사회복지사는 동료와의 성적 관계를 피해야 할 윤리적 책임이 있다. 사회복지사는 수퍼바이저나 교육자의 역할을 담당할 때 (구두, 서면, 전자 또는 신체 접촉을 포함해서) 수퍼바이지, 학생, 훈련생, 또는 자신이 전문적 권위를 행사하고 있는 다른 동료와의 성행위나 성적 접촉에 관여해서는 안 된다[2.06(a)].

그러나 친밀한 관계로 인한 경계 문제 판단에는 임상가의 훈련과 이론적 지향이 중요한 쟁점이 된다. 사회복지사는 심리치료에서 상이한 이념적 지향과 학과들 사이에 상당한 차이가 있음을 인식해야 한다. 효과적인 심리치료는 상담실 안에서만 이루어져야 한다고 생각하는 임상가가 있는 반면, 실제적인 노출치료(in vivo exposure sessions)를 위해서(예를 들어, 불안장애가 있는) 환자들과 여러 장소에 동행하는 치료자도 있다(Smith & Fitzpatrick, 1995: 500).

사례 10-2 클라이언트와의 사적인 만남

1 사례 개요

사회복지 대학원생인 사회복지사 허○○는 정신장애인 사회복귀시설 □□에서 실습 중이다. 20대 후반 남성인 정△△은 대학을 졸업하고 직장생활 중 우울증 진단을 받아 정신병원에 입원했다 퇴원한 후 사회복귀시설에 나오고 있다. 클라이언트는 부모와의 약속 때문에 마지못해 시설에 나오고 있지만 지각과 조퇴가 잦았다. 시설 내에 친구가 될 만한 사람은 없다고 생각하며 어떤 프로그램에도 흥미를 느끼지 못했다.

사회복지사는 실습 과제로 클라이언트의 사회적 기능 평가를 하면서, 평소 자기개방을 하지 않는 클라이언트로부터 가족과 유년시절에 대한 많은 이야기를 들을 수 있었다. 얼마 후 클라이언트는 사회복지사 허○○가 운영하는 자기표현 프로그램의 참여하게 되었고 주로 모자관계 및 이성관계에서의 어려움에 대한 자기개방을 했다. 프로그램 진행 과정에서 사회복지사는 클라이언트의 삶에 대한 깊은 성찰과 섬세한 감성에 호감을 느꼈으며 이에 대해 수퍼비전을 받았다. 클라이언트도 점차 사회복지사에게 친근감을 표현했으며, 어느 날 휴식 시간에 사회복지사에게 소울메이트를 만난 것 같으며 이런 느낌은 처음이라고 이야기했다.

집단프로그램이 종결되면서 클라이언트는 사회복지사에게 개별상담을 청했다. 상담 1회기를 마친 후 클라이언트는 사회복지사를 저녁 식사에 초대했고, 사회복지사는 기관 규칙상 클라이언트와 사적인 만남은 가질 수 없으며 마음은 감사하게 받겠다고 답했다. 클라이언트는 사회복지사를 통해 특별한 인간적 만남을 체험하고 새로운 삶의 희망을 가지게 되어 감사한 마음을 전하고 싶었다고 했다. 그는 자신이 집단 프로그램을 통해 배운 가장 중요한 것이 표현의 중요함이라며 밝게 웃었다. 사회복지사 허○○는 수퍼비전을 받은 대로 클라이언트 정△△의 식사초대를 거절한 것이 바람직한 전문적 행동인지 아니면 지나친 방어적 행동인지 혼란스러웠다.

2 윤리적 쟁점과 논의

사회복지사 허○○는 클라이언트 정△△과의 혼란스런 경계를 수퍼비전을 통해 책임감 있게 다루어 나간 것으로 보인다. 그럼에도 불구하고 사회복지사는 자신의 결정이 윤리적으로 바람직한 결정인지에 대한 확신이 없다. 집단 프로그램을 통한 클라이언트의 자기표현 역량강화를 사적인 매력과 친밀감으로 해석한 것이 아닌지 혼란스러운 것이다. 이 사례에서는 사회복지사가 전문적 원조관계를 지속해 나가기 위해 주의를 기울여야 하는 윤리적 문제들이 적신호를 보내고 있다.

사회복지사와 클라이언트가 서로에게 매력을 느끼는 것이 치료목적과 관련된 주제들을 다루고자 하는 클라이언트의 노력을 방해한다면 클라이언트는 해를 입을 수 있다. 전문적 경계에 관한 문제들은 사회복지사의 객관성과 통찰력에 영향을 미칠 수 있으며, 삶의 이슈들에 도전하는 클라이언트의 능력에도 영향을 미칠 수 있다. 그러나 클라이언트가 삶의 이슈들을 다루기 위해서는 그와 정서적 관여가 가능한 상담자가 가장 도움이 될 것이라는 주장도 있을 수 있다.

이 사례에 대해 의무론적 관점에서 어떤 윤리적 가치를 가장 중요하게 여길지는 명확하게 알기 어렵다. 클라이언트가 해를 입지 않으려면 사회복지사가 전문적 관계를 중단해야 한다는 주장이 있을 수 있다. 그러나 클라이언트의 자기결정권에 대한 사회복지사의 일차적 의무에 초점을 맞추는 의무론적 입장에서는 클라이언트의 의사에 반해 서비스를 중단하는 것은 무책임한 행동이라는 의견을 제시할 수 있다.

행위공리주의적 관점에서는 원조관계를 유지함으로써 클라이언트가 삶의 이슈를 해결할 수 있다는 증거가 있다면, 사회복지사가 서비스를 계속 제공하는 것이 정당하다는 결론을 내릴 것이다. 그러나 친밀한 표현이 원조관계에 미치는 영향과 사회복지사의 전문적 평판과 정신 건강을 고려할 때 전문적 관계를 지속하는 것이 궁극적으로 도움보다는 해가 될 것이라는 증거가 있다면, 사회복지사가 서비스를 종결해야 된다고 결론내릴 것이다. 규칙공리주의적 입장에서는 사회복지사가 복잡한 정서관계를 발전시키고 있는 클라이언트와 상담을 계속하는 선례를 남김으로써 야기될 결과에 우려를 표명할 것이다. 이와 같은 실천이 만연한다면 전문직의 성실성이 손상을 입게 되며 나아가서는 잠재적 클라이언트들의 서비스 접근성에도 부정적인 영향을 미치게 될 것이므로 서비스 종결을 제안할 것이다.

덕 윤리의 관점에서는 '덕이 있는 행위자가 행할 법한 행위를 하라'고 주장할 것이다. 윤리적으로 우월한 스승이나 모범자를 행위 지침으로 삼아서 그들이 행할 법한 것을 행하라는 것이다. 그리고 덕 윤리적 기준에 따라서 옳은 행동이란 덕이 있는 사회복지 전문가가 그 상황에서 행동하면서 가졌을 법한 동기, 기질 또는 성품을 가지고 하는 행동을 의미한다고 강조할 것이다. 따라서 윤리적 의사결정에서 사회복지사의 내면적인 자기인식과 알아차림이 중요하다고 권장할 것이다.

③ 윤리적 지침과 결정

한국사회복지사 윤리강령은 원조관계에서 친밀감의 증진이 전문적 경계를 무너뜨릴 때 원조관계를 종결하는 것이 윤리적으로 정당함을 시사하고 있다. 전문적 관계가 이중관계로 바뀌고 사회복지사의 전문적 행동에 부정적인 영향을 미치게 된다면, 사회복지사는 업무에 대한 전문적 책임을 지기 어렵고 클라이언트의 권익을 옹호하기도 어려울 것이다.

> I-1-1 사회복지사는 전문가로서의 품위와 자질을 유지하고, 자신이 맡고 있는 업무에 대하여 책임을 진다.
> II-1-7 사회복지사는 개인적 이익을 위해 클라이언트와의 전문적 관계를 이용하여서는 안 된다.

미국 NASW 윤리강령에도 사회복지사 허○○가 클라이언트 정△△에게 전문적 서비스 제공을 지속하는 것이 옳지 않음을 시사하는 윤리표준이 있다.

> 1.06(b) 사회복지사는 자신의 개인적 · 종교적 · 정치적 또는 사업상의 이익을 위해 전문적 관계를 부당하게 이용하거나 타인을 착취해서는 안 된다.
> 1.06(c) 사회복지사는 클라이언트를 착취하거나 잠재적으로 해를 끼칠 위험이 있는 경우 현재나 과거의 클라이언트와 이중 또는 다중 관계를 맺어서는 안 된다. 이중 또는 다중 관계를 피할 수 없는 경우 사회복지사는 클라이언트를 보호하기 위한 조치를 취해야 하며 분명하고 적절하며 문화적으로 민감한 경계를 설정할 책임이 있다(이중 또는 다중 관계는 전문적이든 사회적이든 사업적이든 사회복지사가 클라이언트와 하나 이상의 관계에 관련될 때 일어난다. 이중 또는 다중 관계는 동시에 일어나거나 연속적으로 일어날 수 있다.

사회복지사가 상담 목표와 무관하게 부분적으로라도 자신의 개인적 욕구를 충족시키기 위해서 원조관계를 계속하고자 한다면 전문적 관계를 종결하는 것이 윤리적으로 정당할 것이다. 사회복지사 허○○가 클라이언트 정△△에게 호감을 느끼고 이에 대해 수퍼비전을 받았다는 사실은 클라이언트에 대한 사회복지사의 호감이 사적인 친밀감을 의

미할 수 있음을 시사하며 윤리적 민감성을 필요로 하는 잠재적 경계 문제에 주의를 기울
여야 함을 알려 준다.[4]

　　한편, 윤리적 원칙 심사에 의하면 평등과 불평등의 원칙은 자율성과 자유의 원칙에
우선한다. 사회복지사와의 사적인 친밀한 관계가 클라이언트의 삶에 긍정적인 방향으
로 의미 있는 영향을 미칠 수 있을 것이라고 기대되는 모든 클라이언트와 사적인 만남을
가질 수 없는 한, 사회복지사 허○○가 클라이언트 정△△의 자기결정권을 존중하는 행
동방침을 선택하는 것은 정당화되기 어려울 것이다. 또한 최소한 손실의 원칙은 삶의 질
의 원칙에 우선한다. 원조관계의 지속이 클라이언트의 삶의 질을 향상시킨다 할지라도
원조관계로 인해 입게 될 가능한 손실을 최소화할 의무가 보다 중요하다. 사회복지사는
클라이언트가 입을 수 있는 어떠한 잠재적인 해에 대해서도 민감하고 세심한 고려를 해
야 한다. 한편, 우울증이라는 진단명과 입원 치료력을 고려할 때, 생명보호의 원칙도 윤
리적 쟁점이 될 수 있다. 그러나 클라이언트 정△△을 정신적으로 원조할 수 있는 전문가
가 사회복지사 허○○ 한 사람뿐이라는 증거가 없는 한 생명보호의 원칙을 적용하기는
어렵다.

　　윤리적 지침은 이 사례에 적용 가능한 두 가지 지침을 제시하고 있는데, 기본적 안녕
권과 자기결정권에 대한 지침이다. 개인의 기본적 안녕(인간행동의 필수 조건 포함)에
대한 권리는 타인의 자기결정권에 우선한다는 지침에 의하면 클라이언트의 기본적 안녕
권은 사회복지사의 원조관계를 지속하고자 하는 바람에 우선한다. 또한 개인의 자기결
정권은 자신의 기본적 안녕에 대한 권리에 우선한다는 지침은 클라이언트가 이중관계에
서 파생되는 위험을 받아들이고 자기 파괴적인 행동을 할 권리를 가질 수 있음을 시사한
다. 그러나 만일 사회복지사가 원조관계를 지속할 때 전문가의 윤리표준을 위반할 가능

---

4) 시몬(Simon, 1999)은 취약하며 경계 문제를 일으킨 치료사들과의 오랜 경험에 근거해서 경계 침해는 많은
경우 진행성이고 순서가 있으며 결국은 성적인 관계로 이끈다고 주장한다. 즉, 일대일 임상적 관계에서 흔
히 일어나는 연속적인 차례는 다음과 같다. 치료사의 중립성이 점차 흔들리고, 경계 침해가 시작되어 상담
실을 나가면서 사적 문제들을 의논하고, 치료 이슈가 아닌 것을 논의하는 데 더 많은 시간을 할애하고, 치
료사가 다른 클라이언트들에 대한 비밀정보를 공개하고, 치료사가 자기개방을 하고, 신체 접촉이 시작되
고, 치료사가 클라이언트의 삶에 대한 통제력을 점점 더 얻고, 식사 등 치료 외적인 접촉을 하고, 치료회기
가 길어지고 치료 일정을 마지막 회기로 잡고, 치료비를 청구하지 않고, 데이트가 시작되고, 성적 관계에
들어가는 자연스런 순서를 따른다는 것이다(Reamer, 2012: 59-60).

성이 높다고 한다면, 클라이언트가 자기 파괴적인 이중관계에 자발적으로 임했다는 사실은 설득력을 잃게 된다.

사회복지사 허○○는 이와 같은 쟁점들을 고려한 수퍼비전을 통해서 클라이언트 정△△의 개별상담을 종결하기로 결정했다. 클라이언트에 대한 개인적 관심이 원조관계를 지속하고자 하는 바람에 영향을 미치고 있으며 이중관계로 발전될 가능성이 있다고 판단했기 때문이다.

클라이언트가 개별상담을 종결하는 데 동의한다면 이상적이겠지만, 그가 원하지 않는 상황에서 사회복지사가 상담 서비스를 종결하기로 결정했다면 윤리적 실천에 부합되는 방식으로 종결해야 한다. 사회복지사는 클라이언트에게 종결 이유에 대해 명확하게 설명하고, 종결과 관련된 이슈를 다룰 수 있는 기회를 제공해야 한다. 사회복지사는 또한 클라이언트가 원래의 치료목표 및 종결에 따르는 결과를 포함한 삶의 이슈들을 다루도록 도와줄 다른 전문가를 찾도록 도와야 한다.

사회복지사는 서비스 종결에 따르는 서비스 의뢰나 담당 전문가 선정에서 클라이언트의 자기결정권을 최대한 존중해야 한다. 한국사회복지사 윤리강령은 "사회복지사는 전문가로서의 품위와 자질을 유지하고, 자신이 맡고 있는 업무에 대해 책임을 지며"(I-1-1), "클라이언트가 자기결정권을 최대한 행사할 수 있도록 도와야"(II-1-3) 한다고 명시하고 있다. 미국 NASW 윤리강령도 서비스의 의뢰와 종결에 대한 윤리표준을 명확하게 제시해 준다.

1.16(a) 사회복지사는 다른 전문가들의 전문 지식이나 기술이 클라이언트에게 최대한 도움을 제공하는 데 필요할 때나 자신이 제공하는 서비스가 클라이언트에게 효과적이지 못하거나 합당한 진전이 없어서 다른 서비스가 필요하다고 생각될 때 클라이언트를 다른 전문가에게 의뢰해야 한다.

1.17(a) 사회복지사는 클라이언트에게 제공하는 서비스나 클라이언트와의 전문적 관계가 더 이상 필요하지 않거나 그것이 클라이언트의 욕구나 이익에 더 이상 부응하지 못할 경우 이런 서비스와 관계를 종결해야 한다.

1.17(b) 사회복지사는 계속해서 서비스를 필요로 하는 클라이언트가 방치되지 않도록 합리적 조치를 취해야 한다. 사회복지사는 그 상황에서 제반 요인들을 신중히 고려하고 발생할 수 있는 부작용을 최소화하도록 유의하면서 특별한 상황에서만 급하게 서비스를

철회해야 한다. 그리고 필요한 경우 서비스가 지속될 수 있도록 적절한 조처를 취해야 한다.

1.17(e) 클라이언트에 대한 서비스의 종결이나 중단을 예상하는 사회복지사는 이를 즉시 클라이언트에게 알려야 하며, 클라이언트의 욕구나 선호에 의거하여 서비스의 이전이나 의뢰나 지속 방법을 찾아야 한다.

사회복지사는 서비스가 종결된 클라이언트와의 관계도 주의를 기울여 관리해야 한다. 미국 NASW 윤리강령은 이와 관련해 다음과 같은 윤리기준을 제시하고 있다.

1.09(c) 사회복지사는 클라이언트에게 잠재적 해를 입힐 우려가 있기 때문에 과거의 클라이언트와의 성행위나 성적 접촉이 있어서는 안 된다. 사회복지사는 이러한 금지사항을 어기는 행동을 하거나 특별한 상황임을 내세워 금지사항으로부터 예외를 주장하려면, 과거의 클라이언트가 의도적이든 아니든 착취나 강요를 당하거나 조종받지 않았음을 입증할 전적인 책임이 있다.

1.17(d) 사회복지사는 클라이언트와의 사회적·경제적 또는 성적 관계를 추구하기 위해 서비스를 종결해서는 안 된다.

서비스를 적절하게 종결하더라도 과거의 클라이언트와 이중·다중 관계를 맺는 것은 윤리적 문제를 초래할 수 있다. 즉, 사회적·금전적·성적 관계에 들어가기 위해서 전문적 관계를 종결한 것이 아니더라도 다음과 같은 두 가지 이유에서 비윤리적일 수 있는 것이다. 첫 번째로는 전문적 원조관계가 공식적으로 종결된 후에도 클라이언트는 삶의 이슈들로 인해 어려움에 처할 수 있다. 예를 들어, 과거의 클라이언트가 새로운 인간관계나 정서적 문제로 고통을 겪게 되는 경우에 도움을 청하기 위해서 사회복지사에게 다시 상담을 청하고 싶을 수 있다. 클라이언트의 과거의 삶, 이슈, 상황 및 이미 형성된 원조관계가 클라이언트의 원조 요청을 촉진시킬 수 있으며, 다른 사회복지사와 새롭게 원조관계를 시작하는 것은 치료적으로도 비효율적이고 최선이 아닐 수 있다. 그러나 종결 후에 사회적으로나 금전적으로나 또는 성적으로 이중관계를 맺게 된 사회복지사와 과거 클라이언트는 전문적 관계를 재형성하는 것이 상당히 어려울 것이며, 이는 클라이언트가 원조요청을 하는 데 장애가 될 수 있다.

두 번째로는 과거의 클라이언트가 어려움에 처하게 되었을 때, "이전에 도움을 주었

던 사회복지사라면 이 문제에 대해서 어떤 이야기나 조언을 해 줄까?" 하고 숙고해 보는
것이 도움이 되는 경우가 있다. 과거의 클라이언트는 사회복지사와의 공식적 원조관계
를 다시 시작할 필요까지는 없더라도, 사회복지사의 관점과 견해를 곰곰이 생각해 봄으
로써 도움을 받을 수 있다. 사회복지사와 과거 클라이언트 간의 이중·다중 관계는 이와
같이 과거의 원조관계에 비추어 봄으로써 도움을 받을 수 있는 클라이언트의 능력에 해
를 입힐 수 있다(Reamer, 1998: 86).

3) 서비스의 교환

사회복지관이나 사회복지시설과 같은 기관에 소속된 사회복지사에게는 서비스
이용료 책정에 대한 재량권이 상대적으로 적다. 그러나 개인적으로나 동료들과 함
께 개업 실천을 하는 사회복지사는 상대적으로 많은 재량권을 가지고 있다. 대부분
의 사회복지사는 클라이언트의 상황에 적합한 수준의 서비스 이용료를 책정하기
를 원할 것이다. 한국사회복지사 윤리강령은 사회복지사의 경제적 이득에 대한 태
도로 다음과 같은 윤리기준을 제시하고 있다.

> Ⅰ-3-1 사회복지사는 클라이언트의 지불 능력에 상관없이 서비스를 제공해야 하며, 이를
> 이유로 차별대우를 해서는 안 된다.
> Ⅰ-3-2 사회복지사는 필요한 경우에 제공된 서비스에 대해, 공정하고 합리적으로 이용
> 료를 책정해야 한다.
> Ⅰ-3-3 사회복지사는 업무와 관련하여 정당하지 않은 방법으로 경제적 이득을 취하여서
> 는 안 된다.

미국 NASW 윤리강령도 서비스 이용료에 대한 윤리표준을 명시하고 있다.

> 1.13(a) 사회복지사는 서비스 이용료 책정에 있어 요금이 적정하고 합리적이며 제공된 서

비스에 상응하는지 반드시 확인해야 한다. 클라이언트의 지불 능력도 고려되어야 한다.

　　그러나 다음과 같은 의문들이 사회복지 실천에서 윤리적 쟁점을 제기한다. 적정하고 합리적이며 적절한 서비스 이용료는 어떤 수준인가? 지역사회에서 통상적으로 받아들여지는 서비스 이용료인가? 지불 능력이 없거나 적은 클라이언트들을 위해서는 서비스 이용료가 차별적으로 책정되는 것이 타당한가? 클라이언트의 경제적 형편이 악화되어 더 이상 서비스 이용료를 지불할 능력이 없다면 서비스 제공을 중단해도 되는가? 사회복지사와 클라이언트의 서비스 교환[5]은 윤리적으로 정당화될 수 있는가?

 사례 10-3 서비스 교환

　　① **사례 개요**

　　사회복지사 조○○는 사회복지 관련 전문가들과 함께 □□연구소를 개설해 개업실천을 하고 있다. 컴퓨터 관련업체 직원인 클라이언트 송△△은 여자 친구와 헤어진 후 무력감에 시달려 왔으며 사회복지사 조○○에게 지난 4개월간 상담을 받고 있다. 클라이언트는 이성과 친밀한 관계를 지속해 나가는 데 대해 불안감을 느끼며 직업의 장래성에 대해서도 염려하고 있다.

　　클라이언트는 회사가 부도로 2주일 후에 문을 닫는다는 것을 최근에 알게 되었다. 그는 상담을 계속 받기를 원하지만 실직하면 상담비를 지불하기 어려운 형편이다. 클라이언트는 상담비를 내는 대신 □□연구소의 컴퓨터 관련 일을 맡을 수 있으면 좋겠다는 제안을 했다. 사회복지사 조○○ 역시 서비스를 계속 제공하는 것이 바람직하다고 생각하지만 서비스 이용료 문제를 어떻게 처리하는 것이 좋을지는 결정하기 어렵다.

　　② **윤리적 쟁점과 논의**

　　클라이언트는 상담 서비스와 자신의 컴퓨터 관련 기술의 교환을 제안했다. 사회복지

---

5) 클라이언트가 상담 서비스의 이용료를 지불하는 대신 자신의 일반적인 봉사활동이나 전문성을 갖춘 사무 및 업무 지원 등 서비스와 교환하는 것을 말한다.

사도 상담 서비스를 계속 제공할 필요가 있다고 생각하지만 이러한 서비스 교환이 윤리적으로 정당한지 판단하기 어렵다. 서비스 교환을 받아들일 경우 이중관계를 피하기 어려울 것이기 때문이다.

의무론적 관점에서는 사회복지사에게 클라이언트의 자기결정권을 존중하고 서비스를 제공할 의무가 있다. 행위공리주의적 관점에서는 상담 서비스를 제공함으로써 클라이언트가 불안감과 걱정에서 벗어나는 것이 클라이언트에게 이익이 된다면 서비스 교환을 받아들이는 것이 정당하다고 할 것이다. 그러나 규칙공리주의적 관점에서는 서비스 교환이 초래할 혼란이 클라이언트나 사회복지사에게 미치게 될 장기적인 부정적 영향에 보다 관심을 가질 것이다.

덕 윤리의 관점에서는 특정한 상황에서 행동 선택의 유연성을 폭넓게 인정하며, 덕이 있는 사회복지사들은 동일한 상황에서 상이한 행동을 선택하여 실천할 수 있다고 주장할 것이다. 또한 덕이 있는 행동이란 실천적 지혜(phronesis)를 가진 사회복지사가 선택할 법한 행동임을 강조할 것이다. 이 사례에서 사회복지사는 최소한 공정, 충실, 관용, 주의 깊음, 용기 등의 덕이 사용되는 실천적 지혜가 중요하다는 입장을 취할 것이다.[6]

③ 윤리적 지침과 결정

한국사회복지사 윤리강령은 사회복지사의 기본적 윤리기준 가운데 경제적 이득에 대한 태도에 대한 세 가지 기준(I-3)에서 서비스 이용료의 책정과 지불에 관해 언급하고 있다. 또한 다음 윤리기준을 통해서도 간접적인 지침을 제시해 준다.

> II-1-1 사회복지사는 클라이언트의 권익옹호를 최우선의 가치로 삼고 행동한다.
>
> II-1-7 사회복지사는 개인적 이익을 위해 클라이언트와의 전문적 관계를 이용하여서는 안 된다.

---

6) 슬로트(Slote, 1992: 8-9)는 상식적 관점에 따라 제시될 법한 개별적 덕들을 세 가지 유형으로 분류한다. 첫째는 그 덕들을 소유한 자와 타인의 관계에서 드러나는 덕으로 정의, 친절함, 성실함, 관대함 등이 해당된다. 둘째는 자기를 배려하는 측면에서 덕으로 간주되는 것으로 사려 깊음, 총명함, 주의 깊음, 침착함, 인내 등이 있다. 세 번째는 혼합적 성격을 갖는 것으로 타인과의 관계와 자기 배려적인 측면에 해당하는 덕으로 자제, 용기, 실천지혜 등이 있다(장동익, 2017: 216에서 재인용).

윤리기준에 따르면 사회복지사는 상담 서비스가 클라이언트에게 이익이 된다면 서비스 이용료 지불 능력에 상관없이 서비스를 제공할 의무가 있으며, 서비스를 계속 받을 것인가에 대한 클라이언트의 자기결정을 존중해야 한다. 또한 이 과정에서 전문적 관계를 이용해 클라이언트의 전문기술에 대한 부당한 영리를 취해서는 안 된다. 그러나 사회복지사가 의도적으로 부당한 영리를 취하려는 경우가 아니더라도 전문기술의 가치를 재화로 환원하는 정해진 기준이 없는 한 이 사례에서는 서비스 교환이 사회복지사의 부당한 경제적 이득에 관한 윤리적 쟁점을 제기할 가능성이 높다.

미국 NASW 윤리강령에는 클라이언트와의 서비스 교환 금지 및 예외 상황에 대한 윤리표준이 있다.

> 1.13(b) 사회복지사는 클라이언트로부터 전문적 서비스에 대한 대가로 물품이나 서비스를 받아서는 안 된다. 특히 서비스를 수반한 대가 교환은 사회복지사와 클라이언트의 관계에 이익갈등, 착취 그리고 부적절한 경계 등의 가능성을 야기한다. 사회복지사는 대가 교환을 살펴보고 다음과 같은 매우 제한적인 경우에만 교환할 수 있다. 그런 교환이 해당 지역사회 전문가들 사이에서 관행으로 받아들여지고, 서비스 제공을 위해 필수적이라고 여겨지며, 강요 없이 협상이 진행되고, 클라이언트의 주도하에 고지된 동의에 따라 이루어지는 경우가 이에 해당된다. 클라이언트로부터 받는 물품이나 서비스를 전문적 서비스에 대한 대가로 받아들이는 사회복지사는 이런 교환이 클라이언트나 클라이언트와의 전문적 관계에 해롭지 않다는 것을 입증할 전적인 책임이 있다.

사회복지사 조○○는 클라이언트 송△△의 상담 서비스가 계속될 필요가 있고 이 시점에서 상담을 중단하는 것은 해로운 결과를 가져올 수 있다고 생각한다. 미국 NASW 윤리강령도 "사회복지사는 계속해서 서비스를 필요로 하는 클라이언트가 방치되지 않도록 합리적 조치를 취해야 한다."(기준 1.17[b])라고 명시하고 있다. 상담을 계속할 필요성에 대해서 사회복지사와 클라이언트가 동의하고 있으나 상담 서비스와 클라이언트의 서비스를 교환하는 것은 윤리적으로 정당하지 않으므로, 사회복지사의 선택 가능한 대안은 무료 상담을 제공하거나 서비스 이용료를 받고 상담할 수 있는 다른 방법을 모색하는 것이다.

미국 NASW 윤리강령은 '서비스'의 가치에 기반을 둔 윤리적 원칙으로 "사회복지사는 자신의 전문적 기술의 일부를 재정적 보상에 대한 기대 없이 자발적으로 제공하도록 권장된다(무료 서비스)."라고 명시하고 있다. 그러나 클라이언트의 서비스 이용료 지불 방법에 대한 자기결정도 존중되어야 한다. 이 경우의 대안으로는 상담을 계속 받고 취업을 하게 되었을 때 지불하도록 하는 방법이 있다. 차선의 대안으로는 서비스 이용료가 상대적으로 낮게 책정되어 있거나 무료 상담 서비스를 공식적으로 제공하고 있는 다른 기관의 상담자에게 클라이언트를 의뢰하는 방법이 있다. 그러나 아마도 □□연구소의 서비스 이용료가 특별히 높게 책정되어 있지 않는 한 다른 기관도 비슷한 정도일 것이므로 적절한 기관을 찾는 것이 용이하지는 않을 것이다. 의뢰하는 경우에는 적절한 조치 없이 서비스가 중단되었다는 느낌을 클라이언트가 받지 않도록 사회복지사는 실천적 지혜를 최대한 반영하여 세심하게 의뢰 절차를 계획해야 한다. 사회복지사는 이와 같은 상황에서의 서비스 종결과 의뢰가 클라이언트에게 어려운 과정일 수 있으며 문제해결 및 기능향상에 장애가 될 수 있음을 인식해야 한다.

제2절 충실성의 상충

사회복지사의 클라이언트에 대한 윤리적 책임은 소속기관, 전문직 그리고 사회에 대한 윤리적 책임들과 연관되어 있다. 사회복지사 윤리강령들은 클라이언트, 동료 및 전문직에 대한 책임과 전문가로서의 책임을 소속기관에 대한 책임보다 상대적으로 더 많이 언급하고 우선시하는 경향이 있다. 반면에 실천현장의 기관장들은 직원들이 기관의 정책과 절차를 우선시하도록 요구하는 경향이 있다. 이와 같은 실천적 맥락에서 때로는 사회복지사의 서로 다른 의무 및 책임들이 상충하면서 윤리적 쟁점이 제기된다.

1. 의무와 책임

사회복지사의 전문적 역할에 따른 의무와 책임은 클라이언트와 잠재적 클라이언트의 권리와 밀접한 관계를 가진다. 권리의 개념은 광의로는 선언(manifesto)이라고 불리는 권리 또는 '관계적 권리' 의식을 총칭하며, 전 세계적으로 기본적인 인간의 욕구 충족을 포함하여 '관계적 책임'으로 특징지어지는 광범위한 종류의 의무를 필요로 할 수 있다. 책임이라는 용어는 의무론의 추상적 의무, 소속기관이 정한 특정한 절차적 의무, 돌봄의 윤리에서 강조되는 특정한 상황에 의한 관계적 책임을 포함하는 폭넓은 의미를 지닌다. 협의의 권리는 개인과 집단의 정당한 요구를 지칭하며, 클라이언트에게 특정한 권리가 있다면 사회복지사와 기관은 그러한 권리 행사에 상응하는 의무를 가진다(Banks, 2012: 159-160).[7]

전문적 윤리의 맥락에서 사회복지사에게는 클라이언트, 전문직 그리고 소속기관에 대한 의무가 있다. 이는 사회복지사라는 업무를 맡으면서 스스로 헌신하고 있는 의무이며, 암묵적이든 명시적이든 계약 또는 약속에 의한 결과이다. 하지만 특정 상황에서 서로 양립할 수 없는 다른 약속이 이루어졌을 수도 있기 때문에 의무들이 상충하여 선택이 필요한 경우도 있다. 또한 의무는 책무(accountability)와도 관련이 있다. 만일 어떤 의무를 수행하기로 계약하거나 약속했다면(의무), 사회복지사는 그 의무의 이행이나 불이행에 대해 설명하거나 정당화할 수 있을 것으로 기대된다(책무, Banks, 2012: 160). 사회복지사의 전문적 역할에 따른 권리와 의무의 유형은 다음과 같이 정리될 수 있다(Downie & Loudfoot, 1978; Banks 2012: 163-164에서 재인용).

① 클라이언트, 고용주 그리고 다른 사람들에 대한 법적 권리와 의무
② 자체적인 행동 기준을 가진 전문직의 회원 지위에서 비롯된 전문적 권리와 의무(그리고 책임)

---

7) 의무와 책임이라는 용어는 흔히 호환적으로 사용되지만, 엄밀히 말하자면 책임이 가지는 의미가 더 포괄적이다. 책임에는 매우 구체적으로 정의할 수 있는 의무뿐만 아니라 단순히 같은 인간으로서 다른 사람에게 행해야 할 조치(responses)의 개념도 포함된다. 윤리강령이나 전문적 윤리에 관한 문헌에서 책임의 개념은 클라이언트, 다른 전문가 그리고 다른 사람과 집단이 함께 만들고 공유하는 보다 넓은 의미의 헌신과 유대의 네트워크를 포함하는 것으로 사용되는 경우가 많다(Banks, 2012: 162).

③ 사회복지사는 특정한 상황에서 특정한 개인을 돕고 있다는 사실에서 비롯된 도덕적 의무(그리고 책임)

④ 사회복지사는 또한 많은 사람에 비해 더 많은 시민의 선을 행할 기회를 가진 시민이라는 사실에서 비롯된 사회적 의무(그리고 책임), 예를 들어 사회정책을 개혁하거나 변화시키는 작업의 기회

⑤ 사회복지사는 업무수행방식과 사회복지사의 행동방식에 관련된 나름의 규칙을 가지고 있는 기관에 고용되거나 사회복지 서비스 이용자나 구매자와의 계약에 얽매일 수 있다는 사실에서 비롯된 절차적 권리와 의무

한국사회복지사 윤리강령은 "사회복지사는 자신이 맡고 있는 업무에 대해 책임을 지며"(I-1-1), "전문가로서 성실하고 공정하게 업무를 수행하며, 이 과정에서 어떠한 압력에도 타협하지 않는다."(I-1-3)라고 전문가의 자세에 대한 윤리기준을 명시하고 있다. 미국 NASW 윤리강령도 사회복지 전문직의 핵심가치인 '충실성(loyalty)'에 기반을 둔 윤리원칙을 제시하고 있다. 즉, "사회복지사는 신뢰받을 수 있는 행동을 한다. 사회복지사는 전문직의 사명, 가치, 윤리원칙, 윤리표준을 항상 숙지하여 이와 일치되는 실천을 한다. 사회복지사는 정직하고 책임감 있게 행동하며 자신들이 소속된 조직 측의 윤리적 실천을 증진시킨다".

충실성을 행동으로 구현하는 것이 의무의 개념으로서, 로스(Ross, 1930)는 의무론적 관점에서 올바른 윤리적 의사결정을 돕기 위해 당면 의무(prima facie duty)의 개념을 제시했다. 당면 의무란 타인과의 관계에서 비롯되며 특정 시점의 특정 상황에 부합되거나 적합한 행동을 가리킨다. 당면 의무는 지역사회에서 자명하게 수용되는 도덕성의 일부분이며, 다른 의무와 상충되지 않는 한 항상 지켜지리라고 기대되는 의무이다. 로스는 당면 의무의 개념을 통해 다원주의적 의무론을 제시했으며, 당면 의무는 그 상황에서 행해지는 상식적인 행위라는 것만으로도 정당화된다(Linzer, 1999: 41-42에서 재인용).

표 10-2 당면 의무

당면 의무		해당 상황
성실	약속을 지킬 의무	이전에 약속한 행동
보상	해를 입힌 관계에 보상할 의무	이전에 잘못한 행동
감사	과거 자신에게 이로움을 준 사람에 대한 감사를 표현할 의무	다른 사람이 자신에게 한 과거 행동
정의	재화나 이익이 동등하고 공정하게 분배되는지 지켜볼 의무	즐거움이나 행복의 분배
선행	다른 사람들의 욕구충족 원조할 의무	다수의 사람의 향상 도모
자기 개선	자신의 삶을 향상시킬 의무	자신의 조건 개선
악행 금지	다른 사람에게 해를 입히지 않을 의무	다른 사람에게 손상 주지 않기

출처: Linzer (1999: 41-42).

　많은 경우 윤리적 딜레마 상황에 당면 의무의 개념을 적용해도 윤리적 모호성은 여전히 존재할 수밖에 없다. 예를 들어, 부모에 대한 자녀의 효도는 '감사'의 당면 의무이며, 부모의 자녀 양육은 '선행'의 당면 의무이다. 그러나 고령의 부모와 어린 자녀에 대한 의무를 모두 수행해야 하는 주부는 어떤 의무를 우선적으로 수행해야 할지 선택이 필요한 상황에 처할 수 있다. 때로는 부모에 대한 의무가 우선할 것이 며, 때로는 자녀에 대한 의무가 우선할 것이다.

　당면 의무의 다원주의적 본질로 인해서 우선순위를 알려 주는 객관적 지침이 되지 못하며 명확한 윤리적 의사결정의 답을 주지 못한다. 그러므로 잠재적인 융통성과 갈등을 지니고 있는 다양한 윤리원칙과 의무들의 경중을 가려야 하는 상황에서 윤리적 의사결정은 사회복지사의 자유재량에 맡겨지며 지혜롭게 분별력을 사용할 여지가 있다.

2. 충실성의 상충 관련 윤리적 쟁점

　사회복지기관에 소속된 사회복지사들은 때때로 클라이언트에 대한 윤리적 책임과 고용주에 대한 윤리적 책임 사이에서 충실성(loyalty)이 대립하는 난처한 상황에 처한다. 기관장의 결정이나 기관의 관행이 클라이언트의 상황을 악화시키거나 최대이익을 가져다주지 못한다고 생각되는 경우이다. 사회복지사는 클라이언트의 이익과 고용주의 이익 가운데 무엇을 우선시해야 할 것인지 선택해야 하는 윤리적 딜레마 상황에 처한다.

 사례 10-4 노숙인 쉼터의 금주 규칙

⬚ 사례 개요

남성 노숙인 쉼터의 40대 중반 미혼 클라이언트인 문○○은 청년기에 폭음이 시작되었고 알코올중독 치료를 받은 적은 없다. 주로 일용직 노동자로 일해 왔으나, 건설 경기의 침체와 함께 지난 3년간 쉼터 입·퇴소를 반복하며 지냈고 현재의 쉼터에는 1년 전 입소했다. 클라이언트는 3개월 전 쉼터의 알코올교육 프로그램을 수료한 후 단주 숙소인 회복의 방에서 생활해 왔으며 단주모임에도 참석하고 있다. 또한 쉼터에서 연결해 주는 공공근로에 꾸준히 나가면서 얼마간의 저축을 하고 있다.

어느 날 오후 담당 사회복지사 임△△은 술에 취한 클라이언트 문○○의 전화를 받았는데 '쉼터로 돌아갈 수 없다' '이제는 모두 끝났다'는 등 두서없이 횡설수설하다 전화가 끊겼다. 쉼터의 단주 프로그램은 단주를 강력히 지지하는 □□ 종교단체의 재정적 지원을 받고 있으며, 단주 자조집단의 사회심리적 지원이 프로그램 진행에 큰 역할을 하고 있다. 회복의 방의 단주규칙이 지켜지지 않는다면 기관의 알코올 프로그램 운영은 현실적인 어려움을 겪게 될 것이다. 클라이언트 역시 단주를 약속하고 회복의 방에 입실했으며, 규칙을 위반하면 퇴실과 함께 여러 가지 일상적 특혜도 포기해야 된다는 사실을 알고 있다.

다음 날, 쉼터로 돌아온 클라이언트는 초췌한 모습이었다. 공공근로 때문에 보름간 지방에 다녀온 후 하나뿐인 형님이 돌아가셨다는 소식을 뒤늦게 들었고 세상에 정말 혼자 남겨졌다는 생각에 술을 마시지 않고는 견디기 어려웠다며 눈물을 흘렸다. 또한 자신의 과오로 인한 사고로 동생이 사망했고 그로 인해서 고통을 겪어 왔으며, 사람들과 신뢰관계를 맺는 것이 어렵다는 이야기도 했다. 이야기를 마친 클라이언트는 심란한 목소리로 "규칙을 어겼으니 퇴실해야 되겠지요?"라고 물었다.

② 윤리적 쟁점과 논의

사회복지사 임△△은 회복의 방의 단주정책을 지지함으로써 기관의 단주 프로그램 운영이 가능한 현실적 여건을 인식하고 있다. 클라이언트 문○○의 음주 사실을 공개하고 퇴실 약속을 이행하게 한다면 단주정책을 더욱 공고히 함으로써 가용자원의 확보가 보다 용이해지며 단주 프로그램 운영을 활성화시킬 수 있을 것이다. 그러나 다른 한편으로는 클라이언트를 퇴실시킴으로써 더 열악한 환경에 처하게 하는 단주정책은 클라이언트의 음주행위가 타인이나 자기 자신에게 심각한 해를 초래하지 않는 한에는 비합리적이라는 생각을 한다. 사회복지사 임△△은 기관의 경제적·사회적 자원 확보에 결정적인 영향을 미칠 수 있는 단주정책을 따를 '성실'의 당면 의무에 충실해야 하는가 아니면 클라이언트의 이익을 보호하기 위한 '선행'의 당면 의무에 충실해야 하는가?

사회복지사가 기관의 이익에 대한 충실성과 클라이언트의 이익에 대한 충실성이 대립하면서 윤리적 딜레마에 처하는 경우는 기관의 이익 추구가 궁극적으로는 다수의 잠재적 클라이언트에게 이익을 가져올 수 있는 경우이다. 이 사례에서도 클라이언트의 음주가 회복의 방에서 함께 생활하고 있는 다른 단주 노숙인들에게 불편을 가져오거나 위해를 초래했다면 상대적으로 윤리적 의사결정이 용이했을 것이다. 그러나 규칙이 지켜지지 않음으로써 기관의 가용자원이 감소하고 서비스 욕구가 있는 잠재적 클라이언트들에게 돌아갈 혜택이 줄어드는 상황에 대한 우려와 문○○라는 특정 클라이언트의 기본적 안녕이 손상을 입을 수 있는 상황에 대한 우려가 함께하면서 윤리적 쟁점이 제기된다.

의무론적 관점에서 보면 사회복지사는 회복의 방의 단주규칙이 정당하지 않다고 생각하더라도 공식적인 기관정책을 따를 의무가 있다. 그러나 또 다른 의무론적 입장에서는 클라이언트의 기본적 안녕을 보장할 고유한 의무나 비밀보장과 자기결정권을 존중할 의무를 강조할 수 있다. 행위공리주의적 관점에서는 다른 사람들에게 해를 입히지 않는다면 클라이언트의 이익을 최우선시할 의무가 기관의 이익을 위해 규칙을 준수할 의무보다 중요하다고 할 것이다. 클라이언트가 단주를 지지하는 환경인 회복의 방에서 퇴실할 경우에 예측되는 음주문제로 인한 신체적·정신적·사회적 기능 손상 등 해로운 결과를 막을 필요성이 우선되기 때문이다. 또한 계속 회복의 방에서 생활함으로써 클라이언트에게 부여되는 특혜를 포함한 이익들도 고려된다.

규칙공리주의적 관점에서는 음주자의 퇴실 정책은 알코올 남용 노숙인들의 궁극적인 이익에 기여할 것이므로 엄격하게 지켜져야 한다고 주장할 것이다. 장기적으로 볼 때 규칙 위반을 예방하여 회복을 위한 안전하며 지지적인 환경을 조성하고, 알코올 남용자들의 회복 가능성을 높일 수 있다고 믿기 때문이다. 그러나 또 다른 규칙공리주의적 입장에서는 클라이언트들은 원하는 행위를 스스로 결정하도록 허용될 때 장기적으로 최대 행복을 얻을 것이라는 결론을 제시할 수도 있다. 관계 기반 윤리 관점은 윤리적 의사결정에서 특수성과 맥락성에 주의를 기울이며 돌봄을 실천할 필요가 있다고 강조할 것이다. 클라이언트의 삶과 알코올문제 해결에서 회복의 방이 가지는 의미를 중시하기 때문이다. 한편, 덕 윤리 관점에서는 공감, 실용적 사유, 비판적 성찰, 충실, 도덕적 용기, 정의, 관용, 지혜 등의 덕을 갖춘 선배나 동료 사회복지사의 본을 받아 윤리적 의사결정을 하도록 권할 것이다.[8]

③ 윤리적 지침과 결정

한국사회복지사 윤리강령은 클라이언트와 소속기관에 대한 사회복지사의 충실성에 대한 윤리기준을 다음과 같이 제시하고 있다.

> II-1-1 사회복지사는 클라이언트의 권익옹호를 최우선의 가치로 삼고 행동한다.
> V-1 사회복지사는 기관의 정책과 사업 목표의 달성·서비스의 효율성과 효과성의 증진을 위해 노력함으로써, 클라이언트에게 이익이 되도록 해야 한다.
> V-3 사회복지사는 소속기관 활동에 적극적으로 참여함으로써, 기관의 성장발전을 위해 노력해야 한다.

클라이언트의 권익옹호가 최우선이어야 한다고 명시하고 있어서 기관의 이익에 대한 충실성에 우선함을 시사하고 있으나 다른 클라이언트들의 권익을 함께 고려한다면 우선순위를 결정하기가 쉽지 않다. 또한 소속기관의 성장발전을 위한 책임도 언급하고 있어서 일반적인 윤리적 지침에 그치고 있다.

---

8) 유덕(有德)한 행위란 자신이 처한 특정한 상황과 관련하여 실천되어야 할 적절한 이유가 있는 행위이다. 그리고 유덕한 사람은 유덕한 사람이 행할 법한 것이 무엇인지를 알고서 합당하고 올바른 이유에서 행위하는 사람이다. 물론 이러한 이유들은 합당하고 올바른 것이어야 하며, 변덕스럽거나 또는 충동적이거나 맹목적이어서는 안 될 것이다(장동익, 2017: 271).

미국 NASW 윤리강령도 이 사례의 윤리적 의사결정에 구체적인 도움을 주는 것 같지는 않지만, 회복의 방에서 계속 지내고 싶어 하는 클라이언트의 바람을 지지하는 윤리표준들이 있다.

1.01 사회복지사의 일차적인 책임은 클라이언트의 안녕을 증진시키는 것이다. 일반적으로 클라이언트의 이익이 최우선이다. 그러나 일부 제한된 상황에서는 사회 전반에 대한 사회복지사의 책임이나 특정한 법적 의무를 클라이언트에 대한 충실성보다 우선시해야 할 때도 있다. 이런 경우에는 클라이언트에게 그것을 알려야 한다(클라이언트가 아동을 학대했거나 자신 또는 타인을 해치려고 위협한 사실을 사회복지사가 법에 따라 신고하도록 해 놓은 경우가 이에 해당된다).

1.02 사회복지사는 클라이언트의 자기결정권을 존중하고 증진시키며 클라이언트가 자신의 목표를 확인하고 명확히 하도록 돕는다. 사회복지사는 클라이언트의 행동 또는 잠재적 행동이 그 자신이나 타인에게 심각하고 예측 가능하며 임박한 위험을 초래할 수 있다고 전문적으로 판단될 경우 클라이언트의 자기결정권을 제한할 수 있다.

1.07(c) 사회복지사는 합당한 전문적 이유가 있는 경우를 제외하고는 전문 서비스 과정 중 얻은 모든 정보의 비밀을 보장해야 한다. 그러나 클라이언트 자신이나 타인에 대한 심각하고 예측 가능하며 임박한 피해를 방지하기 위해 정보 공개가 필요할 경우에는 사회복지사가 비밀정보를 보장해야 한다는 일반적 기대는 적용되지 않는다. 모든 경우에 사회복지사는 소기의 목적 달성에 필요한 최소한의 비밀정보를 공개해야 하며, 정보 공개목적에 직접 관련된 정보만을 알려 주어야 한다.

한편, 음주를 금지하는 기관정책을 지켜야 할 의무에 대해 알려 주는 윤리표준도 있다.

3.09(a) 사회복지사는 일반적으로 고용주와 고용기관에 대한 약속을 지켜야 한다.

클라이언트에 대한 헌신의 기준(1.01)은 사회에 대한 책임과 클라이언트에 대한 충실성의 상충 가능성을 시사하고 있지만 직접적인 위해나 위협이 없는 클라이언트에게 돌아갈 수 있는 혜택을 감소시킬 수 있는 경우에 취해야 할 사회복지사의 행동방침에 대해서는 구체적으로 언급하지 않고 있다.

윤리적 결정지침 역시 이 사례의 규칙 준수와 관련해 적용이 가능한 지침들을 제시하고 있다. "자발적이고 자유롭게 동의한 법률, 규칙, 규정을 준수할 의무는 이러한 법률, 규칙, 규정과 상충하는 방식으로 자발적이고 자유롭게 관여할 권리에 우선한다"는 지침에 의하면 클라이언트가 회복의 방의 단주규칙을 어긴 행위는 정당하지 않으며, 사회복지사 역시 규칙을 어긴 클라이언트의 고의적 행위에 동참해서는 안 된다는 것을 시사한다. 그러나 "개인의 안녕에 대한 권리가 법률, 규칙, 규정 및 임의 단체의 협정과 상충하는 경우에는 안녕에 대한 권리가 우선한다"는 지침에 의하면 규칙 위반이 클라이언트의 심각한 해나 상해를 막는 데 필수적인 경우에는 허용될 수 있음을 시사한다. 그러나 위반을 정당화하기 위해 충족되어야 하는 기준이 높아서, 생명을 구하거나 심각한 상해를 막기 위한 정책·규칙·규제의 위반은 정당화되겠지만 덜 심각한 해를 막기 위한 위반은 정당화되기 어렵다. 이 사례에서는 클라이언트가 퇴실을 원하지 않는다면 사회복지사가 클라이언트의 주거환경이나 정신적 균형에 대한 안녕을 보호할 의무가 기관의 이익에 충실하기 위한 규칙을 준수할 의무에 우선한다고 할 수 있다. 이와 같은 행동방침은 자율성과 자유의 원칙, 최소손실의 원칙, 삶의 질의 원칙 및 사생활보호와 비밀보장의 원칙이 진실성과 완전공개의 원칙에 우선한다는 윤리적 원칙의 우선순위에 의해서도 지지된다.

충실성이 대립하는 상황을 경험하면서 기관의 정책·규칙·규제가 부당하다고 믿는 사회복지사는 그에 도전하고 필요한 변화를 추구할 책임이 있다. 한국사회복지사 윤리강령은 다음과 같은 윤리기준을 제시하고 있다.

> V-2 사회복지사는 기관의 부당한 정책이나 요구에 대하여, 전문직의 가치와 지식을 근거로 이에 대응하고 즉시 사회복지 윤리위원회에 보고해야 한다.

미국 NASW 윤리강령에도 이 같은 결론을 지지하는 윤리표준들이 있다.

> 3.09(b) 사회복지사는 고용기관의 정책과 절차 그리고 서비스의 효율성과 효과성을 개선하기 위해 노력해야 한다.
> 3.09(c) 사회복지사는 고용주가 NASW 윤리강령에 공포된 사회복지사의 윤리적 책임과 사회복지 실천에서 갖는 함축된 의미를 인식하도록 합리적 조치를 취해야 한다.
> 3.09(d) 사회복지사는 고용기관의 정책, 절차, 규칙 또는 행정명령이 윤리적인 사회복지 실천을 방해하게 해서는 안 된다. 사회복지사는 고용기관의 실천이 미국 NASW 윤리

강령과 확실히 일치하게 하도록 합리적 조치를 취해야 한다.

　6.04(b) 사회복지사는 특히 취약하고 혜택받지 못하며 억압받고 착취당하는 사람과 집단을 비롯해 모든 사람의 선택과 기회를 확대시키기 위해 노력해야 한다.

　이 사례에는 실천이론과 원칙도 관련이 있다. 알코올문제를 다루기 위해 어떤 개입모델을 적용하는가에 따라 윤리적 의사결정이 달라질 수 있기 때문이다. 또한 알코올 재사용이 회복 중의 일시적 사용인지 아니면 재발인지에 대한 사회복지사의 평가도 윤리적 판단에 영향을 미칠 것이다. 알코올 의존 및 남용의 변화 과정에서 회복 초기 단계의 재발이나 이전 단계로의 재순환을 유지단계에 들어가기 전에 흔히 일어날 수 있는 현상으로 보는 연구 결과들(Prochaska et al., 1991; Prochaska, DiClemente, & Norcross, 1992)을 받아들이는 사회복지사는 클라이언트 문○○의 음주에 대해 상대적으로 유연한 입장을 취할 것이다. 또한 효과적인 재발예방은 문제음주자 개인의 변화만으로는 이루어지기 어려우며, 관련 체계 전체가 표적 체계가 됨으로써 가능하다고 가정하는 생태 체계적 관점의 개입모델(Barber, 1994)을 적용하는 사회복지사도 보호요소로서의 환경관리와 사회적 지지의 중요성에 보다 주의를 기울일 것이다.[9] 따라서 회복의 방의 다른 회원들의 삶의 질에 손상을 가져오지 않았다는 전제하에서 클라이언트 문○○을 위한 바람직한 환경이 마련되지 않은 상황에서의 퇴실은 고려하지 않을 것이다. 일반실천 사회복지사는 이와 같은 실천적 측면에 대해 중독전문사회복지사나 중독관련 전문가의 자문을 구함으로써 윤리적 의사결정에 도움을 받을 수 있다.

　이 사례에서 클라이언트는 회복의 방의 단주규칙은 위반했지만 자기 자신이나 다른 회원들에게 심각한 해를 초래하지 않았고 단주환경에 혼란을 야기하지도 않았기 때문에 규칙 준수에 대한 논쟁을 불러일으키지 않았다. 임상적 측면에서 사회복지사는 중독전문가의 자문을 통해 클라이언트의 변화동기 향상 경향을 확인했고, 음주행동 변화를 위해서는 환경관리가 중요한 요소라고 평가했다. 클라이언트가 자신이나 타인에게 심각

---

9) 사회복지 전문직의 핵심가치인 '인간관계의 중요성'에 바탕을 둔 윤리적 원칙도 이 사례에 생태 체계적 관점을 적용하는 것을 지지한다. 사회복지사는 클라이언트가 가족, 직장 그리고 공동체와 보다 효과적인 관계를 형성하도록 도울 뿐만 아니라 가족, 직장 그리고 공동체가 클라이언트에게 더 지지적인 환경을 제공할 수 있도록 돕는다(Barsky, 2010: 24).

한 해를 입히지 않는 한 클라이언트의 이익에 대한 충실성이 기관의 이익에 대한 충실성에 우선한다는 판단에서 사회복지사 임△△은 클라이언트 문○○의 음주 사실을 공개하지 않았고 단주규칙 위반에 대한 퇴실 정책을 적용하지 않았다. 클라이언트는 단주를 위한 위기상황 관리의 필요성을 확인했고 재발예방 집단 프로그램에 참가하기로 했다.

제11장

사회적 책임과 윤리적 쟁점

1. 인권지향적 사회복지와 윤리적 쟁점에 대한 이해
2. 제한된 자원의 배분과 윤리적 쟁점에 대한 이해
3. 사회복지에 대한 정부와 민간의 사회적 책임과 윤리적 쟁점에 대한 이해

 사회복지 실천에서의 윤리적 문제는 앞의 제9~10장에서 논의된 것과 같이 클라이언트의 권리와 전문직의 역할과 관련하여 개인, 가족, 소집단을 대상으로 하는 상담이나 서비스의 전달, 즉 임상적 실천 서비스와 관련되어 있는 경우가 많다. 한편, 사회복지 실천에서 사회복지사들은 사회복지 정책, 사회계획, 사회복지 행정, 지역사회조직, 사회복지 조사와 평가와 같은 거시적 실천(macro practice)의 과정에서도 다양한 윤리적 문제와 갈등에 직면하게 된다. 이러한 윤리적 문제들을 거시적 실천의 윤리적 쟁점이라고 일컫는다.

 거시적 실천의 윤리적 문제들은 주로 사회적 책임 또는 사회복지조직과 관련하

여 나타나게 된다. 사회적 책임과 관련된 윤리적 쟁점으로 제기되는 것으로는 인권지향적 사회복지, 제한된 자원의 배분, 사회복지에 대한 국가와 민간의 사회적 책임 등이 있으며, 사회복지조직과 관련된 윤리적 쟁점은 규칙이나 법률의 준수, 조직의 내부갈등, 조사와 평가, 정보통신기술(IT)의 발달과 관련된 윤리 등에서 제기된다. 제11장에서는 사회복지 실천의 사회적 책임과 관련된 윤리적 쟁점을 논의한다.

제1절 인권지향적 사회복지

사례 11-1 장애인 탈시설 지원법의 쟁점

① 사례 개요

우리나라에서 장애인 돌봄은 지역사회의 돌봄 서비스 기반과 지원이 취약한 상태에서 장애인 돌봄에 지친 가족에 의해 장애인은 본인의 의사와 무관하게 시설에 보내져 보호를 받고 있다. 국가인권위원회가 2017년에 실시한 중증 정신장애인 시설 생활인에 대한 실태조사 결과에 의하면, 장애인거주시설에 비자발적으로 입소한 비율이 67%에 달하고, 비자발적 입소 사유는 '가족들이 돌볼 수 있는 여력이 없어서'가 44.45%로 가장 많았다. 이처럼 거주시설의 장애인은 본인의 의사에 반해 가족과 지역사회에서 분리되고 분리된 이후 10~20년, 심지어 사망 시까지 살게 되는데, 이는 「헌법」 제10조 인간의 존엄 및 행복추구권에 전제된 자기결정권과 제14조 거주이전의 자유를 침해하는 것이다(염형국, 2021). 2014년 유엔장애인권위원회는 「대한민국에 대한 장애인권리협약 이행 국가보고서에 대한 심의 최종견해」에서 장애에 대한 인권적 모델을 바탕으로 효과적인 탈시설화 전략 개발을 한국 정부에 촉구한 바 있다. 이에 따라 2020년 12월 최○○ 의원 대표 발의로 「장애인 탈시설 지원 등에 관한 법률안」이 21대 국회에서 발의되었다. 이 법안은 장애인이 독립된 주체로서 장애인 당사자의 인권으로 지역사회에서 살아갈 수 있는 권리, 지역사회에서 살 권리, 거주지와 주거 형태 및 동거인을 선택할 권리가 있음을 담고 있다.

② 윤리적 쟁점과 논의

이 법률안은 시설 거주 장애인의 탈시설화를 위하여 「장애인복지법」에 따른 장애인거주시설, 「정신건강복지법」에 따른 정신요양시설은 입소정원을 단계적으로 축소하여 법 시행일로부터 10년 이내에 폐쇄하여야 한다고 규정하고 있다.

이 법률안의 내용에 대하여 법안을 찬성하는 입장과 반대하는 입장이 대립하고 있다. 법안을 찬성하는 입장은 탈시설을 지원함으로써 장애인 당사자가 거주지를 자유롭게 선택하고 변경하는 거주이전의 자유를 보장하고, 자유로운 생활형성권 보장을 통해 모든 생활 영역에서 장애인의 인권을 향상시킨다는 것이다. 한편, 이 법안을 반대하는 기존 장애인시설의 운영 및 종사자들은 시설의 단계적 축소와 폐지로 인하여 직업의 자유와 선택에 관련된 이익이 침해당한다고 주장한다. 그리고 시설에서 발생하는 인권침해에 대하여는 기존의 법률만으로 충분한 통제가 가능하므로 이 법률안의 내용이 과잉입법이라고 주장한다.

그리고 장애인의 가족인 일부 보호자들은 장애인이 계속해서 시설에 거주하기를 원하므로 이 법률안이 장애인 가족의 권리를 침해한다고 주장한다. 이에 대하여 법안을 찬성하는 입장은 성인 장애인을 위한 보호와 돌봄은 가족이 아닌 국가와 사회가 책임을 지는 시대가 되었으며 보호자라고 하더라도 가족인 장애인을 시설에 계속 머물게 할 수 있는 권리도 의무도 없다고 주장한다.

이 사례는 의무론과 공리주의 이론이 다음과 같이 적용될 수 있다.

의무론의 관점은 사회복지시설에서 장애인 당사자의 자기결정권에 반하여 비자발적으로 거주하고 있는 장애인의 거주이전의 자유라는 인권의 보장과 지역사회통합을 위하여 탈시설 정책이 정당하며, 장애인의 사회통합을 위한 탈시설 절차에 대한 지원과 장애인을 위한 지원 서비스를 확대하는 탈시설 지원법이 필요하다고 본다.

공리주의 관점은 시설의 거주자보다는 시설의 운영 및 종사자들이 겪을 직업의 자유와 불이익 여부, 사인(私人)이 출연한 민간시설의 설립과 폐지가 사유재산제도에 반하는지 여부, 시설에서 발생하는 인권침해를 다루는 「사회복지사업법」 「장애인복지법」 등 다른 법률과의 중복문제와 과잉입법 등을 문제로 본다.

③ 윤리적 지침과 결정

우리나라의 사회복지사 윤리강령은 사회복지사의 사회에 대한 윤리표준에서 다음과 같이 규정하고 있다.

- 사회복지사의 사회에 대한 윤리표준
  1) 사회복지사는 인권 존중과 인간 평등을 위해 헌신해야 하며, 사회적 약자를 옹호하고 대변하는 일을 주도해야 한다.
  2) 사회복지사는 필요한 사회 서비스를 개발하기 위한 사회정책의 수립 · 발전 · 입법 · 집행에 적극적으로 참여하고 지원해야 한다.

미국 NASW 사회복지사 윤리강령은 윤리원칙에서 사회복지사는 취약하고 억압받는 개인과 집단을 위하여 사회변화를 추구하도록 하고 있다.

탈시설 지원법에 관한 쟁점은 시설거주 장애인의 인권에 관련된 사안으로 장기적으로 장애인에 대한 탈시설 지원과 지역사회통합을 위하여 거주시설의 단계적 축소와 폐지가 사회변화의 방향이라고 판단된다. 최근 우리나라에서도 장애인 등 취약계층을 위한 지역사회 통합돌봄(커뮤니티 케어) 정책이 추진되고 있어서 이러한 방향의 변화는 불가피하다고 판단된다. 하지만 현 단계에서는 지역사회 통합돌봄을 위한 거주환경과 지원이 충분하게 준비되어 있지 않고 거주시설이 장애인의 돌봄 기능을 수행함에서 오는 장애인 당사자와 가족에게 주는 실익에 비추어 탈시설 지원법의 제정은 충분한 사회적 논의와 합의 과정이 필요할 것으로 판단된다.

제2절 제한된 자원의 배분

사회복지사들은 자신이 수행하는 프로그램이나 서비스에서 충분한 자원의 부족에 직면하는 경우가 많다. 빈약한 재정이나 예산삭감, 서비스에 대한 요구의 증대 등은 부족하거나 제한된 자원의 배분에 관한 사회복지사의 결정을 어렵게 한다.

사회복지 실천현장에서 부족한 자원을 배분하는 다수의 결정은 그것과 관련된 윤리적 문제를 충분히 고려하지 않고 이루어지는 경우가 많다. 자원을 배분하는 기준은 대체로 행정가의 개인적 편견, 정치적 압력 또는 기관의 전통에 따른다. 그러나 이러한 결정은 사회적 정의나 공평성이라는 복잡한 쟁점과 관련되어 있는 윤리적인 문제이므로 사회복지사는 자원의 배분에 관한 결정에 앞서 윤리적인 문제를 충분히 검토하여야 한다.

1. 분배정의의 기준

제한된 자원의 배분에 관한 논의는 분배적 정의에 관련되어 있다. 사회복지 실천에서 제한된 자원을 배분하는 분배적 정의의 기준은 평등(equality), 욕구(need), 보상(compensation), 기여(contribution)와 같은 몇 가지 원칙에 기초하여 마련된다.

1) 평등

평등은 제한된 자원의 배분에서 가장 흔히 사용되는 기준이다. 평등의 개념은 표면적으로는 단순해 보이지만 실제로는 매우 복잡한 개념이며, 여기에는 수량적 평등, 비례적 평등, 기회의 평등과 같은 여러 가지 개념이 포함되어 있다. 수량적 평등은 자격을 가진 모든 개인이나 집단에게 동일한 몫을 나누어 준다는 개념이다. 이러한 접근이 가능한 경우는 노숙자를 위한 급식소에서 줄을 선 모든 사람에게 동일한 양의 음식을 배식하는 것과 같은 것이다. 그러나 이러한 수량적 평등의 적용이 불가능한 경우가 많다. 가령, 노숙자 쉼터에 열 개의 침상이 있는데 열다섯 명이 도움을 신청할 경우, 열 개의 침상을 열다섯으로 나눌 수는 없을 것이다.

수량적 평등을 기준으로 활용할 수 없는 경우, 기회의 평등을 기준으로 활용할 수 있다. 앞의 노숙자 쉼터 사례에서 먼저 온 사람에게 우선적으로 배분하거나, 추첨에 의하여 대상자를 선정하는 방법을 활용할 수 있는데, 이 방법은 동등한 배분의 참여 기회를 제공함으로써 기회의 평등을 추구한다.

비례적 평등은 소득 수준이나 기여한 비용부담에 비례하여 자원을 배분하는 방

법이다. 사회보험 방식에 의한 연금은 보험가입자가 기여한 금액에 비례하여 연금
수준이 결정되며 이러한 연금은 비례적 평등을 반영한다.

2) 욕구

사회적 욕구는 사회복지사들이 제한된 자원을 배분하기 위하여 자주 활용하는
기준이다. 자원을 배분하는 책임을 지닌 주체가 가장 욕구가 큰 대상이 누구인가를
결정하는 것이다. 사회적 욕구의 정도나 심각성에 따라 자원배분의 우선순위가 정
해지며, 제한된 자원은 이 순위에 따라 배분된다.

3) 기여

기여의 원칙도 제한된 자원을 배분하는 또 다른 기준이다. 이 원칙에 따르면, 제
한된 자원은 수혜자가 기여한 만큼 배분되어야 한다. 급여나 서비스를 제공하는
비용을 부담한 사람에게 급여나 서비스의 우선순위를 주는 것이다. 연금의 경우에
는 대체로 기여의 원칙에 따라 배분된다. 노인에게 일정한 금액의 기초연금을 제
공하는 것은 노인이 일평생 사회에 기여한 헌신에 대한 보상이라고 할 수 있으며
공적 연금에 의한 연금 급여도 개인의 기여에 대한 보상의 성격을 가진다. 그러나
대부분 사회복지 서비스 영역에서는 서비스 비용을 부담할 능력이 없는 사람들을
우선적으로 보호해야 할 책임이 있기 때문에 이 기준이 일반적으로 적용되지는 않
는다.

4) 보상

이 기준 외에도 보상 또는 긍정적 차별(positive discrimination)의 원칙이 적용될
수 있다. 이것은 장애인, 이주노동자, 결혼이주자 등 문화적 다양성을 가진 소수집
단이나 소외계층은 일반인과 비교하여 사회적으로 불공정한 차별을 받아 왔으므

로 이것을 보상받아야 하며, 사회복지 자원의 배분에서 우선적으로 고려되어야 한다는 논리이다.

사회복지사는 제한된 자원의 배분을 위하여 앞에서 언급한 평등이나 욕구 등 다양한 배분기준 중에서 자신이 적용할 기준이 무엇이어야 하는가를 심사숙고하여 결정하여야 한다. 어떤 경우에는 평등의 원칙이 다른 원칙보다 적절하다고 판단할 수 있고, 어떤 경우에는 욕구의 원칙이 가장 적절한 것으로 생각될 수 있다. 중요한 것은 사회복지사가 제한된 자원의 배분에 관한 여러 가지 기준을 숙지하고 있어야 하며, 주어진 상황에서 자신이 내린 자원의 배분에 관한 결정을 정당화할 수 있는 건전한 윤리적 판단이 선행되어야 한다는 것이다.

다음에서는 우리나라의 사회복지 정책과 실천에서 제한된 자원의 배분이 이루어지는 사례를 중심으로 윤리적 문제와 쟁점 및 의사결정의 과정을 살펴본다.

2. 자원배분의 우선순위와 윤리적 쟁점

 사례 11-2 긴급재난지원금을 둘러싼 쟁점

　▣ 사례 개요

2020년 초부터 전 지구적인 팬데믹 현상으로 발생한 코로나19의 확산은 방역을 위한 사회적 거리두기 시행과 경제활동의 감소로 가계와 기업에 막대한 영향을 가져왔다. 특히 비정규직 노동자와 자영업자들은 경제활동의 위축으로 많은 손실을 입게 되었다. 이에 따라 정부는 코로나19라는 사회적 위험에 직면한 경제 주체들을 지원하기 위해 긴급재난지원금을 지급하게 되었다. 2020년 상반기에는 전 국민을 대상으로 1차 보편적 긴급재난지원금을 지급하였고, 이후 2~4차는 소상공인 등에 대한 선별적 긴급재난지원금을 지급하였다.

이러한 상황은 2021년에 들어서도 지속되었고, 집권 여당과 정부는 5차 긴급재난지원금 지급을 위해 논의하였다. 그런데 집권 여당은 추가 세수 30조 원을 바탕으로 추가 재정을 투입해 전 국민 대상 재난지원금을 지급해야 한다고 주장한 반면, 재정 당국은 하위 70% 지급을 주장하였다. 다만 상위 30%는 신용카드 추가 사용분의 최대 10%를 돌려주는 방법(캐시백)을 보완책으로 제시했다.

보편 지급을 주장하는 입장은 "재난지원금 논의 때마다 보편이냐, 선별이냐는 소모적인 관념론에 빠지는 것 같아 아쉽다." "코로나19로 전혀 영향 없는 계층은 제외하고 손실이 큰 소상공인, 자영업자에 집중하는 선별 지원은 물론 이상적이다."라고 하면서도 "재난지원금에 있어서 우선 고려요소는 집행에 따른 소요 행정 비용, 신속성, 차별에 따른 마찰 등 '집행 가능성'"이라고 주장하였다. 그러나 보편 지급을 반대하는 입장은 "전 국민을 대상으로 주는 것이 효율성이 있는지 살펴봐야 하고, 재원 문제도 고민하지 않을 수 없다."라고 주장하였다.

② 윤리적 쟁점과 논의

이 사례의 긴급재난지원금을 지급하는 문제는 코로나19와 같은 전 국민을 대상으로 발생한 사회적 위험에 대응하여 "제한된 자원을 어떠한 기준을 따라 배분하느냐?"라는 의문이 가장 기본적인 쟁점이라고 할 수 있다. 이러한 논쟁의 중심에는 항상 보편주의 원칙과 선별주의 원칙이 있다. 보편주의는 전 국민에게 사회적 권리로서 급여나 서비스를 동등하게 제공해야 한다는 원칙이며, 선별주의는 욕구가 큰 대상에게 급여나 서비스를 집중해서 제공해야 한다는 원칙이다. 보편주의는 전 국민이 동일하게 경험하고 있는 사회적 재난과 위험에 대응하여 국가가 동등한 현금과 서비스를 제공함으로써 사회적 연대감을 고취하고 평등의식을 제고할 수 있다는 장점이 있다. 또한 대상자를 선별할 필요가 없이 신속하게 시행함으로써 행정의 효율성을 높일 수 있다. 반면, 선별주의는 소상공인, 비정규직 노동자 등 코로나19의 영향 앞에 취약한 위치에 있는 대상자에게 보다 집중적인 지원을 제공함으로써 재정의 효율성을 높이고 자원의 낭비를 막을 수 있다는 장점이 있다.

이 사례는 의무론과 공리주의 이론이 다음과 같이 적용될 수 있다.

의무론의 관점은 전 국민이 경험하는 사회적 위험에 대하여 긴급재난지원금을 동등하게 지원하는 것이 국가의 책임이며 정당하다고 본다. 보편주의 원칙에 의한 동등한 현금의 지급으로 사회적 고통을 분담하는 것과 선별주의 원칙에 의한 취약계층 보호는 모두 의무론의 입장에서 정당하다고 볼 수 있다.

공리주의 관점은 긴급재난지원금의 소득재분배 효과, 소비 증대와 경기부양의 실효성, 소득 및 고용 안정화 효과, 재난지원금 지급 행정의 효율성과 신속성 등을 고려해야 한다고 본다. 그러나 이러한 공리주의적 관점의 긴급재난지원금의 정책 효과는 다양한 경제 및 사회 상황과 연관되어 있어 단기간에 그것을 예측하기가 어려운 문제가 있다.

③ 윤리적 지침과 결정

한국의 사회복지사 윤리강령에는 공공의 재난과 위기 상황에서의 사회복지사의 윤리표준에 관한 언급이 없다.

미국(NASW)의 사회복지사 윤리강령은 공공의 재난과 위기 상황에서 다음과 같은 윤리표준을 제시하고 있다.

> 표준 6.03 사회복지사는 공공의 위기 상황에서 적절한 전문적 서비스를 최대한 제공
> 하여야 한다.

이 사례에서 5차 긴급재난지원금은 전 국민의 하위 88%를 대상으로 일인당 25만 원을 지급하면서 상위계층에 대해서는 신용카드 사용분의 일부를 연말정산에서 돌려주는 절충안을 적용하였다.

 사례 11-3 사회복지공동모금 배분의 쟁점

① 사례 개요

사회복지공동모금을 둘러싸고 발생한 핵심적인 사회적 쟁점은 배분의 우선순위를 어디에 둘 것인가에 있다. 과거 정부가 주관해 온 이웃돕기성금의 대부분은 생활시설이나 국민기초생활보장 대상자들에게 지원되었다. 그러나 정부 주도의 이웃돕기성금이 민간 주도의 사회복지공동모금으로 전환되면서 2000년대 이후 배분의 패턴이 바뀌어 생계비 지원보다 프로그램 지원이 많은 비중을 차지하게 되었다. 이에 대하여 일부 언론에서는 "연말연시에 언론을 통해 집중 모금되는 불우이웃돕기 성금이 정작 필요한 사회복지시설 수용자나 불우이웃에게 배분되기보다 일반 시민·사회단체들이나 엉뚱한 사업에 지원되어 시민의 정성이 헛되이 쓰이고 있다."라고 보도하여 사회적 논란의 대상이 되었다. 또한 복지개혁시민연합에서도 공동모금을 사회복지계를 중심으로 배분할 것을 요

구하였다.

2000년에 있었던 공동모금 배분에 관한 ○○일보의 주장과 공동모금회의 반론 요지는 다음과 같다.

〈사례 11-3-1〉 시민 · 사회단체와 사회복지계에 대한 공동모금 지원의 우선순위

• 지원 반대의 논지

"연말연시에 언론을 통해 집중 모금되는 불우이웃돕기 성금이 정작 필요한 사회복지시설 수용자나 불우이웃들에게 배분되기보다 이웃돕기성금이 효과가 불투명한 일부 시민 · 사회단체의 사업이나 엉뚱한 사업에 지원돼 시민들의 정성이 헛되이되고 있다." (○○일보의 주장)

"기존의 복지시설 · 단체에 비하여 책임성이 확보되지 못한 임의 시민 · 사회단체들에게 상당액이 배분된 점이고, 둘째는 그들의 프로그램이 과연 '사회복지적이냐?' 하는 점에서 문제가 있는 것이다." (복지개혁시민연합의 주장)

• 지원 찬성의 논지

"이웃돕기성금은 사회복지사업을 돕기 위한 국민의 자발적인 기부금으로서 사회복지사업의 주체는 기본적으로 다양하게 인정되어야 한다. 현재 전국적으로 780개의 사회복지 입소시설과 320개의 이용시설만으로 취약계층에 대한 적절한 지원이 불가하므로 시민 · 사회단체가 지역사회 중심으로 재가사업을 벌이는 등 복지사업을 전개할 때 이에 대하여 인위적인 불이익을 주고 심사하는 것은 바람직하지 않다." (사회복지공동모금회의 주장)

〈사례 11-3-2〉 직접적 생계비 지원과 프로그램 지원 간의 우선순위

• 생계비 우선 지원의 논지

"사회복지공동모금회가 직접적인 생계비 지원보다는 심리치료나 교육훈련사업 등에 지원비중을 크게 두었다." (○○일보의 주장)

• 프로그램 지원의 논지

"사회복지공동모금회는 다양한 사회복지 사업자를 통해 시설보호자 및 저소득층, 요보호계층에 생계비 지원을 하고 있으며, 앞으로도 정부의 지원이 미치지 못하는 우리 사회의 소외계층, 한계계층을 지원하는 데 힘을 기울일 계획이다. 그러나 복지의 책임 주체를 생각한다면 기초생계비의 지원은 국가가 해결해 주어야 하는바 공식적인 사회복지시설의 생계비 역시 국가가 담당하는 것이 당연하다고 본다. 직접적인 생계비 지원은 국가의 재정에 의한 공공부조로 이루어지고 국가의 기능을 보완하는 전문적이고 특별한 사회복지사업을 민간기관인 공동모금회가 지원함으로써 민·관의 역할 분담을 해 나가는 것이 바람직하다." (사회복지공동모금회의 주장)

② 윤리적 쟁점과 논의

우리나라에서 1998년에 제정된 「사회복지공동모금회법」에 의하여 설립된 사회복지공동모금회의 출범이 갖는 가장 큰 의의는 1981년 이후 「사회복지사업기금법」에 의하여 운영되었던 정부 주도 공적 모금인 사회복지사업기금의 폐지와 함께 민간의 자율성에 기초한 사회복지공동모금이 본격적으로 이루어지게 되었다는 점이었다. 과거 정부 주도의 이웃돕기성금에 의하여 마련된 사회복지사업기금의 운용은 민간의 자발적 성금을 정부가 모금하고 관리함으로써 민간의 자율성을 저해하였을 뿐 아니라 공공 부문이 담당해야 할 영역에 민간의 성금이 투입되는 문제점과 비민주적이고 불합리한 운영이라는 비판을 받아 왔다. 따라서 사회복지공동모금회의 출범은 민간 사회복지 자원동원을 정상적인 제도 발전의 궤도 위에 올려놓았다는 의의를 갖는다. 특히 공공 부문의 제한되고 유연하지 못한 서비스 공급기능을 보완하고 민간 부문의 자원개발과 서비스 공급의 확대에 기여한다는 점에서 의미 있는 발전으로 평가되고 있다.

중앙과 시·도 단위의 사회복지공동모금회는 배분 기준을 정하고 배분분과 실행위원회의 심사에 의하여 배분금액을 결정하며, 다양한 모금 캠페인을 통하여 모금을 실시한 후에 개별 사회복지시설과 기관·단체, 복지 대상자에게 배분금을 지원하고 있다.

이와 같이 중앙 공동모금회와 시·도별 공동모금회에서 배분사업을 실행함에 있어 초창기에 가장 문제가 된 배분의 쟁점은 프로그램 중심으로 배분할 것인가 또는 직접적이고 물질적인 생계비 지원을 우선으로 할 것인가의 문제였다. 프로그램 중심의 배분은 사회복지사업의 전문성을 향상시키고 대상자에 대한 서비스의 질을 향상시키는 효과가 있다고 판단된다. 이 입장을 지지하는 견해는 직접적이고 물질적인 지원은 국가에 의한

국민기초생활보장에 의하여 이루어져야 하며, 민간에 의하여 모금된 재원은 국가가 충분하게 지원하지 못하는 전문적인 프로그램 사업에 투입되어야 한다는 것이었다.

반면에 직접적이고 물질적인 생계비 지원을 선호하는 견해는 우리나라에서 국민기초생활보장대상자나 시설에 대한 국가의 지원이 불충분하며, 욕구의 우선순위가 큰 시설이나 저소득층의 생계보호에 자원이 우선 투입되어야 한다는 것이다. 이러한 상반된 견해는 시·도 사회복지공동모금회별로 큰 편차를 보였다. 어떤 시·도는 프로그램 중심으로 자원이 배분되는 반면, 어떤 시·도에서는 생계비 지원과 시설 지원 중심으로 배분되었다.

한편, 당시에 900명의 일반 시민과 230명의 공동모금회 운영위원과 분과실행위원을 표본으로 조사한 연구 결과에 의하면(오정수, 2000), 배분의 우선순위 기준에 관한 견해에 있어 일반 시민은 프로그램 지원이 우선되어야 한다는 견해가 34.9%, 불우이웃이나 시설에 대한 직접적이고 물질적인 지원이 우선되어야 한다는 견해가 15.4%이며, 두 가지 지원을 절충하여야 한다는 견해가 49.6%로 나타났다.

그리고 사회복지기관 시설과 시민·사회단체 간의 배분갈등도 나타났는데, 사회복지시설이나 기관은 자신들이 전통적인 사회복지 실천의 주체라고 주장하는 반면, 최근에 새로운 사회복지사업의 주체로서 활발하게 참여하고 있는 시민·사회단체들도 동등한 사회복지사업의 실천 주체라고 주장함에서 갈등이 비롯되었다. 시민·사회단체에 대한 사회복지공동모금의 지원을 비난한 ○○일보의 기사가 보도된 이후 시민·사회단체들과 사회복지공동모금회는 시민사회단체에 의하여 시행된 사회복지사업과 이에 대한 공동모금 지원의 정당성을 주장하는 성명을 발표하고 보도 내용의 시정을 요구하였다.

〈사례 11-3-1〉은 사회복지 자원의 배분기준으로서 '평등'이라는 배분적 정의의 기준에 있어 각각의 서로 다른 인식이 상호 충돌하고 있다. 사회복지기관, 시설 대 시민·사회단체 간의 갈등에서 시민·사회단체는 사회복지사업의 평등한 실천 주체로서 정부의 인가를 받은 사회복지시설이나 기관들과 동등한 대우를 받아야 함을 주장하였다. 정부의 인가를 받은 사회복지시설이나 기관은 정부의 지원으로 사업을 수행하고 있으나 이들이 정부의 지원대상에서 제외된 복지 사각지대의 다양한 계층의 수요를 충족시킬 수 없다는 것이다. 다양한 계층이 다양한 지원을 받으려면 사회복지의 다양한 실천 주체가 나서야 하며, 정부의 지원이 미치지 못하는 일용 건설노동자, 행상, 노숙인 등에 대한 지원이 시민·사회단체의 사업으로 이루어지는 것은 정당하다. 사업비에 대한 공동모금의 지원 여부는 사업수행자가 정부(보건복지부)의 인가를 받았는가 여부에 따라 판단되어야 할 문제가 아니라 사업의 효과성, 단체의 사업수행 능력, 사업의 실효성 등으로 결정되어야 한다는 것이다.

〈사례 11-3-2〉는 사회복지 자원의 배분기준으로서 '사회적 욕구'라는 배분적 정의의 기준에 대한 인식의 차이와 갈등을 반영하고 있다. ○○일보의 기사는 사회복지시설에 수용된 아동, 노인, 장애인의 욕구와 생계비 지원이 우선이라고 주장하였다. 공동모금의 지원은 사회복지시설에 지원되어야 할 사업비가 프로그램 지원에 지원됨으로써 사회복지시설 입소자에게 타격을 입혔다고 주장하였다. 그러나 사회복지공동모금회는 생계비 지원의 책임은 국가에게 있으며, 지역사회의 다양한 복지 욕구와 프로그램에 대한 지원책임이 공동모금에 있음을 주장하였다.

이 사례는 의무론과 공리주의 이론이 다음과 같이 적용될 수 있다.

의무론은 사회복지시설 수용자나 빈곤계층, 불우이웃 등 욕구가 가장 큰 인구집단에게 사회적 자원이 배분되어야 한다고 본다.

공리주의 관점은 법정 복지의 대상자보다는 복지 사각지대의 실제를 고려하면 사업의 효과성과 실효성, 수행단체의 사업수행 능력, 전문성의 향상과 서비스 질의 발전을 중심으로 지원기관이 선정되어야 한다고 본다.

③ 윤리적 지침과 결정

사회복지공동모금회의 2000년도 배분 기준에 의하면, 공동모금의 배분 신청 자격을 다음과 같이 규정하였다.

제4조 (배분 신청 자격) 배분 신청 자격은 다음과 같다.
1. 사회복지법인 및 비영리법인, 단체 또는 개인이 운영하는 사회복지시설(「사회복지사업법」에 근거한 신고시설)
2. 사회복지사업을 행하는 민간 비영리법인 및 단체
3. 「사회복지사업법」에 근거하여 신고하지는 않았으나 사회복지사업을 행하거나 시설을 운영하는 개인

사회복지공동모금회는 이 사례에서 사업수행 주체들 간의 평등성을 인정하고 시민사회단체를 사회복지법인이 운영하는 사회복지시설과 동등한 배분대상으로 인정하여 공동모금의 2000년 이후의 공동모금 배분 기준에서 이를 계속 반영하였다. 의무론과 공리주의 관점에서도 복지 사각지대의 취약계층을 고려하면 사회복지시설이나 기관이 보호하는 배분대상이 시민사회단체가 보호하는 배분대상보다 욕구가 큰 인구집단이라는 주장을 수용하기 어렵기 때문에 공동모금회의 배분이 다양한 사업 주체를 인정하는 방향으로 결정된 것으로 판단된다.

그리고 사회복지공동모금회는 사회적 욕구의 우선순위에서 생계비와 프로그램을 구분하지 않고 포괄적으로 수용하였다. 이것은 의무론의 입장보다는 공리주의 입장에서 사회복지 실천의 전문성과 서비스의 질과 효과성의 발전을 고려하고 촉진하고자 하는 공동모금회의 입장이 반영된 것으로 볼 수 있다. 동시에 의무론의 입장도 어느 정도 반영이 되었는데, 이것은 우리나라의 사회복지시설과 빈곤계층에 대한 생계비 지원이 충분하지 않은 점을 고려하여 시설과 저소득층에 대한 생계비 지원과 프로그램 지원사업을 동시에 지원하였다. 저소득층과 시설에 대한 국가에 의한 기초생활보장의 생계비 지원이 충분하게 이루어지는 상황에서는 의무론보다는 공리주의의 입장을 선호하는 프로그램 지원이 강화될 것으로 보인다.

 사례 11-4 난치병 어린이에 대한 치료비 배분의 우선순위

☐ 사례 개요

○○시 사회복지공동모금회는 2000년도 기획사업으로 2억 원의 예산으로 난치병 어린이 돕기사업을 추진하였다. ○○시 교육청과 ○○시청, 구청 사회복지 전담공무원의 협조로 난치병 어린이 치료대상자 300명을 접수하였고, 지역사회 내의 종합병원 소아과 전문의와 사회복지전문가로 구성된 심사위원회를 구성하여 대상자에 대한 우선순위를 정하는 심사를 진행하였다. 대상자로 선정되면 전액 공동모금회의 지원으로 종합병원에서 치료를 받게 하였다. 대상자를 심사하는 과정에서 심사위원들 간에 이견이 나타났다. 일부 심사위원은 소액으로 완치가 가능한 어린이를 우선적으로 선정하여 다수의

대상자에게 치료비를 배분하고자 하는 반면, 일부 심사위원은 생명이 위급한 소수의 대상자를 우선적으로 선정하여 치료비가 많이 들더라도 집중적인 배분을 하고자 하였다.

② 윤리적 쟁점과 논의

이 사례에서 대상자 선정 심사의 고려 사항은 경제적 어려움, 질병의 상태, 생명의 위급성 등이었다. 그러나 심사 과정에서 백혈병과 심장병과 같은 난치병의 특성상 수천만 원 내지 1억 원 이상 고액의 치료비가 소요되는 경우가 많아 제한된 자원으로 많은 어린이를 치료하는 데 어려움이 있다는 것을 발견하게 되었다.

이 사례는 의무론과 공리주의 이론이 다음과 같이 적용될 수 있다.

의무론의 입장은 생명 존중의 원칙을 우선 고려하여야 한다고 주장한다. 의무론의 관점에서는 생명 존중의 원칙에 입각하여 생명의 위급성과 질병의 상태가 심각한 어린이를 우선적으로 대상자로 선정하여야 한다. 그러나 치료비가 과다하게 소요되어 극히 제한된 수의 대상자만이 치료를 받을 수 있을 뿐 아니라 치료의 효과도 보장할 수 없다는 문제가 있다.

반면, 공리주의 관점에서는 적은 비용으로 최대한 많은 어린이에게 혜택이 주어지도록 하여야 한다. 공리주의 이론의 입장은 각각의 선택 대안이 가져올 사회적 효용을 비교하여 효용이 큰 대안을 선택하는 것이며, 적은 비용으로 치료 가능한 많은 어린이가 혜택을 받게 하는 것이 사회적 효용이 큰 대안으로서 합리적인 선택이 된다. 고액의 비용으로 일부 어린이만을 집중해서 치료하는 것은 사회적 효용이 적으며, 더욱이 치료 과정에서 어린이가 사망할 수도 있고 치료한 후에도 완치를 보장하기 어렵기 때문에 사회적 효용을 더욱 감소시킬 위험도 있다는 것이다.

심사위원들의 윤리적 갈등은 생명의 위급성이나 질병의 상태가 심각한 경우라 하더라도 치료비의 과다문제로 인하여 우선순위에서 제외되는 결과에서 오는 도덕성의 훼손에서 오는 것이었다.

③ 윤리적 지침과 결정

이 사례에서 초기 배분결정의 우선순위는 치료와 배분의 효율성이었다. 즉, 적은 비용으로 치료 가능한 많은 어린이가 혜택을 받게 하는 것이었다. 결국 배분의 우선순위는 적은 비용으로 완치가 가능한 어린이를 다수 치료하여 가능한 한 많은 어린이들이 치료의 혜택을 받게 하는 것으로 방향이 결정되었다. 이에 따라 언청이 수술이나 경미한 외과수술 등으로 치료를 받는 어린이가 배분대상자의 다수를 차지하게 되었다.

그런데 이 사업의 진행 과정에서 생명 존중의 원칙이 고려되어야 한다는 의견이 심사위원회 내부로부터 강하게 제기되었다. 난치병 어린이 돕기 사업의 원래 취지로 볼 때, 많은 치료 비용이 들더라도 생명이 위급한 상황에 있는 어린이를 우선적으로 치료하여야 한다는 것이었다. 이에 따라 심사위원회가 다시 개최되어 배분의 기준이 변경되었으며, 생명이 위급한 소수의 아동에게 많은 치료비가 투입되는 방향으로 사업이 조정되었다. 이러한 결정은 앞의 제9장에서 논의한 바와 같이 윤리적 결정의 원칙에서 생명보호의 원칙이 최소 손실의 원칙이나 효율성의 원칙에 우선하는 것과 일치한다.

그러나 이 사업의 실제의 배분결정 과정에서는 효율성의 원칙과 생명 존중의 원칙은 상호 갈등의 상황에 놓여 있으며 공동모금 배분의 기준에서 여전히 논란의 대상이 되고 있다.

3. 통제되지 않는 복지 욕구와 자원배분

 사례 11-5 재가복지 서비스를 계속 요구하는 클라이언트

① 사례 개요

클라이언트는 74세의 노인으로 일을 마치고 집으로 돌아오다가 길에서 주저앉아 그 후부터 우측 다리에 장애가 발생하였으며, 현재는 휠체어를 이용해야만 거동이 가능하다. 이 클라이언트는 64세의 부인과 26세의 아들과 함께 생활하고 있다. 부인은 일을 나가고 있고 아들은 대학에 다니고 있다. 클라이언트는 휠체어나 봉사자가 없으면 바깥출입이 어려워 ○○사회복지관에 하루 5~6차례 자원봉사자의 도움을 요청하는 전화를 하고 있다.

이 클라이언트는 부인이 일하고 있고 아들이 대학을 다니고 있어 집에 늦게 돌아오기 때문에 자신을 데리고 밖에 나갈 수 없다며 자주 자원봉사자를 파견해 줄 것을 요청하고

있다. 현재는 주 2회 정도의 자원봉사자를 파견하여 산책을 할 수 있도록 하고 있지만 매일 집에만 있어 갑갑하다며 거의 매일 전화로 자원봉사자를 보내 줄 것을 요청하고 있다. 사회복지관으로서는 복지 서비스를 제공하는 것이 필요하지만 클라이언트에게 매일 집중적으로 재가 서비스를 제공하기에는 인력과 자원이 제한되어 있어 문제해결에 어려움을 갖고 있는 사례이다.

② 윤리적 쟁점과 논의

이 사례는 사회복지기관에서 일어날 수 있는 한정된 자원과 인력의 배분에 관한 전형적인 문제 유형이다. 한정된 자원과 인력으로 지역 내에 있는 많은 서비스 대상자를 생각할 때, 한 사람에게 집중적으로 시간과 서비스를 제공할 수 없다. 클라이언트는 함께 생활하고 있는 가족이 있어 독거세대의 노인보다 차순위의 서비스 대상임에도 불구하고 본인의 적극적인 요청으로 서비스를 제공하고 있다. 또한 가족이 충분히 할 수 있는 부분임에도 불구하고 제대로 역할을 수행하지 않고 사회복지관에 전적으로 의존하고 있다. 사회복지사는 사회복지관의 역할은 가족이 제 기능을 할 수 있도록 도울 수는 있어도 가족을 대신할 수는 없다고 생각하게 되었다.

③ 윤리적 지침과 결정

이 사례는 사회복지 서비스 제공의 기준으로서 평등의 원칙과 사회적 욕구의 원칙이 적용되는 전형이다. 우선 클라이언트의 강력한 요구에도 불구하고 다수의 대상자에게 평등하게 서비스가 제공되기 위해서는 일부 대상자의 서비스가 제한될 수 있음을 보여 준다. 그리고 욕구의 우선순위에서 가족이 있는 클라이언트의 욕구는 가족원의 도움을 받지 못하는 독거노인의 욕구에 비하여 차순위이다.

사회복지사는 클라이언트와 그 가족 구성원에게 사회복지관이 서비스를 제공하는 다수 클라이언트의 상황과 욕구의 우선순위를 이해시키고 적정한 범위에서 서비스를 제공하기로 결정하게 되었다.

제3절 사회복지에 대한 정부와 민간의 사회적 책임

전문직으로서 사회복지 실천은 정부와 민간기관 또는 시민 간에 밀접한 관계를 갖는다. 다수의 사회복지기관의 운영과 프로그램은 중앙정부 또는 지방정부의 재정지원을 받으며, 일반 시민의 참여로 이루어진다. 정부의 재정지원이 충분하게 이루어지는 경우도 있으나 지원이 삭감되거나 폐지되는 경우도 있다. 사회복지시설의 설립에 주민의 찬성 또는 반대가 있기도 한다. 이러한 정부와 민간과의 관계에서 발생하는 윤리적인 문제나 쟁점은 사회복지 대상자에 대한 정부와 민간의 사회적 책임에 관한 것이 대부분이다.

1. 사회적 약자 보호의 책임

 사례 11-6 장애인복지관 설립에 관한 시 당국과 주민의 갈등

① 사례 개요

○○시는 시각장애인을 위한 점자도서관과 점자교육, 재활 서비스, 심부름센터 운영 등 다양한 통합적 복지 서비스를 제공하기 위하여 지역사회 내에 시립장애인복지관을 설치하기로 결정하고 이를 추진하였다. 그러나 건축 과정이 시작되면서 지역주민들의 반대로 장애인복지관의 설립이 난관에 부딪히게 되었다. ○○시 당국은 공청회를 통하여 전문가와 지역주민의 의견을 수렴하여 이 문제를 해결하기 위하여 노력하였으나 찬성하는 측과 반대하는 측의 입장이 심각하게 대립하였다. 장애인복지 관련 단체는 시설 설립의 강행을 주장한 반면, 지역주민들은 부동산 가치의 하락으로 인한 재산권 침해를 이유로 단체행동을 통하여 시설 설립을 반대하였다.

② 윤리적 쟁점과 논의

이 사례는 일부 취약계층이나 인구집단을 위한 서비스를 지역사회 내에 확대하려는 공공기관과 이를 반대하는 중산층 지역주민 간 갈등의 대표적인 예로서 사회복지시설을

설치하는 과정에서 종종 빚어지는 이른바 님비(NIMBY: Not In My BackYard) 현상이다.

의무론의 관점에서 볼 때, 의무론은 두 가지 다른 주장을 갖고 있다. 한 가지 의무론의 입장은 시 당국이 지역주민들이 반대하는 것을 무시하고 주민에게 강요하는 것은 본질적으로 잘못된 결정이라는 것이다. 시민들의 사생활을 존중해야 하며 시민들은 재산권의 침해를 받지 않을 권리가 있다는 것이다. 그러나 또 다른 의무론의 관점은 다른 주장을 한다. 장애인도 지역사회 내에서 생활의 제한을 받지 않는 환경에서 거주할 권리가 있으며, 따라서 지역주민들은 장애인을 위하여 마련된 지역사회 중심의 프로그램이나 시설을 수용해야 한다는 것이다.

행위공리주의 관점은 지역주민이나 장애인의 기본적 권리에 대하여 관심을 갖지는 않는다. 이 입장의 관심은 특정한 시설이나 프로그램이 지역주민이나 관련된 인구 집단에게 얼마나 이익 또는 손해를 주는가에 관한 것이다. 가령, 프로그램의 치료적 효과와 복지 향상, 인접한 지역주민의 부동산 가치하락 등 재산권 침해 등의 비중을 따져서 판단하게 된다.

규칙공리주의 관점은 지방자치 정부가 지역사회 주민의 반대에도 불구하고 주민에게 시설 설치를 강요함으로써 만들어지는 선례가 초래하게 될 효과에 관심을 갖는다. 이 경우 지방정부의 강요는 정부와 주민 간, 장애인 집단과 주민 간에 분열을 가져오기 때문에 장기적으로 손실이 크다고 주장한다. 그러나 또 다른 입장의 규칙공리주의 관점도 있다. 이 입장은 지방정부의 개입이 장애인을 위한 지역사회의 책임에 관한 새로운 기준을 만들어 장기적으로 사회 전체에 유익을 가져온다는 것이다.

③ 윤리적 지침과 결정

우리나라의 「사회복지사업법」에서는 사회복지시설의 설치에 관하여 다음과 같이 규정하였다.

제6조(시설 설치의 방해 금지)
① 누구든지 정당한 이유 없이 사회복지시설의 설치를 방해하여서는 아니 된다.
② 시장·군수·구청장은 정당한 이유 없이 사회복지시설의 설치를 지연시키거나 제한하는 조치를 하여서는 아니 된다. 〈개정 2015. 7. 24., 2017. 10. 24.〉

우리나라의 사회복지사 윤리강령에는 이러한 문제에 대한 직접적인 언급이 없으나 사회에 대한 윤리표준에서 다음을 규정하였다.

사회복지사의 사회에 대한 윤리표준
1) 사회복지사는 인권 존중과 인간 평등을 위해 헌신해야 하며, 사회적 약자를 옹호하고 대변하는 일을 주도해야 한다.

한편, 미국 NASW의 윤리강령에서도 이러한 문제에 대한 직접적인 언급은 없으나 사회의 일반적 복지 증진을 위한 사회복지사의 책임, 특정 인구집단에 대한 차별의 금지, 욕구를 지닌 모든 사람이 필요로 하는 자원과 서비스에의 접근 보장, 억압받는 인구집단을 위한 선택과 기회의 확대 등이 윤리원칙으로 규정되어 있다. 이러한 조항을 비추어 볼 때, 사회복지 실천의 가치와 윤리적 원칙의 중심은 장애인을 비롯한 특별한 욕구를 지닌 사람들을 지역사회가 수용해야 할 것을 요구하고 있다고 볼 수 있다.

이것은 상충하는 윤리적 가치를 판단하는 윤리적 지침(Reamer, 1999: 73)으로서 다음의 내용과 일치한다.

> 개인의 기본적 복지에 대한 권리(장애인의 안전하고 개방적인 주거 및 서비스 환경에 대한 권리)는 자유와 자기결정에 대한 다른 사람의 권리(지역주민이 장애인복지관 설치를 반대하는 권리)에 우선한다.

이 사례는 ○○시 당국의 지역주민을 설득하는 노력으로 지역 내 장애인복지관의 설치가 이루어지게 되었다. 시 당국은 지역주민과 협의하는 과정에서 장애인복지관의 위치를 주거지역에서 약간 떨어진 곳으로 위치를 변경하도록 하였으며, 동시에 주민들의 생활복지시설로서 다목적 체육관, 독서실, 탁구장 등을 갖춘 주민복지관을 지어 주기로 타협하였다. 장애인복지관은 민간 위탁기관 선정 심의위원회의 심의를 거쳐 장애인복지 전문기관에 운영을 위탁하였으며, 주민복지관은 해당 지역 주민자치위원회에 운영을 위탁하였다.

2. 국가와 가족의 책임

 사례 11-7 부모가 방임한 아이

☐ 사례 개요

6세인 순이는 현재 외증조할머니(클라이언트)와 살고 있다. 순이의 어머니는 10대에 동거하는 남자를 통해서 순이를 낳았고, 현재는 잠적했으며, 순이의 외할머니(클라이언트의 며느리)도 10대에 순이 어머니를 낳았으나 순이가 1세 때 이혼을 당하고, 젊은 나이에 사망하여 순이 어머니도 클라이언트의 손에서 자랐다.

클라이언트는 65살이나 화장을 진하게 하며 눈, 코가 모두 또렷하여 잘생긴 편이다. 외모에 신경을 많이 쓰며 순이가 외증손녀라는 것이 밝혀질까 보아 무척 노심초사한다. 주민등록상에는 장성한 아들이 3명이나 있어 기초생활보장 대상자가 되지 못하는데 실제는 모두가 돈벌이가 없는 병약자들이다.

순이는 타 기관 어린이집에 다니다가 폐원되어 본 어린이집으로 왔으나 한 번도 원비를 지불하지 못하였다. 그렇다고 퇴원을 시키면 아이가 동네 불량소녀들과 어울려 다니며 남의 물건을 훔쳐 오고 하루 종일 돌아다닌다고 하소연을 하여 후원자와 연결하여 원비를 해결하도록 하였다.

클라이언트는 순이의 어머니인 외손녀를 키웠지만 잘못된 삶을 사는 것에 실망했는데 순이의 하는 짓도 어머니를 닮아 아무 희망이 없다며 시설 입소를 원하였다. 그러나 시설 입소를 추진하던 중에 동사무소 담당자가 순이를 가정위탁 대상으로 등록시키면 그 아이 앞으로 매달 양육비가 나온다고 하자 시설 입소를 포기하고 현재는 아이를 양육하고 있다.

클라이언트가 순이를 시설에 입소시키려고 한 것은 아이가 초등학교에 입학하면 숙제를 봐주고 준비물을 도와주는 것이 어려우며 들어가는 비용도 감당할 수 없다는 것이었다. 또한 클라이언트의 나이가 순이를 양육하기에는 너무 많으며(순이가 고등학생일 때 클라이언트는 70대 후반), 무엇보다 나쁜 아이들과 어울려 다닐 때 지도할 수 없는 것과, 순이가 공부보다 노는 것을 더 좋아하며 여자 친구는 없고 남자아이들과 놀기를 좋아해 순이 어머니의 전철을 밟을 것 같아 시설 입소를 강력하게 원한 것이었다.

그러나 가정위탁 대상의 등록은 경제적 이득이 있으므로 클라이언트의 마음을 바꾸게 하였고 현재 순이는 초등학교 1학년인데 하루 종일 중학생인 불량소녀를 따라다니고 있다.

② 윤리적 쟁점과 논의

순이의 출생 배경과 아이의 성품이 또다시 어머니의 전철을 밟지 말라는 법이 없어 성장에 세심한 배려가 필요하나(클라이언트의 가족은 이혼과 가출로 인해 남자들뿐이다.) 아이가 선택할 수 없고 또한 기관에서도 강력하게 주장할 수 없다. 이럴 때 6세 아이를 주민등록상 홀로 세대주를 만들고 그 아이를 가정위탁 대상으로 등록하여 돌봄 능력이 없는 친척이 양육하게 하는 것이 좋은지 아니면 시설에 입소하도록 하는 것이 좋은지에 대하여 사회복지사는 갈등을 하게 되었다.

법정 기초생활보장 대상자가 아니지만 실제적으로 도움이 필요한 원아들을 어린이집의 운영상 받아 줄 수 없고(무료로 받을 수 있는 권한이 없다), 후원자와의 결연도 무척 어렵다.

의무론의 관점에서 한 가지 입장은 사회복지기관이 서비스를 필요로 하는 취약한 위치에 있는 자를 원조하는 것이 타당하다는 것이다. 이러한 대상자를 지원함에 있어 자원이 부족할 경우에는 새로운 자원을 개발하는 노력을 최대한 기울여야 한다. 그러나 또 다른 의무론의 관점은 법률상의 부양의무자가 있어서 합법적인 보호대상자가 아닌 경우에는 가능한 한 가족이 보호하도록 하여야 한다는 것이다. 그리고 아동복지의 실천원칙상 아동의 양육환경은 가족이 보호하는 것이 가장 바람직하다는 점에서 가족에 의한 보호를 주장한다.

공리주의 입장에서는 사회복지관의 한정된 자원을 가장 효율성이 높은 곳에 투입하여야 한다. 따라서 사회복지 서비스의 대상자의 욕구의 우선순위를 정함에 있어 다른 경쟁적인 보호대상자와 비교하여 가족의 부양 능력을 고려하여 지원 여부가 결정되어야 한다.

③ 윤리적 지침과 결정

우리나라 「아동복지법」(2021. 3. 31.)에서는 보호대상 아동의 정의와 그 보호조치에 관하여 다음과 같이 규정하고 있다. 이 조항에 의하면, 순이는 법적인 보호자인 어머니가 살아 있으며, 현재 외증조할머니가 후견인으로 존재하므로 사회복지시설인 아동양육시설의 입소 자격이 없다. 또한 기초생활보장 대상자도 아니다.

13

제3조(정의) 이 법에서 사용하는 용어의 뜻은 다음과 같다. 〈개정 2014. 1. 28.〉

4. "보호대상 아동"이란 보호자가 없거나 보호자로부터 이탈된 아동 또는 보호자가 아동을 학대하는 경우 등 그 보호자가 아동을 양육하기에 적당하지 아니하거나 양육할 능력이 없는 경우의 아동을 말한다.

5. "지원대상 아동"이란 아동이 조화롭고 건강하게 성장하는 데 필요한 기초적인 조건이 갖추어지지 아니하여 사회적·경제적·정서적 지원이 필요한 아동을 말한다.

제15조(보호조치) ① 시·도지사 또는 시장·군수·구청장은 그 관할 구역에서 보호대상 아동을 발견하거나 보호자의 의뢰를 받은 때에는 아동의 최상의 이익을 위하여 대통령령으로 정하는 바에 따라 다음 각 호에 해당하는 보호조치를 하여야 한다. 〈개정 2014. 1. 28., 2020. 12. 29.〉

1. 전담공무원, 민간 전문인력 또는 아동위원에게 보호대상 아동 또는 그 보호자에 대한 상담·지도를 수행하게 하는 것

2. 「민법」 제777조 제1호 및 제2호에 따른 친족에 해당하는 사람의 가정에서 보호·양육할 수 있도록 조치하는 것

3. 보호대상 아동을 적합한 유형의 가정에 위탁하여 보호·양육할 수 있도록 조치하는 것

4. 보호대상 아동을 그 보호조치에 적합한 아동복지시설에 입소시키는 것

5. 약물 및 알코올 중독, 정서·행동·발달 장애, 성폭력·아동학대 피해 등으로 특수한 치료나 요양 등의 보호를 필요로 하는 아동을 전문치료기관 또는 요양소에 입원 또는 입소시키는 것

6. 「입양특례법」에 따른 입양과 관련하여 필요한 조치를 하는 것

우리나라의 사회복지사 윤리강령에서는 이에 관련된 구체적인 규정은 없으며, 일반적인 사항으로 다음과 같은 조항이 있을 뿐이다.

<u>사회복지사의 클라이언트에 대한 윤리표준</u>

1. 클라이언트와의 관계

   1) 사회복지사는 클라이언트의 권익옹호를 최우선의 가치로 삼고 행동한다.

사회복지사는 우리나라 아동복지법의 제한적 입소 규정에 의하여 입소 자격은 없으나 실질적인 부양의무자가 없는 경우 사회복지사의 전문적 판단에 의하여 입소 조치를 할 수 있는 법률의 개정이 필요하다고 보고 있다. 이를 위하여 아동복지법의 개정을 위한 사회운동이 필요하다. 사회복지사는 이러한 법률의 개정이 이루어지기까지 사회복지관은 지역사회의 자원을 동원하여 지원하는 것이 바람직한 것으로 판단하고 아동 결연에 의한 후원을 하고 있다.

　　이러한 사회복지사의 결정은 윤리적 지침에 관한 다음의 규정(Reamer, 1999: 74)과 일치한다.

　　개인의 복지권은 법률, 규칙, 규정 및 자원단체들의 협정과 상충하는 경우에 그에 우선한다.

제12장

사회복지조직과 윤리적 쟁점

학습목표

1. 법률과 규칙의 준수와 관련된 윤리적 쟁점에 대한 이해
2. 조직의 내부갈등과 관련된 윤리적 쟁점에 대한 이해
3. 조사와 평가와 관련된 윤리적 쟁점에 대한 이해
4. 정보통신기술의 발달과 윤리적 쟁점에 대한 이해

이 장에서는 사회복지조직과 관련된 쟁점으로 법률과 규칙의 준수, 조직의 내부
갈등, 조사와 평가, 정보통신기술의 발달에 관련된 윤리적 쟁점을 논의한다.

제1절 법률과 규칙의 준수

1. 복지 서비스의 적용대상

 사례 12-1 65세 이상 장애인에 대한 활동지원 서비스 보장

☐ 사례 개요

노인장기요양보험법은 2007년 제정 당시 장기요양 서비스가 노인의 일상생활 보조 위주의 서비스이며 국민의 보험료 부담 증가 등을 이유로 65세 미만의 장애인을 장기요양보험 급여대상에서 제외하였다. 동시에 중증장애인에 대하여 장기요양 급여에 상응하는 복지 서비스가 제공될 필요성을 인정하였다. 이에 따라 활동보조 서비스가 시작된 2007년 장애인활동보조지원사업(2011년 이후 장애인활동지원제도로 명칭 변경)은 지침을 통해 신청 자격을 만 6세에서 만 65세까지 연령제한을 두게 되었다. 2011년 10월 「장애인활동지원에 관한 법률」에 따라 활동지원 급여가 시행되면서 혼자서 일상생활과 사회생활을 영위하기 어려운 장애인은 활동지원 급여를 신청하여 지원받을 수 있게 되었다. 그러나 만 65세 이상이 되면 노인장기요양보험법의 적용대상이 되어 자립생활에 중점을 둔 지원 서비스가 중단되고 요양과 보호만을 지원하는 내용으로 변경된다.

지체장애인 김○○ 씨는 누군가의 도움이 없이는 살아갈 수 없는 상황에서 월 230시간의 활동보조 서비스를 받고 있었으나, 2009년 65세가 도래하여 기존의 활동지원 서비스가 중단되었다. 장애인이 만 65세가 되었다고 해서 갑자기 장애 정도가 나아지거나 일생생활의 어려움이 줄어드는 것이 아님에도 장애인의 어떠한 선택권도 없이 나이를 이유로 지원내용이 변경될 경우, 월 300시간의 활동지원 서비스를 받다가 월 100시간 미만의 방문요양 서비스를 받게 되어 실질적 서비스가 급격하게 하락하게 된다. 김○○ 씨는 생일이 지난 다음 달 장기요양심사를 받고 등급이 결정된 후 바로 활동지원 서비스를 이용할 수 없다는 안내를 받았다.

이에 따라 지원 서비스가 중단된 장애인들의 반발과 투쟁이 나타나게 되었다. 한국장애인자립생활센터협의회, 전국장애인차별철폐연대, 장애인차별금지추진연대 등 장애

인단체와 만 65세를 앞둔 장애인들이 2019년 8월부터 10월까지 50일 동안 국가 사회보장위원회 건물 앞에서 장애인활동지원 만 65세 연령제한 폐지를 요구하며 단식투쟁을 하게 되었다. 단식농성자들은 9월에 보건복지부, 서울시, 부산시를 피진정인으로 장애인활동지원 만 65세 연령제한 피해자 긴급구제 진정을 하였다.

② 윤리적 쟁점과 논의

이와 관련하여 국가인권위원회는 2016년 10월 보건복지부장관에게 장애인활동지원 수급자인 장애인의 경우 만 65세가 되면 장애인활동지원제도와 노인장기요양보험 중 필요한 서비스를 선택할 수 있도록 관련 법령을 개정할 것을 권고하였으며, 보건복지부는 장애인활동지원과 장기요양보험의 법령에 따른 서비스 대상, 목적 등이 다르고, 장애인 노인과 일반 노인의 형평성, 활동지원을 확대하는 경우 재정 부담이 크다는 이유로 불수용 입장을 표명하였다.

국가인권위원회는 2019년 8월에 이 문제에 대하여 다시 의견을 표명할 필요가 있다고 판단하여, 만 65세 이후 장애인활동지원 서비스의 중단은 국가가 장애노인에 대한 책임을 포기하는 것이며, 국회는 관련법 개정을 검토하여 장애인의 완전한 사회참여가 이루어지도록 노력할 것을 권고하였다. 2020년 3월에는 국가인권위원회가 사회보장위원회 위원장, 보건복지부 장관, 행전안전부 장관, 17개 광역자치단체장에게 '65세 이상 중증장애인활동지원 서비스 사각지대 해소를 위한 긴급정책 개선 권고'를 하게 되었다.

의무론의 관점에서 장애인을 위한 활동지원 서비스의 제공은 만 65세 연령의 제한을 넘어 모든 장애인에게 동등하게 제공됨으로써 장애인의 완전한 사회참여가 이루어지게 하여야 한다는 것이다.

공리주의 입장에서는 만 65세 이상 장애인에 대한 활동지원 서비스의 제공은 노인장기요양 수급자와의 형평성 문제를 제기한다. 노인도 장애인만큼 힘들고 어려운데 만 65세 이후의 장애인이 노인장기요양제도보다 더 많은 서비스를 받을 수 있는 장애인활동지원을 유지하면 기존의 장애인을 포함하여 노인들이 모두 장애인등록을 하려고 하여 모두 장애인활동지원으로 넘어올 것이며, 결국 조세로 운영되는 장애인활동지원제도 예산이 엄청나게 불어날 것이라고 판단한다.

③ 윤리적 지침과 결정

만 65세 이상 장애인에 대한 활동지원 서비스의 확대 쟁점은 「노인장기요양보험법」과 「장애인활동지원에 관한 법률」 및 장애인활동지원사업 안내 지침에 근거하고 있고, 이러한 법률과 규칙의 정당성, 자원배분의 합리성을 둘러싼 공공사회복지조직의 윤리적 쟁점이 있다.

이에 관련하여 우리나라의 사회복지사 윤리강령은 사회복지조직이나 행정가의 윤리적 책임을 직접 언급하고 있지 않으며, 사회복지사의 사회에 대한 윤리기준에서 다음과 같이 규정하고 있다.

<u>사회복지사의 사회에 대한 윤리기준</u>

2) 사회복지사는 필요한 사회 서비스를 개발하기 위한 사회정책의 수립 · 발전 · 입법 · 집행에 적극적으로 참여하고 지원해야 한다.

3) 사회복지사는 사회환경을 개선하고 사회정의를 증진시키기 위한 사회정책의 수립 · 발전 · 입법 · 집행을 요구하고 옹호해야 한다.

미국 NASW의 윤리강령에서는 다음과 같이 규정하고 있다.

표준 3.07(a) 사회복지 행정가는 클라이언트의 욕구를 만족시키기 위한 적절한 자원을 확보하기 위해 그들의 기관 안팎에서 옹호 활동을 해야 한다.

(b) 사회복지사는 개방적이며 공정한 자원배분 절차를 옹호해야 한다.

(d) 사회복지 행정가는 그들의 조직에서 강령을 위반하고 방해하거나 준수에 장애가 되는 모든 조건을 제거하기 위한 합리적 절차를 밟아야 한다.

이 사례에 대하여 제21대 국회는 의원입법으로 「장애인활동지원에 관한 법률」 개정안을 발의하였고, 이 법률 개정안은 2020년 12월 2일에 국회를 통과하여 2021년 1월 1일부터 시행되었다. 만 65세가 도래한 장애인 중 일부가 장애인활동 급여대상에서 장기요양 급여대상으로 전환됨에 따라 겪는 급여량 감소 문제를 해결하기 위해 감소분을 활동 지원 급여로 보충하도록 하는 내용이다. 이에 따라 국가와 지방자치단체에 의한 만 65세 이상 장애인에 대한 활동지원보장이라는 장애계의 염원이 수용되었다.

2. 법률 준수의 윤리적 갈등

 사례 12-2 낙태를 원하는 클라이언트와 사회복지사

☐ **사례 개요**

〈사례 12-1〉 클라이언트: 결혼한 임산부

시어머니와 장애인 남편, 네 살인 여아의 어머니인 클라이언트는 남편의 무능력과 폭력, 시어머니와의 갈등 등으로 이혼을 결심하고 태아를 낙태시키고자 상담실을 찾아왔다. ○○시에 연고가 없고 평소 착했던 남편은 실직 기간이 길어지면서 경제적 어려움으로 인한 잦은 다툼이 폭력으로 이어졌다. 이러한 상황에서 클라이언트는 살아갈 소망이 없어졌다며 낙태를 원하나 병원비가 없고 생활비 문제와 부채도 있어 힘들다며 경제적 도움과 낙태할 병원 소개와 비용에 대한 도움을 요청해 왔다. 생활비는 후원자와의 연결로 약간의 보조는 가능하도록 했으나 낙태는 끝까지 도와줄 수가 없다고 하자 클라이언트는 그 비용을 벌고자 가출을 하여 식당에 취직을 하였다. 가출 후 낙태 비용을 마련한 클라이언트로부터 안전한 병원의 소개를 원하는 전화 상담이 왔고, 상담자의 낙태에 대한 만류로 다시 연락이 끊겼다.

그 후 남편은 취직이 되었고 다시 클라이언트는 남편과 살게 되었으므로, 아이는 낳도록 하는데 남편의 취업을 위한 보증과 부채에 대한 도움을 요청하였다. 사회복지사는 직접 보증의 어려움을 말하고 보증보험 가입을 권유하였다. 회사에서는 원칙적으로 되지 않지만 클라이언트 남편의 성실성과 대졸 학력이 장애인 의무취업에 적합한 점을 고려되어 취업이 되었다. 부채 해결을 위해서는 상담자 개인의 돈을 빌려 주었다(첫 월급 받은 후 갚음). 클라이언트는 이후 남자 아이를 출산하였고 그 가정은 남편의 취업으로 모든 문제가 해결되어 잘살게 되었으며, 아이의 돌잔치 때에 사회복지사를 초대하여 고마움을 표시하였다.

한편, 상담실에는 결혼 전 연애 과정에서 임신하여 낙태를 원한 〈사례 12-2-2〉가 있었으며, 또한 직장의 상사에게 성폭력을 당하고 임신하여 부모에게는 알리지 않은 상태에서 낙태를 원하는 〈사례 12-2-3〉이 있었다.

2 윤리적 쟁점과 논의

첫 번째 〈사례 12-2-1〉과 두 번째 〈사례 12-2-2〉는 법률적으로 낙태가 금지되고 있는 반면, 세 번째 〈사례 12-2-3〉은 법률적으로 낙태가 허용된 경우이다.

첫 번째 사례는 가족갈등 문제로 이혼을 원하는 클라이언트의 낙태에 대한 자기결정의 권리와 생명 존중의 원칙 및 법률에 기초한 사회복지사의 낙태 불가의 입장이 상반된 윤리적 갈등의 사례이다.

두 번째 사례는 앞과 동일하게 자기결정의 권리와 생명 존중의 원칙 및 법률에 의한 낙태 반대의 입장이 상반된 사례이다.

세 번째 사례는 법률에 의한 낙태는 허용되나 자기결정의 원칙과 생명 존중의 원칙이 상반된 사례이다.

낙태 문제에 관하여 사회복지 전문직의 의견은 일반 대중의 의견과 마찬가지로 대체로 양분되어 있다. 다수의 사회복지사는 여성의 선택의 권리를 존중하는 입장이며, 낙태에 관한 여성의 권리를 존중한다. 그러나 생명 존중의 원칙을 지지하는 사회복지사들은 어떤 경우에도 낙태는 허용될 수 없다는 입장을 갖는다.

의무론의 관점에서 낙태는 인간의 생명을 경시하는 것으로 본질상 잘못된 것이며 사회복지 실천가는 생명 존중의 원칙에 따라 낙태와 관련된 활동을 허용하고 격려하거나 참여해서는 안 된다.

그러나 공리주의 관점에서는 이 사례를 다른 관점에서 본다. 이 관점은 낙태 그 자체의 도덕성에는 관심을 갖지 않으며, 낙태로 인하여 초래되는 클라이언트의 비용과 이익에 관심을 갖는다. 낙태하지 않고 아이를 출산하는 경우, 클라이언트가 갖게 될 경제적·심리적 부담과 자녀를 가짐으로써 얻는 유익을 고려한다. 그리고 낙태로 인한 고통과 경제생활의 편익 등을 고려하여 이러한 비용-편익의 차이에 기초하여 클라이언트에게 유익한 방향으로 결정되어야 한다.

3 윤리적 지침과 결정

우리나라의 모자보건법에서는 낙태에 관하여 다음과 같이 규정하고 있다. 이 법률의 규정에 따라 〈사례 12-2-1〉과 〈사례 12-2-2〉는 낙태가 허용되지 않는 경우이며, 〈사례 12-2-3〉은 강간에 의하여 임신된 경우로서 낙태가 허용되고 있다.

제14조(인공임신중절수술의 허용한계) ① 의사는 다음 각 호의 어느 하나에 해당되는 경우에만 본인과 배우자(사실상의 혼인 관계에 있는 사람을 포함한다. 이하 같다)의 동의를 받아 인공임신중절수술을 할 수 있다.

1. 본인이나 배우자가 대통령령으로 정하는 우생학적(優生學的) 또는 유전학적 정신장애나 신체질환이 있는 경우
2. 본인이나 배우자가 대통령령으로 정하는 전염성 질환이 있는 경우
3. 강간 또는 준강간(準強姦)에 의하여 임신된 경우
4. 법률상 혼인할 수 없는 혈족 또는 인척 간에 임신된 경우
5. 임신의 지속이 보건의학적 이유로 모체의 건강을 심각하게 해치고 있거나 해칠 우려가 있는 경우

② 제1항의 경우에 배우자의 사망 · 실종 · 행방불명, 그 밖에 부득이한 사유로 동의를 받을 수 없으면 본인의 동의만으로 그 수술을 할 수 있다.

③ 제1항의 경우 본인이나 배우자가 심신장애로 의사표시를 할 수 없을 때에는 그 친권자나 후견인의 동의로, 친권자나 후견인이 없을 때에는 부양의무자의 동의로 각각 그 동의를 갈음할 수 있다. [전문개정 2009. 1. 7.]

우리나라의 사회복지사 윤리강령에서는 낙태 문제에 관한 구체적인 언급은 없다.

그리고 NASW의 윤리강령에서도 낙태 문제에 대하여 직접적으로 언급한 조항은 없다. 그러나 간접적으로는 합법적인 낙태를 선택할 여성의 권리를 인정하면서도 자신과 타인에게 심각한 생명의 위험에 처하게 하는 의사결정의 권리를 제한하는 사회복지사의 전문적 판단을 지지하고 있다.

> 표준 1.02 사회복지사는 클라이언트의 자기결정의 권리를 존중하고 증진하며 그들의 목표를 확인하고 명확하게 하는 클라이언트의 노력을 원조한다. 사회복지사는 자신의 전문적 판단에 있어 클라이언트의 행동이 자신이나 다른 사람에게 심각하고 예측 가능하며 임박한 위험을 초래하는 경우에 클라이언트의 자기결정의 권리를 제한할 수 있다.

우리나라와 미국 모두 사회복지 전문직 내에는 낙태의 윤리성에 관한 논란이 있으며, 동시에 여성의 합법적인 낙태의 권리를 지지하는 입장이 공존하고 있다.

따라서 이 사례에서 마지막 사례를 제외하면, 사회적 관습에 따라 불법적인 낙태를

허용하는 것이 일반화된 사회풍조 속에서 사회복지사들은 클라이언트의 자기결정의 권리에 관하여 윤리적 갈등을 겪는다.

첫 번째 사례에서 사회복지사는 클라이언트의 자기결정의 원칙보다 생명 존중의 원칙 및 법률의 준수가 우선적임을 인식시키고 낙태를 방지하는 결정을 함으로써 아이의 생명을 위험에 빠뜨리는 결정을 막아서 클라이언트는 아이를 출산하였고, 결과적으로 가족의 갈등과 경제적인 문제도 동시에 해결되었다.

두 번째 사례에서 사회복지사는 생명 존중의 원칙을 준수하여 클라이언트에게 생명의 소중함을 일깨워 주며 미혼모시설을 이용하도록 하는 것과 낙태를 할 경우 몸이 상하지 않도록 건강 상식을 제공하였다. 그러나 클라이언트가 임신 1년간의 공백기를 어떻게 지내며, 그리고 태어난 생명을 양육하지 못하고 시설이나 입양을 할 때 갖게 되는 죄책감을 해소하는 것이 과제로 남았다.

세 번째 사례에서 사회복지사는 성폭력이라는 특수한 상황을 고려하여 낙태를 허용하는 결정을 하였다. 그러나 법률적으로는 합법적이지만 생명 존중의 원칙에 따라 낙태의 타당성은 여전히 문제로 남는다.

 사례 12-3 시설입소 부적격자의 주거 대안

① 사례 개요

S 노인복지시설에서 생활하고 있는 클라이언트(85세, 여성)는 법률에 의한 양로시설의 입소대상자가 아니지만 현재 가족이 돌보지 않음으로 인하여 보호를 받고 있다.

클라이언트는 결혼한 후 아들 셋을 낳았는데, 남편이 죽자 다른 남자와 통간하여 자식을 돌보지 않는 생활을 영위하였다. 이것은 자식들의 마음에 큰 상처가 되어 자식들은 클라이언트가 노인인데도 돌보지 않겠다고 완강히 거부하였으며, 클라이언트는 이러한 가정불화 가운데 스스로 S 노인복지시설에 찾아와 입소를 요청하였다. 입소 당시 클라이언트의 입소 자격에 관하여 사회복지사들 간에 논란이 있었으나 의지할 곳 없는 노인을 보호해야 하는 인도적인 차원에서 수용하고 있다.

손자, 손녀들이 명절에 가끔 찾아왔으나 지난 봄부터 소식이 끊어진 상태이다. 어쩌다 TV에 클라이언트의 얼굴이 비치면 가족들이 시설로 전화하여 화를 낸다고 한다. 클라이언트는 같은 또래의 노인에 비하여 지혜로워서 다른 노인들을 돌보며 리더의 역할을 하고 있다.

② 윤리적 쟁점과 논의

이 사례는 클라이언트가 시설 입소의 자격이 되지 않음에도 불구하고 실제로는 시설의 입소가 불가피한 경우로서, 법률의 준수와 클라이언트의 인도주의적 입소 처리가 갈등 상황에 있다.

의무론의 입장에 따르면, 취약한 위치에 있는 사람의 생존권을 존중해야 하는 관점에서 입소를 찬성한다.

규칙공리주의(rule utilitarian) 입장에서는 법률에 위반된 대상자의 시설 입소 결정은 시설에 대한 감독기관의 감사에서 지적될 수 있고 시설 운영에 부담이 되므로 사회복지시설은 해당 법률의 규정을 준수하여야 한다. 행위공리주의(act utilitarian) 입장에서도 앞의 대상자는 정부의 재정지원을 받을 수 없어 경제적으로 비용부담이 커서 시설입소를 반대한다.

③ 윤리적 지침과 결정

노인복지법 시행규칙(2020. 12. 31.)에 의하면, 우리나라 노인주거복지시설의 입소대상자는 다음과 같이 규정되어 있다. 이 규정에 의하면 이 사례의 노인은 기초생활보장대상 노인이 아니므로 양로시설의 입소대상자가 아니다.

제14조(노인주거복지시설의 입소대상자 등) ① 법 제32조에 따른 노인주거복지시설의 입소대상자는 다음 각 호와 같다. 〈개정 2015. 12. 29.〉
1. 양로시설·노인공동생활가정: 다음 각 목의 어느 하나에 해당하는 자로서 일상생활에 지장이 없는 자
    가. 「국민기초생활보장법」 제7조 제1항 제1호에 따른 생계급여 수급자 또는 같은 항 제3호에 따른 의료급여 수급자로서 65세 이상의 자
    나. 부양의무자로부터 적절한 부양을 받지 못하는 65세 이상의 자

다. 본인 및 본인과 생계를 같이 하는 부양의무자의 월 소득을 합산한 금액을 가구원 수로 나누어 얻은 1인당 월평균 소득액이 통계청장이 「통계법」 제17조 제3항에 따라 고시하는 전년도(본인 등에 대한 소득조사일이 속하는 해의 전년도를 말한다.)의 도시 근로자가구 월평균 소득을 전년도의 평균 가구원 수로 나누어 얻은 1인당 월평균 소득액 이하인 자로서 65세 이상의 자(이하 "실비보호대상자"라 한다.)

라. 입소자로부터 입소 비용의 전부를 수납하여 운영하는 양로시설 또는 노인 공동생활가정의 경우는 60세 이상의 자

2. 노인복지주택: 단독취사 등 독립된 주거생활을 하는 데 지장이 없는 60세 이상 의 자

우리나라 사회복지사 윤리강령은 이러한 문제에 대한 구체적인 언급이 없다.

한편, 미국 NASW의 윤리강령에서는 이와 관련된 윤리표준으로 다음과 같이 규정하고 있다.

> 표준 6.04(a) 사회복지사의 의무는 모든 사람이 그들의 기본적 욕구를 충족시키고 온전하게 발전하기 위해 필요한 자원, 고용기회, 서비스 및 기회에 평등한 접근을 할 수 있도록 하는 사회적 · 정치적 행동에 참여하는 것이다.
>
> 사회복지사의 의무는 인간의 기본적 욕구를 충족시키고 사회정의를 증진하도록 사회적 조건을 향상시키는 정책과 입법의 변화를 위하여 실천에 대한 정치적 영역의 영향을 인식하고 옹호하여야 한다.
>
> 표준 6.04(b) 사회복지사는 취약하고 불이익을 당하며 억압받거나 착취당하는 사람이나 집단을 위해 특별히 배려하고 모든 사람을 위한 선택과 기회를 확장하기 위해 행동하여야 한다.

사회복지사는 클라이언트가 자신의 신상내역을 일절 함구하며 간곡히 부탁하여 입소 자격이 되지 않았지만 클라이언트의 앞으로의 삶에 초점을 맞춰 상담하여 입소 조치를 결정하였다. 자식들이 아예 보지 않겠다고 하여 방임할 수도 없는 상태이며 가족에 대한 사회복지적 접근이 어렵다. 사회복지사는 여러 번 클라이언트의 귀가 기회를 엿보았으나 이제는 클라이언트가 가족에게로 돌아가는 것은 불가능하다고 판단되고 있다. 사회

복지사는 현행 법률의 위반이란 측면에서 윤리적 갈등을 갖고 있으나 이러한 취약한 처지의 클라이언트를 입소하여 보호할 수 있도록 관련 법령을 개정하는 것이 필요하다고 판단하고 있다.

이러한 결정은 앞선 장에서 논의한 리머의 다음과 같은 윤리표준과도 일치하는 것으로 본다.

> 인간 행위의 필수적 전제(생명, 건강, 음식, 주거, 정신적 균형 유지)에 관한 기본적인 침해를 반대하는 규칙은 거짓, 비밀정보의 누설, 레크리에이션, 교육 등 부차적인 재화에 관한 내용을 침해하는 것을 반대하는 규칙보다 우선한다.

제2절 조직의 내부갈등과 윤리

사회복지사들은 임상적 실천뿐 아니라 행정이나 관리직에서 직무를 수행하기도 한다. 이러한 사회복지 실천과 행정 업무의 수행에서는 일선 직원, 상위 관리직급, 기관의 이사회 등 다양한 직위 내의 갈등 또는 직위 간에 갈등이 발생할 수 있으며, 이러한 경우에 어려운 윤리적 쟁점이 제기될 수 있다.

1. 조직의 갈등과 윤리

 사례 12-4 기관과 노조의 집단갈등

① 사례 개요

H 병원은 300개의 병상을 가진 의료기관이며 저소득층으로 이루어진 지역사회 내에 위치하고 있다. 재정적인 어려움으로 인하여 병원 이사회는 내년도 직원 봉급을 삭감하고 인원을 감축하는 구조조정을 단행하기로 하였다. 이에 따라 사회복지사들도 일부 인

원이 감축되고 남아 있는 직원들은 보다 많은 직무수행의 부담을 갖게 되었다.

장시간의 논쟁과 고려가 있은 후 노조 직원들은 파업하기로 결정하였다. 투표한 후 사회복지사들은 파업의 결과로 인하여 환자들이 당면할 문제를 어떻게 처리할 것인가를 논의하기 위하여 모였다. 파업 참여 문제에 있어 두 집단으로 의견이 나뉘었다. 일부 사회복지사들은 적절한 급여와 인사상의 권익을 위하여 노조의 결정을 지지하며 병원 측에 대하여 강경한 조치를 취할 것을 주장하였다. 그러나 다른 사회복지사들은 환자와 그 가족에게 서비스를 제공해야 할 의무가 있으며 사회복지사의 권익을 실현하기 위하여 클라이언트에게 서비스 제공을 중단하는 것은 비윤리적이라고 주장하였다.

② 윤리적 쟁점과 논의

사회복지사들은 자신이 소속된 기관에서 노사분쟁에 종종 휘말리게 된다. 이와 같은 상황은 윤리적인 갈등의 문제를 야기한다. 사회복지사들이 파업에 참여한다면 클라이언트에게는 심각한 서비스의 박탈을 초래한다. 따라서 일부 사회복지사들은 고용과 관련된 이익을 위하여 클라이언트를 돌보지 않는 것이 비윤리적이라고 주장한다. 이러한 의무론의 관점에서는 사회복지사가 합법적으로 고용에 대한 불만을 제기할 수 있지만 힘이 없는 클라이언트에게 서비스의 중단을 초래하는 파업은 수용될 수 없다.

그러나 일부 사회복지사들은 효용주의 관점에서 다음과 같이 주장한다. 만약 사회복지사들이 파업 투쟁을 하지 않고 클라이언트에게 서비스를 제공하면 이러한 행동은 급여와 노동조건에 관한 고용의 쟁점을 부각시키려는 노조의 노력을 저해하게 될 것이라는 것이다. 그들의 생각은 사회복지 전문직의 이타적 속성 때문에 고용주에 의한 착취에 취약하며, 따라서 사회복지사는 강력한 파업행동에 참여하여야 한다는 것이다.

이와 같이 사회복지사들은 직장에서의 파업행동에 대하여 양가가치(ambivalence)를 갖고 있으며 윤리적 갈등을 겪는다.

의무론의 관점을 가진 사회복지사는 전문직을 수행하는 전문가는 욕구를 지닌 사람들을 도와야 할 내재적인 의무를 가지고 있다고 믿는다. 사회복지 전문직의 일차적인 소명은 클라이언트를 원조하는 일이며, 사회복지사 자신의 이익을 추구하는 행동이 취약한 사람들에게 서비스를 제공해야 할 사회복지사의 근본적인 의무를 침해해서는 안 된다고 생각한다. 물론 사회복지사들도 자기 자신의 욕구를 충족시켜야 할 의무가 있지만, 엄격한 도덕의무론의 관점은 전문직의 근본적인 소명을 강조하고자 한다.

행위공리주의 관점은 파업이 갖는 상대적인 효용과 비용을 계산하게 된다. 이 관점에서는 파업이 손해보다 이익을 가져오면 정당화된다. 즉, 피용자인 사회복지사들이 만족을 얻는 것과 결과적으로 높은 질의 서비스를 클라이언트에게 제공하는 것이 그 정당성의 근거이다. 병원의 클라이언트는 단기적으로는 파업으로 인한 서비스의 중단으로 고통을 받지만 장기적으로 클라이언트 집단이 혜택을 누리게 된다는 것이다.

규칙공리주의 관점은 노사분규가 가져올 파장을 강조한다. 노사분규의 선례가 보다 큰 파업을 초래하게 된다면 이 파업은 정당화될 수 없다. 클라이언트에게 이익이 되더라도 보다 많은 노사분규가 초래할 분규와 파괴적인 결과를 우려한다. 그러나 또 다른 규칙공리주의 관점은 행위공리주의 관점과 동일한 주장을 한다. 즉, 파업이 궁극적으로는 노사관계를 발전시키고 클라이언트에 대한 지속적인 서비스를 보장한다는 것이다.

③ 윤리적 지침과 결정

우리나라의 사회복지사 윤리강령에서는 직장에서는 노사갈등이나 파업에 관하여 구체적인 언급을 하지 않고 있다. 다만 이와 관련된 일반적인 윤리표준의 내용으로는 다음의 사항을 들 수 있다.

사회복지사의 동료에 대한 윤리표준

1. 동료
   2) 사회복지사는 사회복지 전문직의 이익과 권익을 증진시키기 위해 동료와 협력해야 한다.
   3) 사회복지사는 동료의 윤리적이고 전문적인 행위를 촉진시켜야 하며, 이에 반하는 경우에는 제반 법률 규정이나 윤리기준에 따라 대처해야 한다.

한편, 미국(NASW)의 사회복지사 윤리강령에서는 파업과 직장에서의 노동운동과 직접 관련된 두 가지 윤리표준을 담고 있다. 이 기준들은 파업을 찬양하지도 반대하지도 않고 있다. 윤리강령은 사회복지사들이 파업으로 클라이언트에게 미칠 영향을 충분히 검토해야 한다는 점을 인식하면서, 사회복지사들이 조직적인 행동에 개입할 수 있는 권리를 인정하고 있다(기준 3.10(b)). 그리고 서비스 중단에 관련된 행동이 예상되는 상황에서는 사회복지사들에게 다음과 같이 권고하고 있다.

표준 3.10(b) 노사분규, 직무행동, 파업에 관련된 사회복지사의 행동은 전문직의 가치, 윤리적 원칙, 윤리적 기준에 의하여 인도되어야 한다. 파업행위 중에 전문가로서 일차적인 의무에 관하여는 사회복지사들 간에 합리적인 의견의 차이가 존재한다. 사회복지사들은 행동을 결정하기 전에 관련된 쟁점과 클라이언트에 미칠 영향을 주의 깊게 검토하여야 한다.

표준 1.16(b) 사회복지사는 현재 서비스의 욕구가 있는 상태의 클라이언트에 대하여 서비스를 중단하기 위해서는 적절한 단계를 취해야 한다. 사회복지사는 비상한 상황에서만 서비스를 취소할 수 있으며, 모든 상황적 요인에 대하여 세밀하게 고려하고 가능한 부정적 효과를 최소화하여야 한다. 사회복지사는 필요한 경우 서비스의 계속을 위한 적절한 조치를 취하도록 도움을 주어야 한다.

표준 1.16(e) 서비스의 종료나 중단을 예상하는 사회복지사는 이를 클라이언트에게 즉각 알려야 하며 클라이언트의 욕구와 선호에 의거하여 서비스의 이전이나 의뢰 또는 지속하는 방안을 추구해야 한다.

이 윤리표준들은 클라이언트의 기본적 욕구가 위태로운 상황에서는 파업을 피해야 함을 암시하고 있다. 그러나 파업이 불가피한 경우에는 욕구를 지닌 클라이언트에 대한 서비스의 지속성을 보장할 의무가 있다.

이것은 앞의 장에서 논의한 다음과 같은 상충하는 가치의 우선순위에 관한 윤리지침 (Reamer, 1999: 74)과 일치한다.

1. 자발적이고 자유롭게 동의한 규정이나 규칙(가령, 고용에 관한 정책)을 준수해야 하는 의무는 이들 규정이나 규칙과 갈등(가령, 파업의 경우)을 일으키는 방식으로 행동하는 개인의 권리에 우선한다.
2. 개인의 기본적 복지권은 그와 갈등을 일으키는 규정이나 규칙을 준수할 의무(개인의 기본적 복지가 위태로운 경우, 파업을 정당화하는 것)에 우선한다.

2. 클라이언트와 직원 간 갈등과 윤리

 사례 12-5 클라이언트와 직원 간의 갈등

① 사례 개요

A 노인복지시설의 클라이언트 한○○는 75세의 남자 노인으로 비전향 장기수이다. 1957년에 남파되어, 간첩죄로 붙잡혀 36년간 교도소에서 복역하였다. 그는 이북에 6명의 자녀가 있으며, 건강하고 솔직하며 사리가 밝고 강직한 성격의 소유자였다. 클라이언트는 1993년 민선 대통령 취임 시에 가석방되어 노인복지시설에 입소하였다.

어느 날 간식시간에 취사부(63세, 장기간 시설 근무, 입소 노인을 경시하는 경향이 있음)가 접시에 간식을 담아 나누어 주었는데, 클라이언트가 남들과 비교하면서 불만을 노출하자 취사부가 화가 나서 접시를 엎어 버렸다. 클라이언트는 "이런 버릇없는 년이 어디 있나?" 하며 취사부의 뺨을 때렸다.

노인복지시설의 책임자는 취사부와 노인이 모두 잘못한 일이라고 생각하고 사건을 덮어 두려고 했으나, 취사부의 아들이 옆에서 지켜보고 있다가 너무 억울하니 납득할 만한 조치를 취해 주지 않으면 이 문제를 폭력 사건으로 고발하겠다고 협박하였다.

② 윤리적 쟁점과 논의

클라이언트와 직원 간의 갈등 속에서 사회복지사는 어떠한 윤리적 판단을 내려야 하는가?

의무론의 관점에서는 사회복지사는 클라이언트의 복지 욕구를 최우선으로 하여야 한다. 클라이언트에 대한 최대한의 봉사를 원칙으로 하는 직원의 의무를 강조하여 사태를 원만하게 처리하는 것이 바람직하다.

행위공리주의 입장에서는 클라이언트와 상대방에 대한 조치가 가져올 이익과 손실을 고려하여 시설 운영에 이익이 되는 합리적인 방향으로 결정하는 것이다. 규칙공리주의 입장은 직원의 해고나 클라이언트에 대한 조치가 만들 선례가 가져올 조직 운영의 결과에 관심을 갖는다.

③ 윤리적 지침과 결정

우리나라 사회복지사 윤리강령에는 이와 관련된 일반적인 윤리강령의 내용으로는 다음 사항을 들 수 있다.

<u>사회복지사의 클라이언트에 대한 윤리표준</u>
1. 클라이언트와의 관계
    1) 사회복지사는 클라이언트의 권익옹호를 최우선의 가치로 삼고 행동한다.

이러한 규정은 클라이언트의 입소 유지와 보호가 직원의 권리 보호에 우선적임을 시사한다. 그러나 사회복지사는 클라이언트가 퇴소를 원하며 이번 기회에 퇴소하더라도 자립할 수 있는 능력이 있다고 판단하고 결국 취사부에게 시말서를 제출케 하고, 노인에게는 퇴소 명령을 내렸다. 퇴소 후 클라이언트는 평소 사귀던 동료 노인 김△△ 할머니와 함께 사찰 주차 단속원으로 근무하며 임대 아파트를 얻어 독립적인 생활을 하게 되었다.
이러한 결정은 앞의 제4장에서 논의한 다음과 같은 상충하는 가치의 우선순위에 관한 윤리지침(Reamer, 1999: 73)과 일치한다.

개인의 자기결정권은 그 자신의 기본적 복지권에 우선한다.

제3절 조사와 평가의 윤리

최근에 우리나라 사회복지사들의 조사와 평가활동에의 참여가 크게 증가하고 있다. 사회복지 분야의 전문적 성숙에 따라 사회복지 욕구조사뿐 아니라 기관과 프로그램 평가의 중요성이 증가하였다. 특히 1997년에 개정된 「사회복지사업법」에서 평가제의 도입을 규정하면서 조사와 평가를 통한 사회복지 실천의 책임성이 강화되었다.

이에 따라 사회복지사들은 임상적 실천의 평가, 욕구의 사정, 프로그램의 평가, 사회복지 정책의 평가, 경험적 조사와 연구 결과의 활용 등에 관한 전문적인 훈련

이 요청되고 있다. 그러나 이러한 조사와 평가활동에서 여러 가지 윤리적인 문제가
발생할 수 있다.

 사례 12-6　사회복지사의 조사연구와 클라이언트의 거부

① 사례 개요

사회복지사 박○○는 □□건강가정지원센터에서 활동하고 있다. 이 기관은 개인과 가
족에 대한 상담, 위기개입 등 가족복지에 관한 폭넓은 서비스를 제공하고 있다. 사회복
지사는 정신건강과 약물중독과 같은 복합적 문제를 지닌 클라이언트와 활동을 하고 있
으며, 클라이언트 집단을 위한 새로운 실천적 개입방법을 개발하기 위하여 다른 동료들
과 공동으로 활동을 수행하고 있다.

사회복지사는 자신의 치료모델의 효과성에 관한 자료를 수집하는 활동에 열성을 갖
고 있었다. 그는 다가오는 전문가 회의에서 클라이언트와의 활동 과정을 모니터하고, 자
신의 치료방법의 효과를 입증하기 위하여 자료를 수집하기로 하였다. 그가 수집하고자
하는 자료의 일부는 순수하게 조사연구의 목적을 위한 것이었다.

자료 수집을 위하여 사회복지사는 여러 명의 클라이언트와 심층 면접을 실시하였다.
면접의 내용에는 아동기의 신체적·성적 학대 사건을 포함한 민감한 사항이 포함되었
다. 면접의 과정에서 한 클라이언트는 몇 가지 질문에 대하여 매우 불쾌하게 생각하며
면접을 계속 진행할 수 없다고 거부하였다. 클라이언트의 이러한 반응으로 곧 다가오는
전문가 회의에서 자신의 프로젝트에 관한 결과를 발표해야 하는 사회복지사 박○○로서
는 조사연구의 진행이 심각한 난관에 봉착하였다.

② 윤리적 쟁점과 논의

사회복지사들은 조사와 평가에 관한 보다 많은 활동을 수행하면서 윤리적 지침을 준
수하는 것이 얼마나 중요한가를 배우게 된다. 궁극적으로 사회복지사들은 조사와 평가
참여자들을 보호해야 할 의무를 갖고 있다.

미국의 경우를 보면, 비윤리적인 조사와 평가활동에 관한 사례들이 공개적으로 사
회적 비판을 받게 되면서 클라이언트를 보호하는 안전장치와 규정들이 만들어지게 되
었다.

이 사례의 윤리적 논점은 의무론과 공리주의가 대립하는 것이다.

의무론적 관점에서 사회복지사는 조사연구로 인한 어떠한 인권의 침해로부터 클라이언트를 보호해야 한다.

공리주의 관점에서는 클라이언트의 인권침해가 있더라도 조사연구의 결과가 장기적으로 클라이언트 집단의 복지향상에 기여할 것이므로 정당화된다. 수집된 자료가 치료모델의 효과성을 평가하고 다른 전문가들을 교육하는 데 활용된다는 것이다.

③ 윤리적 지침과 결정

우리나라의 사회복지사 윤리강령은 조사연구와 관련된 윤리적 갈등에 관하여는 구체적인 언급을 하지 않고 있다. 다만 사회복지 조사연구와 간접적으로 관련된 조항은 클라이언트에 대한 윤리표준에서 다음과 같이 규정하고 있다.

사회복지사의 클라이언트에 대한 윤리표준
1. 클라이언트와의 관계
　　1) 사회복지사는 클라이언트의 권익옹호를 최우선의 가치로 삼고 행동한다.
　　4) 사회복지사는 클라이언트의 사생활을 존중하고 보호하며, 직무수행 과정에서
　　　 얻은 정보에 대해 철저하게 비밀을 유지해야 한다.

한편, 미국(NASW)의 사회복지사 윤리강령에 의하면, 평가와 조사에 참여하는 사회복지사는 평가와 조사에 관한 일반적인 지침을 따라야 한다. 즉, 평가와 조사에서 고지된 동의 절차, 평가와 조사 참여자가 적절한 지원 서비스를 받아야 할 필요성, 평가와 조사 과정에서 얻은 지식의 비밀보장과 익명성, 결과를 정확하게 보고해야 할 의무, 조사와 평가 참여자와 관련된 이해관계 갈등의 처리 등을 규정하고 있다.

이 사례에서 사회복지사 박○○는 조사연구에 관한 자료 수집을 설계하고 수행하면서 다음과 같은 윤리강령의 구체적인 지침을 고려해야만 하였다.

　　　사회복지사는 클라이언트로부터 사전에 서면으로 조사에 관한 고지된 동의를 얻어야
　　한다.
　　　사회복지사는 클라이언트가 언제든지 조사를 거부할 권리가 있음을 알려야 한다.
　　　사회복지사는 신체적·정신적 스트레스나 침해로부터 클라이언트를 보호해야 한다.

> 그리고 클라이언트의 임상적 욕구는 조사와 평가에 관한 사회복지사의 필요보다 우선적이다. 이것은 앞의 제6~8장에서 논의한 윤리지침(Reamer, 1999: 72)과 일치한다.
>
> 인간 행위의 필수적 전제(생명, 건강, 음식, 주거, 정신적 균형 유지)에 관한 기본적인 침해를 반대하는 규칙은 거짓, 비밀정보의 누설, 레크리에이션, 교육 등 부차적인 재화에 관한 내용을 침해하는 것을 반대하는 규칙보다 우선한다.
>
> 따라서 사회복지사 박○○는 자신의 조사연구의 수행이 위험에 처하더라도 조사와 평가에 관한 이와 같은 일반적인 지침을 준수하여야 하였다.

제4절 정보통신기술의 발달과 윤리

정보통신기술(IT)의 발달에 의한 전산화 및 상업적 정보통신 서비스의 확장으로 인해서 사회복지 전문직은 그 어느 때보다도 용이하고 신속하게 그리고 저렴한 비용으로 정보를 얻는 것이 가능해졌다. 행정부처 역시 공공부조, 정신건강, 아동복지, 노인복지 등의 서비스를 제공하는 사회복지기관들과 이전에 비해 보다 많은 정보를 공유하고 있다. 예를 들어, 「국민기초생활보장법」(시행 2020. 6. 4.)에 근거하는 급여 실시에 필요한 수급권자의 소득·재산 조사의 실효성을 확보하기 위해 지방행정 전산망과 금융·토지·건물·국세·국민연금 등 관련 전산망을 연계하여 정보 시스템을 구축함으로써 사회복지 전담공무원은 수급권자에 대한 많은 정보를 확보하게 되었다.

사회복지조직에서 정보통신기술의 사용은 비밀보장과 관련하여 보안과 사생활 보호라는 중요한 윤리적 쟁점을 제기한다. 보안은 하드웨어, 소프트웨어, 파일 등의 보호이며, 사생활보호는 체계 내의 정보에 대한 보호이다. 컴퓨터 네트워크는 비밀정보에 접근할 권한이 없는 사람들로부터 안전한가? 컴퓨터에 문제가 발생하는 경우에 정보 손실에 대한 안전장치가 있는가? 사생활보호는 예전에는 하드웨어 안에 담긴 정보만 보호하면 됐지만, 이제 많은 기관과 개인들이 클라우드나 소셜 미디어 등에 연결되어 있기 때문에 더욱 복잡한 윤리적 문제를 야기한다. 이와 함께 업무 전산화로 인하여 사회복지기관에서 클라이언트의 비밀정보가 대량으로 광범위하고 신속하게 유포될 가능성도 높아지고 있다. 따라서 사회복지기관의 데이터베이스에 보관되어 있는 클라이언트의 신상정보 및 실천 과정 기록 등 비밀정보를 보호하기 위한 특별한 주의가 요청된다.

　사생활보호의 측면에서 특히 전자메일(e-mail) 사용과 사이버상담이 윤리적 문제를 일으킬 수 있다. 전자메일을 통한 정보 전달은 정보 유출의 가능성이 있기 때문에 제한된 수준에서만 사생활보호가 가능하다. 따라서 전자메일을 통하여 클라이언트의 사례기록이나 진단기록들을 보내는 경우에는 클라이언트의 개인정보가 외부에 노출될 가능성을 고려해서 전달할 내용의 수위를 결정해야 한다.

　사이버상담은 전화상담에 국한되었던 비대면 서비스를 온라인상담, 카카오톡 및 문자상담 등으로 확장시키면서 여러 분야의 사회복지기관에서 개별 및 집단 서비스를 제공하고 있다. 특히 전 세계적인 신종 코로나바이러스 감염증(COVID-19) 확산의 위기 상태에서 대면 서비스 제공이 제한되면서 사이버상담의 역할에 대한 재조명이 이루어지고 있다. 사이버상담은 시간과 거리의 장애를 없애고, 낙인의 우려가 있는 경우에 익명성을 보장하여 접근 용이성을 증진시킨다. 또한 글을 통한 의사소통의 기회를 제공하고 정보가 정확하게 교환되었는가를 확인하며, 다양한 유형의 지지 서비스를 제공할 수 있다는 장점을 지닌다. 그러나 다른 한편 비밀정보의 누설, 비언어적 단서의 결여, 고지된 동의와 서비스 지속 이슈에 대한 우려, 지리적으로 먼 지역사회에 대한 지식 결여, 서비스 제공자의 적격성 여부, 전문적 원조관계의 정의 결여 등이 윤리적 쟁점이 된다(Levenson, 1997: 3). 클라이언트의 신원 확인은 무엇보다도 중요한 윤리적 문제를 야기하는데, 예를 들어 미성년 클라이언트가 성인이라고 신원을 밝히고 상담을 요청할 수 있으며, 클라이언트에 대해 상대적으로 적은 정보만을 가진 채 서비스를 제공해야 하는 경우도 있다. 전자메일에 대한 윤리적·법적·실천적 문제들의 답을 얻을 때까지 사이버상담에 대한 논쟁은 계속될 것이다.

사례 12-7 정보통신기술의 사용과 사생활보호

① 사례 개요

□□기관의 상담 및 사무 업무는 전산화되어 있다. 사례기록도 데이터베이스화되었고 사무실에 비치된 프린터들을 통해 출력한다. 팩스 역시 공동으로 사용한다. 상담자는 원칙적으로 컴퓨터에서 자신의 사례기록에만 접근할 권한이 있으나 실제로 몇몇 상담자들은 업무 편의를 이유로 서로의 암호를 공유하고 있다. 또한 팩스로 수신된 자료는 사무직원이 먼저 접할 수 있는 업무환경이다.

사회복지사 장○○은 가정폭력 피해여성인 서△△의 자녀 전학에 필요한 서류를 팩스로 보내겠다는 담당교사의 전화를 받았다. 클라이언트는 남편의 구타를 피해 숨어 지내고 있기 때문에 주민등록을 이전하지 않고 자녀 전학 절차를 밟는 중이다. 그러나 사회복지사의 퇴근시간까지 자료는 전송되지 않았고 담당 교사와도 연락이 닿지 않았다. 다음 날이 월차 휴가인 사회복지사는 연락을 다시 할 때까지 서류 전송을 미뤄 달라는 문자메시지를 담당교사에게 남겼다. 그러나 휴가 다음 날 출근한 사회복지사는 담당교사가 보낸 서류가 사무실 서류함에 누구나 볼 수 있게 놓여 있는 것을 발견했다. 서류에는 클라이언트의 자녀가 전학 갈 학교명이 기재되어 있었다.

② 윤리적 쟁점과 논의

클라이언트 서△△의 민감한 비밀정보는 정보 접근 권한이 없는 직원들과 방문객들에게 하루 이상 아무런 보호조치 없이 공개되었다. 만일 자녀가 전학 갈 학교에 대한 정보가 가정폭력 행위자인 남편에게 전해진다면 클라이언트와 자녀의 안전은 보호되기 어렵고 잠재적으로 심각한 신체적·정신적 위험에 노출될 수 있다. 또한 비밀정보의 노출은 사회복지사나 기관의 전문성과 평판에 부정적 영향을 미치고 경우에 따라서는 법적 소송이 제기될 위험도 있는 문제이다. 이와 같은 명백한 비밀보장 의무 위반에 대한 윤리적 책임은 누구에게 있는가? 세심하게 정보전달 과정을 다루지 못한 사회복지사 장○○의 전문적 지혜와 성실성 부족으로 인한 개인적 업무 과실인가? □□기관은 이 사례의 윤리적 문제에 대한 책임에서 자유로운가?

이와 유사한 상황에서 비밀보장 의무를 위반한 사회복지사의 업무 과실은 많은 경우 부적절한 기관의 정책이나 물리적 환경, 그리고 그에 따른 직원들의 비밀보장 인식 결여 등과 맞물려 있다. 비밀정보 보장 및 노출과 관련된 기관정책이 수립되어 있는가? 직원들은 정책 수립 과정에 참여하여 현실적인 제한점을 논의하는 기회를 가졌는가? 이 사례에서는 전자 및 컴퓨터 기술의 사용과 사생활보호에 대한 기관의 윤리적 위험관리(ethical risks management) 수준에 의문이 제기된다.

사회복지기관의 관련 정책 수립과 함께 사회복지사 개개인도 정보통신기술 사용과 관련된 방침을 정하고 클라이언트에게 알려야 한다. 그리고 세심하고 주의 깊게 정보를 보호하는 경우에도 클라이언트의 개인정보가 공공에 유포될 수 있음에 유념해야 한다. 한국사회복지사 윤리강령에는 정보통신기술 사용과 관련된 구체적 기준이 없으나, NASW는 윤리강령은 최근의 잇따른 개정 작업을 거쳐 전자매체의 사용에 대한 윤리표준을 보강하고 상대적으로 상세한 지침을 제공하고 있다.

표준 1.03(e) 사회복지사는 전문적인 서비스를 제공할 때 정보통신기술의 사용과 관련된 사회복지사의 방침들을 클라이언트와 상의해야 한다.

1.03(f) 사회복지 서비스 제공에 정보통신기술을 사용하는 사회복지사는 초기 사정이나 면담 중, 그리고 서비스를 제공하기 전에 이런 서비스를 이용하는 사람으로부터 고지된 동의를 얻어야 한다. 사회복지사는 클라이언트가 고지된 동의를 할 수 있는지 그 역량을 사정해야 하고, 의사소통을 위해 정보통신기술을 이용할 경우 클라이언트의 신원과 위치를 확인해야 한다.

1.03(g) 사회복지사는 사회복지 서비스 제공에 정보통신기술을 사용하는 경우 전자 및 원격 서비스에 대한 클라이언트의 적합성과 역량을 사정해야 한다. 사회복지사는 서비스를 받는 데 정보통신기술을 사용할 수 있는 클라이언트의 지적·정서적·신체적 능력과 그와 같은 서비스의 잠재적 이익, 위험과 한계를 이해할 수 있는 능력을 고려해야 한다. 만일 클라이언트가 정보통신기술을 통한 서비스 제공을 원치 않는다면 사회복지사는 클라이언트가 대안적인 서비스 방법을 찾도록 도와야 한다.

1.03(i) 사회복지사는 클라이언트에 대한 전자 검색을 하기 전에 클라이언트의 동의를 얻어야 한다. 심각하고 예측 가능하며 임박한 피해로부터 클라이언트나 타인을 보호하기 위해, 또는 그 밖의 합당한 전문적 이유에서 검색을 할 때는 예외가 있을 수 있다.

1.06(e) 사회복지사는 사적이거나 업무와 무관하게 클라이언트와 (소셜 네트워킹 사이트, 온라인 채팅, 이메일, 문자메시지, 전화, 비디오와 같은) 정보통신기술을 이용한 대화를 삼가야 한다.

1.06(f) 사회복지사는 전문 웹사이트나 기타 미디어에 개인정보를 올리는 것이 경계 혼란, 부적절한 이중관계 또는 클라이언트에 대한 위해를 초래할 수 있음을 알아야 한다.

1.06(g) 사회복지사는 웹사이트, 소셜 미디어 그리고 기타 정보통신 수단에 개인적으로 가입할 시 클라이언트들이 해당 공간에서 사회복지사의 존재를 발견할 가능성이 커질 수 있음을 알아야 한다. 사회복지사는 인종, 민족, 언어, 성적 지향, 젠더 정체성이나 그에 대한 표현, 정신적·신체적 능력, 종교, 이민자 지위 그리고 그 외 사적인 가입을 바탕으로 하는 집단 전자 의사소통에 참여하는 것이 특정 클라이언트들과 효과적으로 일하는 데 영향을 미칠 수 있음을 알아야 한다.

1.06(h) 사회복지사는 경계 혼란, 부적절한 이중관계 또는 클라이언트에 대한 위해를 방지하기 위해 소셜 네트워킹 사이트나 그 외 전자 미디어에서 클라이언트에게 사적인 관계 요청을 받더라도 이를 수용해서는 안 되고 클라이언트와 사적 관계를 가져서도 안 된다.

1.07(i) 사회복지사는 사생활이 보장되지 않는 한 어떤 환경에서도 전자매체를 통해서나 직접 비밀정보를 논해서는 안 된다. 사회복지사는 복도, 대기실, 엘리베이터, 식당 같은 공공 또는 준공공 장소에서 비밀정보에 관해 논해서는 안 된다.

1.07(l) 사회복지사는 클라이언트의 서면 및 전자 정보와 기타 민감한 정보들에 대한 비밀을 보호해야 한다. 또한 클라이언트의 기록을 안전한 장소에 보관하며 그 기록에 접근할 권한이 없는 타인이 이용할 수 없도록 합리적인 조치를 해야 한다.

1.07(m) 사회복지사는 클라이언트나 제3자에게 제공된 정보를 포함해 전자매체를 통한 의사소통의 비밀보호를 위해 합리적인 조치를 해야 한다. 사회복지사는 전자메일, 온라인 게시물, 온라인 채팅 세션, 이동 통신 그리고 문자메시지 같은 전자매체를 통한 의사소통 시 적절한 보호장치(암호화, 컴퓨터 보안 시스템 그리고 비밀번호 등)를 사용해야 한다.

1.07(p) 사회복지사는 클라이언트에 대한 정보 수집을 위한 인터넷 기반 검색엔진 등 전자 기술의 사용에 대한 정책을 사회복지 실천의 현행 윤리표준에 맞게 개발하고 이에 대해 클라이언트에게 알려야 한다.

1.07(q) 사회복지사는 합당한 전문적 이유가 있으며 적합한 때에 클라이언트의 고지된 동의를 받은 경우를 제외하고는 클라이언트의 정보를 전자적으로 검색하거나 수집하지 말아야 한다.

1.07(r) 사회복지사는 전문 웹사이트나 기타 소셜 미디어에 클라이언트에 대한 어떠한 신상정보나 비밀정보도 올려서는 안 된다.

③ 윤리적 의사결정

□□기관은 비밀보장과 관련된 정책, 실천 그리고 절차를 평가하고 보완 및 수정 작업을 거쳐 기관의 정책을 명료화하고 문서화해야 하였다. 그리고 사회복지사 장○○은 비밀정보 노출에 대해 클라이언트에게 알리고 비밀정보가 남편에게 전해지는 경우에 취할 행동대안을 클라이언트와 함께 논의해야 하였다. NASW 윤리강령의 비밀정보 누설에 관한 윤리표준은 다음과 같다.

표준 1.07(n) 사회복지사는 비밀정보 침해 사실을 클라이언트에게 적시에 통보하는 정책과 절차를 개발하고 공개해야 한다.

1.07(o) 사회복지사의 전자매체를 통한 의사소통이나 보관 시스템에 대한 접근을 포함해서 클라이언트의 기록이나 정보에 대한 무단 접근 사건이 발생할 때 사회복지사는 준거법과 전문적 표준에 맞게 정보누설에 대해 클라이언트에게 알려야 한다.

□□기관과 같이 비밀보장이 어려운 물리적 환경에서 근무하는 사회복지사는 비밀보장을 위해 특히 지속적인 주의를 기울여야 한다. 철저한 보안을 위해 인가 받은 직원만이 자료에 접근할 수 있도록 기술적 장치를 마련해야 하며, 기록되거나 전달되는 자료의 민감성을 보호하기 위한 동료들 간의 합의가 이루어져야 한다. 또한 사례기록이 전산화되고 정보 공개에 대한 법적 요청을 받을 가능성이 있는 기관에서는 클라이언트의 비밀정보나 서비스 과정에 대한 상세한 기록 외에 별도로 요약 기록을 문서화하여 보관하는 것을 고려할 수 있다.

 참고문헌

강신익, 고인석, 김국태, 김유신, 박영태, 박은진, 백도형, 손화철, 송상용, 신중섭, 윤용택, 이상욱, 이상원, 이영의, 정병훈, 정상모, 조용현, 최종덕, 홍성욱(2011). **과학철학: 흐름과 쟁점, 그리고 확장**. 경기: 창비.

강준만(2017). 왜 최대 다수의 최대 행복은 비판을 받는가?. **인물과 사상**, 236, 36-65.

강준호(2013). 벤담의 공리주의에서 "자유" 개념에 대하여. **철학연구**, 100, 103-129.

강준호(2019). 벤담의 경제이론과 평등 개념에 대한 고찰. **범한철학**, 93, 31-62.

강준호(2020). J. S. Mill의 민주주의론과 공리주의. **인문학 연구**, 43, 195-230.

구영모(1995). Nozick의 소유권리론에 대하여. **철학논구**, 23, 155-181.

국립장기조직혈액관리원(2020). 2019년도 장기 등 이식 및 인체조직 기증 통계연보. 국립장기조직혈액관리원.

권수영(2007). **한국인의 관계심리학**. 경기: 살림출판사.

김기덕(2002). **사회복지윤리학**. 서울: 나눔의집.

김기덕(2003). 사회복지지식의 인식론적 기초. **상황과 복지**, 15, 13-43.

김기덕(2004). 푸코와 사회복지: 인본주의의 미완의 기획. **사회복지연구**, 24, 45-72.

김기덕(2005). 롤즈의 정의론에 관한 철학적 고찰: 윤리적 측면과 인식론적 측면을 중심으로. **사회복지연구**, 26, 67-90.

김기덕, 최명민(2014). 바우만(Bauman)의 근대성 이론을 통한 한국사회복지실천의 유동성 분석. **한국사회복지학**. 66(4), 53-75.

김기덕, 최소연, 권자영(2015). **사회복지윤리와 철학**. 경기: 양서원.

김기덕(2011). 문화적 역량 비판담론에 관한 사회철학적 분석. **한국사회복지학**, 63(30), 239-260.

김남희(2021). 안전하고 행복한 시설이란 없다—코로나 시기 탈시설 운동의 현황과 과제. **복지동**

향, 268, 19-26.

김동일(2014). 분배정의란 무엇인가? 자유주의 분배정의론의 쉬운 이해와 통괄적 연구를 위한
틀. **법철학 연구**, 17, 225-266.

김상균, 오정수, 유채영(2002). **사회복지 윤리와 철학**. 경기: 나남출판.

김연수, 김경희, 박지영, 최명민(2017). **의료사회복지의 이해와 실제**. 경기: 나눔의집.

김영정, 정원규(2003). 밀 공리주의. **철학사상**, 16(spc2-9), 1-95.

남기업(2021). 참여사회 특집. 통권, 286.

맹주만(2013). 센델과 공화주의 공공철학. **철학탐구**, 34, 65-94.

박정순(2000). 자유주의와 공동체주의적 보완과 다원적 평등사회로의 철학적 시도. **철학과 현
실**, 14, 136-179.

백종현(2007). **철학의 기념과 주요 문제**. 서울: 철학과 현실사.

백훈승(2015). **철학입문**. 전북: 전북대학교출판문화원.

손철성(2007). 자유주의와 공동체주의의 주요 논쟁점에 대한 검토. **동서사상**, 3, 17-32.

송재룡(2001). **포스트모던 시대와 공동체주의**. 서울: 철학과 현실사.

신중섭(2016). 샌델의 시민적 공화주의: 근대 서구문명에 대한 이념적 대안이 될 수 있을까. 윤
리교육연구, 42, 195-222.

염형국(2021). 탈시설의 법적 근거 및 관련 쟁점 분석. **복지동향**, 268, 11-18.

오정수(2000). 지역단위 사회복지공동모금의 효과적인 모금과 배분방안에 관한 연구. 한국사회
복지학, 43.

우국희, 임세희, 성정현, 최승희, 장연진, 좌현숙(2015). **사회복지 윤리와 철학**. 경기: 공동체.

유태한(2019). 사회정의론에 기반한 사회복지철학이론의 탐색 :롤스와 샌델비교. **사회복지정책**.
46(2), 5-25.

윤성현(2009). J. S. Mill의 자유론에 나타난 자유 개념에 관한 일고찰. **법과 사회**, 37, 269-299.

윤진숙(2007). 마이클 왈쩌의 다원적 정의론. **법학논총**, 17, 193-210.

이홍윤(1997). 롤즈의 분배적 정의에 관한 연구-분배적 정의에 관한 철학적 논의를 중심으로.
경영경제, 14, 59-77.

이효선(2016). **사회복지윤리와 철학**. 서울: 학지사.

임소연(2020). 장애인활동지원 만 65세 연령제한을 폐지하라. 복지동향, 266, 29-41.

임정아(2016). 밀의 공리주의 복지에 대하여. 철학논총, 83(1), 275-293.

장동익(2017). 덕 윤리: 그 발전과 전망. 서울: 씨아이알.

장동진, 김만권(2000). 노직의 자유지상주의-소극적 자유의 이상. **정치사상연구**, 3, 195-220.

장정훈(2012). 벤담과 밀의 공리성과 정의의 관계에 관한 연구. **윤리문화연구**, 8, 154-177.

정원규(2003). 벤담 도덕 및 입법의 원리 서설. **철학사상**, 16(spc2-8), 1-111.

정원섭(2011). 정의론과 공정성의 조건. **철학과 현실**, 22-34.

정진화(2016). 존 롤즈(John Rawls)의 분배정의론과 한국적 적용에 대한 연구. **한국정치학회보**, 50(2), 75-101.

조수민(2020). 이상론과 비이상론: 사회 정의론의 규범적 토대에 관한 고찰. **시대와 철학**, 31(3), 247-282.

조현수(2019). 현대판 고려장 장애인활동지원 만 65세 연령제한 문제와 노인장기요양서비스. **복지동향**, 252, 37-42.

최명민(2020). 사회복지실천의 사회성 탐색: 관계성을 중심으로. 한국사회복지학회 학술대회 자료집. 119-142.

최명민, 박승희, 김성천, 김기덕, 이은정(2014). 노자 도덕경에 근거한 사회복지실천관계론의 탐색. **한국사회복지학**, 66(1), 139-162.

최명민, 황보람, 김기덕, 김욱, 유서구, 이순민(2017). 〈사회복지사 리서치 패널단〉을 활용한 한국사회복지사 윤리강령 개정 필요성과 방향에 관한 연구. 한국사회복지사협회.

최한수(2020). 긴급재난지원금을 둘러싼 쟁점과 과제. **복지동향**, 261, 18-23.

한국사회복지교육협의회(2020). **사회복지학 교과목지침서**(2021-2022). 89-93.

홍석영(2018). 현대의 정의론 고찰-R. Nozick의 Anarchy, State, and Utopia를 중심으로. **윤리교육연구**, 50, 91-112.

홍성우(1990). 로버트 노직의 자연권 이론. **역사와 사회**, 4, 29-48.

홍성우(1991). 로버트 노직의 최소국가론. **역사와 사회**, 5, 227-256.

홍성우(2005). **자유주의와 공동체주의 윤리학**. 경기: 선학사.

황경식(1978). 공리주의적 복지개념의 한계-목적론적 윤리체계의 비판. **철학연구**, 13, 77-103.

황보람(2019a). 비혐오 공간 생성을 위한 다중과 공생의 지역복지실천이론에 관한 시론적 연구. **사회복지연구**, 50(3), 131-159.

황보람(2019b). 폭력과 책임 개념에 관한 사회정치이론 고찰: 장애인의 탈시설과 지역사회 생활을 위한 사회서비스정책의 윤리정치적 토대 마련을 위한 시론. **사회복지법제연구**, 10(3),

139-171.

鷲田淸一(2017). 철학을 사용하는 법. (김진희 역). 서울: 에이케이커뮤니케이션즈.

Abramson, M. (1990). Keeping secrets: Socal workers and AIDS. *Social Work, 35*(2), 169-172.

Anscombe, E. (1958). Modern Moral Philosophy. *Philosophy, 33*, 1-19.

Antle, B. J. (2005). *Components of Ethical Practice*. Presented at CASW's Code of Ethical Internal Training, Ottawa, Ontario.

Aristotle (2016). 니코마코스 윤리학. (강상진, 김재홍, 이창우 공역). 서울: 길.

Askheim, O. (2003). Empowerment as guidance for professional social work: an act of balancing on a slack rope. *European Journal of Social Work, 6*(3), 229-240.

Ayer, A. J. (1946). *Language, Truth and Logic*. London: Penguin Books.

Ayer, A. (1949). On the Analysis of Moral Judgment. *Horizon, 20*, 165-181.

Banks, S. (2012). *Ethics and values in social work* (4th ed.). Palgrave Macmillan.

Banks, S., & Nohr, K. (2012). *Practicing Social Work Ethics Around the World: Cases and commentaries*. Routledge.

Barber, J. G. (1994). *Social work with addictions*. New York: New York University Press.

Barr, N. (2004). *Economics of the Welfare State* (4th ed.). Oxford University Press.

Barsky, A. E. (2010). *Ethics and values in social work: An integrated approach for a comprehensive curriculum*. Oxford university press.

Bauman, G. (1993). *Postmodern Ethics*. Blackwell.

Beauchamp, T. (1982). *Philosophical Ethics*. McGraw-Hill.

Beauchamp, T., & Childress, J. (1989). *Principles of biomedical ethics* (3rd ed.). New York: Oxford University Press.

Beauchamp, T., & Childress, J. (1994). *Principles of biomedical ethics* (4th ed). New York: Oxford University Press.

Beckett, C., & Maynard, A. (2013). *Values and Ethics in Social Work* (2nd ed.). London: Sage.

Bentham, J. (1804). *A Manual of Political Economy*, 33-84.

Bentham, J. (1948). *An Introduction to the Principles of Morals and Legislation*. Oxford

University Press.

Benton, T., & Craib, I. (2001). *Philosophy of Social Science*. Palgrave.

Biestek, F. P. (1979). *The Casework Relationship*. George Allen & Unwin.

Bok, S. (1983). The limits of confidentiality. *The hastings Center Report, 13*(1), 24-31.

Callahan, D. T. (1984). Autonomy: A moral good, not a moral obsession. *The Hastings Center Report, 14*(5), 40-42.

Childress, J. F. (1981). *Priorities in biomedical ethics*. Philadelphia, PA: Westminster Press.

Christman, J. (2004). **사회정치철학**. (실천철학연구회 역). 경기: 한울아카데미.

Clark, C. (2000). *Social Work Ethics: Politics, Principles and Practice*. Palgrave.

CSWE. (1992). *Curriculum Policy Statement for Master's Degree Programs in Social Work Education*. Alexandria, Va.

Dean, R., & Fenby, B. (1989). Exploring Epistemologies: Social Work Action as a Reflection of Philosophical Assumption. *Journal of Social Work Education, 25*(1), 46-54.

Dolgoff, R., Harrington, D., & Loewenberg, F. (2009). *Ethical Decisions for Social Work Practice* (6th ed.). CA: Wadsworth.

Dolgoff, R., Harrington, D., & Loewenberg, F. (2012). *Ethical Decisions for Social Work Practice* (9th ed.). Brooks/Cole.

Dominelli, L. (2004). *Social Work: Theory and Practice for a changing Profession*. Polity.

Donagan, A. (1977). *The Theory of Morality*. University of Chicago Press.

Dworkin, G. (1971). Paternailism. in Morality and Law. Richard Wasserstrom. Wadsworth.

Feldman, F. (1978). *Introductory Ethics*. Prentice-Hall.

Fischer, J. (1978). *Effective casework practice: An eclectic approach*. New York: McGraw-Hill.

Frankena, W. (1973). *Ethics*. Prentice-Hall.

Gewirth, A. (1978). *Reason and Morality*. Univ. of Chicago Press.

Gray, M., & Webb, S. (2013). **사회복지학의 새로운 접근: 철학적 토대와 대안적 연구방법**. (김기덕 외 역). 서울: 시그마프레스.

Habermas, J. (1991). *Texte und Kontexte*. Suhrkamp.

Hare, R. (1952). *The Language of Morals*. Oxford University Press.

Hartman, A. (1997). Power issues in social work practice. In A. J. Katz, A. Lurie, & C. M. Vidal (Eds.), *Critical social welfare issues* (pp. 215-226). New York, NY: The Haworth Press.

Hegel, G. (2005). 정신현상학 1. (임석진 역). 경기: 한길사.

Heidegger, M. (2000). 동일성과 차이. (신상희 역). 서울: 민음사.

Hugman, R. (2003). Professional ethics in social work: living with the legacy. *Australian Social Work, 56*(1), 5-15.

Ife, J. (2001). *Human Right and Social Work: Towards Right-Bases Practice*. Cambridge.

IFSW. (2014). https://www.ifsw.org/what-is-social-work/global-definition-of-social-work/ (2021년 11월 4일 인출).

James, G. G. (1986). *International Comparison of Social Work as a Lead Profession: Canada*. Presented in Tokyo Conference on Social Welfare. Osaka. https://www.ucalgary.ca/sw/ramsay/Gayle-James/docs/james-86-osaka-international-comparison-social-work.pdf (2021년 5월 11일 인출).

Kagle, J. D., & Giebelhausen, P. N. (1994). Dual relationships and professional boundaries. *Social Work, 39*(2), 213-220.

Kant, I. (2009). 실천이성비판. (백종현 역). 서울: 아카넷.

Keeney, A. J., Smart, A. M., Richards, R., Harrison, S., Carrillo, M., & Valentine, D. (2014). Human rights and social work codes of ethics: An international analysis. *Journal of Social Welfare and Human Rights, 2*(2), 1-16.

Knight, S. A. (2017). New Technology Standards Guide Social Work Practice and Education. *Social Work Today, 17*(4), 10. https://www.socialworktoday.com/archive/072417p10.shtml (2021년 5월 21일 인출).

Kymlicka, W. (2006). 현대 정치철학의 이해. (장동진 외 역). 서울: 동명사.

Leiby, L. (1985). Moral Foundations of Social Welfare and Social Work: A Historical View. *Social Work, 30*, 323-330.

Levenson. D. (1997). *Online counseling: Opportunity and risk*. NASW News, p. 3.

Levine, R. A. (1993). *How urban social workers define and respond to elder abuse*. Unpublished dissertation, Wurzweiler School of Social Work, Yeshiva University, New York.

Linzer, N. (1999). *Resolving Ethical Dilemmas in Social Work Practice*. BO: Allyn and Bacon.

Linzer, N., & Lowenstein L. (1987). Autonomy and paternalism in work with the frail Jewish elderly. *Journal of Aging and Judaism, 2*(1), 19-34.

Loewenberg, F. M., & Dolgoff, R. (1996). *Ethical decisions for social work practice* (5th ed.). Itasca, IL: F. E. Peacock.

Mansbridge, J. (1990). *Beyond Self-Interest*. University of Chicago Press.

Mattison, M. (2000). Ethical Decision Making: the Person in the Process. *Social Work, 45*(3), 201-212.

Mill, J. S. (1861). *Utilitarianism*.

Mill, J. S. (1901). *Considerations on Representative Government*.

Miller, B. L. (1981). Autonomy and the Refusal of Lifesaving Treatment. *Hastings Center Report. 11*(4), 22-28.

Moore, G. (1903). *Principia Ethica*. Cambridge University Press.

NASW. (1996). *Code of Ethics*. Authors.

Newfoundland and Labrador Association of Social Workers (NLASW). (2015). Ethical Decision-Making in Social Work Practice. 1-7. All publications can be found at https://nlcsw.ca/practice-resources/practice-documents.

Nozick, R. (1974). *Anarchy, State, and Utopia*. Basic Books, Inc.

Perry, R. (1954). *Realms of Value*. Cambridge. Harvard University Press.

Pieper, A. (2005). 철학적 분과학문. (조국현 역). 서울: 동문선.

Pojman, L. (2002). *Ethics: Discovering Right & Wrong*. Wadsworth.

Prochaska, J. O., Velicer, W. F., Guadagnoli, E., Rossi, J. S., & DiClemente, C. C. (1991). Patterns of change: Dynamic typology applied to smoking cessation. *Multivariate Behavior Research, 26*, 83-107.

Prochaska, J. O., DiClemente, C. C., & Norcross, J. C. (1992). In search of how people change: Applications to addictive behaviors. *American Psychologist, 47*, 1102-1114.

Rachels, J. (1986). *The Elements of Moral Philosophy*. Random House.

Rawls, J. (1971). *Theory of Justice*. Harvard University Press.

Reamer, F. G. (1993). *The Philosophical Foundations of Social Work*. Columbia University

Press.

Reamer, F. G. (1994). Social Work Values and Ethics. In F. Reamer (Ed.), *The Foundations of Social Work Knowledge*. Columbia University Press.

Reamer, F. G. (1998). *Ethical standards in social work: A critical review of the NASW code of ethics*. Washington, D.C.: NASW Press.

Reamer, F. G. (1999). *Social work values and ethics* (2nd ed.). New York: Columbia University Press.

Reamer, F. G. (2006). *Ethical Standards in Social Work*. (2nd ed.). NASW Press.

Reamer, F. G. (2012). *Boundary issues and dual relationships in the human services*. New York: Columbia University Press.

Reamer, F. G. (2013). *Social Work Values and Ethics* (4th ed.). New york: Columbia University Press.

Reamer, F. G. (2017). *New NASW Code of Ethics Standards for the Digital Age*. https://www.socialworktoday.com/archive/081617.shtml (2021년 5월 21일 인출).

Reamer, F. G. (2018a). Ethical. Standards for Social Workers' Use of Technology: Emerging Consensus. *Journal of Social Work Values and Ethics*. *15*(2). 71-80.

Reamer, F. G. (2018b). *Social work values and ethics* (5th ed.). Columbia University Press. Kindle Edition.

Reamer, F. G., & Gelman, S. R. (1992). Is Tarasoff relevant to AIDS-related cases? In E. Gambrill & R. Pruger (Eds.), *Controversial issues in social work* (pp. 342-355). Boston: Allyn & Bacon.

Rhodes, M. L. (1991). *Ethical dilemmas in social work practice*. Milwaukee, WI: amily Service America.

Robison, W., & Reeser, L. C. (2000). *Ethical decision making in social work*. Allyn & Bacon. www.doopedia.co.kr.

Ross, W. (1930). *The Right and Good*. Clarendon.

Sahakian, W. (1986). 윤리학의 이론과 역사. (송휘칠, 황경식 공역). 서울: 박영사.

Saleebey, D. (1990). Philosophical Disputes in Social Work: Social Justice Denied. *Journal of Sociology and Social Welfare, 17*(2), 29-40.

Sandel, M. (1982). *Liberalism and the Limits of Justice*. Cambridge University Press.

Sandel, M. (1984). Morality and the Liberal Ideal–Must individual rights betray the common good?. *The New Republic, 190*. Iss.018, 15–17.

Sandel, M. (1998). *Liberalism and the Limits of Justice* (2nd ed). Cambridge University Press.

Sandel, M. (2009). *JUSTICE: What's the right thing to do?*. Farrar, Straus and Giroux.

Sandel, M. (2010). 정의란 무엇인가. (이창신 역). 경기: 김영사.

Sandel, M. (2012). 민주주의의 불만. (안규남 역). 경기: 동녘.

Sayer, A. (1999). 사회과학방법론–실재론적 접근. (이기홍 역). 경기: 한울아카데미.

Scarre, J. (2002). *Utilitarianism*. Taylor and Fancis.

Sheafor, B. W., Horejsi, C. R., & Horejsi, G. A. (1997). *Techniques and guidelines for social work practice*. Boston: Allyn and Bacon.

Sidgwick, H. (1907). *The Method of Ethics*. Macmillan.

Simon, R. I. (1991). Psychological injury caused by boundary violation precursors to therapist–patient sex. *Psychiatric Annals, 21*(10), 614–619.

Singer, P. (1994). *Ethics*. Oxford University Press.

Siporin, M. (1988). Clinical Social Work as an Art Form. *Social Casework, 69*(3), 177–83.

Slote, M. (1992). *From morality to virtue*. Oxford University Press.

Smith, D., & Fitzpatrick, M. (1995). Patient–therapist boundary issues: An integrative review of theory and research. *Professional Psychology: Research and Practice, 26*, 499–506.

Thompson, M. (2000). *Ethics*. Contemporary Books.

Thompson, N. (2005). *Understanding Social Work: Preparing for Social Work*. Palgrave.

Trevithick, P. (2008). Revisiting the Knowledge Base of Social Work: A Framework for Practice. *British Journal of Social Work, 38*, 1212–1237.

Walzer, M. (1983). *Spheres of Justice*. A Defense of Pluralism and Equality, Basic Books Inc.

〈인터넷 자료〉

미국사회복지사협회 윤리강령(2018). https://www.socialworkers.org/About/Ethics/Code-of-Ethics/Highlighted-Revisions-to-the-Code-of-Ethics. (2021년 11월 9일 인출).

미국사회복지사협회(2017). 윤리적 실천표준. NASW Code of Ethics. https://socialwork.sdsu.edu/student-resources/references/nasw-code-of-ethics/ (2021년 11월 9일 인출).

미국사회복지사협회(2021). https://www.socialworkers.org/About/Ethics/Code-of-Ethics/Code-of-Ethics-English. (2021년 11월 4일 인출).

위키백과, 로버트 노직. https://ko.wikipedia.org/wiki/%EB%A1%9C%EB%B2%84%ED%8A%B8_%EB%85%B8%EC%A7%81 (2021년 6월 20일 인출).

위키백과, 마이클 왈저. https://namu.wiki/w/%EB%A7%88%EC%9D%B4%ED%81%B4%20%EC%99%88%EC%A0%80 (2021년 6월 20일 인출).

위키백과, 밀의 생애. https://ko.wikipedia.org/wiki/%EC%A1%B4_%EC%8A%A4%ED%8A%9C%EC%96%B4%ED%8A%B8_%EB%B0%80 (2021년 6월 20일 인출).

위키백과, 벤담의 생애. https://ko.wikipedia.org/wiki/%EC%A0%9C%EB%9F%AC%EB%AF%B8_%EB%B2%A4%EB%8B%A4 (2021년 6월 20일 인출).

위키백과, 샌델. https://ko.wikipedia.org/wiki/%EB%A7%88%EC%9D%B4%ED%81%B4_%EC%83%8C%EB%8D%B8 (2021년 6월 20일 인출).

위키백과, 존 롤즈. https://ko.wikipedia.org/wiki/%EC%A1%B4_%EB%A1%A4%EC%8A%A4 (2021년 6월 20일 인출).

한국민족문화대백과사전. http://encykorea.aks.ac.kr (2021년 6월 20일 인출).

한국사회복지교육협의회. www.kcswe.kr (2021년 6월 20일 인출).

한국사회복지사협회(2001). 한국사회복지사협회 윤리기준. https://9ro.or.kr:57459/info/conduct_guide.html (2021년 5월 21일 인출).

한국사회복지사협회(2021). 사회복지사 윤리강령 http://www.welfare.net/site/ViewMoralCode.action (2021년 11월 4일 인출).

한국사회복지사협회. www.welfare.net (2021년 6월 20일 인출).

BCASW. (2014). Ethical Decision Making Toolkit. https://www.bcasw.org/wp-content/uploads/2014/08/Ethical-Decision-Making-Toolkit.pdf (2021년 5월 11일 인출).

CASW. (2005). Code of Ethics. https://www.casw-acts.ca/files/documents/casw_code_of_ethics.pdf (2021년 5월 11일 인출).

CASW. (2005). Guidelines for Ethical Practice. https://www.casw-acts.ca/files/attachements/casw_guidelines_for_ethical_practice_e.pdf (2021년 5월 11일 인출).

IFSW. (2005). https://www.ifsw.org/indigenous-peoples/ (2021년 5월 31일 인출).

IFSWW. (2018). Global Social Work Statement of Ethical Principles. https://www.ifsw.org/global-social-work-statement-of-ethical-principles/ (2021년 5월 11일 인출).

Murphy, K. E. (1997). Resolving Ethical Dilemmas Focus Newsletter. https://www.naswma.org/page/114 (2021년 5월 27일 인출).

NASW. (2017). Code of Ethics of the NASW. https://socialwork.sdsu.edu/wp-content/uploads/2011/09/NASW-Code-of-Ethics2017.pdf (2021년 5월 11일 인출).

NASW. (2021). The Code of Ethics. https://www.socialworkers.org/About/Ethics/Code-of-Ethics/Code-of-Ethics-English (2021년 5월 11일 인출).

NASW, ASWB, CSWE, CSWA. (2017). Standards for Technology in Social Work Practice. https://www.socialworkers.org/includes/newincludes/homepage/PRA-BRO-33617.TechStandards_FINAL_POSTING.pdf (2021년 5월 21일 인출).

NLASW. (2012). Standards for Technology Use in Social Work Practice. https://nlcsw.ca/sites/default/files/inline-files/Standards_For_Technology_Use_In_Social_Work_Practice.pdf (2021년 5월 21일 인출).

NLASW. (2017). Navigating Ethical Issues in Social Work Practice. https://www.casw-acts.ca/files/webinars/Navigating_Ethical_Issues_in_Social_Work_Practice_-_Slide_Deck.pdf (2021년 5월 21일 인출).

NLCSW. (2021). https://nlcsw.ca/practice-resources/practice-standards (2021년 5월 31일 인출).

UCSD. (2016). Making Ethical Decisions: Process. https://blink.ucsd.edu/finance/accountability/ethics/process.html (2021년 5월 11일 인출).

University of Minnesota. (2017). NASW and Professor Organizations Records. 1917-1970. https://socialwelfare.library.vcu.edu/social-work/national-association-social-workers-history (2021년 5월 11일 인출).

찾아보기

내 용

저자 소개

오정수(Oh Jeong Soo)

서울대학교 사회복지학과 졸업
서울대학교 대학원 졸업(사회복지학박사)
현 충남대학교 사회복지학과 명예교수

> 대표 저서

『아동복지론』(공저, 학지사, 2021)
『지역사회복지론』(5판, 공저, 학지사, 2016)
『사회복지 윤리와 철학』(공저, 나남, 2002)

유채영(Yoo Chai Yeong)

서울대학교 사회사업학과 졸업
서울대학교 대학원 졸업(사회복지학박사)
현 충남대학교 사회복지학과 명예교수

> 대표 저서

『가족복지론』(공저, 나남, 2005)
『사회복지 윤리와 철학』(공저, 나남, 2002)

◯●◯ **김기덕**(Kim Gi Duk)

　서울대학교 사회복지학과 졸업

　Arizona State University 대학원 졸업(사회복지학박사)

　현 순천향대학교 사회복지학과 교수

　〉대표 저서와 논문

　『사회복지 윤리와 철학』(2판, 공저, 양서원, 2017)

　「신자유주의, 관리주의 그리고 사회복지-푸코의 통치성 이론을 중심으로-」

　　(한국사회복지학, 2020)

◯●◯ **홍백의**(Hong Baeg Eui)

　서울대학교 사회복지학과 졸업

　Washington University in St. Louis 대학원 졸업(사회복지학박사)

　현 서울대학교 사회복지학과 교수

　〉대표 저서

　『사회복지개론』(4판, 공저, 나남, 2015)

　『사회복지조사론』(2판, 공저, 청목출판사, 2012)

◯●◯ **황보람**(Hwang Bo Ram)

　서울대학교 사회복지학과 졸업

　University of California at Berkeley 대학원 졸업(사회복지학박사)

　현 부산대학교 사회복지학과 교수

　〉대표 저서와 논문

　『사회복지역사』(공저, 학지사, 2021)

　「한국사회복지사 윤리강령의 개정 필요성과 방향에 관한 연구」

　　(공동 연구, 한국사회복지행정학, 2019)

사회복지총서

사회복지 윤리와 철학
Social Welfare Ethics and Philosophy

2022년 1월 10일 1판 1쇄 인쇄
2022년 1월 20일 1판 1쇄 발행

지은이 • 오정수 · 유채영 · 김기덕 · 홍백의 · 황보람
펴낸이 • 김진환
펴낸곳 • ㈜**학지사**

04031 서울특별시 마포구 양화로 15길 20 마인드월드빌딩
대표전화 • 02-330-5114   팩스 • 02-324-2345
등록번호 • 제313-2006-000265호

홈페이지 • http://www.hakjisa.co.kr
페이스북 • https://www.facebook.com/hakjisabook

ISBN 978-89-997-2560-9 93330

정가 20,000원

출판 · 교육 · 미디어기업 **학지사**

간호보건의학출판 **학지사메디컬** www.hakjisamd.co.kr
심리검사연구소 **인싸이트** www.inpsyt.co.kr
학술논문서비스 **뉴논문** www.newnonmun.com
교육연수원 **카운피아** www.counpia.com